Heinrich Nissen

Das Templum

Antiquarische Untersuchungen

Heinrich Nissen

Das Templum
Antiquarische Untersuchungen

ISBN/EAN: 9783743695900

Hergestellt in Europa, USA, Kanada, Australien, Japan

Cover: Foto ©ninafisch / pixelio.de

Weitere Bücher finden Sie auf **www.hansebooks.com**

DAS TEMPLUM.

ANTIQUARISCHE UNTERSUCHUNGEN

VON

HEINRICH NISSEN.

MIT ASTRONOMISCHEN HÜLFSTAFELN VON B. TIELE, UND VIER PLÄNEN.

BERLIN,

WEIDMANNSCHE BUCHHANDLUNG.

1869.

Rudis fuit priscorum vita atque sine litteris, non minus tamen ingeniosam fuisse in illis observationem adparebit quam nunc esse rationem.

Plinius.

GIUSEPPE FIORELLI

UND

GIACOMO LIGNANA

IN NEAPEL

ZUGEEIGNET

ZUR ERINNERUNG AN DIE SOMMER 1865, 1866.

Vorwort.

Diese Untersuchungen wollen die Aufmerksamkeit auf ein bisher vernachlässigtes Gebiet der monumentalen Philologie lenken. Der Plan derselben ward im Sommer 1866 zu Pompeji gefaßt: doch erst in der Stille der deutschen Studierstube, unter der belebenden Anregung dieser blühenden Hochschule, welcher der Verfasser zwei Jahre hindurch anzugehören die Ehre hatte, erhielten die unbestimmten Ahnungen feste Form und Gestalt. Die Einsicht kam fast zu spät; nicht blos mußte für den historischen Theil der Untersuchung auf eine reichere Materialiensammlung, wie sie sich in Italien ohne Mühe hätte beschaffen lassen, verzichtet werden, sondern die Theorie von der Tempelorientirung ward überhaupt nur durch eine günstige Fügung ermöglicht. Mein Freund und Genosse Richard Schöne übernahm das schwere Opfer das Versäumte für mich nachzuholen. Er bestimmte im Sommer 1867 die Tempel Pompejis, Winter 1867/68 die athenischen, endlich unter allen die wichtigsten, die Tempel von Rom. Das wärmste sachliche und persönliche Interesse mußte zusammentreffen, um den Ansprüchen an Zeit und Geduld, die ich zu stellen hatte, williges Gehör zu sichern. Falls es gelungen ist, auf diesem neuen Wege die monumentale Forschung zu för-

dern, so wird der Leser, welcher die Schwierigkeiten
des Unternehmens nicht zu gering schätzt, der unschein-
baren entsagenden Arbeit meines Freundes das wesentliche Verdienst beimessen.

Die astronomische Beihülfe, deren ich zur Begründung meiner Orientirungshypothese bedurfte, ward von
dem Assistenten der hiesigen Sternwarte Dr. Bernhard
Tiele gewährt. So phantastisch auch dem Manne exacter
Wissenschaft mein Beginnen erscheinen mufste, erfüllte
er doch die Bitte des ihm damals Unbekannten mit
gröfster Bereitwilligkeit: geleitet durch die Ueberzeu-
gung von der Solidarität aller wissenschaftlichen Bestre-
bungen, die dem Einzelnen die Pflicht auferlegt dem
Mitforscher, wo's Not thut, über die ihm gesteckten
Schranken fortzuhelfen. Auch von anderer Seite ist dieser
Schrift reiche Gunst zu Theil geworden. Durch einzelne
Nachweise haben mich H. Usener und Johannes
Schmidt unterstützt, letzterer auf den schlüpfrigen
Pfaden der Etymologie ein treuer, nie versagender Be-
rater. Endlich habe ich Dr. E. Pfander in Bern und
meinem capitolinischen Gefährten A. Wilmanns für
Collationen zu einem Stück des Martianus Capella zu
danken.

Die hier veröffentlichten Untersuchungen sind im
Ganzen wie im Einzelnen fragmentarisch. Das Bewufstsein mufste sich je länger je zwingender geltend machen, dafs die Beschäftigung mit Fragen wie den behandelten nur durch einen äufseren Einschnitt unterbro-
chen werden kann. So habe ich theils eine Reihe von
Controversen, die sich gelegentlich aufdrängten, nicht
berücksichtigt, theils den Rahmen nicht ausgefüllt, auf
den die Lehre vom Templum ursprünglich berechnet
war. Es schien geratener von anderen Prämissen aus
und mit gereifteren Studien später auf den Gegenstand

zurückzukommen. Zunächst hielt ich es für das Wichtigste die Theorien über Stadt- und Tempelanlage möglichst rasch der Prüfung der wissenschaftlichen Welt zu unterbreiten und im Fall der Zustimmung damit zugleich Andere für die Fortsetzung der hier erst begonnenen Sammlung des Materials zu gewinnen. Ich hoffe, daß diese praktische Tendenz Vieles an dem Buch, wie es jetzt vorliegt, rechtfertigen und entschuldigen wird.

Die Umsicht, mit der die Drucklegung von der Georgi'schen Officin besorgt worden, verdient noch mit besonderem Dank erwähnt zu werden. S. 15 Z. 9 v. u. ist zu lesen *ultra kardinem*; S. 109 bitte ich die Hauptstelle aus Varro R. R. 2, 5. 3 nachzutragen.

Bonn, 3. April 1869.

H. Nissen.

Inhalt.

Kapitel I.

Die Limitation.

Alle geschichtliche Entwicklung geht aus von zwei correlaten Begriffen, Eigentum und fester Ansiedlung. Beide summiren sich unter den allgemeinen Begriff der Sonderung: wie das Volk sich aussondert von der Masse der Völker, der Stamm von den Stämmen, so auch weiter der Staat von den Staaten, das Geschlecht von den Geschlechtern, das Haus von den Häusern. Der Begriff der Sonderung ist bei den Alten verkörpert im *templum*, gr. τέμενος, dem Ausgeschnittenen Begrenzten, von der Wurzel τεμ schneiden (τέμνειν, wie *exemplum* von *eximere*; anders Corssen, Kr. Beitr. 440, Curtius, Gr. Etym. [2]. 625). Bei Homer heißt τέμενος jedes als Eigentum abgegrenzte Stück Land, Acker und Baumpflanzung, mag dasselbe nun einem König und Helden oder auch einem Gotte gehören [1]). Im ersten Falle ist es ein Privatbesitz, der aus dem Gemeindeland ausgeschieden wird; so Il. 6, 194 vom Bellerophon

καὶ μέν οἱ Λύκιοι τέμενος τάμον ἔξοχον ἄλλων
καλὸν φυταλιῆς καὶ ἀρούρης, ὄφρα νέμοιτο.

Ferner 20, 184 9, 578 12, 313 18, 550 Od. 6, 293 11, 185 17, 299. Als Privatbesitz ist derselbe auch erblich τέμενος πατρώϊον Il. 20, 391, doch wird er nur Königen oder Helden, die diesen gleich stehen, beigelegt. Als heiliger Bezirk mit einem Opferaltar (τέμενος βωμός

---

1) Hesych. Τέμενος πᾶς ὁ μεμερισμένος τόπος τινὶ εἰς τιμήν, ἢ ἱερὸν καὶ βωμὸς ἢ ἀπονεμηθὲν θεῷ ἢ βασιλεῖ vgl. K. F. Hermann, Gottesdienstl. Altert. d. Gr. [2]. 101. 103. Bötticher, Tektonik 4, 23.

1

τε ϑυήεις) kommt er vor Il. 8, 48 23, 148 Od. 8, 363. Wie die spätere Zeit keine Zeussentsprossenen Könige mehr kennt, so ist auch dies Wort ganz auf die letztere Bedeutung beschränkt worden.

Von der gleichen Wurzel ausgegangen hat *templum* einen ungleich grösseren Umkreis von Beziehungen und Anwendungen sich erhalten, und zwar deshalb weil der abstracte Begriff überall klar zu Tage liegt. Varro in seiner Analyse desselben (LI. 7, 6—13) unterscheidet drei Formen himmlische, irdische und unterirdische (*templum tribus modis dicitur ab natura, ab auspiciendo, ab similitudine. natura in caelo, ab auspiciis in terra, ab similitudine sub terra*). Die letztere ist nur nach Analogie der beiden anderen übertragen, wie wenn Ennius in der Andromache sagt *Acherusia templa alta Orci salvete infera* (Vahlen fr. 107), und wird deshalb ganz übergangen. Die Ausmalung und Schilderung der Unterwelt ist eben Sache des Hellenen; für den Italiker birgt die Tiefe nur Dunkelheit, in welcher der ordnende Verstand weder mit leiblichem noch geistigem Auge seine Linien ziehen kann. Wohin das Auge reicht, da unterscheidet man ein Templum (*quaqua intuitus erat oculi, a tuendo primum templum dictum*) und deshalb wird der Himmel so genannt, insofern wir ihn anschauen (*quocirca caelum, qua attuimur, dictum templum*). Die Ableitung *a tuendo*, so unmöglich sie auch sprachlich ist, giebt einen deutlichen Ausdruck für die ganz allgemeine Natur des Wortes. Namentlich von den Dichtern, über deren Sprachgebrauch Varro hier im Besonderen handelt, ist es mit grosser Vorliebe verwandt worden. So führt er selber aus Ennius an *unus erit quem tu tolles in caerula caeli templa* (Vahlen fr. ann. 66 vgl. ann. 50), weiter *contremuit templum magnum Iovis altitonantis* (ann. 531) und aus dessen Hecuba *o magna templa caelitum commixta stellis splendidis* (trag. 227). Aehnlich heifst es vom Jupiter Terent. Eun. 3, 5. 42 *qui templa caeli summa sonitu concutit.* Varro verzichtet aber keineswegs bei der Bezeichnung des Himmels als Templum auf den diesem Worte innewohnenden Grundbegriff des Begrenzten; vielmehr fügt er selber zu dem zweiten der angeführten ennianischen Verse hinzu *id est, ut ait Naevius: hemisphaerium ubi concavo (?) caerulo saeptum stat.* Ebenso spricht Lucrez von *caeli templa* oder *caeli lucida templa* 1, 1014. 1064 2, 1039 6, 286. 644. 1228; *neve ruant caeli penetralia templa superne* 1, 1105. Die philosophische Betrachtung legte es nahe das Wort auf das ganze Weltall auszudehnen: 5, 1204 *suspicimus magni caelestia mundi templa;* dann

5, 1436 *at vigiles mundi magnum versatile templum* [1])
sol et luna suo lustrantes lumine circum
perdocuere homines annorum tempora verti
et certa ratione geri rem atque ordine certo.

endlich 6,43 *quoniam docui mundi mortalia templa esse.* Man wird
das *templum mundi* geradezu als Uebersetzung von κόσμος ansehen
dürfen. So heiſst es auch Seneca de Benef. 7, 7. 3 *totum mundum
deorum esse immortalium templum.* Am Eingehendsten ist diese Betrachtung durchgeführt im Traum Scipios Cic. Rep. 6, 15: das ganze
Weltall ist ein Templum, von Einem göttlichen Willen geleitet (*deus
is, cuius hoc templum est omne quod conspicis*); eine Kugel legt sich
um die andere und in ihrer Mitte ruht die Erde (*illum globum,
quem in hoc templo medium vides, quae terra dicitur*). Der Zusammenhang dieser Weltanschauung mit der italischen Religion wird
im Verlauf dieser Untersuchungen beleuchtet werden. Hier kommt
es uns darauf an den Sprachgebrauch empirisch festzustellen. Zunächst mögen einige ungewöhnlichere Wendungen dichterischer Rede
folgen: Pacuvius (v. 309 Ribbeck) *scrupea saxea Bacchi templa prope
adgreditur*; Ovid Met. 5, 278 *templa petebamus Parnasia*; Plaut. Mil.
413 *in locis Neptuniis templisque turbulentis*, Rudens 909. Wendungen, die doch immer durch die Beziehung auf den Gott gerecht-
fertigt erscheinen. Sehr kühn dagegen nennt Lucrez 4, 624 *umida
linguai circum sidentia templa* und 5, 103 *pectus templaque mentis.*
Wir kehren zum gewöhnlichen Sprachgebrauch zurück.

Das Himmelstemplum zerfällt nach Varro in 4 Theile, die durch
die Weltgegenden bestimmt werden: einen vorderen im Süden, einen
hinteren im Norden, links im Osten, rechts im Westen (*eius templi
partes quattuor dicuntur, sinistra ab oriente, dextra ab occasu, antica ad meridiem, postica ad septentrionem*). Bei dieser Theilung
blieb die römische Theologie stehen, die etruskische ging aber weiter,
indem sie jeden Abschnitt von Neuem viertelte und so 16 Theile gewann (Cic. de Div. 2, 18, 42 Plin. N. H. 2, 54. 143). Jeder derselben
war von bestimmten Göttern eingenommen, welche Martianus Capella 1, 45 fg. aufzählt (vgl. Kap. 6).

---

1) Lachmann, dem Bernays sich anschlieſst, schreibt *mundi magnum
versatilis templum.* Sein Grund *versatile non magis templum esse potest quam
locus* hält, wie Munro bemerkt, den andern angeführten Stellen aus Lucrez
gegenüber nicht Stich; noch weniger den folgenden.

Vom überirdischen gelangt Varro zu dem Auguraltempel (*in terris dictum templum locus augurii aut auspicii causa quibusdam conceptis verbis finitus*). Darnach heifst zunächst der begrenzte Ort, wo man den Götterwillen erkunden will, Tempel aber ebenso auch das abgegrenzte Stück des Himmels, welches beobachtet wird. Das letztere geschieht, indem der Augur mit dem Krummstab eine Linie von Nord nach Süd, den Kardo beschreibt, welcher das Schaufeld in zwei Hälften theilt, und dann die Grenzpuncte desselben nach links und rechts bestimmt (Liv. 1, 18). Die Stellung, welche der Augur zu den Himmelsgegenden einnimmt, richtet sich nach seiner jedesmaligen Aufgabe und ebenso die Formel, welche er bei der Constituirung des Tempels anwendet. Varro theilt die Formel mit, welche auf der Arx in Rom in Gebrauch war: *Templa tescaque me ita sunto quoad ego caste lingua nuncupavero. olla veter arbos, quirquir est, quam me sentio dixisse, templum tescumque finito in sinistrum. olla veter arbos, quirquir est, quam me sentio dixisse, templum tescumque finito in dextrum. inter ea conregione conspicione cortumione utique ea rectissime sensi.* In diesen Grenzen erwartet der Augur das Götterzeichen; von solchem Beschauen des Himmels leitet Varro mit Recht *contemplari* ab. Ebenso Festus p. 38 (Müller) *contemplari dictum est a templo, id est loco qui ab omni parte aspici, vel ex quo omnis pars videri potest, quem antiqui templum nominabant.* Ein Auguraltempel kann an jedem Ort, wenn er hoch gelegen oder freie Aussicht darbietet, constituirt werden[1]). In Rom wird am häufigsten genannt das *auguraculum in arce* (Fest. p. 18); auch im Lager am Prätorium fehlt es nie (Hygin. de castram. 11). Das Bestimmende ist dies, dafs es von der Aufsenwelt abgegrenzt und nicht mehr als einen Eingang hat: Festus p. 157 *minora templa fiunt ab auguribus cum loca aliqua tabulis aut linteis sepiuntur, ne uno amplius ostio pateant, certis verbis definita; itaque templum est locus ita effatus aut ita septus, ut ea una parte pateat, angulosque adfixos habeat ad terram.* Serv. Verg. Aen. 4, 200 *alii templum dicunt non solum quod potest claudi, verum etiam quod palis aut hastis aut aliqua tali re et lineis (linteis?) aut loris aut simili re saeptum est, quod et factum est. amplius uno exitu in eo esse non oportet, cum ibi sit cubiturus auspicans.* Nach dieser Einfriedigung führt der Auguraltempel auch den Namen *tabernaculum* (Cic. de nat. deor. 2,

---

1) Für das Folgende vgl. Becker-Marquardt R. A. 2, 3, 67 fg. 4, 345 fg.

4. 11 Liv. 4, 7 Serv. Verg. Aen. 2, 178). Daß diese Einfriedigung nicht mit Notwendigkeit eine künstlich angebrachte zu sein brauchte, lehrt die Geschichte des Attus Navius (Dion. 3, 70 Cic. de Div. 1, 17. 31), welcher durch Ziehung des Kardo und Decumanus einen Weinberg zum Templum inaugurirt. Der etruskische Seher Olenus Calenus zeichnet mit dem Stab ein Templum an den Boden und sofort ist dasselbe verzaubert (Plin. N. H. 28, 15 Dion. 4, 60). Wie denn auch Festus angiebt, es ist ein *locus ita effatus aut ita scptus ut ea una parte pateat*. Die Formel ist das Wesentliche um ein Templum zu constituiren; denn der Bann haftet am Boden. Die Formel dient dazu einerseits den Boden von aller *religio* zu befreien, zweitens aber denselben zu sacriren d. h. profanem Gebrauch zu entziehen: Serv. Verg. Aen. 6, 197 *ager, ubi captabantur auguria, dicebatur effatus*; ders. zu 3, 463 *loca sacra, id est ab auguribus inaugurata, effata dicuntur*.

Im Staate wird die *inauguratio* und *exauguratio* von den Augurn vollzogen, welche die göttliche Sanction, die *auctoritas divina* repräsentiren (*interpretes Iovis optumi maxumi* Cic. Leg. 2, 8. 20) [1]). Sie wird angewandt bei dem Bau eines Gotteshauses (Serv. Verg. A. 1, 446 Liv. 1, 55) und zwar geht diese Sühne der eigentlichen Weihe durch die Pontifices vorher. Ob bei allen ist nicht recht klar; denn es gab *aedes sacrae*, welche keine Templa waren (Gellius 14, 7 Varro *scriptum reliquit non omnes aedes sacras templa esse ac ne aedem quidem Vestae templum esse* vgl. LL. 7, 10) und zwar alle diejenigen, welche keine rechtwinklige Form hatten (Serv. Verg. Aen. 2, 512 Varro *locum quatuor angulis conclusum aedem docet vocari debere* vgl. Fest. a. O. *templum . . angulos adfixos habeat ad terram*). Da aber letzteres weitaus auf die meisten zutraf, so begreift sich leicht wie misbräuchlich *aedes sacra* und *templum* identificirt werden konnten (Varro LL. 7, 10 *sed hoc ut putarent aedem sacram templum esse, factum quod in urbe Roma pleraeque aedes sacrae sunt templa eadem*

---

1) *augur* umbr. *uhtur* = *auctor* Aufrecht und Kirchhoff Glossar. Wie J. Schmidt ausführen wird, ist *augur* von demselben Stamm wie *autumari auctor aio τέχεσθαι* abzuleiten. Die Etymologie *ari-ger* (Fest. p. 2) wird wol heutigen Tags Niemand mehr vertreten. Wie ansprechend und vom sachlichen Gesichtspunct aus wahrscheinlich die enge Verwandtschaft von *augur* und *auctor* erscheint, braucht hier nicht ausgeführt zu werden; vgl. Cic. Leg. 2, 12. 31 *maximum·et praestantissimum in re publica ius est augurum cum auctoritate coniunctum*.

sancta) [1]). Inaugurirt sind weiter die Orte, an denen Staatshandlungen vorgenommen werden. Ein Senatsbeschluss kann nur in einem Templum gefasst werden (Gell. 14, 7. 7 Varro *tum adscripsit de locis in quibus senatusconsultum fieri iure posset, docuitque confirmavitque, nisi in loco per augurem constituto, quod templum appellaretur, senatusconsultum factum esset, iustum id non fuisse. propterea et in curia Hostilia et in Pompeia et post in Iulia, cum profana ea loca fuissent, templa esse per augures constituta, ut in iis senatusconsulta more maiorum iusta fieri possent.* Liv. 1, 30 Hostilius *templum ordini ab se aucto curiam fecit.* Liv. 26, 31. 33 Cic. pro Mil. 33, 90 Serv. Verg. Aen. 1, 446 11, 235 u. a.). Ebenso ist der Ort auf dem Forum, von dem zum Volke geredet wird, ein Templum (Cic. in Vat. 10, 24 *in rostris, in illo, inquam, augurato templo ac loco.* Liv. 8, 14 *rostris . . suggestum in foro exstructum adornari placuit; rostraque id templum appellatum* Liv. 2, 56 3, 17 8, 35 23, 10). Auch die Curiat- und Centuriatcomitien können nur in einem solchen abgehalten werden (Liv. 5, 52 *comitia curiata, quae rem militarem continent, comitia centuriata, quibus consules tribunosque militares creatis, ubi auspicato, nisi ubi adsolent, fieri possunt? Veiosne haec transferemus, an comitiorum causa populus in hanc urbem conveniet?* Valer. Max. 4, 5. 3). Sollen solche an anderen Orten stattfinden, so müfste erst ein eigenes Templum durch die Augurn inaugurirt werden; der Fall ist wol beabsichtigt worden, aber nie zur wirklichen Ausführung gekommen (Liv. 3, 20 Cass. Dio 41, 43).

Wie der Ort, an dem das Volk sich versammelt, so ist ferner die Stadt als Ganzes ein Templum, weil sie *augusto augurio* oder *auspicato inauguratoque* (Liv. 5, 52) gegründet ist. Die Grenze desselben bildet das Pomerium (Gell. 13, 14 *pomerium quid esset, augures populi Romani, qui libros de auspiciis scribserunt, istiusmodi sententia definierunt: pomerium est locus intra agrum effatum per totius urbis circuitum pone muros regionibus certeis determinatus, qui facit finem urbani auspicii* Varro LL. 5, 143). Das Collegium der Augurn führt über die Grenzsteine des Pomeriums die Aufsicht (Or. inscr. 811). Auch auf das Stadtgebiet trifft die nämliche Auffassung zu: so bestimmt Cicero in seiner Constitution (de Leg. 2, 8. 21) *au-*

---

1) Auch ist der Sprachgebrauch durchaus nicht consequent: *templum Vestae* Hor. Od. 1, 2. 16.

gures . . . urbemque et agros templa liberata et effata habento. Das
Stadtgebiet hat demnach auch seine bestimmten Auspicien (Varro
LL. 5, 33 *ut nostri augures publici disserunt, agrorum sunt genera
quinque, Romanus Gabinus peregrinus hosticus incertus. Romanus
dictus, unde Roma, ab Romulo. Gabinus ab oppido Gabis. Peregrinus ager pacatus, qui extra Romanum et Gabinum, quod uno modo
in his secuntur auspicia. dictus peregrinus a pergendo, id est a pro-
grediendo; eo enim ex agro Romano primum progrediebantur. quocirca Gabinus quoque peregrinus, sed quod auspicia habet singularia,
ab reliquo discretus. Hosticus dictus ab hostibus. Incertus is ager,
qui de his quatuor qui sit, ignoratur).* Die Grenzen des Auguraltempels, welches dasselbe darstellt, werden von den Augurn bestimmt
(Varro LL. 6, 53 *hinc effata dicuntur, quod augures finem auspicio-
rum caelestum extra urbem agris sunt effati ubi esset; hinc effari
templa dicuntur ab auguribus; effantur qui in his fines sunt).*

Man sieht, das Templum ist einer der Grundbegriffe, mit welchen die römische Religion operirt. In den angeführten Beziehungen
handelt es sich überall um Staatsactionen: um die Erkundung des
Götterwillens im öffentlichen Interesse, um die Wohnungen der
Staatsgötter, um Rats- und Volksversammlungen, um die Sühnung
von Stadt und Land. Das Wort *templum* wird in der That fast
ausschliefslich da gebraucht, wo der öffentliche Gottesdienst in Frage
kommt. Die einzige Ausnahme bilden die Gräber, welche auch unter
diesem Namen vorkommen (Non. p. 464 *templum et sepulcrum dici
potest veterum auctoritate* mit Anführung von Verg. Aen. 4, 457
praeterea fuit in tectis de marmore templum coniugis antiqui; Sil.
It. Pun. 1, 81; ferner auf Inschriften Or. 132 *templa novissima
struxit,* La Marmora voyage en Sardaigne 2, 487 = Murat. 1638. 4),
aber selten und wie die Beispiele zeigen, nur in poetischer Sprache.
Wenn der Name also der Privatreligion eigentlich abgeht, so gilt
dies doch keineswegs vom Begriff. Jedem Einzelnen steht es ebenso
gut frei zu auspiciren, wie den öffentlichen Augurn und das Verfahren ist in dem einen Falle gerade wie in dem anderen. Die
Weinberge waren durch Kardo und Decumanus limitirt wie ein Templum (Plin. H. N. 17, 169) und ebenso der Acker und die Stadt.
Aber überall, wo zwei Wege oder Strafsen sich schneiden, da ruht
eine besondere Verehrung und eigene Geister wachen über jedem
Kreuzweg. Endlich das Haus selbst ist wesentlich nach denselben
Principien errichtet wie die Götterwohnung, und hat seinen eigenen

Cult [1]); ja in jedem Raum des Hauses haust ein specieller Geist. Der
Unterschied ist einfach der, dafs der Cultus der Haus- und Feld-
götter nur die einzelne Hausgenossenschaft, der Cult der Laren am
Kreuzweg nur die Nachbarschaft bindet, während die Tempel der
Stadtgötter und die Orte, an denen die öffentlichen Angelegenheiten
verhandelt werden, die Verehrung Aller in Anspruch nehmen.

Der Begriff des Templum hat sich nicht entwickelt aus dem
des Heiligen, Gottgeweihten und noch weniger deckt er sich mit ihm.
Eines der höchsten Heiligtümer in Rom, das der Vesta, war, wie
bemerkt, kein Templum. Vielmehr läfst sich in allen Anwendungen
mit Deutlichkeit die ursprünglich zu Grunde liegende Vorstellung
des Eigentums erkennen. Das Haus gehört dem Gotte, der darin
wohnt, die Curie dem Senat, das Comitium den Bürgern: es ist
nicht gleichgültig wie der Augur den Himmel limitirt; denn zwar
reicht der Wille Juppiters durch den ganzen Umfang desselben,
gleichwie der *paterfamilias* das ganze Haus beherrscht, aber in den
verschiedenen Regionen wohnen andere Götter, und je nachdem man
den Willen dieses oder jenes erkunden will, werden die Linien gezogen. Die Constituirung eines Templum hat sofort zur Folge, dafs
der also eingehegte Raum von einem Geist in Besitz genommen wird.
Dieser Geist ist gewisser Mafsen eine Abspaltung des endlosen Na-
turgeistes, der die ganze Schöpfung erfüllt. Darum hat nicht blos
die Stadt, sondern auch das Compitum und Haus, nicht blos die
Feldflur, sondern jeder Acker und Weinberg, nicht nur das Haus
als Ganzes, sondern jeder Raum innerhalb desselben seinen eigenen
Gott. Die Gottheit wird erkannt an ihren Wirkungen und ihrer
Umgebung. Deshalb gewinnt jeder Geist, der in einen Raum ge-
bannt ist, eine Individualität und einen bestimmten Namen, bei dem
der Mensch ihn anrufen kann. Dies ist die räumliche Ableitung
jener unendlichen Reihe von Abstractionen, mit denen die römische
Religion angefüllt ist, und wenn man die räumliche Spaltung in gleicher Weise auch auf die Zeit überträgt, so ist die Genesis der In-
digitamentengötter erklärt.

Der Begriff des Templum reicht in graekoitalische Zeit hinauf.
Aber bei den Hellenen ist er zusammengeschrumpft zur Bedeutung
eines den Göttern geweihten Bezirks. Der Hellene benennt die Woh-

---

1) Ennius fr. trag. 119 (Cic. Tusc. 3, 19. 44) sagt geradezu *o Priami
domus saeptum altisono cardine templum.*

nung seines Gottes einfach als Haus, er achtet auf den Flug der
Vögel und die Wahrzeichen der Luft, aber er zwingt weder Himmel
noch Erde in feste Schemata, welche der Natur spotten. Sie selbst
in ihrer ganzen Herrlichkeit und Freiheit hat den Menschen ge-
fangen genommen, und erfüllt ihm Glauben und Sein; er ist ihr
Liebling, der Römer ihr Herr. Der tiefe und fast unergründliche
Unterschied, welcher die beiden Schwesternationen trennt, läßt sich
vielleicht nirgends so klar darlegen, als durch eine Analyse des Be-
griffs Templum in seinem Verhältniß zu den verschiedenen Richtungen des Lebens, wie es von den Italikern ausgebildet worden
ist. Im Folgenden sollen einzelne Puncte aus dem reichen Umfang
des Stoffes herausgehoben werden; wie wenig an eine erschöpfende
Behandlung des Ganzen gedacht werden konnte, wird der Leser aus
den Untersuchungen selbst am Besten erkennen.

Die höher entwickelte Form des Eigentums beginnt mit der
Begrenzung und Vertheilung von Grund und Boden. Wie der ganze
Ackerbau, so sind auch hiervon die Elemente Hellenen und Italikern gemeinsam. Das älteste Flächenmaß Italiens, der *vorsus* von
100 Fuss im Quadrat, findet sich bei den Griechen wieder als πλέ-
θρον; die Grenze *terminus* als τέρμων (Curtius, Gr. Etym. ². 200);
auch die Grundprincipien der Landvermessung, wie sie auf den Tafeln von Herakleia erscheint, weichen von dem italischen Verfahren
nicht gerade ab. Den Vergleich weiter zu führen fehlt es vorab an
einer genaueren Kenntniß der hellenischen Meßkunde [1]). Um so
reichlicher fließen unsere Quellen für Italien. Von den Schriften der
Römischen Feldmesser, deren Benutzung durch die Textrecension Lach-
manns so sehr erleichtert, deren Erklärung seit Niebuhr in so hohem
Grade gefördert, wird unsere Betrachtung auszugehen haben [2]). Eins

---

1) C. J. Gr. III 5774. 75. vgl. Aufrecht und Kirchhoff, umbr. Sprachdenkm. 2, 86 fg.

2) Die Grundlage dieser Studien bildete Niebuhrs Abhandlung über das
agrarische Recht in der 1. Ausgabe der R. G. In den späteren Ausgaben
ist sie in verschiedene Theile zerlegt: vom gemeinen Feld und dessen Nu-
zung 2, 146 fg., über die röm. Eintheilung des Landeigenthums und die Limitation als Anhang zu Bd. 2, endlich über die Agrimensoren Kleine Schr.
2, 81 fg. Jetzt ist die Hauptschrift die Gromatischen Institutionen von Rudorff im 2. Band der Agrimensoren S. 229 464. Von ihr geht auch die folgende Darstellung aus; Abweichungen sind ausführlich motivirt worden. —
Kürzere Behandlungen von O. Müller (Anm. S. 11). Göttling, Gesch. der röm.

der merkwürdigsten Stücke in der ganzen Sammlung, die sog. Weissagung des Vegoia, legt die Einführung der Limitation dem Jupiter
bei, sie unmittelbar an die Weltschöpfung anknüpfend p. 350 *scias*
mare ex aethera remotum. cum autem Iuppiter terram Aetruriae
sibi vindicavit, constituit iussitque metiri campos· signarique agros.
sciens hominum avaritiam vel terrenum cupidinem, terminis omnia
scita esse voluit. Freilich, fährt er fort, wird einst die Zeit kommen,
wo die Menschen in ihrer Habsucht Hand an die Grenze legen und
sie verrücken; aber die furchtbarsten Strafen der Götter suchen den
Frevler und sein Haus heim, die Erde wird in ihren Festen erschüttert, die Feldfrucht verdorrt, und im Volke ist eitel Zwietracht.
Wie in dieser pathetischen Rede die Heiligkeit der Grenze als Eck-
stein aller sittlichen Weltordnung hingestellt wird, so leitet Varro
ihren Ursprung ebendaher ab p. 393 *Varro peritissimus Latinorum*
(geometriae) causam sic extitisse commemorat, dicens prius quidem
dimensiones terrarum, terminis positis, vagantibus ac discordantibus
populis pacis utilia praestitisse. Wie uralt diese Anschauung und
wie tief sie im Glauben des Volkes begründet lag, zeigt die bekannte
Legende, nach der bei der Exauguration des Capitols für den Bau
des Jupitertempels Terminus selbst dem höchsten der Götter nicht
weichen wollte. Die römische Legende legt dem weisen Numa wie
alle höhere Ordnung und Gesittung, so auch die Einführung der
Limitation bei (mehr bei Preller, Röm. Myth. 227). Varro nimmt
an (p. 27), die Limitation sei von der etruskischen Theologie erfunden
worden; ohne Zweifel ward sie von dieser bis in ihre kleinsten De-
tails ausgebildet und mit dem ganzen System ihrer Wissenschaft in
den engsten Zusammenhang gebracht, auch ward sie literarisch behandelt, lange bevor an einen ähnlichen Versuch in Rom gedacht
werden konnte, und hier — wenn es eines Beweises dafür bedürfte,
so gewährt sie das Bruchstück des Vegoia — als eigenstes Eigentum hingestellt. Unter dem Einfluß dieser alten Priesterliteratur
stand Varro wie die Gelehrten der Kaiserzeit überhaupt, und so erscheint ihnen als von den Etruskern entlehnt, was den italischen
Stämmen insgesamt als uraltes gemeinsames Besitztum zukommt.
Damit soll eine weitreichende Einwirkung dieses alten Culturvolkes
in keiner Weise bestritten werden. Aber bei dem gegenwärtigen

---

Staatsverf. S. 33. 209. Abeken, Mittelitalien S. 202 fg. Marquardt, Röm. Alt.
3, 1. 343. Nägelé, Stud. üb. altital. Staatsleben S. 116.

Stand unserer Wissenschaft wäre es ein aussichtsloses Beginnen, seinen speciellen Antheil an dem grofsen Gesammtgut näher abgrenzen zu wollen [1]).

Die Limitation geht aus von den Weltgegenden: eine Linie von Ost nach West und eine zweite, welche jene rechtwinklig schneidet, von Süd nach Nord bilden die Basis des ganzen Systems. Frontin p. 27 (nach ihm Hygin p. 166. Dolabella p. 303) *limitum prima origo, sicut Varro descripsit, a disciplina Etrusca; quod aruspices orbem terrarum in duas partes diviserunt, dextram appellaverunt quae septentrioni subiaceret, sinistram quae ad meridianum terrae esset, ab oriente ad occasum, quod eo sol et luna spectaret. sicut quidam architecti delubra in occidentem recte spectare scripserunt. aruspices altera linea ad septentrionem a meridiano diviserunt terram, et a media ultra antica, citra postica nominaverunt. Ab hoc fundamento maiores nostri in agrorum mensura videntur constituisse rationem. primo duo limites duxerunt; unum ab oriente in occasum, quem vocaverunt decimanum; alteram a meridiano ad septentrionem, quem vocaverunt cardinem. decimanus autem dividebat agrum dextra et sinistra, cardo citra et ultra.* Die Lehre geht aus von der ersten und einfachsten Theilung, welche die Natur an die Hand giebt, in eine Tag- und Nachtseite [2]). Ihr folgt als zweite und mindere Theilung die nach dem zu- und abnehmenden Tage in eine Morgen- und Abendseite. Der Decimanus ist deshalb die Hauptlinie und erhält die doppelte Breite des Kardo (p. 194 *limitibus latitudinem secundum legem et constitutionem divi Augusti dabimus, decimano maximo pedes XL, kardini maximo pedes XX*). Weil derselbe die erste und Haupttheilung darstellt, haben die Agrimensoren ihn auch etymologisch als den Zweitheiler erklären wollen (p. 28. 167 *ut duopondium et duoviginti quod dicebant antiqui, nunc dicitur dipondium et vi-*

1) In diesem Puncte mufs sich unsere Untersuchung ganz von O. Müller entfernen, der Etrusker 2, 124—161 »eine ausführliche Darlegung der Lehre vom Templum und allen seinen Anwendungen« gegeben hat. Im Uebrigen ist es dem Verf. eine angenehme Pflicht zu bekennen, dafs kein anderes Buch die vorliegende Arbeit in gleichem Mafs angeregt und gefördert hat als gerade Müllers Etrusker.

2) Nach Plin. N. H. 7, 212 kannten die 12 Tafeln nur die Theilung in Tag und Nacht; erst einige Jahre später wäre der Tag durch Verkündigung des Mittags in 2 Hälften getheilt worden. Doch scheint die Angabe unrichtig zu sein (Ideler Chron. 2, 7), wenngleich sehr charakteristisch.

ginti, sic etiam duodecimanus decumanus est factus). Abeken, Mittelitalien S. 204 hat mit Hypostasirung eines angeblichen *duocere* diese Ableitung zu halten gesucht. Ihre Unmöglichkeit liegt auf der Hand, und gerade wie *quintarius* oder *quintanus* von *quintus*, so kommt *decimanus* von *decimus*. Die Benennung erklärt sich nicht, wie Isidor p. 367 will, *qui pro eo quod formas X faciat, decumanus est appellatus*, sondern aus dem Decimalsystem, das bei den Italikern von uraltersher im Gebrauch war: 10 Ruthen machen einen Versus, 10 Fuſs eine Ruthe, 10 Mann eine Decurie, 10 Decurien eine Curie, 10 Curien eine Tribus u. s. w. vgl. Vitruv 3, 1. 5 *perfectum antiqui instituerunt numerum, qui decem dicitur* etc. Der Zehnte macht daher die Reihe voll und die Linie, welche eine Flächeneinheit begrenzt, erhält passend von ihm den Namen gerade wie diejenige, welche die Flächeneinheit halbirt, die fünfte heiſst. Aehnlich faſst die Ableitung des Wortes Siculus Flaccus p. 153 *cum omnes limites a mensura denum actuum decimani dicti sint, hi qui orientem occidentemque intuentur, qui meridianum et septentrionem tenent, unum vocabulum illis erat: decumanum nuncupabant matutini et vespertini et meridiani et septentrionis. alii vero ob regionum positionem et naturam appellaverunt maritimos et montanos.* vgl. p. 168. Weiter hat *decumanus* auch die Nebenbedeutung grofs erhalten (Fest. p. 71 *decumana ora dicuntur et decumani fluctus, quia sunt magna. nam et ovum decimum maius nascitur, et fluctus decimus fieri maximus dicitur.* vgl. p. 4 *Albesia scuta.* Colum. R. R. 12, 10 *pira decumana*), die auf die nämliche Grundanschauung hinweist, daſs erst durch den Zehnten die neue gröſsere Einheit fertig wird. Die Uebertragung des Namens auf die Ost-Westlinie ist an und für sich ganz willkürlich, wie auch von Siculus Flaccus p. 153 anerkannt wird, der sie auf die römischen Assignationen zurückführt (*postea vero cum agri dividerentur et assignarentur, decimani quidem vocabulum permansit, ut hi qui orientem occidentemque intuentur decimani dicerentur*). In der That findet sich, daſs bei einer Anzahl älterer Gründungen, die Ostlinie Kardo und der Meridian Decumanus heiſst, so bei Capua (p. 29), Benevent (p. 210), Consentia Vibo Clampetia (p. 209) und überhaupt als häufig vorkommend erwähnt (p. 292. 294) [1]). Unsere

---

1) Festus p. 233 wird nach Müllers Ergänzung jetzt so gelesen: *posticam lineam in agris dividendis Ser. Sulpicius appellavit ab exori(ente sole ad occasum spectantem . . .).* Da nur der Kardo die Theilung zwischen Antica

Gewährsmänner sind viel zu sehr geneigt derartige Abweichungen auf die Ignoranz ihrer Vorgänger zu schieben. Auch im Lager, wenn die Breite der Wege das Bestimmende wäre, würde der Decumanus von Nord nach Süd laufen, während doch durch den Namen der *porta decumana* derselbe deutlich als Ost-Westlinie charakterisirt ist. Unter solchen Umständen würde man die Notiz des Servius, welche diese·Ausnahme vielmehr als Regel hinstellt, nicht ohne Weiteres für blofsen Irrtum erklären dürfen (Verg. Georg. 1, 126 *cum agri colonis dividerentur, fossa ducebatur ab oriente in occidentem, quae cardo nuncupabatur et alia de septentrione ad meridianum, qui decimanus limes vocabatur*). Allein die Quelle ist nicht von der Art, dafs ihre Worte auf die Goldwage zu legen sind, und man wird hier durchaus eine Verwechslung anzunehmen berechtigt sein. Auch wird der Sprachgebrauch der Gromatiker ausdrücklich bestätigt durch Festus (p. 71 *decimanus appellatur limes, qui fit ab ortu solis ad occasum; alter ex transverso currens appellatur cardo*) und Plin. N. H. 17, 169 [1]). Eine andere Bezeichnung für den Decumanus ist *prorsus*, der vorwärtslaufende, den der *transversus* schneidet, bei den Gromatikern jedoch nur im Plural von dem ganzen System gebraucht: p. 29 *limites . . qui spectabant in orientem dicebant prorsos: qui dirigebant in meridianum, dicebant transversos.* Die Mittagslinie heifst *cardo* (über die Ableitung Curtius, Gr. Etym. ². 142), weil der Himmel sich um sie dreht wie die Thür um die Angel: p. 28 *kardo nominatur quod directus ad kardinem caeli est: nam sine dubio caelum vertitur in septentrionali orbe.*

Das Templum, welches durch Decumanus und Kardo constituirt wird, ist nach etruskischer Lehre und auch nach der Ansicht der Gromatiker gen Westen orientirt: Süden ist links, Norden rechts, Westen *antica*, Osten *postica*. Sie beziehen sich zur Stütze dieser Theorie auf die Ansicht einiger Architekten, nach denen auch die Gotteshäuser nach West gerichtet sein müfsten. Sie wird von Frontin p. 31 ausdrücklich als *optima ac rationalis agrorum constitutio* hingestellt. Jedoch war diese Auffassung weder ausschliefslich, noch

---

und Postica vollziehen kann (S. 15), so wäre damit eine neue Autorität für jene abweichende Theorie gefunden. Doch wird die Ergänzung eben durch ihre ungewöhnliche Auffassung zweifelhaft.

1) Derselbe ist überall in den folgenden Untersuchungen streng festgehalten worden.

vorwiegend angenommen. Vielmehr bezeichnet sie zwar Hygin p. 169 eben mit Rücksicht auf die Stelle Frontins und auch wol die gewichtige Autorität Varros als *antiqua consuetudo (quare non omnis agrorum mensura in orientem potius quam in occidentem spectat, in orientem sicut aedes sacrae)*; aber fährt er fort *postea placuit omnem religionem eo convertere, ex qua parte caeli terra inluminatur, sic et limites in oriente constituuntur.* Die letztere Stelle wird bestätigt durch p. 108 *nam decumanum limitem traxerunt ab occidente in orientem, cardinem vero a meridiano in septentrionem duxerunt,* ferner auch durch den eigenen Ausdruck Frontins p. 29 (167) *limites qui in orientem spectabant, prorsos dicebant.* Man hat aus diesen Stellen gefolgert, dafs die Mefskunst einen vollständigen Umschwung im Lauf der Zeiten erfahren habe: was früher vorn, sei später hinten, rechts sei links geworden. Durch den unklaren Ausdruck der Gromatiker ward eine derartige Annahme ermöglicht; aber sie ist in allen Puncten falsch. Die angeführte Stelle Hygins, auf welche sie sich allein stützen kann, bezieht sich nicht etwa auf das technische Verfahren seiner Kunst, sondern ausschliefslich auf die Orientirung der Tempel. Hier boten sich zwei grofse Gegensätze dar: nach etruskischer Lehre, dem Zeugnifs Varros und einiger Architekten war Westen die Stirnseite; umgekehrt sprachen für Osten gewisse gromatische Traditionen und das natürliche Gefühl selber. Die Feldmesser, welche mit Vorliebe den speculativen und religiösen Grundlagen ihrer Kunst nachgehen, haben aus diesem Dilemma nicht herauszufinden gewufst. Der religiöse Unterschied beider Auffassungen soll im 6. Kap. besprochen werden. Hier ist der Nachweis zu führen, dafs die Praxis dadurch in keiner Weise influencirt worden ist.

Praktische Bedeutung hatten jene Auffassungen für unsere Gewährsmänner zunächst nicht, um den Decumanus selbst zu finden. Sie gehen nämlich bei der Vermessung aus von der Bestimmung des Meridians und übertragen erst auf diesen den Decumanus (p. 188 *optimum est ergo umbram hora sexta deprehendere et ab ea limites incoare, ut sint semper meridiano ordinati: sequitur deinde ut et orientis occidentisque linea huic normaliter conveniat*). Der Meridian wird gefunden um die sechste oder Mittagsstunde vermittelst der Sonnenuhr oder auch des eigenen Schattens (p. 189 fg. Plin. N. H. 18, 326) und heifst daher auch *sextaneus limes* (Rudorff, grom. Instit. 344). Durch die *stella* oder *groma*, ein doppeltes Diopterlineal,

dessen Arme sich rechtwinklig kreuzen (vgl. die genaue Erörterung
von Rudorff S. 335 fg.), ist damit zugleich auch die Richtung und
der Mittelpunct des Decumanus gegeben. Bei diesem Verfahren ist
es ganz gleichgültig, ob man den westlichen oder östlichen Arm
zuerst ausmifst. Allein das ganze System der Bezifferung hing davon ab, ob Osten vorn oder hinten, ob links Nord oder Süden be-
deutete. Man beginnt vom Schneidepunct des Decumanus und Kardo
maximus als dem Centrum des ganzen Territoriums. Die weitere
Eintheilung desselben geschieht durch Limites, welche in gleicher
Entfernung von einander den beiden Hauptlinien parallel laufen und
diesen entsprechend Decumani und Kardines genannt werden (p. 29
*ab his duobus omnes agri partes nominantur. reliqui limites fiebant
angustiores et inter se distabant paribus intervallis*). Dergestalt zerfällt das Territorium in eine Anzahl gleicher Quadrate (*centuriae*).
Jedes derselben wird an den 4 Ecken durch beschriebene Grenzsteine gekennzeichnet. Die Art der Bezifferung wird an mehreren
Stellen ausführlich behandelt (p. 111. 173. 194). Bei dem normalen
Verfahren, welches den Decumanus als Ost-Westlinie hinstellt, kennen
die Gromatiker schlechterdings nur ein einziges System [1]), nach
welchem Norden rechts, Süden links, Westen jenseit, Osten diesseit
ist. Von den 4 Regionen, welche durch die beiden Hauptlinien gebildet werden, erscheint NW. als *regio dextrata et ultrata*, NO. *regio
dextrata et citrata*, SO. *regio sinistrata et citrata*, SW. *regio sinistrata et ultrata*. Gezählt wird vom Mittelpunct aus, so dafs die
Ziffern mit 1 beginnend nach den vier Weltgegenden hin zunehmen,
z. B. SD IV VK VIII *sinistra decumanum quartum citra kardinem
octavum* ist die 4. Centurie vom Decumanus, die 8. vom Kardo maximus und zwar liegt sie in der SW.-Region. Wie wir S. 12 sahen,
gab es auch eine Theorie, welche den Kardo von Ost nach West
legte und den Decumanus zur Mittagslinie machte. In diesem Fall
mufste die Benennung der Region anders lauten, weil die Ausdrücke
sinistra und *dextra* an den Decumanus, *ultra* und *citra* an den Kardo
gebunden sind. Sie verschob sich um eine halbe Wendung, wie die
mit II bezeichnete Figur angiebt:

---

1) Der Fall, wenn von mehreren Puncten aus zugleich gerechnet wird
(p. 162), bildet hiergegen natürlich keine Instanz. Die Worte *inscribendi nobis una sit ratio* p. 194 beziehen sich darauf, wo an den Steinen die Inschrift
angebracht werden soll, nicht auf das System der Bezifferung im Allgemeinen.

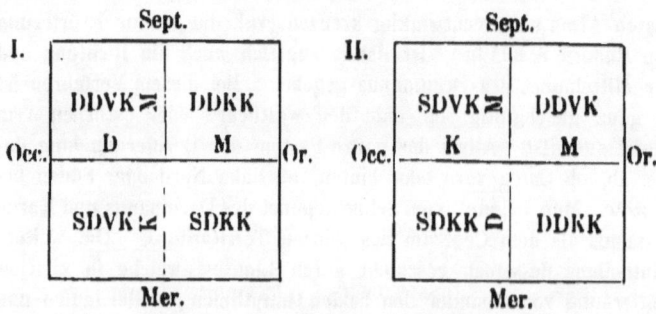

In der ausführlichen Anleitung, die Junius Nipsus p. 290 fg. giebt, sich auf einem unbekannten Terrain zu orientiren, werden diese beiden Bezifferungsarten allein aufgeführt. Die erste — und in gewissem Sinne auch die zweite — hält sich streng an den Sprachgebrauch der *antiqua consuetudo* oder *optima ac rationalis agrorum constitutio*, wie er in den Axiomen festgestellt wird, mit denen unsere Autoren ihre Lehre beginnen. Sollte derselbe aber im Lauf der Zeiten vollständig umgekehrt worden sein, wie die bisherige Interpretation annimmt, so wäre es doch völlig undenkbar, wenn in unserer ganzen Litteratur sich nicht die leiseste Andeutung erhalten hätte, daß unter Umständen rechts dasselbe bedeute was früher links. Man müßte weiter annehmen, daß unsere Gewährsmänner diese Bezeichnungen im directen Gegensatz zur Praxis ihrer Tage verwendeten. Wie sich von selbst versteht, ist die eine Annahme ebenso unmöglich wie die andere und damit auch ein folgenreicher Widerspruch beseitigt.

Das Territorium wird durch Decumani und Kardines in gleiche Quadrate eingetheilt. Die Größe derselben richtet sich nach der *lex*, nach welcher assignirt wird; je nach dem Umfang des zu assignirenden Landes und den natürlichen Bedingungen kommen daher ganz verschiedene Centurien vor (p. 30. 110. 170. Rudorff S. 352). Siculus Flaccus p. 152 setzt als Maß der *quaestorii agri*, des vom Feind eroberten und durch die Quästoren verkauften Landes, 50 *iugera* = 100 *actus* an (*quem modum decem actus in quadratum per limites dimensi efficiunt; unde etiam limites decumani sunt dicti*). Jedoch nach allgemeiner Anschauung umfaßt die Centurie 200 Morgen und zerfällt ursprünglich in 100 *sortes* oder *heredia* von je 2 Morgen: eine Eintheilung, welche ihres unvordenklichen Alters halber auf Romulus zurückgeführt wird (Varro RR. 1, 10 *bina iugera*

quod a *Romulo primum divisa dicebantur viritim, quae quod heredem sequerentur, heredium appellarunt. haec postea a centum centuria dicta* [1]). — Fest. p. 53 *centuria in agris significat ducenta iugera, in re militari centum homines. centuriatus ager in ducena
iugera definitus, quia Romulus centenis civibus ducena iugera tribuit.* — Frontin p. 30 *duo iugera iuncta in unum quadratum agrum
efficiunt, quod sint in omnes partes actus bini. quidam primum appellatum dicunt sortem, et centies ductum centuriam.* p. 153). Die
Limites, welche die Centurien einfassen, heifsen *linearii.* Jeder
sechste Limes heifst *actuarius* und ist um die Hälfte breiter als
die dazwischen liegenden; auch steht er allgemeiner Benutzung als
öffentlicher Weg offen, während jene nur für die Bestellung der
Aecker dienen (Hygin p. 168 *alii limites sunt actuarii adque alii
linearii. actuarius limes est qui primus actus est, ab eo quintus
quisque; quem si numeres cum primo, erit sextus, quoniam quinque
centurias sex limites cludunt. reliqui medii limites linearii appel-
lantur, in Italia subrunciri. actuarii autem, extra maximos decimanum et kardinem, habent latitudinem ped. XII. per hos iter populo sicut per viam publicam debetur . . . . linearii in Italia itineri
publico serviunt sub appellatione subruncirorum, habent latitudinem ped.
VIII: hos conditores coloniarum fructus asportandi causa publicave-
runt).* Die Breite der Limites war *secundum legem et constitutionem
divi Augusti* (p. 194) festgesetzt für den Decumanus maximus 40',
Kardo 20', Actuarii 12', Linearii 8'. Durch je 2 *actuarii decimani
cardinesque* wird ein Quadrat von 25 Centurien eingeschlossen, welches *saltus* heifst (p. 158 *qui cum viginti et quinque centurias inclu-
dant, saltus appellatur*). Denkt man sich demnach ein ganz regelmäfsiges Territorium, bei welchem die 4 Regionen gleich, also Kardo
und Decumanus maximus genau die Mitte schneiden, so würde sein
Inhalt 100 Centurien oder die vierfachen hiervon betragen. Dagegen bilden schon 4 Centurien einen Saltus nach Varro RR. 1, 10
*quatuor centuriae coniunctae, ut sint in utramque partem binae, ap-
pellantur in agris divisis viritim publice saltus.* Hiernach würde der
Inhalt eines regelmäfsigen Territoriums nur 16 Centurien oder die
vierfachen hiervon betragen. Diese ganz verschiedene Auffassung ist

---

1) Anders Varro LL. 5, 35 *centuria primo a centum iugeribus dicta,
post duplicata retinuit nomen.* Dieser Erklärung folgen Columella 5, 1. Isidor p. 368 (372); Rudorff S. 289 Anm. vgl. M. Voigt, Rhein. Mus. 24, 52 fg.

ohne Zweifel darauf zurückzuführen, dafs die späteren Ackerlose bedeutend gröfser ausfielen als diejenigen älterer Zeit. Sie erhält ihr richtiges Verständnifs, sobald man sich vergegenwärtigt, dafs nach der Ansicht der Alten die Centurie ursprünglich 100 *heredia*, jedes zu 2 Morgen enthielt. Die Theilung erforderte 11 Decumani und ebenso viele Kardines; die beiden *actuarii* schieden damit die Centurie in 4 Theile zu 25 Heredien. In diesem hypothetischen ältesten Schema finden sich beide Auffassungen, die varronische und die der Gromatiker, vereint und sind aller Wahrscheinlichkeit nach eben hieraus abzuleiten.

Das Staatsrecht hängt aufs Engste mit der Limitation zusammen; das eine wird durch das andere bedingt. Beide unterscheiden dreierlei Arten von Landgebiet. Frontin p. 1 *agrorum qualitates sunt tres: una agri divisi et adsignati, altera mensura per extremitatem conprehensi, tertia arcifinii qui nulla mensura continetur.* Gehen wir zunächst von der zweiten Klasse aus, so ist im Ganzen vermessen, ohne die Vermessung im Einzelnen durchzuführen, das Gebiet einer Stadt, welches als Ganzes einer andern Stadt zugetheilt ist. So hatte ja Rom im Verlauf der Geschichte nach und nach eine Menge von kleineren Städten seinem Gemeinwesen einverleibt. Das Gleiche wiederholt sich auch noch später fortwährend im römischen Reich; die Incorporation kleinerer Städte geschieht theils als Belohnung für geleistete Dienste, theils auch um die Verwaltung zu vereinfachen. Hierher gehören ferner die Besitzungen der Vestalen und anderer priesterlicher Corporationen (p. 117 *quorum agrorum formae plerumque habent quendam modum adscriptum: sed in his extremis lineis conprehensae sunt formae sine ulla quidem norma rectoque angulo.* vgl. p. 162). Die dritte Klasse ist der *ager arcifinius*, welcher unvermessen und nicht durch künstliche, sondern natürliche Grenzen eingehegt wird (p. 5 *finitur secundum antiquam observationem fluminibus fossis montibus viis arboribus ante missis aquarum divergiis et siqua loca a vetere possessore potuerunt optineri;* p. 369 *arcifinius ager dictus est quia certis linearum mensuris non continetur, sed arcentur fines eius obiectu fluminum montium arborum. unde in his agris nihil subsecivorum intervenit*). Wie der Name besagt, liegt dies Gebiet ursprünglich an der Grenze (p. 6 *nam ager arcifinius, sicut ait Varro, ab arcendis hostibus est appellatus*) und diese ist fixirt durch alte Verträge der Nachbarn (*convenientia* p. 141 *pactione* p. 217, vgl. Rudorff 253 fg.). Das unvermessene Grenzgebiet,

sowie auch den *ager mensura per extremitatem comprehensus* kann
man — von den feineren Rechtsunterschieden abgesehen, welche die
verwickelteren Verhältnifse der späteren Zeit herbeigeführt haben —
kurz bezeichnen als Gemeindeland (*ager publicus*). Im Gegensatz
hierzu ist der *ager divisus et adsignatus* Privatbesitz. Er wird vom
Staat aus dem Gemeindeland ausgeschieden und steht unter unmittelbarer Garantie des Staates (p. 154 *omnium enim agrorum et di-
visorum et assignatorum formas, sed et divisionem et commentarios
et principatus in sanctuario habet*). Die einzelnen Lose werden Mann
für Mann zu ewigem unwiderruflichem Eigentum überlassen (p. 154
*dividantur ergo agri limitibus institutis per centurias, assignantur
viritim nominibus*). Als solches führt es den Namen *heredium* (Varro
RR. 1, 10 *bina iugera a Romulo primum divisa dicebantur viritim,
quae quod heredem sequerentur, heredium appellarunt*; Rudorff 303),
und mag es auch durch so und so viel Hände gegangen sein, führt
es dennoch unablegbar den Namen des ersten Eigentümers (p. 280, 4
= Dig. 10, 1. 11. Rudorff S. 304; die festen Namen der Grund-
stücke sind aus zahllosen Inschriften bekannt). Ein bestimmtes Kennzeichen ist ferner, dafs dasselbe nicht abgabenpflichtig (*vectigalis*),
sondern censirt und zum Tributum herangezogen wird. Das ältere
Recht kennt keinen Privatbesitz im strengen Sinne des Worts, welcher nicht limitirt und assignirt wäre. Aber nur bebautes Land
(*ager cultus*) kann assignirt werden (p. 201 *adsignare agrum secundum legem divi Augusti eatenus debebimus, qua falx et arater exie-
rit*), und wenn auch später die Assignation auf Wald und Weide
ausgedehnt ward, so geschah dies nur aus Notbehelf und in offenem
Widerspruch mit der alten Praxis (p. 203). Nur der *ager*, welcher
von *limites*, unverrückbaren mathematischen Linien eingehegt ist, gilt
als Privatbesitz. Aber die Natur fügt sich keinem mathematischen
Schema und deshalb müssen bei jeder Vermessung Schnitzel übrig
bleiben: das sind die *subseciva*, der Regel nach am Rande des auf-
zutheilenden Landes, doch auch im Inneren, sobald der Boden nicht
ausreicht, um eine ganze Centurie voll zu machen (p. 6 *subicirum
est quod a subsecante linea nomen accepit. subsicirorum genera sunt
duo; unum quod in extremis adsignatorum agrorum finibus centuria
expleri non potuit. aliud genus subsicirorum, quod in mediis adsig-
nationibus et integris centuriis intervenit. vgl. p. 369). Die Subseciva
stehen im Wesentlichen dem Gemeinland völlig gleich; doch kommt
es gelegentlich vor, dafs auch sie später assignirt werden (p. 117.

295. Rudorff 390 fg.). Ein recht anschauliches Bild der verschiedenen Abstufungen des Landbesitzes gewährt der Schiedspruch zwischen Genua und dem abhängigen Castell der Viturier (C. J. L.
I 199). Zuerst werden die Grenzen des Privatgebiets der Viturier
bestimmt: *qua ager privatus casteli Vjturiorum est, quem agrum
eos vendere heredemque sequi licet, is ager vectigalis nei siet.* Vom
ager poplicus hingegen, dessen *fructus* und *possessio* ihnen zusteht,
sollen sie eine normirte Summe oder auch eine Fruchtquote nach
Genua zinsen. Endlich die Nutzung von Gemeindewald und -weide
steht ihnen ohne Abgabe frei.

Wenn der *ager privatus* durch seine Limitation sich von dem
ager publicus unterscheidet, so müssen wir noch kurz auf die verschiedenen Formen eingehen, welche dieselbe annehmen kann. Deren
sind zwei: p. 2 *ager ergo divisus adsignatus est coloniarum. hic habet condiciones duas; unam qua plerumque limitibus continetur, alteram qua per proximos possessionum rigores adsignatum est, sicut in
Campania Suessae Auruncae. quidquid autem secundum hanc con-
dicionem in longitudinem est delimitatum, per strigas appellatur;
quidquid per latitudinem, per scamna . . . . ager per strigas et per
scamna divisus et adsignatus est more antiquo in hanc similitudinem,
qua in provinciis area publica coluntur.* Die erste oder gewöhnliche
Form der Limitation ist die Centuriation oder Theilung in gleiche
Quadrate (Fest. p. 116 *limitatus ager est in centurias dimensus*); sie
geht auf die alte Assignation des Romulus zurück (Fest. p. 53 *centuriatus ager in ducena iugera definitus, quia Romulus centenis civibus ducena iugera tribuit*). Die zweite ist die Vermessung nach
länglichen Vierecken; diese Vierecke heifsen *strigae*, wenn sie in
ihrer Längenausdehnung von Nord nach Süd, *scamna*, wenn sie von
West nach Ost laufen (Hygin p. 110 *strigatus ager est qui a septentrione in longitudinem in meridianum decurrit; scamnatus autem qui
eo modo ab occidente in orientem crescit*) [1]. Hygin p. 206 setzt die

---

1) Ebenso Fig. 199. — Frontin p. 3 definirt *quidquid in longitudinem
est delimitatum, per strigas appellatur; quidquid per latitudinem, per scamna*;
ebenso Hygin p. 207. Boethius p. 397. Hält man die im Text gegebene De-
finition damit zusammen, so müfste nach den Agrimensoren Länge die Ausdehnung von Nord nach Süd, Breite diejenige von Ost nach West sein. Umgekehrt sagt Nipsus p. 293 *est ager scamnatus qui appellatur, qui in longitudinem maiorem iugerum numerum habebit quam in latitudinem,* rechnet also
Länge nach Ost/West, was durchaus das natürliche ist. Wenn man weiter

Strigen und Scamna doppelt so lang als breit. Dafs die verschiedene Vermessungsform, wie Rudorff 292 fg. sehr fein ausgeführt hat, auf eine verschiedene rechtliche Stellung zurückgeht, leidet keinen Zweifel; jedoch wird sich der Unterschied uns erst nach einer weiteren Betrachtung ergeben können. Aus den Gromatikern entnehmen wir, dafs die Centuriation in Italien, Strigation und Scamnation in den Provinzen vorherrschen und zweitens, dafs es durchaus nicht gleichgültig ist, in welcher Form vermessen wird: Hygin p. 205 verwahrt sich ausdrücklich dagegen, dafs steuerpflichtiges arcifinisches Provinzialland centuriirt werde. Andererseits ist festzuhalten, dafs auch in Italien strigirter und scamnirter Privatbesitz *more antiquo* vorkommt; denn die Angabe Frontins wird bestätigt durch das Colonienverzeichniss p. 230, 6. 8. 17. 236, 8. 238, 15. 255, 17. 257, 5. 26. Unseren Autoren ist die staatsrechtliche Bedeutung dieser Vermessungsform nicht mehr klar.

Privat- und Gemeindeland sind nach italischer Anschauung unzertrennlich mit einander verbunden. Es wäre unmöglich sich einen Staat zu denken, der auf die eine Kategorie beschränkt bliebe. Dies folgt etwa nicht blos aus. dem äusseren Umstand, dafs die eine den bestellbaren Acker, die andere Wald und Weide umfafst, sondern vor allem aus dem Begriff des Templum oder, was gleichbedeutend ist, des Eigentums. Die Heiligkeit der Grenze macht es notwendig, dafs ein schützender neutraler Grund ,die Limites umgiebt, um absichtliche oder unabsichtliche Verletzung derselben zu verhüten. So scheiden Strafsen die einzelnen Centurien von einander, so das arcifinische Land die Staaten. Wir werden im Folgenden sehen, wie derselbe Grundsatz die verschiedenen Richtungen, in denen der Begriff des Templum seinen Ausdruck gefunden hat, in gleichem Sinne beherrscht. Die nämliche Auffassung in enger Beziehung zur Limitation spricht sich auch in dem S. 4 angeführten Formular der römischen Augurn aus. Sie bestimmen die Grenzpuncte des *templum tescumque*. Ueber die Bedeutung von *tescum* haben die römischen Antiquare verschiedene Erklärungen aufgestellt (Varro L.L. 7, 10 fg. Festus p. 356), die sich im Wesentlichen auf drei reduciren: 1) *loca augurio designata, quo sit termino finis in terra auguri;* 2) *loca*

---

erwägt, dafs *striga* im Lager ohne irgend welche Rücksicht auf die Himmelsgegenden gebraucht wird (Lange zu Hygin p. 107), so erkennt man, dafs ein strenger Sprachgebrauch in der Kaiserzeit nicht mehr feststand.

sancta; 3) *loca aspera deserta.* Alle drei Definitionen treffen auf die Arcifinien im älteren Sinne zu. Gleich dem *ager Romanus* bedarf offenbar auch der über ihm errichtete Auguraltempel den schützenden Grenzstreifen, der ihn ringsum isolirt; man wird daher *templa tescaque* nicht mit Müller, Etr. 2, 133 übersetzen »mein Templum und geweihtes Land«, sondern »Templum und Grenzland soll mir so weit gelten, als ich es in reinem Sinn mit der Zunge angegeben haben werde. Jener alter Baum, welcher es auch ist, den ich genannt haben will, soll Templum und Grenzland fixiren nach links (ebenso nach rechts). Zwischen dieser Begrenzung Ueberschauung und inneren Betrachtung, wie ich es am Richtigsten gemeint habe, soll mir Templum und Grenzland sein.«

Wie die Auspicien sich richten nach dem Lande, über dem sie angestellt werden, und der *ager Romanus* seine ihm eigentümlichen Auspicien hat, so erkennt auch der römische Staat nur die eigene, keine andere Limitation an. Alles fremde Land ist für ihn ohne Unterschied formlos. Wenn nichtsdestoweniger andere Limitation als römische sowol in Italien als den Provinzen vorkommt, so erklärt sich dies aus den jeweiligen Umständen, unter denen die betreffende Gemeinde unter römische Hoheit gelangt war. So heifst es von Laurolavinium *lege et consecratione veteri manet* (p. 234); auch in Neapel und Surrentum bestand griechische (p. 235. 237), in einem Theil von Etrurien etruskische Limitation (p. 225). Dem entspricht es, dafs auch die alten Landmafse, wie der Versus in Campanien (Varro RR. 1, 10), Versus Plethron Arura und andere in den Provinzen in Gebrauch blieben (Rudorff S. 282). Doch wurden die nationalen Mafse und Limitationen seit Einführung der Monarchie nach und nach weiter zurückgedrängt, gerade wie man nicht mehr Scamnation und Strigation unterschied und gar Arcifinien centuriirte: der nivellisirenden Tendenz gemäfs, welche das ganze Reich immer mehr zu einem einheitlichen Organismus auszubilden strebte. Das System der römischen Limitation, wie wir es aus der späten Quelle unserer Feldmesser auf seine Anfänge und Grundzüge zurückführen können, gewinnt ein neues Verständnifs, zugleich auch eine neue Bedeutung durch seine Anwendung auf die Anlage der Stadt, die im Folgenden versucht werden soll. Wir haben dabei auszugehen von der ältesten und vollkommensten Stadtform, die uns vorliegt, d. h. dem römischen Lager

Kapitel II.

Das Lager.

Die meisterhafte Darstellung, welche Polybios 6, 27—32 vom römischen Lager giebt, ist seit der Renaissance bis auf die Gegenwart häufig untersucht und behandelt worden[1]). Man hat derge-

1) Man kann die bisherigen Bearbeitungen in drei Gruppen sondern, den verschiedenen Phasen entsprechend, welche die moderne Philologie durchlaufen hat. Die erste Gruppe umfaßt die Renaissance. Das römische Lager wird hier nicht aus theoretischen, sondern aus praktischen Gründen untersucht. Die Alten sind den Italienern des Cinquecento die Lehrmeister der Politik und des Kriegs; nach ihren Mustern soll das Heerwesen reorganisirt, nach ihrer Anweisung auch das Lager erbaut werden. Hierher gehören die 1521 gedruckten Sette libri dell' Arte della Guerra di Niccolò Machiavelli; das sechste Buch stellt das Lager dar, wie der florentiner Segretario die Vorschriften des Polybios seiner Zeit angepaßt hat. Drei andere Behandlungen haben mir ebenso wenig als Klenze vorgelegen: Bartolomeo Cavalcanti della Castrametazione, zusammengedruckt mit Polibio del modo d' accampare trad. per Fil. Strozzi, Fir. 1552. 8; ob der Herzog von Urbino nach Machiavelli geschrieben hat, weiß ich nicht; dies ist der Fall mit der Arbeit von Francesco Robortelli. Die von diesen Beiden beigebrachten Notizen entnehme ich Francesco Patrizi, dessen Werk ich leider auch nur in lateinischer Uebersetzung kenne: Franc. Patricii res militaris Romana ex lingua Ital. in Lat. versa a Lud. Neocoro in Graevii thes. ant. Rom. 10, 821 seq. Guillaume du Choul discours sur la castrametation et discipline militaire des anciens Romains, Lyon 1581, den man hier anreihen könnte, ganz unbedeutend. Die Italiener haben vor allen späteren Bearbeitern den eminenten Vorzug, daß der Gegenstand ihnen lebendig und anschaulich ist; daher sie auch vor manchen unmöglichen Annahmen bewahrt geblieben sind. Im Unter-

stalt das Material, welches bei den Alten vorliegt, in dankenswerter
Vollständigkeit gesammelt und zur Ergänzung der polybianischen
Beschreibung verwandt. Eine Anzahl von Fragen sind auch in befriedigender Weise gelöst worden, aber wiederum in ihrer Lösung
gefährdet, weil über die Haupt- und Cardinalfrage, die Gröfse des
Lagers gänzliche Unklarheit herrscht. Die neueren deutschen Bearbeitungen haben hierüber alles Andere, nur kein Licht verbreitet.
Bei der massenhaften Litteratur, welche sich fortwährend in grofsen
und kleinen Widersprüchen gegen einander bewegt und zum Theil
ganz wertlos ist, haben wir es vermieden dieselbe im Einzelnen an-

schied von dieser praktischen Behandlungsweise können wir als zweite diejenige der Holländer, die gelehrt-antiquarische hinstellen. Justi Lipsii de
militia Romana libri quinque, Antverp. 1595. 5 B, 1 fg. Hygini Gromatici et
Polybii de castris quae exstant cum notis Rudbodi H. Schelii in Graevii thes.
ant. Rom. 10, 1001 seq.; letzterer besonders verdient durch die Bekanntma-
chung und Benutzung Hygins. Stewechius in seiner Ausgabe des Vegetius
Antv. 1585, mir nicht bekannt. Die abgeleiteten Darstellungen in den verschiedenen Handbüchern der Kriegsaltertümer und den Commentatoren des
Polybios können wir übergehen. Endlich drittens die historische Behandlung
der neueren deutschen Philologie. Müller, Etr. 2, 149 weist auf die Uebereinstimmung zwischen Lager und Stadt und den zu Grunde liegenden Begriff des Templum hin. Klenze, das röm. Lager und die Limitation (Philolog.
Abhandl., herausgeg. von Lachmann, Berlin 1839 S. 106—157) hat die historische Bedeutung des Gegenstandes klar erkannt und in feiner sinnvoller
Weise dargelegt; seine Abhandlung, obwol sie mehrere neue Irrtümer herein-
gebracht hat, bezeichnet den ersten Fortschritt von der älteren militärischen
und antiquarischen Auffassung. Rettig, Polybii castrorum Romanorum formae interpretatio, Budingae 1827, Progr. (Hannov. 1828), unbedeutend. Planer,
de castris Romanis, diss. phil. Berol. 1842 hat die unglückliche, von älteren
Gelehrten geäufserte Vermutung, dafs die polybianische Beschreibung nicht
dem einfachen, sondern dem combinirten Lager gelte, in seiner Schrift zu
erhärten gesucht. Man könnte sie mit Stillschweigen übergehen, wenn nicht
Marquardt, Handbuch der Röm. Alt. 3, 2. 309—326 ihren Wegen gefolgt
wäre. Diese jüngste Wendung steht in allen Hauptstücken weit hinter der
Auffassung der Renaissance zurück. — Eine wichtige Quelle für die Ergänzung
der Darstellung des Polybios ist Hygini Gromatici liber de munitionibus castrorum ed. Lange, Gotting. 1848. Der Commentar des Herausgebers, sowie
desselben Historia rei mil. Rom. inde ab interitu rei publicae usque ad Const.
Gotting. 1846, sind für die Kaiserzeit allgemein als sehr wertvoll anerkannt;
die über das ältere Lager gegebenen Andeutungen aber nicht richtig und an
Planer sich anschliefsend.

zuführen, statt dessen aber jeder Behauptung die Belegstelle aus
Polybios oder anderen Autoren beigefügt. Es schien dies der einzige Weg zu sein, welcher einer methodischen Untersuchung noch
offen stand.

Die Beschreibung des Polybios umfafst nicht gleichmäfsig das
gesammte Lager, sondern berücksichtigt nur denjenigen Theil näher,
in welchem die römischen Bürgertruppen liegen, oder genauer das
mittlere Stück des Lagers in seiner ganzen Längenausdehnung. Nach
der Bestimmung der Einzelheiten in diesem Stück lassen sich die
fehlenden Seitenstücke, in denen die Bundesgenossen lagern, durch
Analogie ergänzen. Dies wird ermöglicht durch folgende allgemeine
Angaben, welche als Axiome voranzustellen sind. Das römische
Lager bildet ein Quadrat (Polyb. 6, 31. 10 τὸ μὲν σύμπαν σχῆμα
γίγνεται τῆς στρατοπεδείας τετράγωνον ἰσόπλευρον. Joseph, bell. iud.
3, 5. 1 διαμετρεῖται δὲ παρεμβολὴ τετράγωνος). Zwischen dem Wall
und den Zeltreihen bleibt an allen vier Seiten ein Raum von 200′
frei (c. 31. 11 τὸν δὲ χάρακα τῶν σκηνῶν ὑφιστᾶσι κατὰ πάσας τὰς
ἐπιφανείας διακοσίους πόδας) [1]). Im Uebrigen giebt Polybios nur
Mafse der einzelnen Strafsen und Zeltgruppen an, aus denen die
Gesammtsumme ermittelt werden mufs.

Zunächst zerfällt das Lager in 2 Haupttheile: in dem einen
lagert das Gros des Heeres, in dem zweiten der Feldherr mit einer
Elitetruppe. Die letztere heifst dem Polybios die Rückseite (c. 31. 7
δίοδος . . . φέρουσα μὲν ἐπὶ τὴν ὄπισθε πλευρὰν τῆς στρατοπεδείας. c. 32. 6 . . . τὰς τῶν ἐπιλέκτων . . . παρεμβολάς, οὓς ἐποιήσαμεν εἰς τὴν ὀπίσω βλέπονιας ἐπιφάνειαν τῆς ὅλης παρεμβολῆς). Dagegen das Gros des Heeres liegt nach der Frontseite (c. 27. 6
πρὸς τὴν ἐκτὸς ἐπιφάνειαν, ἣ νοείσθω καὶ καλείσθω δὲ καθάπαξ ἡμῖν ἀεὶ τοῦ παντὸς σχήματος κατὰ πρόσωπον; ebenso c. 29. 7 λέγονται δὲ πρὸς τὴν κατανικρὺ τῶν χιλιάρχων πλευρὰν τοῦ χάρακος, ἣν ἐξ ἀρχῆς ὑπεθέμεθα κατὰ πρόσωπον εἶναι τοῦ παντὸς σχήματος), derjenigen Seite, nach der am Passendsten fouragirt und Wasser
geholt werden kann (c. 27. 3 λοῖπον δὲ τοῦ σχήματος ἀεὶ παρὰ μίαν ἐπιφάνειαν καὶ πλευράν, ἥτις ἂν ἐπιτηδειοτάτη φανῇ πρός τι τὰς ὑδρείας καὶ προνομάς).

---

1) Dieser Raum ist im Folgenden durchstehend als Intervall bezeichnet,
nach Hygin 14 *opus pedum LX, quod est inter vallum et legiones et ideo quibusdam intervallum est cognominatum.* ,

Nehmen wir, wie das sich später als Norm ergeben wird, Osten als Front-, Westen als Rückseite, so heifst dem polybianischen Sprachgebrauch gemäfs die Ausdehnung von Ost nach West Länge, die von Süd nach Nord Breite [1].

Die Absteckung des Lagers beginnt vom Prätorium, einem Quadrat, dessen Seite 200′ beträgt. Oestlich von demselben und 50′ entfernt wird eine Parallele gezogen, die von N. nach S. läuft. Dies ist der Kardo Maximus des Lagertemplum, zugleich die Hauptstrafse des ganzen Lagers 100′ breit, die *via principalis*, auch wol *principia* genannt. An ihr liegen die Zelte der Militärtribunen mit der Front nach Ost gerichtet (c. 27. 6), östlich von ihr das Gros des Heeres. Den Kardo trifft unter rechtem Winkel ein nach O. laufender Decumanus Maximus, 50′ breit. Letzterer theilt den Lagerraum der Legionen in 2 gleiche Hälften, eine nördliche und südliche, deren jede von einer Legion und einer Ala Bundesgenossen eingenommen wird. Die Stärke beider ist gegeben: die Legion enthält 300 Reiter, 600 M. Triarier, 1200 Principes, 1200 Hastati [2], die Reiter in 10 Turmen, die 3 Abtheilungen des Fufsvolks in je 10 Manipeln getheilt; die Ala umfafst 600 Reiter, die in 10 Doppelturmen zerfallen, und 10 Cohorten Fufsvolk, jede 420 M. stark. Die ganze Beschreibung bezieht sich zunächst ausschliefslich auf diese Normalstärke des Heeres; wenn die Legionen mehr Mannschaft zählten, so mufste die Anordnung eine wesentliche Erweiterung erfahren (c. 28. 5). Die Vertheilung der Truppen geschieht ganz nach der Weise, die bei der Landvermessung Anwendung findet, durch ein Netz rechtwinklig sich schneidender Decumani und Kardines, welche Strafsen darstellen. Hierdurch entstehen so viele Quadrate resp. Rechtecke, als Abtheilungen unterzubringen sind. Die Hauptlinien sind die Decumani, deren Polybios 5 erwähnt, jede gleich dem Maximus 50′ breit. Dieselben scheiden die verschiedenen Truppengattungen von einander; und zwar lagern zwischen dem Intervallum und 1. (resp. 5.) Decumanus die Bundesgenossen, zwischen dem 1. und 2. (resp. 5. und 4.) Decumanus die Hastaten und Principes, zwischen dem 2. (resp. 4.)

1) Für die folgende Darstellung gilt daher, wie auch schon Machiavelli die Sache gefafst hatte Op. 4, 245 (Fir. 1796) *e notisi che qualunque volta io dico larghezza, significo lo spazio di mezzodì a tramontana, e dicendo lunghezza, quello da ponente a lerante.*

2) Die Veliten lagern ausserhalb des Walls Pol. 6, 35. 5 τὴν δ᾽ ἐκτὸς ἐπιφάνειαν οἱ γροσφομάχοι πληροῦσι, vgl. Marquardt a. O. A. 1751.

und dem 3. oder Maximus die Triarier und Reiter. So entstehen 6 Längenstreifen, die in diesem Fall nach correctem Sprachgebrauch *scamna* zu bezeichnen wären (S. 20. Feldm. p. 110). Die Scamna werden durch einen 50′ breiten Kardo, die *Via Quintana*, in 2 gleiche Hälften getheilt. Die Straße führt, nach der Erklärung des Polybios, welche aber schwerlich die richtige ist, ihren Namen daher, daß sie die fünften Manipeln von den sechsten scheidet (c. 30. 6 καλοῦσι πέμπτην διὰ τὸ παρὰ τὰ πέμπτα τάγματα παρέχειν). Die Länge der 6 Scamna ist gleich, ihre Breite wechselt nach der Anzahl von Mannschaft, welche die einzelnen Abtheilungen enthalten. Die Länge wird in 10 gleiche Theile getheilt für jede Turma, Manipel und Cohorte, und zwar beträgt jeder Theil 100′ (c. 28. 3 ἔστι δ᾽ ἥ τε τῶν ἱππέων καὶ τῶν πεζῶν σκηνοποιία παραπλήσιος· γίγνεται γὰρ τὸ ὅλον σχῆμα καὶ τῆς σημαίας καὶ τῶν οὐλαμῶν τετράγωνον. τοῦτο δὲ βλέπει μὲν εἰς τὰς διόδους, ἔχει δὲ τὸ μὲν μῆκος ὡρισμένον τὸ παρὰ τὴν δίοδον — ἔστι γὰρ ἑκατὸν ποδῶν — ὡς δ᾽ ἐπὶ τὸ πολὺ καὶ τὸ βάθος ἴσον πειρῶνται ποιεῖν πλὴν τῶν συμμάχων). Hierdurch ist die Länge des Lagerraums der Legionen mit 1050′ gegeben (die Via quintana mit 50, die Längenfront der Manipeln mit 1000′).

Marquardt (An. 1735) hat aus dieser Zahl unmittelbar die Größe des Lagers berechnet. Es steht nämlich fest, daß die Groma, mit der Kardo und Decumanus bestimmt wurden, in der *via principalis* stand, so daß von hier aus die 4 Thore des Lagers zugleich visirt werden konnten (Hygin de mun. castr. 12 *in introitu practorii partis mediae ad viam principalem gromae locus appellatur, quod turba ibi congruat, sive in dictatione metarum posito in eodem loco ferramento groma superponatur, ut portae castrorum in conspectu rigoris stellam efficiant*). Hiermit verbindet Marquardt eine zweite Stelle aus den Feldmessern p. 180, nach welcher bei einigen neueren Colonienanlagen Kardo und Decumanus maximus vom Mittelpunct der Stadt, dem Forum auslaufen (*per quattuor portas in morem castrorum ut viae amplissimae diriguntur. haec est constituendorum limitum ratio pulcherrima. nam colonia omnes quattuor perticae regiones continet et est colentibus vicina undique, incolis quoque iter ad forum ex omni parte aequale. sic et in castris groma ponitur in tetrantem, qua velut in forum conveniatur*). Marquardt schließt hieraus, daß die Groma, in der Mitte der Via principalis stehend, genau den Mittelpunct des Lagerquadrats bezeichnet habe: da nun der

Vorderhälfte von 1050' Länge eine hintere entspricht, ferner auf beiden Seiten das Intervallum hinzukommt, so ergiebt sich als Gesammtlänge 2600' (200 + 1050 + 100 + 1050 + 200). Zu einem ähnlichen Resultat war auch Klenze gelangt, weicht aber darin ab, daß er die Groma an den Ostrand des Kardo setzt, ferner nach seinen Berechnungen über die Breite die Hinterhälfte um 50' kürzer setzen muß als die vordere; damit erhält er 150' weniger als Marquardt, nämlich 2450' (200 + 1000 + 1050 + 200). Daß die Groma den mathematischen Mittelpunct des Lagers bildet, wird nirgends bezeugt. Die Stelle aus den Feldmessern hat nicht die geringste Beweiskraft für das republikanische Lager, sondern allenfalls nur für das in wesentlichen Stücken abgeänderte Lager der Kaiserzeit. Aber auch hier steht es zweifellos fest, daß die Groma nicht den Mittelpunct einnimmt. Was hervorgehoben werden soll, ist daß Kardo und Decumanus durch vier Thore auslaufend das Lager in regelmäßige Rechtecke theilen, nicht aber daß diese vier Rechtecke einander congruent sind. Es hat aber jene Annahme den schweren Uebelstand zur Folge, daß die hintere Hälfte nach den Plänen Klenze's und Marquardt's aus großen leeren Räumen besteht, die nach allem was wir von Lagerordnung und -leben wissen, sich schlechterdings nicht bevölkern lassen. In richtiger Erkenntniß der praktischen Verhältnisse haben die Italiener und nach ihnen die älteren Bearbeiter überhaupt, sich von diesem Irrtum frei haltend, den hinteren Theil bedeutend kürzer gesetzt. Ihre Maße sind folgende:

Robortelli	2016²/₅'
Herzog von Urbino	2036
Patrizi	2016²/₃
Lipsius	2050 lang 2017 br.
Schelius	2050 — 2150 —
Klenze	2450
Marquardt	2600

Man erkennt sofort, daß unter diesen Ansätzen der richtige sich nicht findet; unmöglich sind die des Lipsius und Schelius, weil sie die quadratische Form des Lagers aufgeben, unwahrscheinlich die der Italiener, weil ihre Zahlen viel zu zugespitzt erscheinen. Um die Länge des Lagers zu bestimmen kommen noch einige Angaben hinzu über die hintere Hälfte desselben. Westlich von der Via principalis folgt zuerst ein Raum von 50', welcher den Tribunen angewiesen ist (c. 27. 5 τιθέασι δὴ τὰς τούτων σκηνὰς ἐπὶ μίαν εὐθεῖαν ἀπάσας, ἥτις ἐστὶ παράλληλος τῇ τοῦ τετραγώνου προκριθείσῃ πλευρᾷ, πεντήκοντα δ' ἀπέχει πόδας ἀπ' αὐτῆς, (ἵν' ἱκανὸς ἀπολείπηται) ἵπποις, ἅμα δ' ὑποζυγίοις καὶ τῇ λοιπῇ τῶν χιλιάρχων ἀποσκευῇ τόπος). Darauf kommt das Prätorium von 200', an das sich nördlich und südlich Forum und Quästorium anschliefsen (c. 31. 1 ὁ δ' ἐπὶ τὰς τῶν χιλιάρχων σκηνὰς ὄπισθε τόπος ὑποπεπτωκώς, ἐξ ἑκατέρου δὲ τοῦ μέρους τῆς τοῦ στρατηγίου περιστάσεως παρακείμενος, ὁ μὲν εἰς ἀγορὰν γίγνεται τόπος, ὁ δ' ἕτερος τῷ τε ταμιείῳ καὶ ταῖς ἅμα τούτῳ χορηγίαις). Die Länge beider Plätze beträgt mithin 200', ihre Breite ist nicht gegeben; beide werden durch Elitetruppen vom Intervallum getrennt (c. 31. 2 ἀπὸ δὲ τῆς ἐφ' ἑκάτερα τελευταίας τῶν χιλιάρχων σκηνῆς κατάντη οἶον ἐπικάμπιον ἔχοντες τάξιν πρὸς τὰς σκηνάς, οἱ τῶν ἐπιλέκτων ἱππέων ἀπόλεκτοι καί τινες τῶν ἐθελοντὴν στρατευομένων τῇ τῶν ὑπάτων χάριτι, πάντες οὗτοι στρατοπεδεύουσι παρὰ τὰς ἐκ τῶν πλαγίων τοῦ χάρακος ἐπιφανείας, βλέποντες οἱ μὲν ἐπὶ τὰς τοῦ ταμιείου παρασκευάς, οἱ δ' ἐκ θατέρου μέρους εἰς τὴν ἀγοράν). Hierauf folgt ein Kardo gleich dem Maximus von 100', welcher die ganze Breite des Lagers durchschneidet (c. 31. 5 ἑξῆς δὲ τούτοις δίοδος ἀπολείπεται, πλάτος ποδῶν ἑκατόν, παράλληλος μὲν ταῖς τῶν χιλιάρχων σκηναῖς, ἐπὶ θάτερα δὲ τῆς ἀγορᾶς καὶ τοῦ στρατηγίου καὶ τοῦ ταμιείου παρατείνουσα παρὰ πάντα τὰ προειρημένα μέρη τοῦ χάρακος) [1]. Zwischen diesem Kardo und dem Intervallum liegen die Elitetruppen der Bundesgenossen, die Reiter nach dem Forum Prätorium und Quästorium gerichtet, hinter ihnen nach dem Wall zu das Fufsvolk (c. 31. 6 παρὰ δὲ τὴν ἀνωτέρω πλευρὰν ταύτης οἱ τῶν συμμάχων ἱππεῖς ἐπίλεκτοι στρατοπεδεύουσι, βλέποντες ἐπί τε τὴν ἀγορὰν ἅμα καὶ τὸ στρατήγιον καὶ τὸ ταμιεῖον [2]. . . . 8. τοῖς δ' ἱππεῦσι τούτοις ἀντίτεινοι τίθενται πάλιν οἱ τῶν συμμάχων ἐπίλεκτοι πεζοί, βλέποντες πρὸς τὸν χάρακα καὶ τὴν ὄπισθεν ἐπιφάνειαν τῆς ὅλης στρατοπεδείας). Diese Striga der Bundesgenossen wird halbirt durch einen 50' breiten Decumanus, der vom Prätorium ausgeht und weiter Nichts als die Fortsetzung des Maximus ist (c. 31. 7 κατὰ μέσην δὲ

---

1) Hultsch hat die Worte καὶ τοῦ στρατηγίου καὶ τοῦ ταμιείου gestrichen: gewiss mit Unrecht.

2) Wenn auch die Worte καὶ τὸ ταμιεῖον auf Conjectur beruhen, können sie nach dem Folgenden nicht fehlen und fügen sich sehr zwanglos in den Text.

τὴν τούτων τῶν ἱππέων παρεμβολὴν καὶ κατ᾽ αὐτὴν τὴν τοῦ στρατηγίου περίστασιν δίοδος ἀπολείπεται πεντήκοντα ποδῶν, φέρουσα
μὲν ἐπὶ τὴν ὄπισθε πλευρὰν τῆς στρατοπεδείας). Wir kennen die
Länge dieser Striga nicht und das ist der einzige Factor, welcher
uns mangelt, um durch einfache Addition die Größe des Lages zu
finden. Nach dem Gesagten beträgt nämlich von O. anfangend:

Intervallum	200′
5 Manipeln	500
Kardo	50
5 Manipeln	500
Kardo maximus	100
Zelte der Tribunen	50
Prätorium	200
Kardo	100
Bundesgenossen	X
Intervallum	200
	1900 + X′

Der Längenraum, den das Elitecorps der Bundesgenossen einnimmt,
kann nicht mehr als 2—300′ sein, weil die Stärke desselben nicht
3000 M. erreicht. Daraus geht denn schon hervor, daß die richtige Ziffer sich mehr den Annahmen der älteren Gelehrten als denen
der neueren nähern wird. In der That haben Klenze und Marquardt bei dem hinteren Theil des Lagers die Beschreibung des Polybios ganz fallen lassen müssen, die doch in musterhafter An-
schaulichkeit, auch in stricter Angabe der Maße einzig und allein
bei den *extraordinarii socium* eine Lücke läßt. Versuchen wir diese
Lücke durch eine Berechnung der Breite zu ergänzen. Eine solche
läßt sich nur anstellen bei der vorderen Hälfte, wo die Legionen
lagern.

Aus der S. 27 angeführten Stelle ersehen wir, daß jede Manipel, Turma und Cohorte ein Rechteck einnimmt von 100′ Länge.
Die Breite beträgt bei den römischen Abtheilungen in der Regel das
Gleiche (c. 28. 4 ὡς δ᾽ ἐπὶ τὸ πολὺ καὶ τὸ βάθος ἴσον πειρῶνται
ποιεῖν πλὴν τῶν συμμάχων). Polybios denkt hierbei an die 120 M.
starken Manipeln der Principes und Hastaten; denn er bemerkt
gleich im Folgenden, die Triarier hätten nur halb so viel Tiefe erhalten, weil sie nur halb so stark waren (c. 29. 4 ἥμισυ ποιοῦντες
τὸ βάθος τοῦ μήκους ἑκάστης σημαίας τῷ καὶ κατὰ τὸ πλῆθος ἡμί-
σεις ὡς ἐπίπαν εἶναι τούτους τῶν ἄλλων μερῶν). Daraus ergiebt

sich denn als Grundschema, dafs 120 M. Fufsvolk 10.000 Quadratfufs Platz erhielten. Aber weiter als über diesen Satz sind die bisherigen Bearbeiter auch nicht einig. Es wird bestritten, dafs die
Bundesgenossen einen entsprechenden Raum erhalten hätten, und
ferner fehlt für das Verhältnifs von Reiterei zum Fufsvolk eine sichere Angabe. Doch läfst sich Beides auf einem etwas weiteren
Wege erledigen.

Polybios vergleicht wiederholt das Lager mit einer Stadt (c. 31.
10 τὰ δὲ κατὰ μέρος ἤδη τῆς τε ῥυμοτομίας ἐν αὐτῇ καὶ τῆς
ἄλλης οἰκονομίας πόλει παραπλησίαν ἔχει τὴν διάθεσιν). Der gewöhnliche Verkehr des Soldaten beschränkt sich auf die Osthälfte;
seine müssige Zeit bringt er auf der *via principalis* zu (c. 33. 4 τὴν
γὰρ διατριβὴν ἐν ταῖς καθημεριαις οἱ πλεῖστοι τῶν Ῥωμαίων ἐν
ταύτῃ ποιοῦνται τῇ πλατείᾳ). Diese nimmt recht eigentlich eine
Stelle ein, wie die Piazza in den Städten des Südens. Hier verhan-
deln die Tribunen mit den Soldaten, sprechen Recht, vollziehen
Strafen (Marquardt An. 1772); hier auch geniefsen die Soldaten die
der Abendkühle, bis die Retraite sie in ihre Zelte ruft (Frontin.
Strat. 2, 5. 30. Tacit. Ann. 2, 12. 13). Dafs der Zeltraum ziemlich knapp bemessen war, versteht sich im Grunde von selber und
wird durch die Analogie italischer Verhältnisse, moderner wie an-
tiker, bestätigt. Insofern waren die römischen Truppen, welche an
den 5 breiten Decumani lagen, vor den Bundesgenossen in bedeu-
tendem Vortheil: theils weil sie viel luftiger lagen, theils weil sich
ihnen hier Raum für allerlei Handtierungen darbot, für die noch
jetzt der Bewohner des Südens die Strafse trefflich zu verwerten
versteht. Dafs es aufser den von Polybios erwähnten Hauptstrafsen
noch eine grofse Menge kleinerer Gassen gegeben haben mufs, leuchtet
ohne Weiteres ein. Man darf annehmen, dafs durch ein regelmäfsiges System von Kardines und Decumani die einzelnen Manipeln
von einander geschieden wurden. In der That kommen solche Gassen, welche die einzelnen Halbstrigen scheiden, *viae vicinariae* genannt, in der Beschreibung Hygins mehrfach vor; ihre Breite beträgt 10, auch wol 20' (de castr. met. 36). Es ist nicht möglich
im republikanischen Lager ihre Anzahl und ihre Breite sicher festzustellen; nur einiges läfst sich mit Wahrscheinlichkeit annehmen.
Die wichtigsten unter den Vicinalgassen sind die Kardines, durch
welche die inneren Zeltreihen ausmünden, nämlich für die Römer
auf die breiten Decumani, für die Bundesgenossen auf das nördliche

und südliche Intervallum. Wie die letzteren N. und S., so hatten die Römer Ost- und Westseite des Walls zu bauen, abzubrechen, zu bewachen und zu vertheidigen (c. 34. 1; vgl. Hygin 13 *riae vicinariae ideo dantur percurrentes proxime sagularem, ut ad eruptionem exercitus expediti progredi possint*). Diese Kardines durchschneiden das Lager in seiner ganzen Breite von N. nach S; es war ein Hauptgrundsatz der ganzen Anlage, dafs die Längenfront aller Abtheilungen unveränderlich gleich blieb. Dagegen treten die Vicinaldecumani an Bedeutung zurück und können auch nach der wechselnden Stärke der einzelnen Abtheilungen verschieden gelegt werden. Nehmen wir nun zwischen den einzelnen Manipeln einen Kardo an, so würde dies Schema genau der gromatischen Theorie entsprechen, nach der auf den Hauptlimes oder *actuarius* 4 geringere oder *linearii* folgen (Hygin de lim. const. 168, vgl. S. 17). Der *linearius* erhält bei der Landvermessung 8', d. h. ²/₅ des Kardo und ¹/₅ des Decumanus maximus (p. 194). Allein man darf hierbei nicht stehen bleiben. Vielmehr scheint es geboten jede Manipel durch einen weiteren Kardo in die beiden Centurien zu zerlegen, in welche derselbe zerfällt. Es heifst nämlich c. 30. 5 *καθ' ἑκάστην δὲ σημαίαν τὰς πρώτας ἀφ' ἑκατέρου τοῦ μέρους σκηνὰς οἱ ταξίαρχοι λαμβάνουσιν*; also nehmen in jeder Manipel die beiden Centurionen die ersten Zelte an der Strafse ein. Setzt man nun z. B. die Vicinarwege, welche die einzelnen Manipeln scheiden, zu 10' an, so verlieren je 5 Manipeln 40' und es erhält jede Abtheilung statt 100 nur 92' Front und 95' Tiefe. Von der Front ist ferner der Weg, welcher die Centurien trennt, mit 10 bis 15' abzuziehen. Dergestalt reducirt sich der effective Lagerraum auf weniger als 8000 □'. Hygin 2 rechnet für die Centurie 3600' (*XXX enim pedes per DCCXX cohors una occupat*); er führt dies § 1 im Einzelnen aus und bestimmt diesen Raum als genügend für den effectiven Bestand von 1 Centurio und 64 Mann, hinzufügend bei mehr Mannschaft *plus dari oportuisset*. Man ersieht hieraus, dafs die Legionen in republikanischer Zeit allerdings etwas weitläuftiger lagen, als später der Fall war; indessen beträgt der Unterschied doch nicht so viel, als die erste Vergleichung der Bruttosummen 7200 : 10,000' annehmen läfst. Wie der Raum im Einzelnen vertheilt gewesen, läfst sich füglich nicht sicher bestimmen, da die Angaben Hygins nicht auf frühere Zeiten zutreffen. Er rechnet das *contubernium* zu 8 Mann, welches unter Vespasian deren noch 12 zählte (Joseph. bell. Jud. 3, 6. 2). Nach letzterer Ziffer, welche deutlich den älteren Institutionen entspricht, erfordert die Manipel 10 Zelte und noch 2 für die Centurionen [1]). Vielleicht standen also je 6 in einer Linie nach einwärts, so dafs die beiden Centurien einander die Front zukehren. Hygin rechnet auf das einfache Zelt 12', auf das des Centurionen die doppelte Breite, folglich reicht die zu 95' angenommene Tiefe vollständig aus. Zu einer derartigen Anordnung der Zelte stimmt das Princip sehr gut, nach welchem bei stärkerer Mannschaft in den einzelnen Abtheilungen die ursprüngliche Länge beibehalten und nur die Tiefe vergrößert wird (c. 29. 5 *διόπερ ἀνίσων ὄντων πολλάκις τῶν ἀνδρῶν, ἰσάζειν ἀεὶ συμβαίνει πάντα τὰ μέρη κατὰ τὸ μῆκος διὰ τὴν τοῦ βάϑους διαφοράν*). Während die Zeltbreite ungefähr ein Viertel größer ist als die Mafse Hygins, rechnet dieser auf 8 Mann nur 30' Länge, wir dagegen nach Polybios auf 12 Mann 46'. Wenn wir so gefunden haben, dafs der Raum der Legionsfufstruppen von den Verhältnissen, welche Hygin bezeichnet, nicht erheblich abweicht, so läfst sich dasselbe auch in Betreff der Reiterei voraussetzen. Alle bisherigen Bearbeiter haben der einzelnen Turma 100' Breite eingeräumt, d. h. den 4fachen Platz für den Reiter angesetzt, den der Legionar einnimmt. Dagegen rechnet Hygin nur das 2½fache·für jeden Reiter (§ 26 *pedem, quod accipit miles, redigo ad duo semis, quod accipit eques*), und es ist ganz unglaublich, dafs sich das Verhältnifs derart verschoben haben sollte [2]). Man könnte zwar jenen Ansatz daraus folgern wollen, dafs Polybios die gleiche Breite bei den einzelnen Abtheilungen als Regel hinstellt (c. 28. 4 *ὡς δ' ἐπὶ τὸ πολὺ καὶ τὸ βάϑος ἴσον πειρῶνται ποιεῖν πλὴν τῶν συμμάχων*) und nur bei den Triariern ausdrücklich hervorhebt, dafs sie die halbe Breite einnehmen. Allein diese Annahme hält jenem ernsten Bedenken gegenüber um so weniger Stand, als Polybios auf das Detail der Lagerung nicht eingeht und gerade bei der Notiz über die Triarier allgemein hinzufügt c. 29. 5, dafs die Verschiedenheit in der Stärke der Abtheilungen durch die verschiedene Tiefe ausgeglichen wurde. Man könnte ebenso gut folgern, dafs er ausdrücklich den Reitern die nämliche Breite wie den Triariern beilegt, weil beide *ἐν ὁμοίῳ σχή-*

---

1) Die Annahme von Hirt, Gesch. der Baukunst 3, 429 fg., dafs die ganze Manipel ein einziges Zelt eingenommen habe, widerspricht den bestimmten Worten des Polybios und ist auch sonst nicht möglich.

2) Machiavelli in seinem Lager rechnete unbedeutend mehr: 10 Reiter = 30 Infanteristen, auf ersteren 170 □'.

ματι liegen. Jedenfalls begreift sich vollständig, warum er das Princip bei den Triariern angiebt; denn hier liefs sich das Verhältnifs zwischen Fufsvolk und Fufsvolk mit weniger Worten präcisiren, als zwischen Reiterei und Fufsvolk. In der That ist 50′ die erforderliche Breite. Hygin 34 rechnet auf 200 Reiter eine Halbstriga von 30 × 600 = 18000′, auf den einzelnen Reiter 90 ☐′. Dasselbe Resultat ergiebt sich, wenn eine Halbstriga von 3600 ☐′ für eine volle Centurie von 100 Mann genügen soll (36 × 2½ = 90). Aber wie in Wirklichkeit in der Halbstriga nur 64 M. und der Centurio Platz finden, mufs auch der effectiv erforderliche Raum für die Reiter hiernach bemessen werden. Und da der einzelne Mann 45 ☐′ erhält (10 Zelte à 8 Mann giebt für jedes Zelt 360 ☐′) werden wir darnach auch dem Reiter 112½ ☐′ anweisen. Die Turma hat 30, höchstens 33 Mann [1]) und erfordert darnach 35—4000 ☐′. Nach der oben aufgestellten Vermutung blieb nach Abzug des Vicinalkardo 92′ Länge und hierzu kann noch die volle Tiefe von 50′ gerechnet werden. Dies ist vollkommen zulässig; denn bei der geringen Mannschaft, welche Reiter und Triarier enthalten, und der engen Verbindung, die zwischen beiden Corps stattfindet, kann der Vicinaldecumanus, der beide scheiden sollte, für die Aufstellung der Pferde verwandt werden und die Stallwache wird ja eben von den Triariern gestellt (c. 33. 10 αἱ δὲ τῶν τριαρίων σημαῖαι τῆς μὲν τῶν χιλιάρχων παραλύονται λειτουργίας, εἰς δὲ τοὺς τῶν ἱππέων οὐλαμοὺς ἑκάστη σημαία καϑ᾽ ἡμέραν δίδωσι φυλακεῖον ἀεὶ τῷ γειτνιῶντι κατόπιν τῶν οὐλαμῶν· οἵτινες ἱεροῦσι μὲν καὶ τἆλλα, μάλιστα δὲ τοὺς ἵππους). So erhalten wir 4600 ☐′ und nach dieser Rechnung liegen auch die Reiter viel bequemer als in dem Lager Hygins.

Wenden wir uns jetzt zu den Bundesgenossen. Jede Ala enthält 600 Reiter und 4200 M. Fufsvolk (c. 30. 2 ἔστι δὲ τὸ πλῆϑος τῶν συμμάχων, τὸ μὲν τῶν πεζῶν πάρισον τοῖς Ῥωμαϊκοῖς στρατοπέδοις, λεῖπον τοῖς ἐπιλέκτοις, τὸ δὲ τῶν ἱππέων διπλάσιον, ἀφῃρημένον καὶ τούτων τοῦ τρίτου μέρους εἰς τοὺς ἐπιλέκτους, vgl. c. 26. 7 und 3, 107. 12). Nach allem was wir von italischem Kriegswesen wissen, unterliegt es keinem Zweifel, dafs ihre taktische Formation derjenigen der Legion genau entsprach, dafs mithin jede Cohorte 120 M. Veliten, 120 Hastaten, 120 Principes und 60 Triarier enthielt. Der Unterschied gegenüber den Legionen besteht nur

---

1) Bei Liv. 43, 14 beträgt eine Ala 330 M. vgl. Marquardt 3, 2. 258.

darin, dafs diese 4 Abtheilungen zu einem festen Verbande vereinigt waren und dies aus dem Grunde, weil·jeder derartige Verband eine nationale Einheit repräsentirt (vgl. Marquardt S. 303). Der römische Bürger aus Latium konnte einen Nebenmann haben, der in Campanien oder Picenum wohnte, weil beide gemeinsame Sprache und Sacra hatten; seine Stelle richtete sich nach Census und Dienstjahren. Aber es war ebenso unpraktisch als nach älterer Anschauung überhaupt unmöglich einen Latiner mit einem Samniten oder Umbrer in dasselbe Glied zu stellen. Und ferner ist hinlänglich bekannt, dafs die politischen Grundzüge, welche die Abstufung in der Legion bedingten, keine römischen, sondern allgemein italische sind.

Im Lager erscheinen die Bundesgenossen dadurch im Nachtheil, dafs das Fußvolk an den breiten Decumani gar nicht participirt. Da ferner auch die Legionen nach der obigen Ausführung nichts weniger als übermäfsig bequem liegen, so können hier schlechterdings nicht kleinere Verhältnisse angenommen werden. Auch würden solche der Angabe des Polybios widersprechen (c. 30. 3 διὸ καὶ τὸ βάϑος αὔξοντες τούτοις πρὸς λόγον ἐν τοῖς στρατοπεδευτικοῖς σχήμασι, πειρῶνται κατὰ τὸ μῆκος ἐξισοῦν τοῖς τῶν Ῥωμαίων στρατοπέδοις). Wir setzen demnach an für die Reiter 100, Triarier 50, die 3 folgenden Abtheilungen je 100′ Tiefe, also die ganze Striga zu 450′. Die Vertheilung im Einzelnen wird derart zu denken sein, dafs die Vicinaldecumani von dem Raum der letzten Abtheilungen abgehen. Dem Wall zunächst lagerten ohne Frage die Veliten, so dafs seine Bewachung gerade wie bei den Legionen ihnen anheimfiel.

Die bisherige Betrachtung ergiebt für die Lagerbreite folgendes Resultat:

Intervallum		200′
Bundesgenossen	Fußvolk	350
— —	Reiterei	100
	Decumanus	50
	Hastati	100
	Principes	100
	Decumanus	50
	Triarier	50
	Reiter	50
		1050 : beides wiederholt,

den Decumanus maximus eingerechnet, im Ganzen 2150′.

Damit ist denn auch jenes X gefunden, welches bei der Bestimmung der Länge übrig blieb, d. h. der Raum, den die *extraordinarii* einnehmen, stellt sich auf 250′ Länge. Sehen wir, wie derselbe disponirt ist. Das gedachte Corps besteht aus 600 Reitern in 10 Doppelturmen und 2100 M. Fußvolk in 5 Cohorten (c. 26. 8 λαμβάνουσι τῶν μὲν ἱππέων εἰς τοὺς ἐπιλέκτους ἐπιεικῶς τὸ τρίτον μέρος, τῶν δὲ πεζῶν τὸ πέμπτον)[1]). Aus diesem Corps wurde eine Leibgarde zum Schutz des Consuls und Quästors ausgehoben οἱ τῶν ἐπιλέκτων ἱππέων ἀπόλεκτοι c. 31. 2; doch wird über ihre Stärke Nichts bemerkt. Ebenso unbestimmbar bleibt das römische Elitecorps τινὲς τῶν ἐθελοντὴν στρατευομένων τῇ τῶν ὑπάτων χάριτι. Au Raum für alle ist kein Mangel und man wird annehmen dürfen, daß diese Truppen insgesammt unter Umständen weitläuftiger und bequemer lagerten, als das Gros des Heeres. Denn auch bei Hygin erhalten die prätorischen Cohorten den doppelten Platz (6. *cohortes praetoriae lateribus praetorii tendere debent et duplam pedaturam recipere, quod tentoriis maioribus utantur*). Was ihre Anordnung im Einzelnen betrifft, so ist es klar, daß die Hauptmasse an der Westseite lag und auf Forum Prätorium und Quästorium gerichtet war (S. 29). Diese Hauptstriga wird halbirt durch den Decumanus, welcher vom Prätorium nach der Westseite des Walles ausläuft (c. 31. 7 κατὰ μέσην δὲ τὴν τούτων τῶν ἱππέων παρεμβολὴν καὶ κατ' αὐτὴν τὴν τοῦ στρατηγίου περίστασιν δίοδος ἀπολείπεται πεντήκοντα ποδῶν, φέρουσα μὲν ἐπὶ τὴν ὄπισθε πλευρὰν τῆς στρατοπεδείας, τῇ δὲ τάξει πρὸς ὀρθὰς κειμένη τῇ προειρημένῃ πλατείᾳ). Man wird darnach 8 Doppelturmen hierher verlegen, jede zu 100′ Länge und Tiefe. Dies giebt, den Decumanus eingerechnet, 850′ Tiefe, welcher Raum genau der Breite der Legionen, einschließlich der Decumani, entspricht. Hinter den Reitern nach der Wallseite zu liegt Fußvolk (c. 31. 8 τοῖς δ' ἱππεῦσι τούτοις ἀντίτινοι τίθενται πάλιν οἱ τῶν συμμάχων ἐπίλεκτοι πεζοί, βλέποντες πρὸς τὸν χάρακα καὶ τὴν ὄπισθεν ἐπιφάνειαν τῆς ὅλης στρατοπεδείας). Wenn wir nun annehmen, daß die Tiefe des Fußvolks nicht diejenige der Reiter

---

1) So auch Klenze S. 112 ganz richtig. Marquardt S. 299 hat übersehen, daß die Brüche auf die Gesammtsumme gehen wie c. 30. 2 τὸ δὲ τῶν ἱππέων διπλάσιον, ἀφηρημένου καὶ τούτων τοῦ τρίτου μέρους εἰς τοὺς ἐπιλέκτους. Sein Ansatz von 1680 M. ist demnach ¹/₆ statt ¹/₅.

überragt, so reicht der Raum 800 × 150' für 4 Cohorten nicht aus; dahingegen erhalten 3 Cohorten statt der unumgänglich notwendigen 105,000, 120,000 □'. Nach der obigen Bemerkung ist dies durchaus verstattet. Halten wir also eine solche Disposition fest, so bleiben noch 2 Doppelturmen und 2 Cohorten zu placiren. Der Raum nördlich und südlich vom Forum resp. Quästorium ist im Allgemeinen gegeben; die nähere Bestimmung hängt ab von der Zeltreihe der Tribunen. Diese nimmt genau die Breite der römischen Legionen ein (c. 27. 7 ἀφεστᾶσι δ' ἀλλήλων μὲν ἴσον αἱ τῶν χιλιάρχων σκηναί, τοσοῦτον δὲ τόπον ὥστε παρ' ὅλον τὸ πλάτος ἀεὶ τῶν Ῥωμαϊκῶν στρατοπέδων παρέχειν), d. h. 750'. Der Raum hinter den Tribunenzelten, welcher Forum Prätorium Quästorium enthält (c. 31. 1), wird hierdurch seiner Breite nach bestimmt und zwar, weil auch der nördliche und südliche Decumanus mit Notwendigkeit frei auf denselben einmünden müssen, auf 850'. Begrenzt wird derselbe im Norden und Süden eben durch die Elitetruppen (c. 31. 2 ἀπὸ δὲ τῆς ἐφ' ἑκάτερα τελευταίας τῶν χιλιάρχων σκηνῆς κατόπιν οἷον ἐπικάμπιον ἔχοντες τάξιν πρὸς τὰς σκηνάς, οἱ τῶν ἐπιλέκτων ἱππέων ἀπόλεκτοι καί τινες τῶν ἐθελοντὶν στρατευομένων τῇ τῶν ὑπάτων χάριτι, πάντες οὗτοι στρατοπεδεύονται παρὰ τὰς ἐκ τῶν πλαγίων τοῦ χάρακος ἐπιφανείας, βλέποντες οἱ μὲν ἐπὶ τὰς τοῦ ταμιείου παρασκευάς, οἱ δ' ἐκ θατέρου μέρους εἰς τὴν ἀγοράν). Die wahrscheinlichste Disposition ist folgende: an jeder Seite lag eine Doppelturma mit 200' Front und 50' Tiefe; die 50' Front, welche dergestalt übrig bleiben, sind römischen Rittern zuzutheilen, und zwar der Raum unmittelbar über den Tribunen. Denn es ist durchaus angemessen, daß die Tribunen in nächster Nähe römische Truppen, nicht bundesgenössische haben; außerdem wird ihr Vorkommen neben der Elitereiterei der Bundesgenossen durch Polybios sowol als anderweitig bezeugt (Marquardt S. 308). Hinter den Reitern lag nach der Wallseite zu Fußvolk (c. 31. 4 ἀντίκεινται δὲ τούτοις ἐπὶ τὸν χάρακα βλέποντες οἱ τὴν παραπλήσιον χρείαν παρεχόμενοι πεζοὶ τοῖς προειρημένοις ἱππεῦσιν). Die Disposition folgt aus dem Gesagten: an jeder Seite 1 Cohorte mit 200' Front und nach dem obigen Verhältniß 200' Tiefe. Rechnen wir die römischen Evocati zu der nämlichen Tiefe, so stellt sich die Gesammtziffer dieses Corps auf 30 Reiter, 210 M. Infanterie, d. h. von der Normalstärke zweier Legionen 1/20 der Reiterei, 1/40 des Fußvolks: ein Verhältniß, das der Wahrheit ziemlich nahe kommen mag. Es bleibt an beiden

Ecken ein Raum von 200 × 250 und 450 × 250' frei: denselben nehmen ausländische oder zeitweilig anwesende Hülfsvölker ein (c. 31. 9 τὸ δ' ἀπολειπόμενον ἐξ ἑκατέρου τοῦ μέρους τούτων κένωμα παρὰ τὰς ἐκ τῶν πλαγίων πλευρὰς δίδοται τοῖς ἀλλοφύλοις καὶ τοῖς ἐκ τοῦ καιροῦ προσγιγνομένοις συμμάχοις). Die hier gegebene Vertheilung der Elitetruppen konnte nach ihrer Stärke und den jeweiligen Umständen mannigfachen Modificationen unterliegen. Es hat aber kein weitergehendes Interesse, Untersuchungen anzustellen, wie man die Truppen auch noch anders hätte disponiren können. Worauf es ankommt, die Disposition im Grofsen und Ganzen, namentlich auch die Bestimmung der Breite des Forums, kann als unzweifelhaft richtig gelten und wird im Verlaufe dieser Untersuchungen auch von anderer Seite aus bestätigt werden.

Der Umfang des republikanischen Lagers beträgt nach dem Gesagten 8600': eine Ziffer, für die gleichfalls bei Betrachtung der Stadt weitere Bestätigung sich ergeben wird. In der Kaiserzeit war die quadratische Form aufgegeben worden, doch hielt man sich noch nahe am alten Umfang, indem Hygin 21 die Länge zu 2400, die Breite zu 1600' annimmt. Der Flächeninhalt von 4,622,500 □' für ein Heer von ca. 20,000 M. 2400 Reiter ist vollkommen genügend und weit geräumiger als derjenige, der den kaiserlichen Truppen zustand [1]).

Polybios hebt an dem Lager die Einfachheit und die schematische Festigkeit der einzelnen Verhältnisse hervor (c. 26. 10 ἑνὸς ὑπάρχοντος παρ' αὐτοῖς θεωρήματος ἁπλοῦ περὶ τὰς παρεμβολάς, ᾧ χρῶνται πρὸς πάντα καιρὸν καὶ τόπον. c. 32. 1 δεδομένου δὲ τοῦ πλήθους καὶ τῶν πεζῶν καὶ τῶν ἱππέων ... παραπλησίως δὲ καὶ τῶν σημαιῶν τοῦ τε βάθους καὶ τοῦ μήκους καὶ τοῦ πλήθους δεδομένου, πρὸς δὲ τούτοις τῶν κατὰ τὰς διόδους καὶ πλατείας διαστημάτων, ὁμοίως δὲ καὶ τῶν ἄλλων ἁπάντων δεδομένων, συμβαίνει τοῖς βουλομένοις συνεφιστάνειν καὶ τοῦ χωρίου τὸ μέγεθος καὶ τὴν ὅλην περίμετρον ῥᾳδίως εὑρίσκειν τῆς παρεμβολῆς und noch ausführlicher die detaillirte Schilderung c. 41). Man wird daher auch von einem Plan desselben ein Gleiches verlangen dürfen. Als

---

1) Lange berechnet ein Lager von 1620 × 2320 = 3,758400 □' auf ein Heer von 32,000 M. und 9—10,000 Reiter, was ich für physisch unmöglich halte. Marquardt, der ihm hierin folgt, theilt andererseits dem halb so starken republikanischen Heer gar 6,760,000 □' zu!

Grundmafs ergiebt sich 50′ oder 10 *passus* oder 5 Ruthen, und daraus geht schon hervor, dafs im Ganzdurchschnitt keine kleineren Zahlen und vollends keine Brüche vorkommen dürfen, wie solche die früheren Bearbeiter statuiren. Sehen wir auf die Disposition des Ganzen, so ordnet sich dasselbe unter die gröfsere Einheit von 250′. Der Längendurchschnitt giebt:

$$250$$
$$\text{Kardo von } 100$$
$$250$$
$$\text{Kardo von } 100$$
$$500$$
$$\text{Kardo von } 50$$
$$500 : \text{alsb } 7 \times 250.$$

Ebenso in der Breite der Raum für die Bundesgenossen mit dem davor liegenden Decumanus 500 und für die Legionen 3×250. Sowol der Länge als der Breite nach kommen 1500′ auf die Zeltreihen, 250′ auf die Limites. Je mehr man in die Zahlenverhälnisse eingeht, desto evidenter stellt sich ihre allseitige Harmonie heraus.

Das Flächenmafs, welches hier vorliegt, ist, wie Klenze richtig erkannt hat, nicht der römische Actus zu 12 .zehnfüfsigen Ruthen oder 14,400 □′, sondern der alte *vorsus* zu 10 Ruthen oder 10,000□′. Frontin de lim. p. 30 bemerkt *primum agri modum fecerunt quattuor limitibus clausum plerumque centenum pedum in utraque parte (quod Graeci plethron appellant, Osci et Umbri vorsum) nostri centenum et vicenum in utraque parte, cuius ex quattuor unum latus, sicut diei XII horas, XII menses anni, XII decempedas esse voluerunt.* In der That bedient sich Polybios ausdrücklich der Bezeichnung Plethron, indem er c. 27. 2 vom Prätorium bemerkt τὸ δ' ἐμβαδὸν γίγνεσθαι τετράπλεθρον. Nach Vorsus ist der gröfsere Theil der Flächen im Lager bestimmt, und zwar auch hier durchstehend nach dem Princip der Ackertheilung 2 Vorsus oder Actus zu einem *iugerum* vereinigt. Solcher *iugera* zu 20,000 □′ zählt der Lagerraum 153¹/₈, das Intervall mitgerechnet 231¹/₈. Welche Verwandtschaft mit den Ackermafsen hier vorliegt, mag dahingestellt bleiben. Die Umsetzung in das Duodecimalsystem lag ziemlich nahe und ward erreicht, sobald man nur die Seite um 10′ vergröfserte (18 × 120).

Es bleiben noch eine Anzahl von Einzelheiten zu bestimmen

übrig. Nach Polybios nimmt das Prätorium einen möglichst hohen Platz ein (c. 27. 1 *τοῦ κριθέντος ἀεὶ τόπον πρὸς στρατοπεδείαν, τούτου τὸν ἐπιτηδειότατον εἰς σύνοψιν ἅμα καὶ παραγγελίαν ἡ τοῦ στρατηγοῦ σκηνή καταλαμβάνει*). Dazu stimmt es vollkommen, daſs die Legionen nach der Seite, wo sie am Leichtesten Wasser holen und fouragiren können, d. h. tiefer liegen. Man wählte eben am Liebsten ein sanft ansteigendes Terrain (Hygin 56 *nam quod attinet ad soli electionem in statuenda metatione, primum locum habent, quae ex campo in eminentiam leniter attolluntur*) [1]). Hierauf bezieht sich wol auch, wenn Polybios c. 31. 6 die Westseite des Kardo, der hinter dem Prätorium läuft, *τὴν ἀνωτέρω πλευράν* nennt. Die Frontseite des Lagers ist natürlich die dem Feinde zugekehrte. Man hat zwar bisher ganz allgemein die Front des Polybios für die strategische Rückseite genommen; doch hätte, von den positiven Zeugnissen abgesehen, die nähere Erwägung, daſs die Soldaten und nicht der Consul mit seinem Stab den Wall zu vertheidigen hatten, von derartigen strategischen Betrachtungen abhalten sollen. Der Irrtum hängt mit einem zweiten zusammen, nämlich der Bezeichnung der Thore. Polybios giebt weder Zahl noch Namen oder Ort derselben an. Ihre Zahl wird u. A. von Josephus auf 4 bestimmt (bell. Iud. 3, 5. 2 *πύλαι δὲ ἐνοικοδομοῦνται τέσσαρες καθ' ἕκαστον τοῦ περιβόλου κλίμα, πρός τε εἰσόδους τῶν ὑποζυγίων εὐμαρεῖς καὶ πρὸς ἐκδρομὰς αὐτῶν, εἰ κατεπείγοι, πλατεῖαι*). Gewiſs passend hat man ihre Breite zu 50' angenommen, da 10 Posten in jedem standen (c. 35. 5; vgl. Napoléon III, histoire de César Bd. 2 Atlas pl. 9). Ferner geht auch aus den Feldmessern unzweifelhaft hervor, daſs die Thore an den Endpuncten des Kardo und Decumanus maximus sich befanden (oben S. 27). Das Thor an der O.- oder Frontseite ist die *porta praetoria* (Vegetius de re mil. 1, 23 *porta autem, quae appellatur praetoria, aut orientem spectare debet aut illum locum, qui ad hostes respicit: aut si iter agitur, illam partem debet attendere, ad quam est profecturus exercitus.* Hygin 56 *porta praetoria semper hostem spectare debet.* Festus p. 223 *praetoria porta in castris appellatur, qua exercitus in proelium educitur.* Tacit. Hist. 4, 30 *praetoriae portae (is aequissimus locus)*). Ihr gegenüber an der

---

1) Dazu stimmt, wenn es Caes. bell. Gall. 8, 36 heiſst *cognoscit castra eorum, ut barbarorum fere consuetudo est, relictis locis superioribus ad ripas fluminis esse demissa.*

Rückseite liegt die *porta decumana* (Hygin 56 *(castra) in eminentiam leniter attolluntur, in qua positione porta decimana eminentissimo loco constituitur, ut regiones castris subiaceant.* Liv. 10, 32 *a tergo castrorum decumana porta impetus factus; itaque captum quaestorium . . . consul duas cohortes tueri praetorium iubet.* Tacit. Ann. 1, 66 *decumana maxime petebatur, aversa hosti et fugientibus tutior.* Vegetius 1, 23 *decumana porta quae appellatur, post praetorium est, per quam delinquentes milites educuntur ad poenam).* Dieser Fülle von übereinstimmenden Zeugnissen gegenüber, denen kein anderes widerspricht, bleibt es nahezu unbegreiflich, wie man bisher beide Thore mit einander hat verwechseln können. Die beiden Seitenthore, durch welche die *via principalis* mündet, werden unterschieden als *porta principalis dextra* und *sinistra* (Hygin 14 *via principalis, quae est inter portas dexteriorem et sinistriorem,* vgl. Liv. 4, 19 34, 46 40, 27), und zwar ist die nördliche links, die südliche rechts. Noch sind 2 andere Namen von Thoren zu erwähnen: nämlich die *porta extraordinaria* Liv. 40, 27, welche aus einer verderbten Lesart durch eine verkehrte Conjectur in den Text gekommen ist; Klenze S. 143 hat sich dagegen erklärt und Weissenborn mit Recht *praetoria* statt dessen aufgenommen. Dagegen erhält die *porta decumana* mehrfach den Namen *quaestoria* (Liv. 34, 47 *tumultus ex aversa parte castrorum est exortus. in portam quaestoriam irruperant Galli.* 40, 27) und zwar in passendem Parallelismus zur *porta praetoria.*

Da nach constantem Sprachgebrauch die Ostseite mit der *porta praetoria* als Front bezeichnet wird, so werden wir nicht blos die *porta principalis dextra,* sondern auch die *ala dextra* an die Südseite verlegen, neben ihr die *legio prima,* dann die *legio tertia*[1]) und die *ala sinistra.* Diese Stellung ist constant und wird dadurch nicht alterirt, dafs die rechte Ala und erste Legion an dem einen Tage zuerst marschirten, an dem folgenden, um den Vortheil des früheren Ankommens am Lagerplatz auszugleichen, die dritte Legion und linke Ala. Es stimmt genau zu unserem Ansatz, wenn Aemilius Paulus (Liv. 40, 27) die 1. Legion nach der *porta principalis dextra,* die 3. nach der *sinistra* dirigirt. An dieser Anordnung, welche aus der Betrachtung des Lagers selber sich ergiebt, darf es nicht irre machen, dafs bei der Landvermessung umgekehrt Süden links und

---

1) Polybios c. 40. 6 von dem correcten Sprachgebrauch der Deutlichkeit halber absehend nennt sie τὸ δεύτερον στρατόπεδον.

Norden rechts ist. Die verschiedene Auffassung, welche in der Um-
kehr der Bezeichnungen zu Tage tritt, hat einen religiösen Grund
und soll später zur Sprache gebracht werden.

In der Anordnung der Truppen geht das Princip durch, dafs
die geringeren dem Feinde zunächst, die besten am Weitesten entfernt liegen. Wie deshalb die Veliten vor dem Lager stehen, so
steigt auch von dem Intervallum bis zu den Principia die Nummer
der Manipeln von 10 zu 1 aufwärts; denn es ist klar, dafs der
Rangunterschied, der zwischen den Centurionen stattfand (vgl. Marquardt S. 281), auch auf die Manipeln selber überging. Diese Anordnung erhellt deutlich daraus, dafs die *via quintana* die 5. und 6.
Turme scheidet (c. 30. 5 καθ' ἕκαστον μέρος τὸν ἕκτον οὔλαμὸν ἀπὸ
τοῦ πέμπτον πεντήκοντα πόδας ἀφιστᾶσιν, παραπλησίως δὲ καὶ
τὰς τῶν πεζῶν τάξεις), und dafs die 10. Manipel die letzte in der
ganzen Reihe ist, wie die Austheilung der Parole zeigt (c. 34. 8 καθ'
ἕκαστον γένος καὶ τῶν ἱππέων καὶ τῶν πεζῶν ἐκ τῆς δεκάτης σημαίας καὶ τελευταίας στρατοπεδευούσης κατὰ τὰς ῥύμας).

An der *via principalis* liegen die Zelte der 12 Tribunen in gleicher Entfernung von einander über einen Raum von 750' ausgedehnt. Die Anordnung der Zelte wird von selber gegeben: ohne
Zweifel mündeten die 3 Decumani frei auf Forum Prätorium und
Quästorium, und damit bleibt für jeden Tribunen 50' Breite, also
¼ Vorsus, übrig. Lipsius u. A. haben auf die Tribunen in gleicher
Weise die Präfecten der Bundesgenossen folgen lassen: eine Annahme, die offenbar den Worten des Polybios widerspricht (c. 27. 4
ἐξ ὑπαρχόντων χιλιάρχων ἐν ἑκάστῳ στρατοπέδῳ ... δυεῖν δὲ στρατοπέδων ὄντων τῶν Ῥωμαϊκῶν ἀεὶ μεθ' ἑκατέρου τῶν ὑπάτων, φα-
νερὸν ὅτι δώδεκα χιλιάρχους ἀνάγκη συστρατεύειν ἑκατέρῳ τῶν ὑπάτων. τιθέασι δὲ τὰς τούτων σκηνὰς ἐπὶ μίαν εὐθεῖαν ἁπάσας ...
7. ἀφεστᾶσι δ' ἀλλήλων μὲν ἴσον αἱ τῶν χιλιάρχων σκηναί, τοσοῦτον
δὲ τόπον ὥστε παρ' ὅλον τὸ πλάτος ἀεὶ τῶν Ῥωμαϊκῶν στρατοπέδων παρήκειν); denn es wäre in diesem Zusammenhang undenkbar,
dafs die Präfecten hätten übergangen werden können. Es fragt sich
nun, wo dieselben zu placiren sind. Im ganzen Verlauf seiner Beschreibung giebt Polybios hierüber nicht die leiseste Andeutung, wie
er denn überhaupt in Betreff der Bundesgenossen äusserst wortkarg
ist. Nur bemerkt er an zwei Stellen, dafs ihr Verhältnifs zu den Präfecten dasselbe sei, wie das der Legionen zu den Tribunen (c. 34. 4
ὁ δ' αὐτὸς τρόπος τῆς ἀρχῆς ἐστι καὶ τῶν πραιφέκτων περὶ τοὺς

συμμάχοις. c. 37. 7 δεῖ δὲ προσέχειν τοὺς μὲν στρατιώτας τοῖς χι-
λιάρχοις, τούτους δ' ἔτι τοῖς ὑπάτοις. κύριος δ' ἐστὶ καὶ ζημιῶν
ὁ χιλίαρχος καὶ ἐνεχυριάζων καὶ μαστιγῶν, τοὺς δὲ συμμάχους οἱ
πραίφεκτοι). Darnach dürfen wir in der That jene anschauliche
Schilderung vom Lagerdienst, welche allein die Römer erwähnt, auch
auf die Bundesgenossen übertragen. Zunächst fehlt es an einem
Local, auf dem die Präfecten schalten können wie die Tribunen auf
der Via principalis. Denn an letzterer haben die Bundesgenossen
keinen Antheil, wenigstens nicht so weit wie die Legionen lagern.
Hier stehen nur römische Posten, hier sorgen 2 Manipeln für Ordnung und Reinlichkeit, hier treiben sich die Römer geschäftig oder
müssig herum (c. 33. 3 διέταξαν τὰς σημαίας ἐξ ἑκάστου στρατοπέδου τῶν πριγκίπων καὶ τῶν ἀστάτων, δύο μὲν εἰς τὴν ἐπιμέλειαν
τοῦ τόπου τοῦ πρὸ τῶν χιλιάρχων· τὴν γὰρ διατριβὴν ἐν ταῖς κα-
θημερίαις οἱ πλεῖστοι τῶν Ῥωμαίων ἐν ταύτῃ ποιοῦνται τῇ
πλατείᾳ). Wenn man aber die ganze Organisation erwägt, wie die
Manipeln alle Befehle von den Tribunen erhalten, an sie alle Meldungen
richten, Recht erhalten, Belohnung und Strafe, wie das Prätorium
nur durch das Medium der Tribunen mit dem Heer communicirt,
so stellt sich die Notwendigkeit immer dringender heraus eine zweite
Via principalis für die Bundesgenossen ausfindig zu machen.

Als solche bietet sich sie Straße dar, welche in der gleichen
Breite von 100' die Westhälfte des Lagers von Nord nach Süd halbirt. In dieser ganzen Hälfte liegen außer dem Stab nur Elitetruppen der Bundesgenossen. Dieselben stehen zu den Präfecten in
einer besonders nahen Beziehung, insofern sie von diesen persönlich
ausgewählt sind (c. 26. 6 πρῶτον μὲν τοῖς ὑπάτοις τοὺς ἐπιτηδειο-
τάτους πρὸς τὴν ἀληθινὴν χρείαν ἐκ πάντων τῶν παραγεγονότων
συμμάχων ἱππεῖς καὶ πεζοὺς ἐκλέγουσι, τοὺς καλουμένους ἐκτραορ-
διναρίους). Es liegt nahe anzunehmen, daß den Reitern dieselben
Obliegenheiten im Lagerdienst wie den römischen und den Cohorten
die nämlichen wie den Triariern zukamen. Man möchte geneigt
sein zu vermuten, daß die Zelte der Präfecten an der erwähnten
Straße auf den Plätzen nördlich und südlich vom Prätorium standen, ganz denen der Tribunen entsprechend, aber mit der Front
nach West. Dagegen spricht offenbar das Stillschweigen des Polybios und die ausdrückliche Wendung von den *equites extraordinarii*
c. 31. 6 στρατοπεδεύουσι βλέποντες ἐπί τε τὴν ἀγορὰν ἅμα καὶ τὸ
στρατήγιον καὶ τὸ ταμιεῖον. Eine weitere Möglichkeit gestattet sie

in dieselbe Reihe mit den Epilecten zu stellen; denn auch im Lager Hygins sind die Legaten und Tribunen durch die Via principalis vom Prätorium geschieden. Allein auch dieser Versuch erledigt sich durch das eben Gesagte und befriedigt am Wenigsten. Nach reiflicher Prüfung wird man doch immer dahin zurückkommen, die Präfecten in die nächste Umgebung des Feldherrn, d. h. ins Prätorium zu verweisen, wo es durchaus nicht an Raum mangeln konnte. Diese Annahme, welche nach äußeren Gesichtspuncten allein zulässig erscheint, wird durch andere Erwägungen empfohlen, von denen unten (S. 47) die Rede sein wird.

Die Strafse, welche wir den Bundesgenossen als Via principalis vindicirten, läuft in unmittelbarer Nähe des Prätoriums. Der Name, den wir ihr beizulegen haben, ist vielleicht *Via quintana*. Er gründet sich auf zwei Stellen, zuerst die corrupte Notiz des Paulus p. 256 (Müller): *quintana appellatur porta in castris post praetorium, ubi rerum utensilium forum sit*: wie dieselbe entstellt sei, weifs ich nicht zu entscheiden, doch würde *via* dem Sinn entsprechen, wie bereits auch vorgeschlagen ist [1]). Dieselbe erinnert übrigens bereits ganz an das spätere Lager der Kaiserzeit, wo die *via quintana* den zweiten und dritten Theil desselben, Prätorium und Quästorium trennte (vgl. Lange zu Hygin p. 136). Auf ihr bewegte sich der Marktverkehr, wie die Wendung Suet. Ner. 26 bezeugt. Dagegen gehört in unsere Zeit die Erzählung von der Einnahme eines römischen Lagers durch die Histrer Liv. 41, 2: dieselben erstürmen das Prätorium *praetorio deiecto direptisque quae ibi fuerunt, ad quaestorium forum quintanamque hostes pervenerunt*. Man hat diese Strafse mit derjenigen identificirt, welche die Legionen halbirt; doch steht Nichts entgegen, dafs die nämliche Bezeichnung sich wiederholt. Der *quintarius* ist zunächst der *limes qui quinque centurias cludit* (Hygin de lim. comit. 174; c. 30. 6 διὰ τὸ παρὰ τὰ πέμπτα τάγματα παρήχειν), aber weiter auch der Halbtheiler, insofern 10 eine Einheit darstellen (S. 12). Diese Bedeutung wird zwar nirgends direct überliefert, aber folgt aus der gromatischen Lehre mit Notwendigkeit. Als sicher hinstellen läfst sich die Benennung der Lagerstrafse freilich keineswegs; denn sie wird schliefslich nur durch die eine

---

1) Man könnte um die Integrität der Nachricht zu retten, sich darauf berufen, dafs die *porta decumana* wie *quaestoria* von dem nahen Quästorium, so auch nach der nahen Strafse *quintana* benannt worden sei.

Stelle des Livius bezeugt, und es wäre gar wol möglich, daß die Gewährsmänner desselben das bereits veränderte Lager ihrer Zeit vor Augen hatten.

Eine besondere Schwierigkeit macht die Disposition von Prätorium Forum und Quästorium. Daß ersteres genau in der Mitte lag, ist keinem Zweifel unterworfen. Weiter versteht sich von selbst, daß nicht der ganze Raum von 200' im Geviert von dem Zelt des Feldherrn eingenommen ward; auch unterscheidet Polybios zwischen der σκηνή τοῦ στρατηγοῦ oder στρατήγιον und c. 31. 1. c. 41. 2 τῆς τοῦ στρατηγίου περιστάσεως. Näheres lehrt Josephus bell. Jud. 3, 5. 2 ῥυμοτομοῦσι δὲ εὐδιαθέτως εἴσω τὸ στρατόπεδον. καὶ μέσας μὲν τὰς τῶν ἡγεμόνων σκηνὰς τίθενται, μεσαίτατον δὲ τούτων τὸ στρατήγιον ναῷ παραπλήσιον. Obschon diese Angabe sich auf die Kaiserzeit bezieht, so berechtigt sie uns doch um das Zelt des Feldherrn herum seinen Stab unterzubringen. Zunächst an der Rückseite desselben stand das Zelt des Quästors. Polybios drückt sich allerdings anscheinend in anderem Sinn aus, wenn c. 31. 1 der Platz zur einen Seite des Prätoriums angewiesen wird τῷ τε ταμιείῳ καὶ ταῖς ἅμα τούτῳ χορηγίαις und die Via decumana κατ' αὐτὴν τὴν τοῦ στρατηγίου περίστασιν mündet. Correcter heißt es c. 31. 2 βλέποντες ἐπὶ τὰς τοῦ ταμιείου παρασκευάς. Quaestorium wird nämlich gesagt sowol vom Zelt des Quästors, als auch von dem Platz, auf dem die Proviant- und Gepäckcolonne aufgestellt wurde. Diese zwiefache Bedeutung sowie die Annahme der Lage des ersteren hinter dem Zelt des Feldherrn, dem Prätorium in engerem Sinne, wird durch mehrere Erzählungen bei Livius erwiesen (41, 2 *praetorio deiecto ad quaestorium forum quintanamque hostes pervenerunt. ibi (im Magazin) cum omnium rerum paratam expositamque copiam et stratos lectos in quaestorio* (im Zelt) *invenissent, regulus accubans epulari coepit. 10, 32 ab tergo castrorum decumana porta impetus factus; itaque captum quaestorium quaestorque ibi L. Opimius Pansa occisus. conclamatum inde ad arma. consul tumultu excitus cohortes duas sociorum Lucanam Suessanamque, quae proximae forte erant, tueri praetorium iubet, manipulos legionum principali via induci. 34, 47 in portam quaestoriam irruperant Galli resistentisque pertinacius occiderant L. Postumium quaestorem . . . . et duos praefectos socium et ducentos ferme milites*). Die entsprechende Stelle nimmt das Zelt des Quästors auch im Lager Hygins ein (18 *quaestorium dicitur, quod aliquando quaestores ibi pedaturam acceperint, quod est supra praetorium in rigore portae, quae cohortibus decimis ibi tendentibus decimana est appellata. quaestorium minore esse debet latitudine quam praetorium, ut strigae statorum posticum praetorii proximae sint).* Wir dürfen hiernach vermuten, daſs das Zelt des Quästors nicht die ganze Rückwand des Prätoriums einnahm, sondern daſs vom Thor aus ein directer Zugang zum Hauptquartier offen stand. Man möchte annehmen, daſs das Zelt gegen das Quästorium, den Proviantplatz, gerichtet war.

Das Zelt des Feldherrn wird von Josephus einem Tempel verglichen ναῷ παραπλήσιον: eine Bestätigung gewährt Varro LL. 5, 161 *cavum aedium . . . in hoc locus si nullus relictus erat, sub divo qui esset, dicebatur testudo ab testudinis similitudine, ut est in praetorio in castris.* Daraus erhellt erstens, daſs dasselbe ein Giebeldach hatte gleich den Tempeln, ferner auch im Wesentlichen die Disposition eines Hauses, dessen Mittelpunct eben das Cavaedium bildet. In ihm fand ohne Zweifel der Kriegsrat statt, der vom Ort auch selber den Namen *praetorium* erhält; den Heerd des Zeltes erwähnt Dionys 9, 6. Zu bemerken ist ferner, daſs der Umfang des Prätoriums von 800′ genau demjenigen des Capitolinischen Jupitertempels entspricht, dessen Grundriſs ja auch nur unbedeutend von einem Quadrat abweicht (Dion. 4, 61). Das Prätorium war nach Osten orientirt, über das Heer hinschauend dem Feinde entgegen. Polybios bemerkt, daſs bei der Absteckung des Lagers dasselbe zuerst markirt wurde, darauf die Frontseite des Quadrats von 200′, drittens die Mitte des Raumes, wo die Tribunen lagern, dann der Lagerraum der Legionen (c. 41. 6 σημαίαν ἔπηξαν . . . . . τρίτην ἐπὶ μέσης τῆς γραμμῆς ἐφ᾽ ἧς οἱ χιλίαρχοι σκηνοῦσιν, τετάρτην παρ᾽ ἣν τίθενται τὰ στρατόπεδα). Es sind das die Visirfahnen für den Decumanus maximus; aber merkwürdig bleibt doch, daſs ausdrücklich in der Mitte der Tribunenreihe, nur 25′ von der vorhergehenden, aber volle 125′ von der folgenden entfernt eine Fahne stehen soll. Die Bedeutung dieses Punctes wird sich am Geeignetsten erklären, wenn man hierher den Altar verlegt. An der rechten oder Südecke der Front des Prätoriums lag das *auguratorium*, an der linken das *tribunal*: beides nach Hygin 11 (*aris institutis auguratorium parte dextra praetorii ad viam principalem apponimus, ut dux in eo augurium recte capere possit, parte laeva tribunal statuitur, ut augurio accepto, insuper ascendat et exercitum felici auspicio adloquatur).* Das Auguratorium wird als Templum erwähnt Liv. 41, 18. Zwischen

beiden haben wir die Stabswache untergebracht, die von den Triariern
gestellt 60 Mann betrug (c. 33. 12 μία δ' ἐξ ἁπασῶν καϑ' ἡμέραν
σημαία ἀνὰ μέρος τῷ στρατηγῷ παραχοιτεῖ, ἥτις ἅμα μὲν ἀσφάλειαν
παρασκευάζει τῷ στρατηγῷ πρὸς τὰς ἐπιβουλάς, ἅμα δὲ κοσμεῖ τὸ
πρόσχημα τῆς ἀρχῆς).

Nach dem Gesagten stellt sich die Centralanlage des Lagers
folgender Mafsen heraus. Wir erhalten ein Rechteck von 450' Länge
und 850' Breite. Im N. und S. wird dasselbe von zwei 50' breiten
Wegen eingefafst, welche dazu dienen den Verkehr der bundesge-
nössischen Reiter hierher zu lenken. Dazwischen münden 3 Strafsen
gleicher Breite, welche den Legionen angehören. Nach Westen läuft
nur eine einzige Strafse aus. Umgeben wird der ganze Platz an 3
Seiten von Elitereiterei der Bundesgenossen, an der vierten östlichen
von den ersten Turmen und Manipeln der Legionen. Er zerfällt in
3 Abschnitte, einen östlichen *principia*, der den Römern allein gehört, 150' lang, einen westlichen von nur ²/₃ dieser Länge, auf dem
die Bundesgenossen allein zu Hause sind, einen neutralen Grund
zwischen beiden in der Mitte. Der neutrale Grund hat gleichfalls
3 Theile, in der Mitte das Hauptquartier, das über beiden Parteien
steht, südlich davon die Magazinvorräte, aus denen der Quästor den
Bundesgenossen so gut austheilt wie den Bürgern, endlich nördlich
das Forum. Hier verkauft der Quästor die gemachte Beute, hier
bewegt sich der Handel und Wandel wie auf dem Markt einer Stadt;
in der Nähe vor der *porta decumana* lagern die Marktleute, denen
gestattet war dem Heere zu folgen (Caes. bell. Gall. 6, 37 *Germani
. . . . cursu ab decumana porta in castra inrumpere conantur, nec
prius sunt visi . . . quam castris adpropinquarent, usque eo ut qui
sub vallo tenderent mercatores recipiendi sui facultatem non habe-
rent*). Forum und Magazinplatz sind die einzigen Puncte, wo Bürger
und Bundesgenossen zusammen treffen: wenn man die ganze Disposition des Lagers durchmustert, so ergiebt sich nirgends eine Gelegenheit, dafs beide Theile mit einander in Berührung kommen. Aber
an den Feldherrn sind beide durch den Eid der Treue gebunden;
in seiner Nähe herrscht Frieden, seine Majestät schlichtet allen
Streit. Wir sahen S. 44, dafs die Präfecten in der nächsten Umgebung des Feldherrn liegen. Die Präfecten leiten ihre Befugnisse aus
der Ernennung des Consuls ab (c. 26. 5 τὴν μὲν οἰκονομίαν καὶ τὸν
χειρισμὸν ποιοῦνται τούτων αὐτῶν οἱ καϑεσταμένοι μὲν ὑπὸ τῶν
ὑπάτων ἄρχοντες, προσαγορευόμενοι δὲ πραίφεκτοι, δώδεκα τὸν

ἀριϑμὸν ὄντες); der abweichenden Ansicht Niebuhrs, R. G. 3, 623 entgegen müssen die Präfecten als römische Bürger angesehen werden. Wenn sie in unmittelbarer Nähe des Consuls liegen, so schalten sie nur als dessen Mandatare. Für die Bundesgenossen gilt das ungeschwächte Imperium, die Tribunen dagegen, welchen die Bürger gehorchen, sind wenigstens theilweise vom Volke gewählt. Wir sahen, dafs der schmale Streif von 50' Breite ober- und unterhalb der Tribunen von römischen Evocati eingenommen war; denn obwol Bürger und Bundesgenossen unter der Hoheit des Prätorium neben einander stehen dürfen, so geschieht auch dies mit genauester Abwägung. Ja selbst wenn der Feldherr zum ganzen Heer redet, so sammelt sich dasselbe nicht etwa unterschiedlos neben einander, sondern vom Tribunal aus hat er zur Rechten die Bürger auf der Via principalis, die Bundesgenossen zur Linken auf dem Forum und der Quintana [1]). Höchst charakteristisch ist auch die ganz untergeordnete Stellung, welche die Infanterie der Bundesgenossen im Vergleich zu ihrer Reiterei einnimmt, von allen Berührungen mit den Römern und den Verkehrsstrafsen sorgfältig abgeschieden und auf das Intervallum hingewiesen. Sie entspricht vollkommen dem aristokratischen Princip, welches die Römer in der Organisation der italischen Städte als Richtschnur befolgten.

Es ist bisher nur von den normalen Verhältnissen eines consularischen Heeres, Legion und Ala jede zu 4200 Mann gerechnet, die Rede gewesen. Die Norm erleidet eine Reihe von Modificationen. Die erste derselben tritt ein, sobald die Stärke der Legion die angebene Ziffer überschritt (3, 107. 11 ἐὰν δέ τις ὁλοσχερεστέρα προφαίνηται χρεία, τοὺς μὲν πεζοὺς ἐν ἑκάστῳ στρατοπέδῳ ποιοῦσι περὶ πεντακισχιλίους τοὺς δ' ἱππεῖς τριακοσίους. 6, 20. 8). In diesem Falle wird das Lager sowol der Länge als Breite nach erweitert (6, 28. 5 ὅταν δὲ τοῖς μείζοσι στρατοπέδοις χρῶνται, τὸ κατὰ λόγον καὶ τῷ μήκει καὶ τῷ βάϑει προσυτιϑέασι); die Mafse (vgl. c. 32. 1) giebt Polybios nicht an. Die nächsten Abänderungen betreffen die Bundesgenossen. In der hinteren Hälfte des Lagers bleibt neben den *extraordinarii* und hinter den *delecti* ein Raum übrig, der 3—4000 Mann zu fassen vermag und an die auswärtigen Hülfstruppen und die während des Feldzugs aufgebotenen Bundesgenossen ange-

---

1) vgl. die Anrede in den veronenser Vergilscholien, Keil, M. Valerii Probi comm. Halle 1848. p. 104.

wiesen wurde (c. 31. 9). Reichte dieser Raum nicht aus, so ward von den zeitweilig anwesenden Bundesgenossen ein Theil des Forums und Quästoriums occupirt (c. 32. 3 ἐὰν δέ ποτε πλεονάζῃ τὸ τῶν συμμάχων πλῆθος, ἢ τῶν ἐξ ἀρχῆς συστρατευομένων ἢ τῶν ἐκ τοῦ καιροῦ προσγινομένων, τοῖς μὲν ἐκ τοῦ καιροῦ πρὸς τοῖς προειρημένοις καὶ τοὺς παρὰ τὸ στρατήγιον ἀναπληροῦσι τόπους, τὴν ἀγορὰν καὶ τὸ ταμιεῖον συναγαγόντες εἰς αὐτὸν τὸν κατεπείγοντα πρὸς τὴν χρείαν τόπον). War hingegen die Stärke der Bundesgenossen von Anfang an zu grofs, um sie nach den gegebenen Verhältnissen unterzubringen, so ward an der Nord- wie Südseite eine Striga hinzugefügt (τοῖς δ' ἐξ ἀρχῆς συνεκπορευομένοις, ἐὰν ᾖ πλῆθος ἱκανώτερον, ῥέμιν μίαν ἐξ ἑκατέρου τοῦ μέρους τῶν Ῥωμαϊκῶν στρατοπέδων πρὸς ταῖς ὑπαρχούσαις παρὰ τὰς ἐκ τῶν πλαγίων ἐπιφανείας παρατιθέασιν). Also ward z. B. ein Lager mit 16,000 Bundesgenossen (Liv. 21, 17) um 2 Halbstrigen von je 175' Breite erweitert und damit hörte denn auch die strenge quadratische Form auf. Das Gleiche trat beim combinirten Lager von 2 consularischen Heeren ein. Polybios unterscheidet hierin zwei Fälle: erstens wenn beide Consuln anwesend sind, zweitens wenn das Commando nicht getheilt, sondern einheitlich ist. Im ersten Fall werden zwei gewöhnliche Lager mit der Rückseite an einander gelegt (c. 32. 6 πάντων δὲ τῶν τεττάρων στρατοπέδων καὶ τῶν ὑπάτων ἀμφοτέρων εἰς ἓν χάρακα συναθροισθέντων, οὐδὲν ἕτερον δεῖ νοεῖν πλὴν δύο στρατιὰς κατὰ τὸν ἄρτι λόγον παρεμβεβληκυίας ἀντεστραμμένας αὐταῖς συνηρμόσθαι, συναπτούσας κατὰ τὰς τῶν ἐπιλέκτων ἑκατέρου τοῦ στρατοπέδου παρεμβολάς, οὓς ἐποιοῦμεν εἰς τὴν ὀπίσω βλέποντας ἐπιφάνειαν τῆς ὅλης παρεμβολῆς, ὅτε δὴ συμβαίνει γίγνεσθαι τὸ μὲν σχῆμα παράμηκες, τὸ δὲ χωρίον διπλάσιον τοῦ πρόσθεν, τὴν δὲ περίμετρον ἡμιόλιον). Wenn man die letzten Angaben im strictesten Sinne nimmt, so blieb das Intervall von 400' zwischen beiden Heeren bestehen und auf 2150' Breite ergiebt sich 4300' Länge. Gewöhnlich streicht man das Intervall ganz, doch ohne rechten Grund; auf weniger als 100' läfst sich dasselbe sicherlich nicht reduciren und damit wäre die Gesammtlänge nur 4000'. Ein combinirtes Lager mit getheiltem Befehl wird Liv. 27, 46 erwähnt. Polybios führt fort ὅταν μὲν οὖν συμβαίνῃ τοὺς ὑπάτους ἀμφοτέρους ὁμοῦ στρατοπεδεύειν, οὕτως ἀεὶ χρῶνται ταῖς στρατοπεδείαις· ὅταν δὲ χωρίς, τἆλλα μὲν ὡσαύτως, τὴν δ' ἀγορὰν καὶ τὸ ταμιεῖον καὶ τὸ στρατήγιον μέσον τιθέασι τῶν δυοῖν στρατοπέδων. Diese Worte

4

sind die Quelle einer ganz unabsehbaren Confusion geworden. Man ergänzt den Vordersatz im zweiten Gliede ὅταν δὲ συμβαίνῃ τοὺς ὑπάτους ἀμφοτέροις χωρὶς στρατοπεδεύειν und zieht daraus verschiedenartige Folgerungen. Klenze S. 126 faſst die Stelle so: »Wenn die beiden consularischen Heere zusammen lagern, so machen sie es immer in der beschriebenen Art; wenn sie aber getrennt lagern, so stellen sie das Prätorium u. s. w. in die Mitte zwischen die beiden Legionen. Das letzte ist aber gerade der gewöhnliche oben ausführlich beschriebene Fall, und dessen Beschreibung hier widerspricht der obigen Darstellung entschieden«; hierauf versucht er die Reconstruction dieser Lagerform, von der als einer Ausnahme uns Polybios keine nähere Beschreibung giebt. Planer und Marquardt[1]) erkennen hier keine Ausnahme, sondern die Regel: die ganze ausführliche Beschreibung bezieht sich nach ihnen nur auf die Hälfte eines combinirten Lagers, und nachdem also die Leser durch so und so viel Kapitel an der Nase herumgeführt worden sind, werden sie zum Schluſs darüber aufgeklärt, daſs das gewöhnliche Lager total anders aussieht. Die grofse Lücke, welche der Bericht des alten Strategikers hier läſst, wird von den neueren in ihrer Art ausgefüllt. Ihre Pläne stimmen besonders in den grofsen weifsen Flächen, die sie frei lassen, überein und entziehen sich natürlich jeder Kritik; nur erwecken sie ein aufrichtiges Bedauern über die Mishandlungen, welche ein Schriftsteller wie Polybios sich gefallen lassen muſs.

Derselbe setzt zuerst und ausführlich die normale Gestalt des Lagers von 2 Legionen aus einander; sie erleidet zwei Modificationen durch ein stärkeres Aufgebot von Bundesgenossen während des Feldzugs, oder wenn ihre Stärke von vorn herein den Normaletat übersteigt. Auf das einfache folgt das combinirte Lager von 4 Legionen und hier treten wieder zwei Fälle ein, daſs nämlich das Commando getheilt oder einheitlich ist: ὅταν μὲν οὖν συμβαίνῃ τοὺς ὑπάτους ἀμφοτέρους ὁμοῦ στρατοπεδεύειν, so wird das Lager einfach wieder-

---

1) Vor ihnen schon Salmasius Exerc. Plin. 472. Schele (Graev. 10,1164), Gronov und Schweighäuser z. d. St. Von einer richtigeren Ansicht ging Reiske, animadv. p. 453 aus ὁμοῦ et χωρίς videntur transponenda esse. Consules separata castra habent, tum ea habent sic designata, ut paulo ante pluribus demonstratum est. sin autem iuncta, tum reliquis omnibus immotis forum quaestorium et praetorium amborum media castrorum constituerunt. Sein Vorschlag ist ganz unstatthaft.

holt; ὅταν δὲ συμβαίνῃ τοὺς ὑπάτους ἀμφοτέρους χωρὶς στρατοπε
δεύειν (vgl. c. 26. 3 τάττει δ᾽ ὡς ἐπίπαν ἑκάτερος χωρὶς τὸν τόπον
τοῖς αὑτοῦ στρατοπέδοις), natürlich unter der Voraussetzung πάν
των τῶν τεττάρων στρατοπέδων εἰς ἕνα χάρακα συναθροισθέντων,
so wird Forum Quästorium und Prätorium in die Mitte zwischen
beide Heere gesetzt. Mithin bilden alle 4 Legionen einen einzigen
Heereskörper und diese Einheit muſs auch äuſserlich ausgedrückt
werden, dadurch daſs sie nur ein einziges Forum und Prätorium erhält. Man wird sich etwa denken, daſs die Länge des erstern um
das 2- oder 3fache vergröſsert wurde, je nach der Stärke der *extraordinarii*. Diese lagen alsdann an der Nord- und Südseite und
vor ihnen erstreckte sich die vielleicht auf 200' Breite ausgedehnte
Marktstraſse der Bundesgenossen; im W. und O. ward das Forum
eingefaſst von den Principia der Legionen. Ein derartiges Lager
hatte ungefähr 32—3600' Länge und wol kaum weniger als 6 Thore
durch die Verdoppelung der beiden Principales. Dasselbe im Einzelnen näher zu beschreiben lag keine Veranlassung vor. Heere
von 4 Legionen wurden nur selten aufgestellt, aber z. B. Fabius
führte 217 ein solches. Mit dieser letzten Variante sind die Ausnahmen, welche Polybios zu erwähnen hatte, erschöpft.

Das Lager war nach den Zeugnissen des Polybios und Josephos ein Abbild der Stadt: *patria altera est militaris haec sedes,
vallumque pro moenibus, et tentorium suum cuique militi domus ac
penates sunt* heiſst es in einer Rede des Aemilius Paulus (Liv. 44,
39)[1]). Wenn das Heer den zum Lager ausersehenen Platz betrat,
so war es nicht anders als ob Bürger in ihre Vaterstadt zurückkehrend jeder sein eigenes Haus aufsuchten (c. 41. 9 ὅταν ἐγγίσῃ τὰ
στρατόπεδα κατὰ τὰς πορείας καὶ γένητ᾽ εὐσύνοπτος ὁ τόπος τῆς
παρεμβολῆς, εὐθέως ἅπαντα γίνεται πᾶσι γνώριμα, τεκμαιρομένοις
καὶ συλλογιζομένοις ἀπὸ τῆς τοῦ στρατηγοῦ σημαίας. λοιπὸν ἑκά
στου σαφῶς γινώσκοντος ἐν ποίᾳ ῥύμῃ καὶ ποίῳ τόπῳ τῆς ῥύμης
σκηνοῖ διὰ τὸ πάντας ἀεὶ τὸν αὐτὸν τόπον ἐπέχειν τῆς στρατοπε
δείας, γίνεταί τι παραπλήσιον οἷον ὅταν εἰς πόλιν εἰσίῃ στρατόπε
δον ἐγχώριον· καὶ γὰρ ἐκεῖ διαχλίναντες ἀπὸ τῶν πυλῶν εὐθέως
ἕκαστοι προάγουσι καὶ παραγίνονται πρὸς τὰς ἰδίας οἰκήσεις ἀδια
πτώτως, διὰ τὸ καθόλου καὶ κατὰ μέρος γινώσκειν ποῦ τῆς πόλεώς

---

1) Vegetius 1, 21 vom rein militärischen Standpunct *securi milites dies
noctesque peragunt, quasi muratam civitatem videantur secum ubique portare.*

ἐστιν αὐτοῖς ἡ κατάλυσις). Klenze S. 151 hat auf die Verschiedenheit in der Bezeichnung der abgesteckten Felder aufmerksam gemacht. Das Zelt des Feldherrn wird durch eine weiſse, die Frontseite des Prätorium, der Altar (S. 46), der Anfang der Via decumana durch rote Fahnen markirt. Im Lagerraum der Legionen
wechseln Speere und andersfarbige Fahnen (c. 41. 7 τὰ δ' ἐπὶ θάτερα ποτὲ μὲν ψιλὰ δόρατα πηγνύουσι, ποτὲ δὲ σημαίας ἐκ τῶν
ἄλλων χρωμάτων). Eine merkwürdige und gewiſs uralte Symbolik:
man wird annehmen, daſs die Strafsen durch Fahnen, der Lagerplatz der Manipeln durch Speere bezeichnet wurden. Die *hasta*,
wie Klenze ausführt, erscheint auch hier als Zeichen rechtmäſsigen
Besitzes. Wegen der Uebereinstimmung von Lager und Stadt sind
denn auch in historischer Zeit eine Menge von Städten aus Stand-
lagern hervorgegangen. Nicht nur in den Kämpfen gegen die Bar-
baren in den Provinzen, sondern seit Anbeginn der römischen Geschichte. So soll *Signia*, die Stadt der *signa*, unter Tarquinius Su-
perbus entstanden sein οὐ κατὰ προαίρεσιν, ἀλλ' ἐκ τοῦ αὐτομάτου,
χειμασάντων ἐν τῷ χωρίῳ τῶν στρατιωτῶν καὶ κατασκευασαμένων
τὸ στρατόπεδον ὡς μηδὲν διαφέρειν πόλεως Dion. 4, 63. Auf ähnlichen Ursprung führt der Name von *Salernum Castrum Salerni*
(Liv. 32, 29), *Castrum Truentinum Truentum, Castrum novum* an
der Küste von Südetrurien und Picenum, letzteres wie auch Salernum Bürgercolonie.

Das altrömische Lager ist zugleich ein Ausdruck des altitalischen Staats. Es beruht auf zwei Fundamentalsätzen: der Gegenüber-
stellung von zwei verschiedenen Bürgerschaften, die sacral getrennt und
politisch nicht gleich stehen. Die Rechte und Pflichten beider sind
mit der weisesten Berechnung gegen einander abgewogen. Bundesgenossen und Bürger verhalten sich wie Plebejer und Patricier im
römischen Staatswesen. Zweitens findet sich auch innerhalb dieser
beiden Gruppen die nämliche Gliederung durchgeführt, welche wir aus
der Verfassung kennen. Mit der Ausbreitung des Bürgerrechts über
ganz Italien verlor die alte Form ihre Anwendungsfähigkeit; gleich-
zeitig hatte der Verfall des Gemeinwesens nebst grofsen militärischen Erfahrungen die taktische Organisation der Legion verändert
und die Bürgertruppe in eigentliche Soldaten umgewandelt. Fortan
sind es ausschliefslich militärische Rücksichten, welche die Anordnung des Lagers bestimmen, und aus diesem Grunde hat auch die
Beschreibung Hygins nur ein militärisches, kein allgemein historisches

Interesse. Die Hauptzüge sind hier noch bewahrt: die regelmäfsige
Eintheilung durch Kardines und Decumani, Zahl und Namen der
Thore, die Bedeutung der *via principalis*. Aber aus den 2 Haupt-
theilen sind jetzt 3 geworden, indem der vordere (*praetentura*) bedeutend eingeschränkt, dahingegen der Abschnitt von der *via principalis* bis zur *quintana* als *latera praetorii*, und drittens der Abschnitt von der *quintana* zur *porta decumana* (*retentura*) in entspre-
chender Weise erweitert werden. Mit dem Aufgeben des alten Schema
hat man auch das Decimalsystem beseitigt und durch das der römischen Gromatik geläufigere Duodecimalsystem ersetzt: Hygin rechnet
ausschliefslich mit der Einheit von 120′ (das Semistrigium ist ihm
30 × 120′, das Prätorium 720′ lang, die *via principalis* 60′, *via
quintana* 40′, *via sagularis* 30′, das ganze Lager 2400′ lang). Dieser
Uebergang lag, wie S. 39 bemerkt, nicht weit ab.

Kapitel III.

Die Stadt.

Die Bedeutung, welche Städte und städtisches Leben in der Geschichte eingenommen haben, ist zu verschiedenen Zeiten und bei verschiedenen Völkern eine sehr wechselnde gewesen. Die städtische Ansiedlung bezeichnet einen ansehnlichen Fortschritt der Cultur; fortan beginnt deren reichere Entfaltung durch das Zusammenschliefsen der Massen, den ununterbrochenen Gedankenaustausch der Individuen, die immer weiter durchgeführte Theilung der Arbeit. Aber auch die erste und unterste Stufe derselben wird nur durch eine lange Reihe von Erfahrungen ermöglicht. Das Einzelleben in Dorf und Weiler im Gegensatz zur Geschlossenheit einer städtischen Commune, bäuerliche Gauordnung und staatliche Verfassung gehören ganz verschiedenen Entwicklungen an. Die Deutschen erscheinen bei ihrem Eintritt in den Bereich geschichtlicher Ueberlieferung als bäuerliches Volk [1]. Auf dieser Stufe verharren sie noch über ein Jahrtausend. Langsam wachsen die Städte heran aus den festen Burgen, welche die bischöflichen Kathedralen umgeben, erst im 13. und 14. Jahrhundert werden sie neben Adel und Geistlichkeit eine politische Macht im Reich. Die Geschichte der Hellenen und Ita-

---

1) Tacit. Germ. 16 *nullas Germanorum populis urbes habitari satis notum est, ne pati quidem inter se iunctas sedes. colunt discreti ac diversi, ut fons, ut campus, ut nemus placuit. vicos locant non in nostrum morem conexis et cohaerentibus aedificiis; suam quisque domum spatio circumdat, sive adversus casus ignis remedium sive inscitia aedificandi.* Ueber den Abscheu der Deutschen gegen Städte Ammian. Marc. 16, 2.

liker, soweit sie sich der Forschung erschließt, hat jene ganze Entwicklung bereits durchmessen. Im Altertum liegt die Entstehung
der Stadt weit hinter jeglicher Ueberlieferung, historischer wie sagen-
hafter, zurück und nur die Speculation, gestützt auf vereinzelte Anklänge ältester Sage und Sitte, vermöchte eine Periode zu construiren, in der die Culturstufe der Hellenen und Italiker derjenigen der
Germanen, wie Tacitus sie schildert, geglichen werden könnte. Dies
Factum verdient für die Beurtheilung der antiken Politie eine weit
größere Berücksichtigung, als ihm bisher zu Theil geworden ist.

Eine Untersuchung über die Anlage der alten Stadt nimmt
ein allgemein historisches Interesse in Anspruch. Denn durch die
genaue Kenntniß des Locals wird auch das Verständniß der religiösen und politischen Institute bedingt. Man hat immer nur die
äußere Seite dieser Frage erwogen, indem theils die Topographie
der wichtigen Localitäten eingehend behandelt, theils vom antiqua-
risch-architektonischen Standpunct aus einzelne Gegenstände hervorgehoben wurden. Es wäre unbillig, die Ergebnisse, welche in der
einen wie anderen Richtung gewonnen sind, z. B. die Aufklärung
der Topographie Roms durch die vereinten Bemühungen trefflicher
Gelehrten Deutschlands sowol als Italiens, oder die Darstellung der
antiken Befestigungslehre in den schönen Monographien von Promis,
gering anzuschlagen. Allein auch bei der unbefangensten Würdigung
dieser Leistungen darf man sich doch nicht verhehlen, daß sie die
Haupt- und Kardinalfrage, in wie weit nämlich die Anordnung und
Gestaltung der Localitäten von allgemein historischen, politischen und
religiösen Gesetzen abhängig ist, nicht nur nicht aufgeworfen, sondern schlechterdings nicht gekannt haben. Es ist der Zweck dieser
Schrift die Existenz solcher Gesetze nachzuweisen.

Eine Untersuchung über antike Stadtanlage und -verfassung
darf nicht beginnen mit dem Versuch, die Genesis von Stadt und
Staat zu verfolgen, noch die Elemente nachzuweisen, aus denen
beide entstanden sind. Sie hat vielmehr auszugehen von der voll
und fertig dastehenden Form. Die antike, namentlich die italische
Stadt entsteht nicht gleich der modernen und mittelalterlichen im
langsamen Verlauf der Zeiten, von einzelnen Häusern zum Dorf,
vom Dorf zur Stadt anwachsend. Sie wird auf einmal geschaffen
durch einen einzigen politisch-religiösen Act. Sie weiß stets ihren
Gründer zu nennen, dessen Verehrung fortan im Cultus des Gemeinwesens eine der wichtigsten Stellen einnimmt. Ja nicht blos den

Gründer und das Gründungsjahr, sondern selbst den Gründungstag, den man alljährlich als städtisches Fest feiert [1]). Demgemäfs giebt es auch einen allgemeinen italischen Gründungsritus. Der Stadtgründer, so berichtet Cato [2]), spannt an den Pflug einen Stier und eine Kuh, jenen zur Rechten, diese zur Linken, die Kuh einwärts, den Stier nach Aufsen. Mit verhülltem Haupt umpflügt er den zur Anlage bestimmten Raum und giebt Acht, dafs alle Schollen nach Innen fallen; denn die Scholle bezeichnet den Gang der Mauer, die Furche den Graben. Wo aber ein Thor sein soll, profanem Aus- und Eingang dienend, da hebt er den Pflug aus dem Boden und trägt ihn über die Stelle hinweg. Wie die römischen Gelehrten italische Institutionen den Etruskern beizulegen pflegten, so geschieht es auch mit dieser. Man erkennt hierin ein Zeugnifs ihres unvordenklichen Alters, dem sich andere an die Seite stellen; z. B. weist die Vorschrift, nach welcher die Pflugschar von Erz sein mufste (Macrob. Sat. 5, 19. 13. Plut. Rom. 11) in eine Zeit zurück, wo der Gebrauch des Eisens wenn nicht unbekannt, so doch wenigstens nicht allgemein war (Kap. 4 Anf.). Das Ziehen der Furche, des *sulcus primigenius,* heifst *urvare,* die Pflugschar *urvus,* eng verwandt mit *orbis* und *urbs.* Nach Varro (ebenso Dig. L. tit. 16, 239. 6) haben alle nach diesem Ritus gegründeten Städte Anspruch *urbes* genannt zu werden (LL. 5, 143 *quare et oppida, quae prius erant circumducta aratro, ab orbe et urvo urbes; et ideo coloniae nostrae omnis in literis antiquis scribuntur urbeis, quod item conditae ut Roma; et ideo coloniae ut urbes conduntur, quod intra pomerium ponuntur*). Von dem Ritus werden Namen abgeleitet wie *Urvinum* und *Ariminum* in Umbrien das Umpflügte, *Saepinum* in Samnium das Eingehegte [3]). Wie auf dem Ochsenmarkte zu Rom das eherne Bild

---

1) Beispiele von Stadtgründern und ihrem Cultus werden in Menge erwähnt. Weit seltener die von Gründungsaeren; doch darf von Interamna (Or. 689), Puteoli (*a colonia deducta* C. J. L. I 577), Ameria (nach dem sehr bestimmten Zeugnifs Catos bei Plin. N. H. 3, 114) auf ein häufiges Vorkommen derselben geschlossen werden. Die Gründungstage werden meines Wissens nur angegeben von Rom und Brundisium (Cic. ad Att. 4, 1. 4); doch ist dies sicher ein Zufall. Dafs dieselben ganz allgemein in den italischen Städten gefeiert wurden, soll im 6. Kap. nachgewiesen werden.

2) Fr. 1, 18 Jordan. Müller, Etrusker 2, 142. Schwegler, R. G. 1, 446 fg. Marquardt, R. A. 3, 1. 341 u. a.

3) Es giebt 2 Städte des Namens *Urvinum,* unterschieden durch die

eines Stieres die Stelle verewigte, von der aus Romulus die Furche
um die palatinische Stadt gezogen, so erinnern auch aufser den
römischen die Münzen vieler Colonien an diesen Ritus [1]). Hierher
gehört ferner die alte Sage vom Ursprung der Samniten, wie der
heilige Lenz der Sabiner von dem Stier des Mars zu neuen Wohnsitzen geführt wird und wo er sich niederläfst, da gründen sie ihre
Stadt und benennen sie ihrem Führer zu Ehren *Bovianum*. In den
nämlichen Gesichtskreis führen Städtenamen wie *Taurasia* in Samnium, *Taurania* in Campanien und Lucanien, *Bovinum* in Apulien,
Bovillae und *Vitellia* in Latium. Man darf aus dieser allgemeinen
Uebereinstimmung mit Bezug auf den Act der Gründung auch auf
gewisse, überall durchstehende Grundsätze in der Anlage schliefsen.
Es wird bezeugt (Serv. Aen. 1, 422), dafs jede nach etruskischem
Ritus gegründete Stadt wenigstens 3 Thore und ebensoviel Tempel
des Jupiter, der Juno und der Minerva haben mufste. Nach der
Lehre der Etrusker war die Anlage von Städten, die Weihe von
Altären und Tempeln, der Bau der Mauern und Thore, ja selbst
die Disposition der einzelnen Abtheilungen der Bürgerschaft, der
Tribus, Curien und Centurien an bestimmte schriftlich niedergelegte
Regeln gebunden (Festus p. 285 *rituales nominantur Etruscorum
libri, in quibus praescribtum est, quo ritu condantur urbes, arae,
aedes sacrentur, qua sanctitate muri, quo iure portae, quomodo tribus,*

späteren Beinamen *U. Metaurense* und *Hortense* (Bull. d. Jnst. 1864 p. 241).
Ariminium leitet allerdings Festus p. 25 vom Flufs *Ariminus* (jetzt Marecchia) ab und in der That erhalten italische Städte häufig ihren Namen von
anstofsenden Flüssen. Doch kommt wahrscheinlich auch das Umgekehrte vor;
gegenwärtig bezeichnet der Italiener in der Regel kleinere Flüsse und Bäche
nach den Ortschaften, wie überhaupt seine Namengebung von einem geringen
Natursinn zeugt. Da nun die Ableitung von *arare* ganz von selber sich an die
Hand giebt, wird man eine Uebertragung des Stadtnamens auf den Flufs
vielleicht erst in römischer Zeit annehmen dürfen. — Ueber *Saepinum* Mommsen, Unterit. Dial. S. 262; derselbe meint, dafs auch *Herculanum* nicht von
Hercules, sondern direct von *hercere* herkommen könnte. — Curtius, Gr. Etym.
². 78 trägt Bedenken, *urbs* und *urvare* zusammenzustellen; doch scheint hier
wirklich ein Uebergang von *v* in *b* angenommen werden zu dürfen, wie denn
die Schriftsteller nur die Form *Urbinum*, die Inschriften ausschliefslich *Urvinum* kennen. Das bekannte Schwanken von *v* und *b* in der Kaiserzeit gestattet zum Wenigsten einen derartigen Uebergang in älterer Zeit als möglich zu bezeichnen (Corssen, Kr. Beitr. S. 157).

   1) Eckhel, doctr. numm. 4, 489.

curiae, centuriae distribuantur, exercitus constituantur, ordinentur, ceteraque eiusmodi ad bellum ac pacem pertinentia.

Man möchte geneigt sein Aufklärungen hierüber bei Vitruv zu suchen, der in seiner breiten ausführlichen Weise über Städtebau mancherlei beigebracht hat. In der That beschränken sich die bisherigen Behandlungen des Themas im Wesentlichen auf eine Paraphrase der betreffenden Kapitel (1, 4—7. 5, 1—3) seiner Architektur [1]). Eine nähere Prüfung lehrt indefs bald, dafs Vitruv sein Compendium ziemlich sorglos aus verschiedenen griechischen Quellen zusammengeschrieben hat; sie läfst überhaupt die hohen Ehren, welche dasselbe bei solchen Praktikern wie Römern und Italienern genossen hat, als kaum zur Hälfte verdient erscheinen. Die Vorschriften, welche er über Städteanlage giebt, sind rein äusserer Art; sie nehmen ausschliefslich auf Nützlichkeit, Zweckmäfsigkeit und Schönheit Rücksicht. Von den politischen Einrichtungen, den religiösen Erfordernissen einer italischen Stadt redet er kaum ein Wort und verrät eine arge Unkenntnifs, wo er sich einem derartigen Thema nähert. Zu verwundern ist dies alles nicht; der nationale Staat und die nationale Religion waren in der neuen Zeit so verändert und vergessen, dafs ein Baukünstler keine klare Anschauung derselben mehr haben konnte. Wir müssen dieser hellenistischen Auffassung entgegen als Axiom fest halten, dafs die italische Stadt gleich dem Lager als ein Ausdruck der italischen Verfassung anzusehen ist.

Weit bedeutender als Vitruv erscheinen für unsere Aufgabe die Feldmesser und besonders deshalb zuverlässig, weil sie wirklich Fälle aus der römischen, nicht wie jener aus der griechischen Praxis beibringen. Die Principien, welche sie der Stadtanlage zu Grunde legen, sind die nämlichen wie bei der Feldmessung. Decumanus und Kardo maximus stellen die beiden Hauptstrafsen der Stadt dar und theilen Stadt und Land in vier Regionen. In den zahlreichen Figuren, welche die Limitationsschemata erläutern, bildet ein Kreuz stets die Basis. Unsere Autoren betrachten als vollkommenste Form diejenige, wo der Schnittpunct von Kardo und Decumanus genau in die Mitte der Stadt auf das Forum fällt, und von hier durch 4 Thore die beiden Hauptlimites auf das Territorium laufen, dieses

---

1) Ich nenne Hirt, Gesch. d. Baukunst 3, 442 fg. Canina, Architettura Romana 2, cap. 1.

wie die Stadt in 4 gleiche Regionen zertheilend. ›Hygin p. 180 *qui-busdam coloniis postea constitutis, sicut in Africa Admederae, deci-manus maximus et kardo a civitate oriuntur et per quattuor portas in morem castrorum ut viae amplissimae limitibus diriguntur. haec est constituendorum limitum ratio pulcherrima: nam colonia omnes quattuor perticae regiones continet et est colentibus vicina undique, incolis quoque iter ad forum ex omni parte aequale. sic et in castris groma ponitur in tetrantem, qua velut ad forum conveniatur. hanc constituendorum limitum rationem servare debebimus, si huic postu-lationi et locorum natura suffragabit* (vgl. Fig. 154. 158. 196). Aber begreiflicher Weise konnte diese Form nur in verhältnifsmäfsig sel-tenen Fällen zur Anwendung kommen; denn sie erfordert ebenes flaches Terrain. Nun aber waren die meisten Städte Italiens in den Zeiten der Landfehde gegründet und an festen geschützten Orten angelegt, an denen eine kunstgerechte Limitation sich entweder schwer oder gar nicht durchführen liefs (p. 178 *antiqui enim propter subita bellorum pericula non solum erant urbes contenti cingere muris, ve-rum etiam loca aspera et confragosa saxis eligebant, ubi illis am-plissimum propugnaculum esset et ipsa loci natura*). Die Kunst hat sich deshalb zu weitgehenden Concessionen an das Terrain verstehen müssen und Hygin sieht sich zu dem Geständnifs gezwungen p. 181: *itaque si loci natura permittit, rationem servare debemus: sin autem, proximum rationi.* Es würde zwecklos sein die Variationen, welche bei den Feldmessern erwähnt werden, einzeln aufzuführen. Die ganze Theorie erhält erst rechten Wert, wenn man sie auf gegebene Verhältnisse, d. h. auf die Städteruinen anwendet. Es ist zu be-dauern, dafs dieser Zweig der antiquarischen Forschung bisher keine genügende Pflege gefunden hat. Die Masse der italienischen Muni-cipalgeschichten ist mit allem möglichen Wust angefüllt, aber läfst uns in Stich, sobald wir eine exacte Angabe des Thatsächlichen er-warten. In Folge dessen mufs ich die Besprechung von Stadtplänen auf eine sehr geringe Anzahl beschränken.

Das von Augustus gegründete Aosta (*Augusta Praetoria Sa-lassorum*) gehört zu jener zahlreichen Classe von Städten, die aus einem Standlager erwachsen sind (Strab. 4, 206 τρισχιλίους δὲ Ῥω-μαίων πέμψας ᾤκισε τὴν πόλιν Αὐγοῦσταν ὁ Καῖσαρ, ἐν ᾧ ἐστρα-τοπέδευσε χωρίῳ ὁ Οὐάρρων). Sie hat die Form eines Rechtecks von 724 m. × 572 m. = 2449 × 1934 röm. Fufs, die lange Seite der Dora parallel laufend. Sie gehört einer Zeit an, wo die quadratische

Form und die Disposition des alten Lagers bereits aufgegeben war.
Um so merkwürdiger bleibt es, dafs der Umfang desselben so scharf
auf die Ruinen von Aosta zutrifft (8600 und 8766'). Die geringe
Differenz von 166' ist noch um den achtfachen Betrag der Mauer-
dicke zu reduciren (denn das Mafs von Aosta ist aufsen an der
Mauer hin genommen, wie man aus dem Plan bei Promis [1]) ersieht, der
Umfang des Lagers ohne Rücksicht auf den Wall bestimmt) und wird
dergestalt fast auf Null gebracht [2]). Der Decumanus maximus theilt
dasselbe in zwei gleiche Hälften, eine nördliche und südliche. Sein
Lauf wird durch die beiden erhaltenen Thore, der *porta praetoria* an
der Ost- und der *porta decumana* an der Westseite bezeichnet [3]).
Er fällt hier zusammen mit der grofsen Heerstrafse, welche aus dem
Thal der Dora, später sich theilend, über den Grofsen und Kleinen
Bernhard nach Gallien hinüberführt. Mithin trifft die Bemerkung
Hygins p. 179 hier zu: *quibusdam coloniis decumanum maximum ita
constituerunt ut viam consularem transeuntem per coloniam contineret;
sicut in Campania coloniae Axurnati. decimanus maximus per viam
Appiam observatur [4]).* Aufser den beiden Hauptthoren haben ältere
Schriftsteller deren vier andere nach Norden und Süden angegeben.
Promis (S. 131) läugnet ihre Existenz und behauptet, dafs sie erst
im Mittelalter gebrochen sind. Einem solchen Kenner, der an Ort
und Stelle umfassende Ausgrabungen angestellt, darf man nicht aus
theoretischen Gründen widersprechen; so seltsam es allerdings erscheint, dafs eine Stadt, in der 3000 Colonisten angesiedelt waren,

---

1) Carlo Promis le antichità di Aosta, Torino 1862, S. 127 fg. vgl.
den Atlas.

2) Auch in den Lagern, welche durch die Nachforschungen für Napo-
léons III histoire de César ans Licht gekommen sind, ist der alte Umfang hie
und da strict festgehalten: vgl. im Atlas zum 2. B. pl. 9 das Lager an der
Aisne fast ein Quadrat (655 m. und 658 m. gröfste Durchschnitte, Umfang gegen 2600 m.); pl. 22 von Gergovia (630 × 560 m.); ferner pl. 13. 20. 30 mehr
oder weniger unregelmäfsiger Form.

3) Die Namen gewähren eine ungesuchte Bestätigung für unsere Construction des Lagers. Nach Promis p. 142 hiefs die *porta Praetoria* im Mittelalter *Porta S. Ursi* und später *della Trinità*. *Però la viva tradizione d' una
in altra età le diede, almeno dal risorgimento delle lettere in poi, e le dà tut-
tora nome di Porta Pretoria con esattissima appellazione.*

4) Der Plan von Terracina (Fig. 153) giebt allerdings ganz andere Verhältnisse, als der Text sie fordert und in Aosta sich finden.

in ihrem Verkehr auf zwei Thore beschränkt gewesen sein soll. Was die Anordnung der Stadt betrifft, so nimmt Promis drei Kardines an, durch welche dieselbe in acht grofse Rechtecke getheilt worden wäre; zwei der letzteren seien von öffentlichen Gebäuden eingenommen, die übrigen sechs durch je drei Decumani in 4, also im Ganzen in 24 Quartiere zerfallen. Darnach wären 125 Mann auf jedes Quartier gekommen. Doch erscheint diese Disposition etwas hypothetischer Natur zu sein.

Das Beispiel einer späten regelmäfsigen Anlage gewähren auch die Ruinen von *Saepinum* in Samnium. Da mir kein besserer Bericht zu Gebote steht, als Keppel Craven excursions in the Abruzzi, London 1838, 2, 131 fg., lasse ich dessen wichtigste Angaben folgen: *the masonry of the walls and the style of most of the remains which they encircle, is of Roman and not very remote execution. The fragments are nevertheless extremely interesting, as much from their number as from some peculiarities they exhibit, among which nothing is more remarkable than the regularity of line in the walls, and that observed in the situation of the four gates, placed at the four cardinal points, at exact distances from each other, with two straight roads, running between them, intersecting each other exactly in the centre of the inclosure. This last describes a perfect square with the angles slightly rounded off* [1]), *and the line of walls, which are of the best species of opus reticulatum, is entire in its extension, though ruinous in many parts.*

Auch von *Ariminum*, dem heutigen Rimini, läfst sich der Grundplan feststellen [2]). Ob derselbe auf die Zeit der Gründung, oder aber auf die 269 deducirte Colonie zurückgeht, mufs freilich dahin gestellt bleiben. Der Decumanus maximus wird durch die *via Flaminia* gebildet, welche die Stadt durchschneidet und als *via Aemilia* sich weiter nach Placentia fortsetzt. Also wiederholt sich hier das bei Aosta erwähnte Verhältnifs. Der Decumanus läuft von dem östlichen Thor *porta Romana*, dessen Lage durch den Ehrenbogen des Augustus gesichert ist, aus und entspricht genau der heutigen Hauptstrafse. Am Westende lag die jetzt verschwundene *porta Gal-*

---

1) vgl. Vitruv 1, 5 *collocanda autem oppida sunt non quadrata nec procurrentibus angulis, sed circuitionibus . . . in quibus enim anguli procurrunt, difficiliter defenditur, quod angulus magis hostem tueatur quam cirem.*

2) L. Tonini, Rimini avanti il principio dell' era volgare, Rimini 1848, p. 187 fg. mit Plan.

lica; ihre Stelle wird durch die prächtige antike Brücke, welche
über die Marecchia führt, präcis bestimmt. Ein drittes Thor an der
Südseite ist noch erhalten. Tonini weist aufserdem aus mittelalterlichen Quellen die Existenz von 5 anderen Thoren nach. Da er zu
diesem Resultat gelangt, ohne an irgend welche Theorie zu denken,
dürfen wir in der That Ariminum die Zahl von 8 Thoren beilegen,
die später bei Pompeji wiederkehrt. Von dem erhaltenen Südthor
läuft der Kardo maximus aus, der im Norden nicht durch ein Thor
mündet, sondern, wie es scheint, an der Mauer endigt. Der Kardo
schneidet den Decumanus auf dem Hauptplatz der Stadt (*piazza di
Giulio Cesare*), in dem man das alte Forum erkennen darf. Für
eine solche Annahme spricht eine sehr alte Tradition: hier steht
u. A. der 1555 errichtete Stein, von dem aus Cäsar seine Soldaten
angeredet haben soll, und eine Capelle an der Stätte, wo S. Anto-
nius predigte. So darf das Kreuz als regelmäfsige Grundform dieser
Stadt gelten. Mehr läfst sich über ihre Disposition nicht sagen.

Die angeführten Fälle gewähren die praktische Bestätigung,
dafs die Römer ihre Städte nach wesentlich denselben Principien
anlegten, nach denen sie ihr Land vermafsen. Aber das Schema,
welches sie bei der Anordnung und Vertheilung von Strafsen, Quar-
tieren und Plätzen im Einzelnen befolgten, ist damit noch nicht ermittelt. In der That ist es uns nur in einem Falle gegeben, weil
wir nur von einer einzigen antiken Stadt den Plan mit Sicherheit
detailliren können. Pompeji unterscheidet sich von vorn herein durch
sein höheres Alter von den genannten Städten. Seine Gründung
reicht wenigstens bis zum Jahr 600 v. Chr. hinauf. Strabo 5, 247
(der durchgängig für Italien vorzüglichen Quellen gefolgt ist) giebt
an, dafs zuerst Osker hier herrschten, dann Tyrrhener und Pelas-
ger, d. h. Etrusker, endlich Samniten. Die Eroberung Campaniens
durch die Samniten geschah 424 (Diod. 12, 31. Liv. 4, 37), mithin
haben wir noch einen angemessenen Zeitraum für die Periode der
Unabhängigkeit Pompejis und seiner Unterwerfung unter die Etrusker
zu statuiren. Damit stimmen die Monumente: der sog. Griechische
Tempel auf dem Forum triangulare ist in dem strengen altdorischen
Stil der Tempel von Paestum und Selinunt erbaut, welcher dem 5.
und 6. Jahrhundert angehört. Begreiflicher Weise hat die lange und
wechselvolle Geschichte der Stadt die alten Bauten verdrängt und
den Charakter derselben immer mehr modernisirt; aber das Ergebnifs einer baugeschichtlichen Untersuchung, das demnächst in anderem

Zusammenhang dargelegt werden soll, ist dies, dafs der Grundplan, von unerheblichen Modificationen abgesehen, noch gerade jetzt so vorliegt, wie er bei der Gründung festgesetzt wurde.

Gehen wir vom Namen aus. Die griechische Form *Πομπηία* ist nicht aus dem Lateinischen (*Pompeii* oder *Pompej*), sondern direct aus dem Oskischen abgeleitet. In dieser Sprache mufs derselbe *Púmpaiia* gelautet haben [1]). Solin leitet den Namen von *pompa* ab, dem Zuge des Hercules mit den Rindern Geryons (2, 5 *(quis ignorat conditos ab Hercule) in Campania Pompeios, qua victor ex Hispania pompam boum duxerat?* Serv. Aen. 7, 662. Mart. Cap. 6, 642. Isid. 15, 1. 51). Unzweifelhaft gehen beide Wörter auf denselben Stamm zurück *πέμπειν, πομπή* u. s. w. Hiernach hat man zwei Erklärungen aufgestellt. Da nach Strabo Pompeji als Hafen für die Binnenlandstädte Nola, Nuceria, Acerrae diente, hat Garrucci (Quest. Pomp. p. 53 = Bull. Nap. N. S. 1, 167) gemeint von den grofsen Magazinen am Flufs Sarnus (*πομπεῖον = οἴκημα κοινόν*) sei die Stadt benannt worden. Um die ganze Verkehrtheit dieser Annahme klar zu machen, wäre eine Digression über die Namengebung italischer Städte erforderlich. Aber es leuchtet sofort ein, wie absurd es ist eine ansehnliche bedeutende Stadt als Depot benennen zu lassen, weil derartige Gebäude vor ihren Thoren am Flufs sich befinden. Auf der andern Seite bemerkt Mommsen, Die unterital. Dialekte S. 289 im Glossar: »Da die Popidii das zahlreichste und bedeutendste Geschlecht in Pompeji gewesen zu sein scheinen, so dürfte Pompeii hiermit gleichstammig sein, etwa von derselben Wurzel, wovon *pŏpulus*, die vielleicht zusammenhängt mit *πέμπω*, die Ausgesandten, die Kolonisten.« Diese glänzende Vermutung ist nur zur Hälfte richtig. Die Identificirung von *pŏpulus* mit *Pompeii* und die Herleitung des ersteren von der Wurzel *πεμπ* oder *πομπ* erscheint sprachlich nicht möglich (Kap. 5). Aber Mommsen hatte vollkommen richtig geahnt, dafs *Pompaea* die Colonie bedeute. Denn sie ist genau nach den Vorschriften angelegt, welche die Gromatiker der Kaiserzeit überliefern.

Der Decumanus maximus wird gebildet durch die Hauptstrafse, welche in ihrer ganzen Länge ausgegraben, vom Nolanerthor im

---

1) Gemäfs der Adjectivform *pumpaiians* und *púmpaiianaí* Mommsen U. D. S. 188 und in der Wegebauinschrift Huschke, Osk. Sprachdenkm. S. 180. Die Form *Πομπηία* bei Strabo und Dionys; *Πομπήϊοι* nach lateinischen Quellen Plut. Cic. 8. Cass. Dio 66, 23 u. s.

Osten unter den wechselnden Namen *Strada Nolana*, dann *della Fortuna*, endlich *delle Terme*, die Länge der Stadt durchzieht. Wir nennen sie der Kürze halber Nolanerstrafse [1]). Sie mündet nicht durch ein Thor, sondern vor einer Häuserreihe, d. h. vor der Stadtmauer, insofern nämlich die ganze Mauerstrecke vom Herculanerthor an nach der Seeseite zu etwa in sullanischer Zeit niedergerissen und überbaut worden ist. Der Decumanus wird geschnitten durch den Kardo maximus, die Stabianerstrafse. Sie läuft vom Stabianerthor im Süden, die Breite der Stadt bezeichnend, bis zum Vesuvthor; der oberste Theil derselben ist nicht ausgegraben, doch steht ihr Gang durch das Thor vollkommen fest. Sie führte wahrscheinlich den Namen *via Ioria* [2]). Nach der Vorschrift des Augustus (S. 17) hat der Decumanus die doppelte Breite des Kardo, dieser 20', jener 40'; hier ist der Unterschied zwischen beiden Strafsen weit geringer (Nolanerstrafse einschliefslich des Trottoirs 7,7 m., Stabianerstrafse 7 m. im Mittel). Die Richtung der beiden Hauptstrafsen ist nicht vollkommen gerade. Der Niveauunterschied ist auf diesen langen Strecken ziemlich erheblich: das Terrain senkt sich nach Süden und Osten. Die älteren Häuser springen in ziemlich unregelmäfsiger Weise rechtwinklig neben einander vor; in einer späteren Periode hat die Baupolizei ein möglichst regelmäfsiges Alignement der Strafsen durchzuführen gesucht. Doch sind die Abweichungen von der geraden Linie im Ganzen unbedeutend, wie folgende Messungen zeigen [3]):

Nolanerstrafse vom Quadrivium nach Osten 236⁰.

— — nördliche Strafsenrampe vom Quadrivium bis zum vorletzten Vicus nach dem Thor zu 238⁰.

— — nördliche Häuserreihe vom vorletzten Vicus ab nach Osten 237⁰.

— — südliche Häuserreihe vom vorletzten Vicus zum Thor 242$\frac{1}{2}$⁰.

Nolanerthor 234—234$\frac{1}{4}$⁰.

---

1) Für die folgende Erörterung verweise ich aufser der beigefügten Skizze auf den kleinen höchst brauchbaren Plan (eine Reduction des grofsen) von Fiorelli. Die Verfasser unserer gangbaren Handbücher, Breton wie Overbeck, haben auf ihren Plänen sich leider auf die ausgegrabenen Theile beschränkt. Der Gesammtplan bei Overbeck S. 43 (2. Aufl.) ist unrichtig und unbrauchbar.

2) vgl. Kap. 7 unter Aesculaptempel.

3) Ueber die Art der Messung s. Kap. 6.

Stabianerstrafse, westliche Rampe zwischen der Isis- und Holco-
nierstrafse 319¹/₄°.
—   —   östliche Rampe vor dem Quadrivium (mit der Hol-
conierstr.) 318°.
—   —   ungefähre Mittellinie vom Schneidungspunct nach
Süden 318°.
Stabianerthor, westlicher äufserer Kalksteinpfeiler 327¹/₄°.
—   —   östlicher   —   —   —   327¹/₄—28¹/₄°.
Auch der Winkel, unter dem der Kardo den Decumanus schneidet,
ist nicht genau ein rechter, sondern nur von ca. 82° (resp. 98). Die
Neigung der beiden Thore zu einander beträgt 93—94°. Man sieht,
die strengen mathematischen Verhältnisse sind in der Anwendung
modificirt worden nach jenem Grundsatz, den die Feldmesser als
allgemein durchstehend anerkennen (S. 59).

Der Schnittpunct liegt nicht in der Mitte der Stadt. Vielmehr
trifft die Bemerkung Hygins hier zu p. 180: *saepe enim propter por-
tum colonia ad mare ponitur, cuius fines aquam non possunt exce-
dere: hae et litore terminantur, et cum sit colonia ipsa in litore,
fines a decimano maximo et kardine in omnes quattuor partes aequa-
liter accipere non potest.* Durch die beiden Linien würde die Stadt
in 4 Regionen von ungleicher Gröfse getheilt. Denkt man sich jene
aufserhalb der Stadt fortgesetzt, die Grundform der Centuriation
des Territoriums darstellend, so würde auch dieses in 4 ungleiche
Abschnitte zerfallen. Davon ist der nordwestliche der kleinste; hier
wird das Gebiet eingeengt durch die Abhänge des Vesuv, welche
in ältester Zeit gewifs nicht assignirt, sondern als Gemeinland zur
Weide dienten; wie weit an dem Küstensaum das Gebiet von Herculanum reichte, ist nicht abzusehen. Dann folgt zweitens der nord-
östliche Abschnitt, welcher sich über die Ebene bis an die Grenzen
Nolas erstreckte. Ferner der südwestliche Abschnitt, dehnte sich
vielleicht über die Ebene bis an den Fufs der Vorberge des M. S.
Angelo aus, an denen Stabiä lag. Aber der weitaus gröfste Theil
des Territoriums ist der südöstliche: nach dieser Richtung muss
dasselbe einen ansehnlichen Flächenraum innegehabt haben, an Nuceria im Osten und Nola im Norden grenzend. Weniger hypothetisch als die Eintheilung des Gebiets ist diejenige der Stadt selber.
Sie zerfällt, wie bemerkt, in 4 Regionen. An dem Schneidepunct
der beiden Strafsen befindet sich ein freier Platz westlich an der
oberen Hälfte der Stabianerstrafse. Er enthält einen Brunnen mit

einem Relief, Silen auf seinen Schlauch gestützt [1]), ferner einen
merkwürdigen Larenaltar mit vier opfernden Männern, den Vertretern
der vier Regionen. Das Bild ist älter als augusteische Zeit; denn
der Genius des Kaisers fehlt auf demselben [2]). Es ist unverkenn-
bar, dafs auf diesem Platz, der in gewissem Sinne den Mittelpunct
der ganzen Stadt bildete, eine höhere religiöse Weihe ruhte. Auch
das älteste Rom zerfiel in vier Regionen: Varro LL. 5, 45 *e quis
prima est scripta regio Suburana* (die südöstliche), *secunda Exquilina* (nordöstlich), *tertia Collina* (nordwestlich), *quarta Palatina* (süd-
westlich). Uebertragen wir diese Benennungen auf Pompeji, so heifst
das grofse Viertel zwischen Stabianer- und Nolanerthor I *Suburana*,
das Viertel zwischen Nolaner- und Vesuvthor II *Exquilina*, das
nordwestliche III *Collina*, das südwestliche IV *Palatina*. Es stimmt
gut zu der Eintheilung Roms, dafs hier wie dort die Gröfse und
Bedeutung der einzelnen Viertel neben einander durchaus verschieden
ist. In Pompeji liegt IV vollständig zu Tage oder ist doch auch in
den zugeworfenen Theilen genau bekannt; dasselbe gilt von III zum
gröfsten Theil. Weniger von I und II, doch liegt von letzterer die
Hauptfront nach der Nolanerstrafse, von I die beiden Fronten nach
Kardo und Decumanus maximus der Prüfung vor, aufserdem wurden hier im vorigen Jahrhundert in der Gegend des Amphitheaters
Nachgrabungen angestellt. Es offenbart sich nun zwischen den drei
ersten Regionen auf der einen und der vierten auf der andern Seite
ein schlagender Gegensatz. Diese ist die *regio sacra* oder *Palatina*;
sie enthält sämmtliche Tempel und öffentliche Gebäude, Curien,
Basilica, Thermen, Theater u. s. w. Die drei ersten Regionen umfassen ausschliefslich Privathäuser. Mit Ausnahme des Amphitheaters, eines späten Baus, der halb aufserhalb der Stadt liegt [3]); der
an der Südostecke scharf vorspringende Winkel deutet an, dafs
hier der ursprüngliche Mauerzug verändert und dafs man aus forti-
ficatorischen Rücksichten ein derartiges Gebäude (ähnlich wie das

---

1) Serv. V. Aen. 4, 58 *Marsyas est in civitatibus libertatis indicium;*
vgl. Preller, R. Myth. 443.

2) Jordan, Ann. dell' Inst. 1862. p. 313; genauer Reifferscheid, Ann. d.
I. 1863. p. 121. 133.

3) Henzen, Ann. dell' Inst. 1859. p. 211 verlegt die Gründung des Amphitheaters in die erste Zeit der sullanischen Colonie; wie ich den abweichenden Bestimmungen von Friedländer, Sittengeschichte Roms 2, 410 u. A.
gegenüber annehme, mit vollem Recht (s. S. 97 An.).

Amphitheatrum castrense zu Rom) nicht vor der Stadt liegen lassen wollte, was nachher in der Friedensperiode der Kaiserzeit häufig geschehen ist. Mithin ändert das Amphitheater an der Regel gar Nichts. Es wäre zwar unbesonnen a priori zu behaupten, daſs in dem uns unbekannten Rest der 3 Regionen ebenso keine weiteren öffentlichen Gebäude sich finden; aber jedenfalls erscheint die Hoffnung, welche man oft aussprechen hört, daſs hier noch bedeutende Plätze mit Tempeln, Rathäusern u. s. w. verborgen liegen sollen, sehr sanguinischer Natur.

Das älteste Rom zerfiel neben den 4 Regionen in 3 Tribus, der *Ramnes, Tities* und *Luceres*. Das Gleiche gilt von Pompeji. Strabo 5, 247 bemerkt: Νώλης δὲ καὶ Νουκερίας καὶ Ἀχερρῶν (ὁμωνύμου κατοικίας τῆς περὶ Κρέμωνα) ἐπίνειόν ἐστιν ἡ Πομπηία, παρὰ τῷ Σάρνῳ ποταμῷ καὶ δεχομένῳ τὰ φορτία καὶ ἐκπέμποντι. Die Verbindung von Acerrae mit Pompeji erscheint befremdend, weil ihm die groſse Handelstadt Neapel viel näher und bequemer lag. Jedoch erklärt sie sich sofort, wenn man erwägt, daſs Neapel eine hellenische Stadt war und zu den Eingebornen, Oskern wie Etruskern, in feindlichem Gegensatz stehen mochte. Der Stadtplan erläutert dies näher. Dem Decumanus maximus läuft eine zweite Hauptstraſse parallel; sie geht aus vom Sarnothor, schneidet den Kardo, setzt sich als *Strada degli Olconi* und *dell' Abbondanza* zum Forum fort und mündet jenseit desselben in das Seethor. Die Strecke zwischen Kardo und Sarnothor ist nur zum Anfang von jenem aus blosgelegt; doch kann an der Richtung vernünftiger Weise nicht gezweifelt werden. Die Abweichung von der Geraden ist gröſser als bei der Nolanerstraſse: die Abbondanzastraſse liegt auf der Strecke von N. 25 nach dem Forum 250¼°. Durch den Decumanus maximus und seine Parallele wird die Stadt in 3 Tribus getheilt; wir dürfen die nördliche den Acerranern, die mittlere zwischen Nolaner- und Sarnostraſse den Nolanern, die südliche den Nucerinern beilegen.

Nach der Fixirung des Decumanus und Kardo maximus erfolgt die weitere Eintheilung des Ackers durch Ziehung von Parallelen; so auch hier. Von der Nolanerstraſse laufen 16 Kardines nach Norden, 14 nach Süden aus; von der Stabianerstraſse 7 Decumani nach Westen, 8 nach Osten [1]). Zwischen den Parallelen und den Haupt-

---

1) Unter den Decumani ist wie billig die Straſse, welche gleich beim Stabianerthor nach Osten abgeht, ferner diejenige, welche zur Gladiatoren-

linien findet eine ziemlich erhebliche Abweichung statt. Dies ist namentlich bei den Kardines der 3. Region der Fall, deren Richtung durch die Axe des Forums bestimmt wird: Mittellinie des Forums 336$^{1}/_{4}$°, Mercurstraße 332$^{1}/_{4}$°, Stabianerstraße 318°. Die durch die Straßen eingeschlossenen Häusermassen (*Insulae*, wie man sie nach der für Pompeji recipirten Terminologie heißt) sind von sehr verschiedener Gestalt und Größe, doch lassen sich die gromatischen Haupteintheilungsformen deutlich erkennen. Die Lehre unterscheidet Quadrate (*centuriae*), Rechtecke, deren Länge von Süd nach Nord läuft, (*strigae*) und Rechtecke, deren Länge dem Decumanus folgt (*scamna*) (S. 20). Alle drei Formen finden sich in denselben Bezirken hart neben einander verwandt. Doch läßt sich im Großen der Unterschied zwischen den verschiedenen Regionen nicht verkennen. Strigirt sind III und II, scamnirt IV, centuriirt I in seiner größeren nördlichen Hälfte. Bei der Feldmessung bilden je 5 Centurien oder Strigen einen Abschnitt; jeder sechste Limes heißt *actuarius* und ist um $^{1}/_{2}$ breiter als die dazwischen liegenden *linearii* (S. 17). Bei der Stadteintheilung ward ein anderes Princip befolgt: in Pompeji bilden je 4, nicht je 5, Centurien eine Einheit und statt des sechsten ist jede fünfte Straße ein *actuarius*. Es zerfällt nämlich jede Tribus in 4, die I. Region in 6, die II. III. IV. in je 2 Centuriencomplexe. Folgendermaßen:

A. *tribus Acerranorum*

regio III	1. *actuarius*		Herculanerstraße
	linearii	{	*vico di Sallustio*
			— — *Pansa*
			— *della Fullonica*
	2. *actuarius*		Mercurstraße
	linearii	{	*vico del Fauno*
			— — *Labirinto*
			— *degli Scienziati*
regio II	3. *actuarius*		Stabianerstraße
	linearii		*vico* 1. 2. 3 nach Osten
	4. *actuarius*		4ter Vico
	linearii		*vico* 5. 6. 7
	actuarius		8ter Vico

caserne führt, mitgezählt, desgleichen ein Decumanus nördlich von der Nolanerstraße angenommen; bei den Kardines westlich die Herculanerstraße einfach, der Vicolo di Sallustio also nicht eingerechnet.

B. *tribus Nolanorum*

regio IV 5.	*actuarius*	Forum [1])
	linearii	*vico di Eumachia*
		— *della Maschera*
		— *del Lupanare*
regio I 6.	*actuarius*	Stabianerstraße [2])
	linearii	*vico* 1. 2. 3 nach Osten
7.	*actuarius*	4ter Vico
	linearii	*vico* 5. 6. 7
8.	*actuarius*	8ter Vico.

Denkt man sich diesen Kardo nach Süden verlängert, so ist der achte Abschnitt scamnirt und zwar bilden Nolaner- und Sarnostraße die beiden Actuarii, die Fortsetzungen der 3 *decumani* (*vico di Lucrezio, di Cuspio, di Balbo*) die *linearii*.

C. *tribus Nucerinorum*

regio IV 9.	*actuarius*	Forum und Schulstraße
	linearii	*vico dei* 12 *dii*
		— unbenannt
		— *dei Teatri*
regio I 10.	*actuarius*	Stabianerstraße.

Für 10. 11. 12 ist der unmittelbare Nachweis nicht möglich; doch entspricht der Raum genau den bei B angegebenen Verhältnissen. In der That wäre es durchaus unwahrscheinlich, dafs nicht auch hier dies merkwürdige Gesetz seine Anwendung gefunden hätte.

Die Gröfse der einzelnen Abschnitte lässt sich bei dem jetzigen Stand der Ausgrabungen nicht, selbst mit nur annähernder Genauigkeit, berechnen. Die III. Region wird durch die Mercurstraße halbirt, aber es würde von weitreichender Bedeutung sein zu ermitteln, ob dasselbe Mafs wie hier sich auch in den Abschnitten der Regionen I und II wieder findet. Bei IV ist dies nicht der Fall. In der römischen Verfassung fehlt, soviel sich sehen lässt, ein Analogon für

---

1) Aufser der angegebenen ist noch eine doppelte Zählung möglich: *actuarii* Nolaner- und Abbondanzastrafse, *linearii str. degli Augustali vico degli Augustali* und *di Eumachia* (die beiden letzteren mündeten früher aufs Forum und sind wahrscheinlich erst nach dem Erdbeben 63 n. Chr. verbaut worden) oder *act.* südliche Fortsetzung der Herculaner- und Stabianerstrafse, *linearii vico delle Terme, str. del Foro, vico Storto.*

2) Man könnte auch vom Kardo aus zählen: *actuarii* Nolaner- und Sarnostrafse, *linearii vico di Lucrezio, di Cuspio, di Balbo.*

diese Zwölftheilung und nur im Heer ist die nämliche Grundziffer nachweisbar. Es mag daher gestattet sein, der Kürze wegen diese Abschnitte als Cohorten zu bezeichnen. Pompeji hat 8 Thore, jede Region deren 2, nämlich *I porta Nucerina* und *p. Sarni; II p. Nolana, p. Campana; III p. Vesuvii, p. Herculanensis; IV p. Maris, p. Stabiana.* Von den 12 Cohorten, in welche die Stadt zerfällt, würden mithin 8 zur Vertheidigung der Thore mit den entsprechenden Mauerabschnitten verwandt werden, 4 in Reserve bleiben können. Aller Wahrscheinlichkeit nach ist die Gröfse der einzelnen Cohorten mit Hinsicht auf die Vertheidigung bestimmt worden. Theilweise lässt sich dies aus der Mauer selbst noch deutlich erkennen; doch mufs ich mich der Kürze wegen auf einige Andeutungen beschränken. Als Kriterium für die gröfsere oder geringere Exponirtheit der Stadt kann die ungleiche, aber weise berechnete Vertheilung der Thürme nicht dienen, weil sie in einer der jüngern Bauperioden, im letzten Jahrhundert v. Chr. hinzugefügt sind. Vielmehr mufs neben der Nord- auch die Ostseite als die am Meisten bedrohte angesehen werden. Dafür spricht zuerst die geringe Zahl der Thore, die sich an ihr finden. Dann ist keines unter allen Thoren so befestigt wie das Nolaner; man hat dasselbe in weit auseinander liegenden Perioden durch Hinzufügung immer neuer Werke zu stärken gesucht. Weiter ist die ganze Mauerstrecke vom Nolaner bis Sarnothor in sehr alter Zeit planmäfsig erhöht worden (die unteren Schichten bestehen aus Kalkstein, dem ältesten Material, das in Pompeji zur Verwendung gekommen, die Restauration aus Tuff). Man wird annehmen, dafs an dieser Seite die Stadt im 5. Jahrhundert von den Samniten erstürmt ward. Denn von Osten her, von den wilden Söhnen der Berge, drohte die Gefahr des Angriffs. Es ist von Wichtigkeit dies festzuhalten [1]).

Im Vorstehenden sind nur die Daten zusammengestellt, welche sich bei einer aufmerksamen Betrachtung des Stadtplans von selber ergeben. Weitere Aufschlüsse gewährt die Vergleichung mit dem

---

1) Der einzige Versuch, der meines Wissens je gemacht worden, in dem Plan von Pompeji ein Princip zu erkennen, rührt von Giuseppe Fiorelli her: in dem 3 Seiten langen Programm sulle regioni Pompeiane e della loro antica distribuzione Napoli 1858, welches den grofsen Plan begleitet. Er meint, die Stadt sei durch 4 Hauptstrafsen in 9 Regionen getheilt worden. Mein verehrter Freund wird, hoffe ich, von der Unhaltbarkeit seiner Annahme durch die folgende Darstellung überzeugt werden.

republikanischen Lager, wie wir es nach der Beschreibung des Polybios reconstruirt haben. Zunächst ist zu bemerken, dafs trotz der
ovalen Gestalt Pompejis sein Umfang mit demjenigen des Lagers
von 8600' (S. 38) fast haarscharf übereinstimmt. Fiorelli giebt nach
einer im J. 1859 vorgenommenen Messung auf seinem grofsen Plan
an: Umfang 8767', Längendurchmesser 3154', Breitendurchmesser
1992'. Mit geringer Abweichung Breton Pompeia p. 192 Umfang
2600 m. (= 8788'), Längendurchmesser 936 m. (3166'), Breitendurchmesser 591 m. (1998') [1]). Das geringe Plus von 167', welches die
Stadt zeigt, wird man nicht auf Zufälligkeiten oder Ungenauigkeiten
der ältesten Anlage zurückführen dürfen. Vielmehr ist der ursprüngliche Mauerzug von der Mitte der Herculanerstrafse bis zum
Seethor und von hier bis zur Arx im Einzelnen nicht festgestellt
so dafs eine Messung unmöglich auf 100' genau ausfallen kann;
von der hypothetischen Erweiterung am Amphitheater (S. 66) ganz
abgesehen. Wenn der normale Umfang der Stadt, wie im Folgenden
näher erhärtet werden soll, demjenigen des Lagers wirklich entspricht, so liegt für Pompeji alle Veranlassung vor, vollständige
Exactheit in dieser Hinsicht vorauszusetzen.

Das Lager wird durch den Kardo maximus in zwei ungleiche
Theile zerlegt; und zwar beträgt, vom Intervall abgesehen, der west-
liche 700' die Principia eingerechnet, der östliche 1050'. Dasselbe
Verhältnifs von 2:3 findet auch in Pompeji statt: die Länge der
Nolanerstrafse beträgt 687,6 m. und zwar von Westen bis an den
Schneidepunct 274,3 m., von da bis an das Thor 413 m. [2]). Das gleiche
Verhältnifs trifft ungefähr für die Sarnostrafse zu, die als un-
ausgegraben nicht füglich näher bestimmt werden kann. Auch die
Eintheilung der Breite stimmt annähernd überein, insofern dieselbe
bei beiden in 3 Hauptabschnitte zerfällt. Im Lager ist indess der
Abschnitt der Legionen in der Mitte 1½ breiter als jede Abtheilung
der Bundesgenossen; in Pompeji wird der Kardo maximus durch
die beiden Decumani in 3 gleiche Theile zerlegt, jeder von 232,5 m.

1) Andern Gewährsmännern folgend giebt derselbe Breton ohne den
Widerspruch zu gewahren p. 7 den Umfang der Mauer auf 4 Kilom. an;
Overbeck 1, 43 auf 9700' oder in runder Summe auf 10,000'! Beide scheinen
keine Ahnung davon zu haben, dafs derartige Angaben wirklich exact sein
müssen.

2) Die Messung an Fiorelli's grofsem Plan vorgenommen, daher nur
annähernd genau.

die ganze Stabianerstrafse 697.5 m. Eine Abweichung, wie sie durch den veränderten Charakter der Stadt motivirt wird.

Wenn wir die Stabianerstrafse als *Via principalis* ansehen, so ist das Vesuvthor die *Porta principalis sinistra*, das Stabianerthor die *dextra*, das Nolanerthor die *Porta praetoria*. Die gröfsere Osthälfte fafst 8 Cohorten, ²/₃ der ganzen Stadt. Die nolanischen Cohorten zwischen Nolaner- und Sarnostrafse entsprechen ihrer Eintheilung nach genau den Legionen. Beide zerfallen durch drei Decumani (für Pompeji *linearii*) in 4 Zelt- resp. Häuserreihen. Die einzelnen Centurien bilden Quadrate. Im Lager wie in der Stadt nehmen sie durchaus die bevorzugte Stelle ein. Anders die *socii*: ihre Abtheilungen sind nicht centuriirt, sondern strigirt, kein Decumanus führt durch ihre Strigen, sondern das Fufsvolk communicirt auf den grossen Wallweg, die Reiter auf die mit den römischen Hastaten gemeinsame Strafse. Ganz ebenso sind die Cohorten der Acerraner und Nuceriner strigirt; ob diese Strigen durch Decumani getheilt werden, wie das in der III. Region der Fall ist, lässt sich bei den Acerranern nicht erkennen; für die Nuceriner wird durch zwei von der Stabianerstrafse abgehende Decumani eine Eintheilung gegeben. Die *Via quintana* scheidet das Gros der Armee in zwei gleiche Hälften. Dafs eine ähnliche Scheidung auch in Pompeji anzunehmen, deuten die beiden Thore *Porta Campana* und *P. Nucerina* bestimmt genug an. Während im Lager die Anordnung der Legionen fest gegeben ist, hängt diejenige der Bundesgenossen von ihrer Stärke ab; unter Umständen kann zu der vorhandenen Strige noch eine zweite hinzugefügt werden. Dem entspricht die ganz verschiedene Gröfse der Acerraner und Nuceriner; jene sind nur halb so stark als diese. So die Osthälfte.

Weit mehr entfernen sich die Dispositionen im Einzelnen bei der Westhälfte. Sie ist in Stadt und Lager die entschieden bevorzugte, hier Prätorium Quästorium Forum und Elitemannschaft, dort die *regio sacra Palatina*. Im Lager durchschneidet ein breiter Kardo den Raum; ihm entspricht die Mercurstrafse und noch deutlicher die *porta decumana* dem Seethor. Es ist ein düsterer Durchgang unter einem Gewölbe, eine unscheinbare Strafse führt hinab. Man hat überhaupt daran gezweifelt, ob dasselbe als Thor zu fassen und nicht vielmehr als Passage, welche in später Zeit gebrochen worden sei. In der That fehlt ihm das den Charakter eines Thors Bestimmende, der freie luftige Bau, der sich dem Auge als selbstständige Einheit darstellt. Aber das erklärt sich, wenn man an die S. 41. 86 erwähnte Bedeutung des Westthors denkt: hier ward der Schuldige hinausgeführt, über den auf dem Markte im Angesicht der Himmlischen der Spruch gefällt war, der ihn bannte aus der Gemeinschaft der Lebenden und Reinen.

Sehen wir von den Theilen im Grofsen und Ganzen ab, so gewinnt die städtische Limitation eine eigentümliche und neue Auffassung durch die Vergleichung der beiden Fora. Das Lagerforum mit seiner Gliederung, wie es sich S. 47 ergab, wird in Ost und West durch die beiden Hauptkardines, die Principia der Legionen und Bundesgenossen, in Nord und Süd durch die beiden wichtigsten Decumani, welche Legionen und Bundesgenossen scheiden, eingefafst. Den Principia entsprechen die beiden Porticus, welche die Langseiten des pompejaner Marktes einfassen, der östliche setzt sich als Forums- und Mercurstrafse nach N., als Schulstrafse nach S. fort, in seiner ganzen Ausdehnung entschieden als Hauptstrafse behandelt: der westliche dagegen läuft nur als Linearius nach N. aus. Die Insula, welche nördlich vom Jupitertempel zwischen diesem und der Nolanerstrafse liegt und ganz von den Thermen eingenommen wird, ist in gewissem Sinne nur als ein Appendix des Forums aufzulassen: die Forumsstrafse mit dem Fortunatempel und einer Porticus von 11 Säulen präsentirt sich äufserst stattlich, fast platzartig. Es liegt nahe die Thermen mit dem Quaestorium zu vergleichen. Alsdann ist der Jupitertempel das Prätorium, gleich diesem auf dem höchsten Puncte der Stadt thronend; und wenn Jupiter als König die Stadt führt mit seinen Beisitzerinnen Juno und Minerva, so sind die Zelte der Tribunen in den 6 Tempeln an der Ostseite zu erkennen. Ferner münden auch von Osten her zwischen den beiden Hauptdecumani drei andere, von denen, wie S. 69. Anm. bemerkt, der *ricoletto di Eumachia* und *degli Augustali* erst in der letzten Bauperiode abgeschnitten worden sind. Nach W. in Lager und Stadt ein Thor und der einzige Unterschied beruht darin, dafs das Thor in Pompeji nicht in der Mitte, sondern den untersten Decumanus aufnimmt. Die Mafse und Verhältnisse sind zwar in der Stadt ganz andere als im Lager, aber die Uebereinstimmung der Dispositionen zeigt wenn irgend etwas die innige Verbindung, welche zwischen beiden existirt.

Dafs das Pomerium der italischen Städte dem Intervallum des Lagers entspricht, ist schon längst erkannt worden. An der Nordseite ist dasselbe ziemlich intact erhalten, dagegen im Westen, wie

bemerkt, die ganze Mauer vom Herculanerthor ab eingerissen. Durch
einen solchen Act wird die Auflösung des Gemeinwesens in seinem
bisherigen Bestande ausgesprochen. In Pompeji ist die Schleifung
der Mauer aber nicht blos oder nicht wesentlich eine Strafe, als
welche sie gegen rebellische Städte oft zur Anwendung kommt.
Vielmehr gewährt die Erweiterung des Lagers zum Doppellager,
wobei ja auch der Wall im Westen fortfällt, den richtigen Ausgangspunct. Westlich vom Forum wurden die Veteranen Sullas angesiedelt, eine hohe Mauer neben dem sog. Venustempel wird inschriftlich
der *colonia Veneria Cornelia* beigelegt ¹). In augusteischer Zeit
kam gleichfalls im Westen ein weiterer Stadttheil hinzu; der *pagus
Augustus felix suburbanus*. Man könnte gegen diese Auffassung
einwenden, daſs die neuen Stadttheile auf keinen Fall von einer
Mauer umgeben waren, wie dies bei der Vereinigung zweier Lager
notwendig geschehen muſste. Allein seitdem die Stadtmauer ihre
praktische Bedeutung für Fortification verloren, blieb ihr haupt-
sächlich nur eine religiöse und letzterer ward genügt, wenn, wie
das ja in Rom geschah, das erweiterte Pomörium durch Terminalcippen bezeichnet wurde.

Wenn wir im Lager ein Abbild der italischen Verfassung erkennen in der merkwürdigen Gliederung und Scheidung zwischen
Bürgern und Bundesgenossen, Reitern und Fussvolk, so wird man
ein Gleiches von der Stadt voraussetzen dürfen. Nach Strabo ist
Pompeji der Hafen von Nola Nuceria und Acerrae. Die Reihenfolge
scheint die Stellung der drei Stämme auszudeuten; ihre örtliche Identificirung mit den Tribus wird durch die geographische Lage der
Mutterstädte von selber an die Hand gegeben. Die Nolaner sind
durchaus der vornehmste Stamm, dann folgen die Nuceriner, zuletzt
die Acerraner. Aus der letzten Gestalt Pompejis lassen sich zwar
nur mit Vorsicht Schlüsse ziehen auf die Zeiten der Autonomie
und noch weniger auf diejenigen der Gründung. Eine wechselvolle
Geschichte hat sich hier bewegt und zum Schluſs der Nivellirungs-
proceſs des Kaiserreichs das Alte übertüncht und fortgeschwemmt;
aber doch selbst im politischen Leben mögen sich einzelne Anklänge

---

1) J. N. 2201. Schöne, Bullett. d. Inst. 1866 p. 11 erkennt in dem *ius
luminum obstruendorum* die Ausfüllung der Wandpilaster im Peribolos des
Venustempels nach dem Forum zu; der *paries privatus col. V. C.* ist die hohe
Mauer hart westlich neben dem Peribolos.

an die Institute der Vorfahren erhalten haben, welche die Schlachten schlugen für die nationale Unabhängigkeit gegen Rom. Im Allgemeinen nun sind die wolhabenderen Wohnungen über alle bis jetzt ausgegrabenen Theile der Stadt gleichmäfsig vertheilt. Die Hauptstrafsen haben begreiflicher Weise mehr glänzende Häuser aufzuweisen, wie Overbeck 1, 282 z. B. die Mercurstrafse recht passend *str. della Signoria* getauft hat; während umgekehrt die abgelegenen Gassen nach der Mauer zu, der *vico di Sallustio, Pansa, Fullonica, Fauno, Labirinto,* einen ärmlicheren Anstrich tragen. Die IV. Region ist vorzugsweise Sitz der Gewerbtreibenden: die prächtige Abbondanzastrafse hat man nach den Funden auch die Strafse der Goldschmiede benannt, mehrere Fabriken finden sich hier, in der Augustalenstrafse eine Bäckerei neben der andern. Unter allen Stadttheilen trägt dieser, was Häuserbau und Decoration betrifft, den ausgeprägt jüngsten Charakter. Zugleich auch nach den zahlreichen Bildern mit dem Genius des Kaisers den gröfster Loyalität. Es ist das Viertel der Augustalen, d. h. der Municipalritterschaft. Man wird nicht verkennen, dafs bei der ältesten Stadtanlage dieses vornehmste und wichtigste Viertel, das gleichsam eine Stadt in der Stadt alle Heiligthümer in sich barg keinem Stand mit gröfserem Recht zugewiesen werden konnte als dem ritterlichen Adel, der die Schlachten entschied nach Art der homerischen Helden, auf dem sichtbar der Segen der Götter ruhte [1]). Gehen wir von dieser Annahme aus.

Der Abschnitt zwischen den beiden Decumani enthält 12, der südlich von der Abbondanzastrafse 6 Centurien. Also kämen auf die Nolaner 12, auf die Nuceriner 6 Rittercenturien. Jene sind zahlreicher, beherrschen das Forum und nehmen gewisser Maßen das Herz der Stadt ein; aber diese sitzen am Fufs der Arx, Wächter des ehrwürdigen Stadttempels, welcher Jahrhunderte hindurch über der Stadt gethront hatte, bevor der capitolinische Jupiter auf dem Markt seine Herrschaft antrat. Man denkt fast an die *sex suffragia* und die 12 Centurien des Servius Tullius. Aber möglich bleibt es auch, dass südlich und westlich vom Forum 2 weitere Centurien hinzuzurechnen sind, also im Ganzen 20. Die I., II., III. Region haben 10 Cohorten; jede derselben eine wechselnde Zahl von Centurien. Die III. zählt deren 15 und nehmen wir die gleiche Zahl

---

1) In der gesammten älteren Ueberlieferung; man vergleiche z. B. die Schlacht am Regillus. Liv. 2. 19. 20.

für die ihr an äufserem Umfang entsprechende II.. so darf man die Tribus der Acerraner ansetzen zu 30 Centurien. Die beiden ersten Cohorten der Nolaner werden durch 5 Decumani und 9 Kardines limitirt, zählen mithin 32, die letzte scamnirte Cohorte wahrscheinlich uur 8. Darnach ist zu rechnen die Tribus der Nolaner zu 40 Centurien. Für die letzte Tribus fehlt der Nachweis im Einzelnen; doch steht fest, dafs die 10 von dem Decumanus maximus ausgehenden Kardines bis an die südliche Mauer verlängert werden müssen, ferner dafs die wachsende Breite einen 11ten erfordert; geschnitten werden dieselben durch 2 vom Kardo maximus auslaufende Lineardecumani. Sofern in solchen Dingen überhaupt construirt werden kann, dürfen wir die Tribus der Nuceriner ansetzen zu 30 Centurien. Summa 18 Rittercenturien, 100 Centurien Fufsvolk und in verstückelten Insulae Handwerker und ähnliches Volk. Dies Alles ist rein hypothetisch. Man würde z. B. auch das Ritterviertel füglich an alle 3 Stämme vertheilen können, weil in demselben eine deutliche Drittelung vorliegt, das erste Drittel zwischen Nolaner und Augustalen mit 3, das zweite zwischen Augustalen und Abbondanzastrafse mit 9, das dritte südlich von dieser mit 6 Centurien. Das Gleiche gilt in noch höherem Grade von der Disposition des Fufsvolks. Dafs übrigens die Stärke der Bürgerschaft derjenigen einer Legion gleich kommt, soll im Folgenden erwiesen werden (S. 80).

Die Disposition Pompejis darf durchaus nicht als etwas dieser Stadt besonders Eigentümliches angesehen werden. Vielmehr haben wir allen Grund anzunehmen, dafs das nämliche Schema überall zu Grunde gelegt worden ist. So bemerkt z. B. Nibby, analisi della carta dei diutorni di Roma 1, 234 von Ardea, das etwa 3 Millien Umfang hat: es zerfalle in drei deutlich erkennbare Theile, einen südlichen mit der Burg. einen mittleren, das heutige Civita vecchia, und einen nördlichen und kleinsten. Cora (von dem mir leider kein Plan oder auch nur genauere Beschreibung vorliegt) wird gar durch Mauern in drei verschiedene Theile zerlegt. Brauchbare Specialuntersuchungen über Topographie und Monumente der einzelnen Städte lassen noch immer auf sich warten, so glänzende Vorbilder auch Promis in seinen Büchern über Alba Fucense, Luna und Aosta Tonini für Rimini geliefert haben. Müssen wir aber aus diesen Gründen unsere Betrachtung auf die besprochenen Städte beschränken, so gewähren bei einer Anzahl anderer auch die blofsen

Mauerringe wichtige Aufschlüsse. Ihr Umfang beträgt bei folgenden
Städten:

Augusta Praetoria nach Promis (S. 60) . . . 8766'

Pompeii (S. 71). . . . . 8767'

Ariminum . . . . 8800'

(nach dem Plan bei Tonini, Rimini I gemessen zu 2600 m.; es ist
bei dieser Messung auf einige Erweiterungen Rücksicht genommen,
deren die Mauer in späterer Zeit mehrere erfahren hat. Gerade wie
in Pompeji ist auch hier die Mauer durch ein Amphitheater erweitert; die Angabe ist daher nur bis auf einige hundert Fuss genau).

Faesulae . . . . 8694'

(nach dem Plan in Monumenti per servire alla storia degli antichi
popoli Italiani raccolti da Giuseppe Micali, gemessen 1318,5 Toisen;
1 m. = 3,382' röm. = 0,513 Toisen, 1 Toise = 6,593' röm.; einige
kurze Erläuterungen zu seinen Plänen giebt Micali im 3. Band der
Storia) [1].

Cortona . . . . 8900'

(nach Micali's Plan 1350 Toisen; doch ist die Messung ungenau bis
auf ca. 50 Toisen, weil der Abschlufs bei der alten Arx, der jetzigen
Fortezza, auf einem Plan nicht sicher zu fixiren ist).

Populonia . . . . 8575'

(nach Micali's Plan 1300 Toisen; doch ist der Mafsstab desselben
viel zu klein, um mehr als ein annäherndes Resultat zu geben).

Norba . . . . 8350'

(nach dem Plan in Monum. dell' Inst. I. tav. 2 gemessen zu 7600' par.,
doch scheint der Gang nicht überall ganz zuverlässig fixirt).

Tibur über . . . . 8000'

(Nibby, analisi della carta della Campagna di Roma 3, 187 fixirt
den Gang der Mauer und findet la estensione del recinto compresa
l'acropoli di circa 8000 piedi romani; doch ist diese Angabe zu verstehen non calcolando gli angoli ottusi e le irregolarità inseparabili
del ciglio naturale del monte: hierfür wird man also weitere 7—800'
zulegen dürfen).

Arpinum . . . . 10000'

(nach dem Plan von Marianna Dionigi, Viaggj in alcune città del
Lazio 1530 Toisen; doch ist die Zahl unbrauchbar, weil der ganze

---

1) Messungen nach Micalis Plänen giebt auch Müller, Etrusker 1, 251,
jedoch nur bis auf die Tausende genau.

antike Mauerzug nicht feststeht; nach dem Plane würde die eigentliche Stadt ungefähr 6600, die spitz aufsteigende Akropolis 3800′
Umfang haben, beide als unabhängige Glieder gedacht.

Rusellae . . . . 10690′
(nach Micali's Plan gemessen zu 1620 Toisen).

Paestum . . . . 16540′
(Delagardette les Ruines de P. Paris 1840. p. 9 giebt den Umfang
auf 4¹/₂ Kilom.; die englische Publication the Ruins of P. London
1768, p. 17 *near three miles*. In den Paestanae dissertationes auctore
Paulo Antonio Paoli ein ziemlich roher Plan, dessen Messung ergiebt
18500 neap. Palm; 100 Palm = 26,46 m.).

Volaterrae . . . . 24610′
(Micali's Plan enthält die präcise Angabe *circuito delle mura antiche*
7280,75 m.).

Signia . . . . 7000′
(nach dem Plan in Canina, Architettura Romana II etwa 2000 m.;
ein ganz annähernder Wert, da auch der Plan nicht genau zu sein
scheint).

Falerii . . . . 7124′
(nach einer Messung mitgetheilt von W. Gell, Rome and its vicinity
1, 421 : 2305 yards, 1 yard = 0,9144 m.).

Cosa . . . . 4980′
(nach Micali's Plan gemessen zu 755 Toisen).

Ich füge noch nach den Plänen in L. Canina, Etruria marittima
einige Messungen bei, die ganz approximativ sind, um so mehr als
der Gang der Mauern im Einzelnen keineswegs fest steht.

Falerii veteres . . . . 10800′
Volsinii . . . . 14200′
Caere . . . . 16500′
Vulci . . . . 26800′
Tarquinii . . . . 27000′

Diese Liste würde bedeutend vermehrt werden können, wenn
die Exactheit topographischer Untersuchungen größere Fortschritte
gemacht hätte, als leider bis jetzt der Fall gewesen ist. Angaben
über Mauerumfang, wie sie gewöhnlich lauten, ungefähr 2 Meilen,
beinahe, reichlich so und so viel u. s. w. sind hier wie billig ganz
bei Seite gelassen worden; denn abgesehen von den grossen Latituden, welche sie lassen, sind sie in der Regel auf gut Glück nach
oberflächlicher Schätzung gemacht. Ungenau sind notwendiger

Weise auch Messungen, die man an Plänen vornimmt und die Herausgeber von solchen könnten Andere vor Irrtum schützen, wenn sie die wichtigsten Dimensionen einfach mittheilten; immerhin überschreitet hier die Fehlergrenze nicht leicht einige hundert Fuß.

Die 20 Städte, deren Umfang nach der obigen Zusammenstellung theils mehr theils weniger genau gegeben ist, sondern sich in drei Gruppen. Bei den ersten 8 ist der Umfang fast ganz gleich. Die gröfste Differenz zwischen Norba und Cortona beträgt 550', erscheint aber ganz irrelevant, wenn man die Natur des Materials erwägt, aus welchem diese Angaben geschöpft sind. Auf wirkliche Exactheit können nur die beiden ersten Anspruch erheben und hier zwischen Aosta und Pompeji ist die Differenz durch einen neckischen Zufall auf einen einzigen Fuß reducirt. Es ward schon bei diesen Städten hervorgehoben, dafs der ideale Wert, welcher hier ausgedrückt ist, den Umfang des normalen Lagers von 8600' (Innenseite) darstellt. Derselbe Gesichtspunct findet mit Notwendigkeit auch auf die andern sechs Anwendung. Durch einen Abstand von gegen 2000' ist von dieser Classe diejenige getrennt, welche die gröfseren Städte umfafst. Wir finden unter ihnen diejenigen, welche eben ihres Umfangs wegen zu den 12 Hauptorten Etruriens zu rechnen sind: Rusellae, Volaterrae, Falerii, Caere, Volsinii, Vulci, Tarquinii [1]. Der Umfang wechselt zwischen 10—27000' und ist z. B. bei Veji noch erheblich gröfser. Ein festes Eintheilungsprincip ergiebt sich hier nicht. Endlich ist drittens eine Classe von Städten zu statuiren, deren Mauerring der ersten nachsteht. Die Kluft zwischen der ersten und dritten Classe fällt in die Augen; denn bei den beiden Städten, die sich nach unsern Messungen am Nächsten stehen, Norba und Falerii steigt der Abstand doch gleich auf 1200'. Man wird demnach zugeben, dass die aufgestellte Classification nicht auf Willkür beruht. Andererseits ist das vorliegende Material, so mangelhaft es auch der Fülle italischer Städteruinen gegenüber erscheint, doch immerhin umfassend genug, um ein Spiel des Zufalls auszuschliefsen.

Wir bezeichnen diejenigen Städte, deren Umfang dem republikanischen Lager entspricht, als normale. Wenn ihr Umfang sich gleich stellt, so gilt dies doch weit weniger vom Inhalt. Namentlich

---

1) Ihre Zahl wird voll, wenn man Clusium, Arretium, Cortona, Perusia, Veji, Vetulonia hinzurechnet, dagegen das stammfremde Falerii abzieht.

Populonia mit sehr unregelmäßiger Form ist bedeutend kleiner als die übrigen. Im Allgemeinen gilt aber durchaus als Princip der Anlage bei möglichst geringer Berührungslinie nach Außen einen desto größeren Flächeninhalt zu umfassen. Das starre Festhalten an einer bestimmten Zahl für den Umfang geht ohne Zweifel auf religiöse Satzung zurück [1]). Es beweist zugleich, daß alle diese Städte nach einem und demselben Schema gebaut sind. Können wir dieses auch nur in einem einzelnen Falle verfolgen, so ist der Schluß doch vollkommen berechtigt, daß die Disposition der Stadt auf's Strengste derjenigen des Lagers nachgebildet sei. Es lässt sich meines Wissens keine einzige Nachricht beibringen, welche dieser Annahme widerspräche. Wir fanden, daß Pompeji wahrscheinlich in drei Regionen 100, in der vierten 18 oder 20 Centurien enthält. Nun ist uns aber die Zahl der Colonisten von Aosta ausdrücklich auf 3000 überliefert (S 59). Da die übrigen 7 Städte gleichen Umfang und auch ungefähr gleichen Inhalt haben, so wird man keinen Augenblick zögern dürfen, auf sie die nämliche Zahl zu übertragen. Um correcter zu reden, die Bürgerschaft der italischen Normalstadt umfaßt 3000 Mann und 300 Ritter, d. h. eine Romulische Legion. Man wird nicht gegen diese Folgerung den Einwand erheben können, dass für die 300 Ritter kein Platz da wäre. Denn wenn wir auch jene Angabe als im strictesten Sinne genau betrachten wollen, so ward in der älteren Zeit viel dichter gewohnt, als den erhöhten Ansprüchen der augusteischen Cultur genehm war. Der Nachweis soll bei anderer Gelegenheit geführt werden, daß die selbstständigen Bürgerhäuser in Pompeji zuletzt auf den 4. oder 5. Theil ihres ursprünglichen Bestandes herabgesunken sind, während die Pertinenzen der Paläste, welche man Sklaven und Freigelassenen überließ, eine

---

1) Nach dem eigensinnigen Bewahren des überkommenen Maßes, wie es sich beim Mauerring zeigt, könnte man auch in der Zahl und Anordnung der Thore einen ähnlichen festen Schematismus erwarten, wie er z. B. an den 7 Thoren Thebens von J. Brandis Hermes 2, 259 nachgewiesen ist. Dem widersprechen jedoch die Monumente: die Zahl der Thore ist bei den einzelnen Städten ganz verschieden und, soweit sich erkennen läßt, ausschließlich durch praktische Rücksichten bestimmt. In vielen Fällen haben kleine Städte weit mehr Thore, als solche die sie an Ausdehnung um das Doppelte übertreffen. Ich stelle einige Angaben zusammen, welche mir zur Hand sind: Augusta Praetoria (S. 60) 2 (?), Signia 2 (?), Cosa 3, Paestum 4, Norba 5, Falerii 7, Pompeii 8, Ariminum 8, Faesulae 4, Cortona 6, Rusellae 3, Roma 16 (?).

entsprechende Vermehrung erfahren haben. Durch die gefundene Zahl der Bürger gewinnt auch die Limitation Pompejis ein neues Licht.' Wir nahmen S. 76 100 Centurien für das Fufsvolk, 18 oder 20 für die Reiterei an. Folglich enthält die Centurie 30 Mann zu Fufs oder 15 Reiter: das nämliche Verhältnifs, welches wir im Lager statuirten (S. 34). Namentlich aber begreift sich jetzt die Eintheilung der Stadt in Gruppen von je 4 doppelten, drei- oder vierfachen Centuriencomplexen, welche S. 68 nachgewiesen wurde. Denn eben je 4 Centurien machen eine Manipel voll. Dieses Schema ist zunächst ideell, weil die einzelnen Centurien eine sehr verschiedene Gröfse einnehmen. Die militärische Eintheilung wird hier von der politischen durchkreuzt. Man wird vermuten dürfen, dafs jede Centurie d. h. jeder von 4 Strafsen umschriebene und dadurch als eine zusammengehörige Einheit gekennzeichnete Häusercomplex in der Volksversammlung eine Stimme repräsentirt.

Wir bleiben hier stehen. Bei unserer jetzigen Kenntnifs wäre es vergebliches Bemühen, die politische Verfassung im Einzelnen aus der Limitation erklären zu wollen. Vom theoretischen Standpunct aus kann man zwar der Ausgrabung Pompejis keine glänzenden Resultate, keine Entdeckung von Tempeln und Stadtarchiven, von Plätzen wie das Forum und die Arx in Aussicht stellen. Aber immer runder und reicher entfaltet sich das Bild jener versunkenen Cultur und mit jeder neuen Strafse, welche von der Aschendecke befreit wird, nähern wir uns um einen Schritt der Lösung von Rätseln, welche viele Generationen beschäftigt haben. Der Stadtplan Pompejis gleicht einem Buch voll tiefverschlossener Weisheit: Lager und Heer, Census und Verfassung, Curien, Tribus, Centurien — ein ausgeprägtes Schema, welches die strengen Formen bloslegt, in denen einst das reichste Leben pulsirte [1]).

Wenn wir in der Normalstadt ein Abbild des Lagers erkannt

1) Eins der gröfsten Desiderate für das historische Studium der Anlage Pompejis ist der Mangel einer statistischen Beschreibung. Eine solche müfste vor allem die Dimensionen und den Flächeninhalt der einzelnen Insulae und gröfseren Häuser genau verzeichnen. Hoffen wir, dafs die unter Fiorellis Leitung begründete *Scuola archeologica Pompeiana* neben der Rücksicht auf Kunstgeschichte, welche in der Forschung bisher fast ausschliefslich mafsgebend war, auch andere Ziele nicht aus den Augen läfst, die zwar bescheidener und mühevoller aussehen, aber auch einen unverächtlichen Austrag gewähren.

haben, so sind zunächst die beiden Classen von Städten zu betrachten, deren Umfang mehr oder weniger als 8600' beträgt. Was die
erstere betrifft, so vergröfsert sich die Normalstadt nach denselben
Gesetzen wie auch das Lager. Der Umfang von Rusellae mit 10690'
entspricht vollständig demjenigen, welchen wir für ein aus 2 consularischen Heeren combinirtes Lager gefunden haben (Langseite 3200').
Für Städte, deren Gröfse hierüber hinausgeht, die damit auch mehr
als 6000 Bürger haben, wie Paestum, Volaterrae, Veji, Alba Fu-
centia, Rom läfst sich kein Mafssystem feststellen, weil alle Anhaltspuncte fehlen, um mit Sicherheit ein gröfseres Lager zu construiren.

Wir haben endlich noch drei Städte mit kleinerem Umfang,
als die Norm sich herausstellte. Der Inhalt von Cosa beträgt ungefähr ¾ von demjenigen einer Normalstadt und auch derjenige
Falerii's ist erheblich geringer. Darnach versteht sich von selber, dafs
weder das eine noch das andere 3000 Bürger enthalten konnte. In
der That ist auch hier nicht von *urbes*, von souveränen Städten im
Sinne altitalischer Politik die Rede. Falerii ist von den Römern
nach dem 1. punischen Krieg gegründet: unter welchen Formen die
Falisker hier angesiedelt wurden (Zon. 8, 18), läfst sich nicht absehen.
Cosa ward 275 als römische Colonie auf dem Gebiet von Vulci angelegt (Plin. N. H. 3, 51. Velleius 1, 14. 6); die Ruinen desselben
tragen entschieden einen nicht etruskischen Charakter einmal wegen
des polygonalen Baus, der den Etruskern nicht recht ansteht, besonders
aber wegen der Thürme, welche einer jüngeren Periode angehören.
Auf Signia als latinische Colonie trifft dieser Gesichtspunct allerdings
nicht zu. Wenn das Mafs wirklich exact ist, so' liefse sich allenfalls annehmen, dafs die Stadt ursprünglich dem römischen Bürger-
verbande angehörte (Dion. 4, 63. Liv. 1, 56). Uebrigens müssen derartige Erklärungsversuche ganz in der Luft schweben, so lange nicht
mehr Material vorliegt.

Dagegen reichen die wenigen Beispiele, die uns zu Gebote stehen, hin um eine Reihe der wichtigsten Consequenzen für die' Ur-
geschichte der Italiker mit völliger Sicherheit ziehen zu können Die
Städte, deren Umfang dem normalen Lager für zwei Legionen entspricht, gehören ganz verschiedenen Stämmen an und zeichnen sich
durch hohes Alter aus. Dadurch wird von vorn herein die Möglichkeit ausgeschlossen, als ob wir es hier mit späten römischen
Schöpfungen zu thun hätten. Von umbrischen Städten gehört hier-

her Ariminum (über sein Alter Pausan. 5, 12. 5) und es liegt kein Grund zu der Meinung vor, daß sein jetzt noch nachweisbarer Plan erst von der römischen Colonie datire. Weiter Cortona, von den Umbrern gegründet, diesen durch die Etrusker entrissen, welche von hier aus das nach ihnen benannte Land eroberten, gehört nach dem untrüglichen Zeugniß der Sage zu den ältesten Städten Italiens (Dionys 1, 26. 28). Ueber Faesulae fehlen die Nachrichten. Hingegen reichen die widersprechenden Traditionen über Populonia's Ursprung (Serv. Aen. 10, 172) wieder weit zurück. Diesen Thatsachen gegenüber läge die Vermutung nicht allzufern, die Schöpfung der italischen Stadt und ihrer Schemata auf die Etrusker zurückzuführen. Man dürfte sich berufen auf den etruskischen Ritus, nach dem die Römer den Mauerring zogen, auf die Ritualbücher, welche die näheren Dispositionen der Anlage bestimmten (S. 57), endlich auf die Etymologie der *Τυρσηνοί* als Städtebauer (Schwegler, Röm. Gesch. 1, 264). Freilich nur unter der Voraussetzung, daß alles, was den italischen Stämmen als Gemeingut eignet, jenem merkwürdigen Volke ausschließlich beigelegt werden soll. Man wird aber auch hier wol thun, die varronische Rubrik etruskisch mit der allgemeineren italisch zu vertauschen. Die Gründung Pompejis ist älter als die Herrschaft der Etrusker in Campanien und gehört den Oskern. Und der Dreiklang der Stämme wird vollendet durch die latinischen Städte Tibur und Norba, von denen dieses, wie es scheint, 492 gegründet ward, das erstere aber noch in augusteischer Zeit Erinnerungen an seine ehemaligen sikelischen Bewohner bewahrte (Dion. 1, 16). Die allseitige Uebereinstimmung, welche sich in diesen Daten ausspricht, erklärt sich nur unter der Voraussetzung, daß das Lager und Stadtschema in einer Periode entstanden und fest ausgeprägt worden ist, in welcher die italischen Stämme noch ein einheitliches Volksganze ausmachten.

Bevor wir diesen Schluß weiter verfolgen, drängt sich uns die Frage auf, ob die hier erörterten Gesetze auch auf Rom als die einzige Stadt, deren Geschichte wir näher kennen, Anwendung finden. Von vornherein muß dies allerdings zugestanden werden. Wenn es möglich wäre, die Limitationsschemata, die hier bei den verschiedenen Gründungen einander gefolgt sind, klar zu erkennen, so wäre zugleich eine kritische Grundlage der ganzen älteren Geschichte gewonnen. Mit unseren jetzigen Mitteln läßt sich daran entfernt nicht denken: zum Unglück wie in Pompeji, wo die Monu-

mente reden und die Ueberlieferung schweigt, verläfst in Rom uns
die Kenntnifs des Locals. Immerhin läfst sich der Nachweis führen,
dafs das allgemeine System hier zu Grunde liegt und damit einige
neue Gesichtspuncte gewinnen, deren Bedeutung für die ältere Geschichte in diesem Zusammenhang nur angedeutet werden kann. Die
Stadt, welche Romulus auf dem Palatin gründete, ist keine Stadt
von normaler Gröfse: der Umfang des Hügels beträgt etwa 1400 m.[1]),
d. h. ungefähr so viel wie die Colonie Cosa oder wie die 4. Region
in Pompeji, die wir als palatinische bezeichnet haben. Ein Umstand,
der für die Beurtheilung des Synoikismos der Sabiner und Latiner
von erheblichem Gewicht erscheint. Die *velites* lagern aufserhalb
des Walls, der Legionen und Bundesgenossen umgiebt, nicht anders
die Kaufleute, welche dem Heere folgen (S. 47). Dasselbe gilt im
ältesten Rom von dem gewerbreichen Viertel mit der Tusker-
strafse, welches am westlichen Abhang des palatinischen Hügels sich
hinzieht (Varro LL. 6, 24). Deshalb führt es den Namen *Velabrum*,
das Viertel der *velites*, der nicht vom Mauerring Geschützten[2]).
Varro 5, 43. 44. 156 leitet ihn *a vehendo* ab, *quod ibi vehebantur lin-*
tribus, empfiehlt aber die von uns aufgestellte Erklärung durch seinen Zusatz *velaturam facere etiam nunc dicuntur, qui id mercede fa-*
ciunt (anders Plut. Rom. 5). Die Kaufleute schlagen ihre Buden an der
Rückseite des Lagers neben der Porta Decumana auf; die Rückseite
ist unter normalen Verhältnissen die westliche (Veget. 1, 23), so auch
in Pompeji (S. 72). Damit stimmt aufs Beste, dafs das Velabrum
im Westen des Palatin liegt, dafs mithin auch das Stadttemplum
des ältesten Roms nach Osten orientirt ist. Neben dem Palatin
in östlicher Fortsetzung folgt die *Subura* unbestimmter Ableitung;
sprachlich unmöglich ist diejenige *ab eo quod fuerit sub antiqua urbe*

---

1) Lumisden, Rome (London 1812) p. 156 giebt den Umfang auf 5550'
engl. an.

2) Ich lasse dahin gestellt, wie man die Bedeutung des Wortes ableiten
soll: vielleicht daher, dafs die Veliten unter Zelten aus Tuch, nicht aus Fellen
campiren mufsten, vgl. Val. Max. 2, 7. 15 *neve quis eorum intra castra tende-*
ret neve locum extra assignatum callo aut fossa cingeret, neve tentorium ex
pellibus haberet (anders Corssen, Krit. Nachtr. S. 259). — Die *Velia* (Quantität
bezeugt Plut. Publ. 10. Dion. 1, 68. 5, 19) gehört nicht hierher; es ist nach
Dion. 1, 20 die sumpfige Niederung, nicht, woran man eher denken möchte,
»die Höhe« vgl. *Velitrae Velinus;* anders Varro LL. 5, 54.

(Varro LL. 5. 48). Noch zu Varros Zeit erinnerte die Bezeichnung *terreus murus* an den Erdwall, welcher auf der Höhe der Carinen die älteste latinische Stadt umgeben hatte.

Die Ueberlieferung läfst unmittelbar auf die Gründung des Romulus diejenige des Titus Tatius folgen. Die Sabinerstadt auf dem Quirinal steht der palatinischen parallel und wie zu dieser die Subura, so verhält sich zu jener die *Exquiliae* der Aufsenbau (Huschke Serv. Tull. S. 60 Anm. von *ex* und *colere*, entgegensetzt *inquilinus*). Die römische Geschichte geht aus von dem föderirten oder Doppelstaat, einer Form, welche so häufig in der antiken Politie wiederkehrt: 2 Städte, jede eine geschlossene Einheit bildend, aber durch ein *foedus* zu ewigem Frieden und gegenseitiger Hülfleistung verbunden. Eine anschauliche Schilderung von einem analogen Verhältnifs zugleich auch den Beweis, wie unter der langsamen Einwirkung von Zeit und Gewöhnung die getrennten Glieder zur Einheit sich zusammenschliefsen, giebt Livius 34. 9. Wie in Emporiae Griechen und Spanier sich gegenüberstanden, so dereinst auch Römer und Sabiner. Das neutrale Gebiet zwischen beiden ist das Forum, als *ager arcifinius* behandelt, weil zwei Stadttempla nicht hart auf einander stofsen können. Hier treffen sich die beiden Parteien zu Verkehr aller Art, gleichwie auf dem Forum des Lagers die Bürger und Bundesgenossen.

Mit dem Namen des Servius Tullius bezeichnen wir die neue staatliche und stadtische Gründung, die bis auf Sulla in ihren wesentlichen Zügen Bestand gehabt hat. Der Decumanus maximus der servianischen Stadt ist die *Sacra ria*[1], welche die beiden nördlichen Regionen von der Palatina und Suburana trennt. Als Kardo maximus wird die Strafse anzusehen sein, welche in der Einsenkung zwischen Palatin und Cachus läuft und durch den Bogen des Constantin charakterisirt wird. An dem Schnittpunct von Kardo und Decumanus ist das *sacellum Streniae*, der mit Salus eng verwandten Göttin anzusetzen, von wo die Prozessionen auf der heiligen Strafse nach der Burg ausgehen (Varro LL. 5. 47). Die 4 Regionen entsprechen ihrer Stellung und Gröfse nach denen von Pompeji (S. 66). Sie enthalten zugleich die eigentliche Bürgerschaft, weshalb sie auch in Tribus umgesetzt werden konnten. Neben den Bürgern (*montani*) finden wir innerhalb des Mauerrings 4 Bezirke, die den Bundesge-

----

1) Göttling, Gesch. der röm. Staatsverf. S. 202 hat dies bereits ganz richtig erkannt.

nossen entsprechen, den *pagus Aventinensis* und *Janiculensis*, die *collegia Capitolinorum* und *Mercurialium* (Mommsen, R. G. 1⁴ 111 An.). Gleich diesen sind sie vorwiegend an die Mauer hin dirigirt. Das Forum, überragt von dem Tempel des capitolinischen Jupiter, bildet das Herz der neuen Stadt (Kap. 5). An der Ostseite wird es begrenzt durch die palatinische Region, zu der auch die Velia gehört, im Norden von der collinischen, dagegen öffnet sich die Südseite und der Berg selber im Westen den *pagani*; wie im Lager unter der Hoheit des Prätoriums, so treffen sich hier unter der Hoheit des Jupiter die beiden Parteien zu gemeinsamem Handeln. Die Lage von Forum und Capitol im Westen läfst erkennen, dafs das Templum der servianischen Stadt gleichfalls nach Ost orientirt war. Die ganz unregelmäfsige Gestalt derselben entfernt sich allerdings sehr weit von der gromatischen Grundform. Sie zwingt auch auf eine nähere Bestimmung der einzelnen Thore zu verzichten: nur die *porta Carmentalis* oder *Scelerata* am Südabhang des Capitol mit ihrem bösen Omen (Becker, Topogr. 138) läfst sich mit Gewifsheit als Decumana, die *porta Capena* vielleicht als *principalis dextra* auffassen.

Rom in seiner Blüte bis auf den Neronischen Brand war eine schlecht und höchst unregelmäfsig gebaute Stadt. Dies kam aber nicht etwa auf Rechnung seines Alters, sondern auf Rechnung des eiligen ordnungslosen Aufbaues nach der gallischen Zerstörung: Liv. 5, 55 *festinatio curam exemit vicos dirigendi, dum omisso sui alienique discrimine in vacuo aedificant. ea est causa, ut veteres cloacae, primo per publicum ductae, nunc privata passim subeant tecta, formaque urbis sit occupatae magis quam divisae similis* vgl. Tacit. Ann. 15, 43. Planlose Städte mit krummen unregelmäfsigen Strafsen waren in Italien gerade so selten als in Griechenland gewöhnlich; der Unterschied zwischen einer älteren regellosen und einer jüngeren rechtwinkligen Periode, welcher die Geschichte des griechischen Städtebaues bedingt (S. 92), leidet hier keine Anwendung. Auch das Rom der Könige und älteren Republik war demnach eine regelmäfsige, im Einzelnen etwa nach Art Pompejis angelegte Stadt.

Wir fanden S. 83, dafs das Stadtschema nicht nach der Trennung der italischen Stämme entstanden sein kann; denn so wenig die Grundzüge der Verfassung von einem Volk auf das andere übertragen sein können, so gilt das Gleiche von der äufseren Form, in welcher dieselben ihren sichtbaren Ausdruck erhalten haben. Jedoch ist diese Bestimmung in mancher Beziehung ungenügend. Denn es bleibt nicht nur zu entscheiden, ob etwa der Städtebau einer gräkoitalischen Periode angehört, sondern vor allem die Möglichkeit zurückzuweisen, daſs derselbe gleich anderen Culturelementen von den Griechen entlehnt sei: eine Annahme, der die heutige Forschung nicht abgeneigt zu sein scheint. Gehen wir von der Sprache aus als der sichersten Grundlage für alte Völkergeschichte.

Die Ausdrücke für Haus und Hof, von der individuellen Entwicklung, welche beide bei den verschiedenen Völkern fanden, abgesehen, sind indogermanisches Eigentum. Ich entnehme aus der Zusammenstellung Kuhn's (Weber, Indische Studien 1, 360):

skr. *dama*, gr. δόμος, lat. *domus*, slav. *dom''*, goth. *timrjan*, bauen.

— *dvâr*, — θύρα, — *fores*, — *dv'r'*, — *dauro*, ahd. *turi*.

— *garta*(?)— χόρτος, — *hortus*, — *garto*(?).

— *veça*, — οἶκος, — *ricus*, — *v's'*, — *veihs*, z. *víç*.

Die Bedeutung von Haus, Thür, Hof oder Garten steht in allen Sprachen gleichmäfsig durch; aber schon bei dem letzten fängt das Schwanken an: *veça* und οἶκος sind bei dem beschränkteren Umfang des Hauses stehen geblieben, im Zend ist es sowol Haus als Dorf, im Lateinischen Strafse und Flecken, im Gothischen Flecken und Stadt. Eine vollständige Spaltung der Sprachen tritt ein, sobald wir zu den Bezeichnungen für städtisches Leben gelangen:

skr. *puri* Stadt, gr. πόλις mit dem Begriff der Fülle, des Gedränges (Curtius Gr. Etym.² 78).

— *vâstu* Haus, — ἄστυ von der Wurzel *ras* wohnen (Curtius a. O. 187).

— χώμη, goth. *haims* Dorf, lit. *kêmas* Hof Dorf, verwandt χεῖσθαι (Curtius a. O. 134).

Keine derselben findet sich im Lateinischen wieder; ebenso wenig die Haupttheile der Stadt oder die auf den Bau derselben bezüglichen Worte ἄχρα πόλις, ἀγορά, φρούριον, πύργος, τεῖχος, χάραξ, πύλη, τάφρος u. a., welche die griechische Sprache für sich gebildet hat. Umgekehrt sind alle entsprechende Worte im Lateinischen ganz national:

urbs, dessen Zusammenhang mit *urvare* und *orbis* sachlich am Angemessensten erscheint (S. 57 Anm.). Auf dem Cippus von Abella 56 *vía uruviá* = *via curva*; wie *currus* neben *urvus*, so auch bei den Sabellern *Corfinium* neben *Orvinium* (Dion. 1, 14) und *Urvinum*. Andere Ableitungen Corssen, Kr. Beitr. S. 201, Ascoli, Zeitschr. f. vgl. Sprf. 16, 120.

oppidum, von *ob* und *pedum*, das über der Ebene Liegende, die Feste: nach der älteren, auch von Curtius a. O. 78 gebilligten Erklärung.

castrum mit *casa* eng verwandt, von skr. *čhad* bedecken, Corssen, Beitr. S. 367. 449; also das Deckende, das Schirmende, nicht, wie Corssen will, passivisch das Geschützte. Wie die Bedeutung Lager an diejenige von Stadt nahe heranstreift und in dieselbe völlig übergeht, zeigen die §. 52 angeführten Beispiele (vgl. Isidor 15, 2. 13 *castrum antiqui dicebant oppidum loco altissimo situm quasi casam altam*). Das umbrisch-oskische *kastru* wird von Mommsen, Unt. Dial. S. 269, Aufrecht und Kirchhoff, 2, 158 als *praedium*, dagegen von L. Lange, Tabula Bantina S. 22 mit *caput* erklärt.

castellum, Deminutivform von *castrum*, das Dorf. Aus der Kriegsgeschichte ersieht man, dafs die italischen Dörfer in älterer Zeit durchgehends befestigt waren (Liv. 9, 41 10, 18, 46 33, 36 u. a.).

arx, die Burg in der Stadt, verwandt mit ἀλκή, ἀρκεῖν *arcere* (Curtius a. O. 124) Isidor 15, 2. 32 *arces sunt partes urbis excelsae atque munitae; nam quaecunque tutissima urbium sunt, ab arcendo hostes arces vocantur*. Der Stamm ist gräkoitalisch.

capitolium, verwandt mit *caput* (Corssen, Krit. Nachtr. S. 276), ungewisser Bildung. Der Name den Mittelpunkt der Stadt bezeichnend, nicht auf Rom beschränkt, sondern auch in anderen Städten Italiens wiederkehrend

forum, lit. *dváras* der Hof vgl. Kap. 5.

murus moenia; ἀμύνειν vergleicht Curtius S. 290. Corssen, Krit. Nachtr. 78. Man leitet es von der Wurzel *mu* binden, flechten ab, was dem Sinne nach vortrefflich pafst, denn die ältesten Mauern sind aus Holz (S. 97); über derartigen Wallbau Pol. 18, 1.

fossa von *fodere*, über dessen Verwandtschaft Curtius S. 416.

vallum, vallus Pfahl verwandt mit ἧλος, Nagel (Curtius S. 324).

porta Stadt- und Lagerthor, verwandt *portus* πορεῖν (Curtius S. 245).

angiportus Gasse. — *semita* Gangsteig, Trottoir. — *via* (Curtius S. 175).

Endlich sind auch alle auf das italische Haus bezüglichen Ausdrücke (*atrium tablinum vestibulum impluvium paries* u. s. w.) specifisch national. Es folgt aus dieser Zusammenstellung, dafs von einer gräkoitalischen Stadt nicht die Rede sein kann, dafs vielmehr

die Italiker ihr Schema erst nach der Trennung von den Hellenen
haben ausbilden können. In wie weit hierin der überlegenen Cultur
ihrer östlichen Stammvettern ein Einfluſs zugestanden werden darf,
bleibt noch zu erörtern. Aus dem Sprachschatz ersieht man zunächst, daſs die Italiker in verhältniſsmäſsig später Zeit eine Anzahl von technischen Fortschritten der Baukunst, vielleicht selbst
den Steinbau überhaupt, überkommen haben. Hierauf führen Fremd-
wörter wie *calx*, *calecare* von χάλιξ, *machina* μηχανί, *clathri* κλῇθρον
(Mommsen, R. G. 1⁴. 239), ferner wol auch *turris*, osk. *tiurri* neben
gr. τύρσις, *catarracta* u. s. w. und die in vorgerückter historischer
Zeit aufgenommenen *basilica*, *platea* (bei den Komikern), *peristylon*,
oecus u. s. w. Die völlige Unabhängigkeit des Lateinischen wird
recht klar, wenn man die Deutschen Lehnwörter zur Vergleichung
heranzieht: *murus*, ahd. *mûra*, mhd. *mûre*; *turris*, ahd. *turri*, mhd.
turn; *mercatus*, ahd. *marchat*, mhd. *market*; *palatium*, ahd. *phalanza*
und mhd. *palas*; *circus*, ahd. *khiricâ*, mhd. *kirche*; *porta*, ahd. *phorta*,
mhd. *phorte*; *strata*, ahd. *strâza*, mhd. *strâze*; *calx*, ahd. *chalch*,
mhd. *kalc*; *emplastrum*, ahd. *phlaster*, mhd. *Pflaster*, der Estrich;
caminata, ahd. *cheminâta*, mhd. *kemenâte*; *fenestra*, ahd. *fenstar*, mhd.
venster; *camera*, ahd. *chamara*, mhd. *kammer*; Quartier, Quader u. s. w.

Noch deutlicher gelangen wir zu dem nämlichen Resultat durch
eine Betrachtung der hellenischen Stadt. Man findet bei keinem
römischen Schriftsteller eine Andeutung, daſs die Lagerform eine
specifisch römische, von einem der historischen oder mythischen Helden Roms erfunden sei. In diesem Umstand darf man die still-
schweigende Anerkennung suchen, daſs das italische Lager das Product einer langen geschichtlichen Entwicklung darstellt. Gänzliche
Unwissenheit hat die Sache dann so gewandt, als ob Pyrrhos die
Castrametation erfunden und die Römer nach dem Sieg bei Benevent
und der Eroberung seines Lagers an diesem sie abgelernt hätten
(Frontin Strat. 4, 1. 14 *castra antiquitus Romani ceteraeque gentes
passim per corpora cohortium velut mapalia constituere soliti erant,
cum solos urbium muros nosset antiquitas. Pyrrhus, Epirotarum
rex, primus totum exercitum sub eodem vallo continere instituit etc.*).
Die Notiz findet sich schon nach einem älteren Annalisten bei Liv.
35, 14, während die parallelen griechischen Berichte (Appian Syr. 16.
Plut. Flam. 21. Pyrrh. 8) sie nicht kennen. Sie ist wahrscheinlich
durch ein Miſsverständniſs entstanden und auf die Erzählung zurückzuführen von der groſsen Bewunderung, welche das römische

Lager dem König bei seinem ersten Anblick einflößte (Plut. Pyrrh. 16).
Auch auf Philippos von Makedonien machte dasselbe einen gewaltigen Eindruck, wie Polybios erzählt (Liv. 31, 34 *subiecta cernens
Romana castra admiratus esse dicitur et universam speciem castrorum et descripta suis quaeque partibus cum tendentium ordine tum
itinerum intervallis et negasse barbarorum ea castra ulli videri posse*).
Aus der Vorliebe, mit der dieser Schriftsteller auf den Gegenstand
zurückkehrt (vgl. 18, 1), ersieht man so recht, wie sehr das Lager
den griechischen Militärs imponirte. Die Weise der Hellenen war
eben total verschieden. Sie suchten das Heer nicht durch künstliche, sondern durch natürliche Befestigungen zu schützen; denn man
hielt die Deckung durch das Terrain für sicherer, als diejenige durch
Wall und Graben. In Folge dessen richtete sich die Form des hellenischen Lagers jedesmal nach dem Platz, den man besetzte, und
die einzelnen Abtheilungen innerhalb desselben wurden bald hier,
bald dort placirt (Pol. 6, 42 δοκοῦσι Ῥωμαῖοι καταδιώκοντες τὴν
ἐν τούτοις εὐχέρειαν, τὴν ἐναντίαν ὁδὸν πορεύεσθαι τοῖς Ἕλλησι
κατὰ τοῦτο τὸ μέρος. οἱ μὲν γὰρ Ἕλληνες ἐν τῷ στρατοπεδεύειν
ἡγοῦνται κυριώτατον τὸ κατακολουθεῖν ταῖς ἐξ αὐτῶν τῶν τόπων
ὀχυρότησιν, ἅμα μὲν ἐκκλίνοντες τὴν περὶ τὰς τάφρείας ταλαιπωρίαν, ἅμα δὲ νομίζοντες οὐχ ὁμοίας εἶναι τὰς χειροποιήτους ἀσφαλείας ταῖς ἐξ αὐτῆς τῆς φύσεως ἐπὶ τῶν τόπων ὑπαρχούσαις ὀχυρότησιν. διὸ καὶ κατά τε τὴν τῆς ὅλης παρεμβολῆς θέσιν πᾶν ἀναγκάζονται σχῆμα μεταλαμβάνειν, ἑπόμενοι τοῖς τόποις, τά τε μέρη
μεταλλάττειν ἄλλοτε πρὸς ἄλλους καὶ ἀκαταλλήλους τόπους· ἐξ ὧν
ἄστατον ὑπάρχειν συμβαίνει καὶ τὸν κατ' ἰδίαν καὶ τὸν κατὰ μέρος
ἑκάστῳ τόπον τῆς στρατοπεδείας). Der Unterschied in der Sitte
beider Völker findet auch einen bezeichnenden Ausdruck in der
Sprache. Dem Hellenen fehlt ein Individualname für Lager: χάραξ
der spitze Pfahl ist offenbar von dieser eigentlichen Bedeutung darauf
übertragen, στρατόπεδον (στρατοπεδεία) heißt das Feld, auf dem
das Heer lagert, und παρεμβολή ist gleichfalls erst spät neben seinen anderen Bedeutungen auch in dieser angewandt worden. Hingegen das lateinische *castrum* in seinem ganz individuellen Gebrauch,
eng verwandt mit *casa*, entspricht der italischen Auffassung, welche
in demselben eine zweite Vaterstadt erkennt (S. 51). Es ist von
Wichtigkeit festzuhalten, dafs von einem festen Lagerschema der
Hellenen und einer Nachbildung desselben durch die Römer absolut
keine Rede sein kann. So wenig man auch bisher zu einer entge-

gengesetzten Ansicht geneigt gewesen ist, so legt dagegen die jetzt
allgemein verbreitete Auffassung der altitalischen Cultur es desto
näher, die Constituirung und Ausbildung der Stadt auf griechische
Vorbilder zurückzuführen.

Die hellenische Geschichte hebt nach der Schilderung des Thukydides in seiner Einleitung mit einem fortwährenden Kriegszustand
au: die Massen schwanken hin und her, die Wohnsitze sind unbe-
festigt, die einzelnen Komen haben sich noch nicht zu einem städtischen Gemeinwesen zusammengefunden. Nachklänge dieser Epoche
haben sich bis in historische Zeit erhalten, indem manche griechische Völkerschaften, wie Aetoler, Lokrer, Akarnanen und Spartiaten
nicht in geschlossenen Städten lebten. In einem kriegerischen Zeit-
alter gewährt die steile Berghöhe natürlichen Schutz; hier werden
feste Niederlassungen gegründet, hier entsteht die πόλις im eigentlichen Sinne des Worts. Ganz Griechenland war mit derartigen
Bergstädten bedeckt (Grote, history of Greece cap. 20. 2, 108); ich
nenne die Burgen von Athen, Theben, Korinth, Mykenae, Tiryns
u. s. w. Sie bilden den Kern, an den sich allmälig im Lauf der
Jahrhunderte neue Ansiedlungen anlehnen. Gleichwie in Deutschland erwächst die hellenische Stadt aus der Burg. Der Gang war
im Einzelnen durch natürliche Bedingungen bestimmt. Die Ungunst
der Lage veranlafste bei fortgeschrittener Cultur, dafs viele solcher
πόλεις gänzlich verlassen und in der Ebene neu aufgebaut wurden.
Ein derartiges Beispiel bietet schon Homer, wenn er von Dardanos
sagt Il. 20, 216

$$κτίσσε δὲ Δαρδανίην, ἐπεὶ οὔπω Ἴλιος ἱρή$$
$$ἐν πεδίῳ πεπόλιστο, πόλις μερόπων ἀνθρώπων,$$
$$ἀλλ' ἔθ' ὑπωρείας ᾤκεον πολυπιδάκας Ἴδης.$$

Dagegen sind diejenigen Burgen, welche dem Flachland und damit
auch dem Verkehr nicht zu weit entrückt liegen, der größsten Entwicklung fähig und stellen alsdann intensive Brennpuncte der Cultur
dar. Man kann diese Erscheinungen durch den bekannten Satz aus-
drücken, dafs die Städte von der Höhe ins Thal wandern. Er hat
seine volle Gültigkeit auch für Altitalien: auf Albalonga ist Rom
gefolgt, auf Faesulae Florenz, auf Kyme Puteoli und Neapel; bei
Bergstädten wie z. B. Tusculum, Praeneste, Tuder hat sich seit der
Einführung dauernden Landfriedens durch die Monarchie die Inten-
sität des Verkehrs entschieden aufserhalb der Mauern in die auf-
blühenden Vorstädte geworfen. Aber im Unterschied gegen Hellas

sowol wie das deutsche Mittelalter kennt man in Italien schlechterdings keine Burgen; seine Bergstädte -- man denke an Albalonga,
Tusculum, Bovianum, Faesulae, Volaterrae — sind denjenigen der
Ebene an Umfang und Größe vollständig ebenbürtig. Eine jede
urbs hat ihre *arx*, aber ein Gegensatz wie zwischen *πόλις* und *ἄστυ*
existirt nicht und ebenso wenig läfst sich, sei es aus der Ueberlieferung, sei es aus den Monumenten, irgend ein Fall nachweisen, dafs
die Urbs allmälig an die Arx angewachsen wäre. Es liegt auf der
Hand, dafs der verschiedene Ursprung auch den Charakter der hellenischen Stadt im Unterschied von der italischen hat bestimmen
müssen.

Die älteren Städte Nordeuropas sind durchgängig charakterisirt durch eine vollständige Regellosigkeit des Grundplans, ein
Gewirr von krummen, engen und dunkeln Gassen, das sich nicht
so sehr aus den localen Bedingungen erklärt, als vielmehr aus ihrer
allmäligen Entstehung, indem Häuser, Strafsen und Viertel um die
Burg wie die Jahresringe um den Baum sich gelegt haben. Die
Disposition der griechischen Städte, sofern sie nicht mit einem Schlage
gegründet sind, kann hiervon nicht erheblich verschieden gewesen
sein. So schildert Thukydides 2, 4 wie die eingedrungenen Thebaner
in Plataea sich nicht zurecht zu finden wufsten und dadurch schliefslich fast insgesammt in Gefangenschaft gerieten. Auch Athen heifst
bei Dikaearch (*βίος Ἑλλ.* frgm. ed. Fuhr p. 140) *κακῶς ἐρρυμοτομημένη διὰ τὴν ἀρχαιότητα· αἱ μὲν πολλαὶ τῶν οἰκιῶν εὐτελεῖς, ὀλίγαι
δὲ χρήσιμαι*; von Theben erwähnt derselbe p. 143, es sei *καινῶς
ἐρρυμοτομημένη* wegen seiner dreimaligen Zerstörung. Und das
Gleiche kann von allen älteren Städten gelten. Aristoteles Pol.
p. 1330 (Bekker) charakterisirt diese Bauweise im Gegensatz zur
modernen: *ἡ δὲ τῶν ἰδίων οἰκήσεων διάθεσις ἡδίων μὲν νομίζεται
καὶ χρησιμωτέρα πρὸς τὰς ἄλλας πράξεις, ἂν εὔτομος ᾖ καὶ κατὰ
τὸν νεώτερον καὶ τὸν Ἱπποδάμειον τρόπον, πρὸς δὲ τὰς πολεμικὰς
ἀσφαλείας τοὐναντίον, ὡς εἶχον κατὰ τὸν ἀρχαῖον χρόνον· δυσέξοδος
γὰρ ἐκείνη τοῖς ξενικοῖς καὶ δυσεξερεύνητος τοῖς ἐπιτιθεμένοις*. Deshalb will er denn auch beide Weisen combiniren *καὶ τὴν μὲν ὅλην
μὴ ποιεῖν πόλιν εὔτομον, κατὰ μέρη δὲ καὶ τόπους*: gerade umgekehrt wie bei der italischen Stadt, wo Decumanus und Kardo maximus ganz regelmäfsig und ganz gerade laufen, dagegen die
Vici häufigen Abweichungen vom strengen System unterliegen.
Die moderne Bauweise gilt als Schöpfung des Hippodamos von

Milet [1]). Ihre Principien sind keine andern als wie sie wieder in unsern Tagen Geltung gewonnen haben: praktische Zweckmäfsigkeit, breite gerade Strafsen, die sich regelmäfsig und rechtwinklig schneiden, Häuser von derselben Höhe: vgl. Ar. Vögel 1004:

ὀρϑῷ μετρήσω κανόνι προστιϑείς, ἵνα
ὁ κύκλος γένηταί σοι τετράγωνος, κἂν μέσῳ
. ἀγορά, φέρουσαι δ' ὦσιν εἰς αὐτὴν ὁδοὶ
ὀρϑαὶ πρὸς αὐτὸ τὸ μέσον, ὥσπερ δ' ἀστέρος,
αὐτοῦ κυκλοτεροῦς ὄντος, ὀρϑαὶ πανταχῇ
ἀκτῖνες ἀπολάμπωσιν.

Der Piraeus, Thurii (Diod. 12, 10), Rhodos sind von ihm derart nach einem einzigen Plan erbaut worden. Fortab sind seine Principien für Städteanlagen mafsgebend geblieben, wie dies verschiedentlich, namentlich von den Gründungen Alexanders und seiner Nachfolger bezeugt wird. Dieselben stimmen in ihrem ganzen Charakter mit der italischen Städteform nahe überein. Wenn es z. B. von Nikaea in Bithynien heifst: es bildet ein Quadrat von 16 Stadien Umfang mit 4 Thoren, Strafsen, die sich rechtwinklig schneiden, und vom Mittelpunct kann man alle 4 Thore sehen (Strabo 12, 565), so denkt man unwillkürlich an ein römisches Lager. Nicht als ob irgend ein Zusammenhang zwischen beiden statuirt werden dürfte: vielmehr kann man hierin nur ein rein äufserliches Zusammentreffen erblicken, das sich überall unter ähnlichen Verhältnissen wiederholen wird. In dieser Hinsicht genügt es auf die Anlagen Edward's I. die sich in England und besonders zahlreich in Guyenne finden, hinzuweisen, welche gleichfalls dem römischen Lagerschema nahe kommen, ohne dafs doch an irgend eine directe Beziehung zu denken wäre [2]). Die moderne Bauweise, welche seit Alexander immer allgemeinere Geltung errang, hat später auch auf die künstlerische und praktische Gestaltung der italischen Städte bedeutenden Einflufs gewonnen. Wie S. 58 bemerkt, hat Vi-

1) Vgl. C. F. Hermann, de Hippodamo Milesio. Marburger Programm 1841. — Müller, Archäologie [3]. S. 153. 54.

2) In England Winchelsea und Kingston upon Hull von 1299, in Frankreich Montpazier (das vollkommenste Beispiel) und eine ganze Reihe von Städten, prov. bastide, franz. ville neuve oder ville franche genannt. Sie bilden alle ein Parallelogramm, den Markt in der Mitte; vgl. Some account of Domestic Architecture in England from Edward I to Richard II. Oxford 1853.

truv in ihrem Sinne geschrieben; der Neubau Roms nach dem Neronischen Brande und — was unserem Studium im Einzelnen noch
offen steht — die Wiederherstellung des pompejanischen Forums
nach dem Erdbeben 63 n. Chr. sind ganz von ihrem Geiste erfüllt.
Aber das ist klar, dafs weder der jüngere noch der ältere Städtebau der Griechen mit der Schöpfung des altitalischen Stadtschemas
irgend etwas gemein haben können.

Das Resultat, zu dem die sprachliche sowol als sachliche Untersuchung geleitet haben, wird endlich auch noch durch die Tradition bestätigt. Zwar fehlt es nicht an Städten, welche ihren Ursprung auf Diomedes, Odysseus, Aeneas oder andere griechische
Helden zurückführen. Aber nirgends wird gesagt, dafs erst durch
sie die Kunst Städte zu bauen ins Land gekommen wäre; vielmehr
finden sie deren schon bei ihrer Ankunft vor. Diese Legenden sind
insgesammt nicht eben alt. Wo immer aber nationale einheimische
Sagen erhalten sind, sei es vom heiligen Lenz der Sabiner oder
König Italus, sei es von Saturnus und Latinus oder Romulus und
Remus — entweder beginnen sie mit der Gründung einer Stadt oder
setzen städtisches Leben als bereits bestehend voraus. Diese Andeutung mag hier genügen; das Alter und der Charakter italischer Ursprungssagen soll im nächsten Kapitel geprüft werden.

Die Entstehung der italischen Stadt gehört einer Epoche an,
als die getrennten Stämme noch ein einiges Volksganzes ausmachten.
Der inductive Weg, welcher zu diesem Ergebnifs geführt hat, mag
mannigfachen Bedenken ausgesetzt sein; wir sind schliefslich in eine
Periode gelangt, welche mindestens ein Jahrtausend älter erscheint,
als das Material, das unserer Benutzung zu Gebote steht. Indessen
verschwinden die Bedenken vor einer ruhigen Erwägung. Zunächst
weist die Limitationspraxis, wie wir sie im 1. Kapitel aus der Feld-
messersammlung nach ihren Hauptzügen dargestellt haben, selber
eine Anzahl äufserer Merkmale auf, welche weit hinter die Zeit
ihrer Abfassung zurückreichen. Ich meine im Gebrauch der Abkür-
zungen: Kardo, dessen Schreibung im Uebrigen zwischen *C* und *K*
schwankt, wird doch nie anders als durch letzteres bezeichnet und
noch merkwürdiger ist die durchstehend vorkommende Abkürzung
von *citra* durch *K*. Sie findet in späteren Gebrauch kein einziges
Analogon; das Zeichen *K* war vor der Fixirung des Zwölftafelgesetzes
aus der Schrift verschwunden; nur vor *a* wurde es allenfalls noch
beibehalten, während Worte wie *centum, civis, consul* durch *C* ab-

gekürzt werden. Wenn man dies überschlägt, wird man nicht anstehen, hier einen Rest ältester Uebung lateinischer Schrift zu statuiren, welche wir überhaupt kennen (vgl. Mommsen. R. G. 1⁴. 220). Was sich aus den Inschriften über oskische Limitation gewinnen läfst, stimmt mit dem römischen Verfahren durchaus überein. In der Weihinschrift von Agnone kommt auch der Name *dekmanniúís* = *decimanis* (Mommsen, Unt. Dial. S. 140) vor, nicht im beschränkteren Sinne der Ost-Westlinie, sondern überhaupt die Limites bezeichnend (vgl. S. 12). Endlich darf man auch noch das Längen- und Flächenmafs, nach welchem Lager und Stadt disponirt sind, zum Zeugnifs ihres hohen Alters anführen. Die Ziffern 2150′ für den Durchmesser, 8600′ für den Umfang deuten klar an, dafs diese Gröfsen nicht ursprünglich auf römische Fufs berechnet sind, insofern sie durchaus keine leicht fafsliche, rationelle Zahl an die Hand geben. Auch fand sich (S. 39), dafs der Flächeninhalt des Lagers, wie man mit Recht hätte erwarten dürfen, in keiner näheren Beziehung zu den uns bekannten römischen Landmafsen steht. Auf welchen Fufs diese Angaben ursprünglich berechnet waren, ist eine äufserst schwierige Frage, welche in diesem Zusammenhang nur angedeutet werden kann. Nach Hygin p. 122 (ebenso p. 339) ist der campanische Vorsus [1] gleich 8640 röm. Quadratfufs und es gehen 3⅓ Vorsus auf das römische Jugerum. Da aber der Vorsus eine Fläche von 100′ im Quadrat darstellen soll (vgl. S. 39), so müssen 92,95 römische = 100 oskischen Fufs sein. Man darf die p. 340 erwähnte Limitirung hierher ziehen, nach welcher in verschiedenen Theilen Italiens die Terminalcippen 94′ und, das 4- und 5fache hiervon, 375′ und 470′ von einander entfernt stehen; denn der Unterschied erscheint zu unerheblich, um ein anderes Mafs zu statuiren. Nach der genaueren Angabe rechnen wir den oskischen Fufs zu 0,2749 m. (1 m. = 3,638′ osk.). Zunächst wird man erwarten, dafs dieser Fufs in Pompeji sich wiederfindet. Und wirklich sprechen viele Daten für eine derartige Annahme: z. B. stellen sich die S. 71 gemachten Angaben über die Hauptdimensionen der Stadt darnach folgender Mafsen: Kardo maximus 2537,5′, westliche Hälfte des

---

1) Die Lesart des Gudianus *in Campania (B in Dalmatia)* wird durch die zweite Stelle p. 340. 15 *item aliae litterae singulares, quae in diversis territoriis Italiae inveniuntur, maxime iuxta flurium Nemus (?)* bestätigt; was in dem letzten Wort steckt, weifs ich nicht.

Decumanus 997,9′, östliche 1502,3′. Wenn man die Ungenauigkeit dieser an einem Plan gemachten Messungen in Betracht zieht, unterliegt es keinem Zweifel, dafs der Decumanus zu 2500′ mit den beiden Abschnitten von 1000 und 1500′, der Kardo zu 2550′ (?) anzusetzen ist. Anderes übergehe ich, weil die genauere Bestimmung des oskischen Fufses nicht möglich ist ohne eine eingehende Untersuchung der Bauwerke, die dadurch erschwert wird, dafs allem Anschein nach in späterer Zeit nach römischen, in älterer vielleicht auch nach griechischen Fufsen gerechnet worden ist. Wollte man nun auf diesen oskischen Fufs das Lager umrechnen, so würden sich gleichfalls ganz irrationelle Ziffern ergeben. Es scheint aber aufser dem oskischen und römischen noch andere Mafse in Italien gegeben zu haben: nach p. 340 standen nämlich auch noch andere Terminalcippen bei 361′ und 4061′; Angaben, auf deren Erklärung wir verzichten müssen. Mafs und Gewicht sind von den Verkehrsverhältnissen abhängig und darum begreift sich wol, dafs die Stämme im Verlauf der Geschichte sich hierin weit von einander haben entfernen können. Es liegt, wie bemerkt, ein Zeugnifs für das Alter des Lager- und Stadtschemas darin, dafs dasselbe zu den uns historisch bekannten Mafsen nicht recht pafst. Dabei drängt sich indefs noch eine andere Betrachtung auf. Die Flächeneinheit der Italiker und Griechen ist das Plethron oder Vorsus von 100′, das der Römer der Actus von 120′ im Quadrat. Beide Gröfsen müssen aller Wahrscheinlichkeit nach einmal sich gedeckt haben, und zwar ist die römische Theilung jüngeren Ursprungs. Unter dieser Voraussetzung verhält sich der graekoitalische Fufs zum römischen wie 6 : 5, wäre also dem vielbestrittenen Philetärischen Fufs gleich. Reducirt man in diesem Sinne die Mafse des Lagers, so beträgt jede Seite (zu 2160′ gerechnet, vgl. S. 39) 1800′ = 3, der Umfang 12 Stadien; bei einer gleichmäfsigen Vertheilung, wie sie in Pompeji vorgenommen ward (S. 71), erhält jede Tribus 1 Stadion Breite. Der oskische Vorsus, wie er bei den Feldmessern vorkommt, entspräche 6000 Quadratfufs. Aus einem derartigen hypothetischen Fufs hätte sich der römische einfach entwickelt, indem die Ruthe in 12 statt in 10 Theile zerlegt wurde, der oskische dagegen müfste sich einem fremden Mafse anbequemt haben.

Die italische Stadt ist in einer Epoche geschaffen, als die Italiker den Steinbau noch nicht übten. Es läfst sich beweisen, dafs Hellenen und Italiker wie die Abendländer überhaupt ursprünglich in Holz gebaut haben; die kunstmäßige Bearbeitung und Verwendung des Steins setzt eine Reihe bedeutender technischer Fortschritte voraus. Insofern stellt das Lager mit seinem Erdwall und Schanzpfählen die älteste Stadt getreuer dar, als die uns vorliegenden Mauerringe. Die Uebertragung des Schemas auf Steinbau hat mit Notwendigkeit im Einzelnen viele Abweichungen von den strengen Grundformen zur Folge gehabt. Dieser grofse Umschwung kann im Wesentlichen erst eingetreten sein, nachdem die Italiker ihre Sitze auf der Halbinsel eingenommen hatten, wie wir sie in historischer Zeit kennen. Noch im kaiserlichen Rom (Varro LL. 5, 48) erinnerte die Bezeichnung *terreus murus* an den Erdwall auf der Höhe der Carinen, welcher die älteste latinische Stadt eingeschlossen hatte. Von Acclanum heifst es aus dem Bundesgenossenkrieg, dafs seine Mauer von Holz war (App. b. civ. 1, 51) [1]). Befestigungen aus demselben Material waren bei den Kelten sehr verbreitet (Caes. bell. Gall. 7, 23. Vitruv 2, 9), auch bei andern Völkern erwähnt (Hirt, Gesch. d. Bauk. 3, 424), so dafs man den Satz ganz allgemein hinstellen kann, Holzbefestigung repräsentire eine niedrigere Culturstufe als Steinbau.

Die bisherigen Erörterungen ergeben, dafs das italische Stadtschema nach der Trennung der Italiker und Hellenen, aber vor der Spaltung der italischen Stämme, d. h. vor der Besitznahme der eigentlichen Halbinsel geschaffen worden ist. Die germanische Völkerwanderung, welche die moderne Geschichte einleitet, gewährt uns einen Anhalt, wie jene antike Völkerwanderung, welche Südeuropa in den Kreis geschichtlichen Lebens eingeführt hat, ungefähr zu denken ist. Wie auf bewegter See Welle auf Welle folgt, so hat ein Völkerschub nach dem andern die vorhergehenden immer weiter gen Westen gedrängt. Die Besitznahme Südeuropas und die Unterdrückung älterer hier sefshafter Stämme ist nicht durch eine rasche Völkerflut geschehen, sondern durch das langsame Werk von Jahrhunderten. Je später ein Volk zur dauernden Ruhe gelangt ist, desto weiter steht es auch in seiner Culturentwicklung zurück. Wenn

---

1) Nach ihrer Zerstörung wird eine neue erbaut, von welcher C. J. L. I, 1230 handelt. Zugleich wird durch diese unverkennbare Beziehung die Datirung des Amphitheaters von Pompeji (S. 66 Anm.) bestätigt, denn der Erbauer der Mauer von Aeclanum, C. Quinctius Valgus, kehrt in der pompeianischen Bauinschrift (n. 1246) wieder.

die Hellenen ihren westlichen Stammverwandten etwa um 400 Jahre
voraus sind, so wird der Schluſs nicht ganz unberechtigt sein, daſs
diese eben so viel länger auf der Wanderung zugebracht haben.
Denn das Volk unterliegt den ewigen Gesetzen des Wachsens, Blü-
hens und Vergehens. Der Baum italischen Volkstums ist langsamer
gewachsen, als die reiche Pracht, welche des Ostens heiſse Sonne
in Hellas zeitigte; aber eben deſshalb hat er auch den Stürmen weit
längeren Widerstand geleistet. Jene Periode, in welcher die Italiker
eine groſse einige Nation ausmachten, hat alle Züge ausgeprägt,
welche den getheilten Stämmen historischer Zeit insgesammt zu-
kommen: im Gegensatz zu den Hellenen die italische Einseitigkeit
und Beschränktheit, aber auch italische Tiefe und Stärke. Es soll im
5. Kap. gezeigt werden, wie alle diese Aeuſserungen des Nationalcharakters im Templum ihren greifbarsten Ausdruck gefunden haben.
Hier ist noch die Frage aufzuwerfen, in welchem Local diese wichtigste Bildungsepoche der Italiker sich vollzogen hat.

Die Naturformen beherrschen den Geist; sie prägen ihm ihren
Stempel unauslöschlich ein zu einer Zeit, wo die jungen Sinne sich
begierig den umgebenden Wundern öffnen. Wechselnde Schicksale
mögen die ersten Eindrücke betäuben, aber nicht verdrängen; man
versetze den Sohn der Ebene ins Gebirg, so wird er doch nie
vollständig der Anschauungen sich entschlagen können, welche die
weiten Flächen seiner Heimat in ihm wach riefen. Die Naturan-
schauung des italischen Volkes ist in der Ebene entstanden. Auf
dem Boden der Ebene ist der Mensch zuerst der göttlichen Verheis-
sung, welche die Erde ihm unterthan machte, froh geworden. Er
hat hier nicht mit Mächten zu kämpfen, die stärker sind als seine
junge Kraft, die Schranken, welche sich seinem Vordringen entge-
genstellen, überwältigt er mit leichter Mühe; sein strebender Geist
umfaſst die endlose Fläche. Der Mensch drückt ihr das Zeichen
der Knechtschaft auf; die Natur zeichnet sich hier nicht durch
scharf ausgeprägte Formen aus, der ordnende Verstand zwängt sie
in unterscheidende Linien. Die quadratische Kunstform hat sich in
Aegypten und Babylon und in gleichem Sinne bei den Italikern entwickelt. Die Geometrie, wie Varro sagt (S. 10), hat den umherschweifenden und zwieträchtigen Völkern den Frieden gebracht. Freiheit und Gebundenheit sind die beiden Pole, um welche sich das
Leben des Menschen wie des Volkes dreht. Wenn die Ebene ihren
Bewohner zur Freiheit prädestinirt, so gewährt sie nur das eine

Element, dessen er zu seiner menschlichen Entwicklung bedarf. In
den Steppen und Wüsten mit ihrer ewigen Monotonie verharrt er
auf der Stufe elementarer Ungebundenheit, dem Thiere gleich von
Ort zu Ort schweifend. Darum sind es auch nur die begrenzten
Ebenen, welche die Wiege der Cultur getragen haben: die Inseln gleich
von unwirtbaren Wüsten geschützten Thäler des Nil, des Euphrat
und Tigris.

Durch diese Gesichtspuncte wird die Bildungsepoche der italischen Nation fest localisirt. Sie kann sich nicht am Schwarzen Meer
noch an der Donau vollzogen haben, und nirgend anders als in der
Ebene des Po. Hier haben die Italiker nach ihrer Trennung von
den Hellenen und später von den Kelten für sich allein gesessen.
Wie Sicilien die maritime, so ist nach Ritters treffender Bezeichnung [1]) die Poebene die continentale Zugabe der Apenninhalbinsel.
Beide sind physisch und historisch auf's Innigste mit einander verbunden; jedoch nimmt die Poebene in der einen wie der andern
Richtung ihre eigentümliche Stellung ein. In Gestalt eines Dreiecks
(Pol. 2, 14) im Norden von den Alpen, im Süden vom Apennin eingeschlossen, öffnet sie zwar gen Osten auf das Meer, aber ein hafen-
loses Meer mit versumpften Küsten. Die Alpen fallen schroff
nach dem Tiefland zu ab; ihre Kette stellt sich aller Orten als ein
Begrenzendes, Trennendes dar. Sie ist die grofse Scheidewand, welche
Italien isolirt: jenseit anderes Klima, andere Producte, andere Sprache
und Geschichte. Die Erhebung des Apennin ist zwar weit geringer,
der Uebergang gemildeter; immerhin markirt auch er klar und
deutlich die Grenze. Das ganze Land stellte sich als ein einziges
grofses Templum dar, vom Po als Decumanus maximus, von seinen
alpinischen und apenninischen Zuflüssen als Kardines limitirt. Hier
schlugen die Elemente der Geometrie, welche die Wanderer gleich
anderen Culturkeimen aus dem Osten mitgebracht hatten, Wurzel.
Jenes grofsartige System, welches alle Probleme des Lebens auf
die nämlichen einfachen Gesetze zurückführte, ward hier im Detail
ausgebildet. Die Jahrhunderte haben die Nachkommen in die engen
Thäler des Apennin, an die üppigen Küsten Campaniens geführt,
aber hier wie dort limitirte man nicht anders, als die Vorfahren in
ihren Holz- und Erdhütten an den Ufern des Po die Kunst geübt

---

1) Europa S. 311, Vorlesungen, herausg. v. Daniel, Berlin 1863. Die
folgende Schilderung Ritters kann ich aber nicht als richtig ansehen.

hatten. Die Stämme und Sprachen theilten sich, allen verblieb derselbe Familientypus. Inzwischen hatte sich unter anderen · Umge-
bungen die hellenische Nationalität gebildet. Das Meer mit seiner
Wunderwelt, das Hochgebirge mit rauschenden Giefsbächen und rol-
lendem Donner erfüllen in plastischer Sinnlichkeit Sprache und Glauben; der innige Verkehr von Mensch und Natur erzeugte das Ideal
der Schönheit. Diese Seite war dem Italiker verkümmert; er hat
statt dessen das Verhältnifs aller Factoren der menschlichen Gesellschaft unter einander und zur Gottheit, ihre Rechte und Pflichten
mit einer Umsicht und Consequenz, die nie wieder ihres Gleichen
gefunden hat, festgestellt.

Kapitel IV.

Italische Stammsagen.

Den grofsartigen Aufschlüssen, welche die vergleichende Sprachforschung über die Anfänge des geschichtlichen Lebens gewährt hat,
sind in den letzten Jahren von anderer Seite neue gefolgt. Die
aller Orten rastlos betriebenen antiquarischen Nachforschungen haben
der Frage nach der Urzeit des Menschengeschlechts die weiteste
Perspective eröffnet. Man hatte bereits seit Langem erkannt, dafs
die Cultur Nordeuropas sich in drei grofsen Perioden bewegt, je
nachdem das Gerät des täglichen Lebens aus Stein, Bronce oder
Eisen gebildet ward. Aber für die Länder, auf welche ein Jahrtausend früher das Licht der Ueberlieferung fällt, war ein gleiches Gesetz nicht nachgewiesen worden. Noch Mommsen, Röm.
Gesch. 1⁴, 9 konnte schreiben: »Es ist bisher nichts zum Vorschein
gekommen, was zu der Annahme berechtigt, dafs in Italien die
Existenz des Menschengeschlechts älter sei, als die Bebauung des
Ackers und das Schmelzen der Metalle; und wenn wirklich innerhalb der Grenzen Italiens das Menschengeschlecht einmal auf der
primitiven Culturstufe gestanden hat, die wir den Zustand der Wild-
heit zu nennen pflegen. so ist davon doch jede Spur schlechterdings
ausgelöscht«. Der Anstofs, welchen die Entdeckung der Pfahlbauten
in den Alpenseen gab, pflanzte sich über Italien fort und lenkte die
Aufmerksamkeit auf dies bisher vernachlässigte Gebiet: von allen
Seiten strömte Material zur Charakteristik der italischen Vorzeit
herbei. Die Untersuchungen, welche mit besonderer Sorgfalt in der
römischen Campagna von Michele de Rossi und dem Geologen Ponzi

geführt worden sind [1]), haben eine Bronce-, eine jüngere und ältere Steinepoche klar nachgewiesen und damit auch zugleich die Existenz des Menschengeschlechts in Italien vor aller Ueberlieferung in unabsehbare Ferne hinaufgerückt, die auch nach Jahrtausenden zu schätzen uns vorab jeder Maßstab fehlt.

Den Alten selber war der Fortschritt, den der Mensch vom Gebrauch der Steinwerkzeuge zu Erz und Eisen machte, keineswegs unbekannt: mit beredten Worten hat ihn Lucrez geschildert 5, 1281 fg.:

arma antiqua manus ungues dentesque fuerunt,
et lapides et item silvarum fragmina rami,
et flamma atque ignes, postquam sunt cognita primum,
posterius ferri vis est acrisque reperta.
et prior aeris erat quam ferri cognitus usus,
quo facilis magis est natura et copia maior.
aere solum terrae tractabant, acreque belli
miscebant fluctus et vulnera vasta serebant
et pecus atque agros adimebant: nam facile ollis
omnia cedebant armatis nuda et inerma.
inde minutatim processit ferreus ensis, eqs.

Der Dichter zeigt hier ein klares Bewufstsein vom Uebergang aus der Broncezeit in die des Eisens, und in der That hat sich derselbe bei allen Völkern des Altertums in einer relativ historischen Periode vollzogen [2]); es genügt daran zu erinnern, daß der italische Cultus die Anwendung des Eisens bei sacralen Handlungen principiell ausschlofs. Anders steht es dagegen mit der Steinperiode: die Schilderung des Lucrez beruht offenbar auf Reflexion, und wenn Augustus auf Capri *immanium beluarum ferarumque membra praegrandia, quae dicuntur gigantum ossa, et arma heroum* (Suet. 72) sammelte, so deuten die Worte allerdings unzweifelhaft auf antediluvianische Knochen und Steingerät, aber zeigen zugleich, wie wenig die Alten von dieser Vorzeit wufsten und wissen konnten. In der That lag jener Urzustand, in dem die Vorfahren der Italiker und Griechen der Kunst das Erz zu schmelzen und zu bearbeiten noch untheilhaft waren, aller Erinnerung weit entrückt. Die Sprachvergleichung stellt

---

1) vgl. den Bericht der gen. Gelehrten Ann. dell' Inst. 1867. p. 5—72.

2) Chr. Petersen, über das Verhältnifs des Broncealters zur historischen Zeit bei den Völkern des Alterthums. Festprogramm, Hamburg 1868.

es als unzweifelhaft hin, dafs jene Kunst bereits gefunden war, als
die getheilten Zweige des indogermanischen Stammes im innern
Asien noch ein einziges Volk ausmachten [1]. Auch das reiche Re-
pertorium, das Sitte und Glauben für Völkergeschichte darbieten,
ist ziemlich arm an Reminiscenzen einer metalllosen Zeit. Einzelnes
wie z. B. das Opfer der Fetialen, die mit dem heiligen Stein des
Diespiter das Thier erschlagen, und der Schwur bei diesem Stein,
der den Römern als der heiligste galt, wird hierher zu ziehen sein.
Die Bedeutung dieses Ritus im völkerrechtlichen Verkehr der Italiker, aber noch mehr das Vorkommen desselben bei stammfremden
Nationen [2]) gestatten ohne Bedenken, seine Entstehung in entlegenste
Zeit zurückzuversetzen.

Die Thatsache, dafs die Italiker bei ihrer Einwanderung ein
anderes, niedriger organisirtes Volk auf der Halbinsel vorfanden, hat
für die römische Geschichte eine weiter reichende Bedeutung, als
der erste Anschein lehrt. Diese Bedeutung liegt vor allem in der
Auffassung der ältesten Verfassung. Mommsen I⁴, 71 statuirt in der
vollkommenen Rechtsgleichheit der Bürger »eine der bezeichnendsten
und der folgenreichsten Eigenthümlichkeiten der latinischen Nation;
und«, fährt er fort, »wohl mag man dabei sich erinnern, dafs in Italien
keine den latinischen Einwanderern botmäfsig gewordene Race älterer
Ansiedlung und geringerer Culturfähigkeit begegnet und damit die
hauptsächlichste Gelegenheit mangelte, woran das indische Kasten-
wesen, der spartanische und thessalische und wohl überhaupt der
hellenische Adel und vermuthlich auch die deutsche Ständescheidung
angeknüpft hat.« Aber es leuchtet ein, wenn die Italiker gleich In-
dern, Hellenen und Deutschen ihr Land mit den Waffen in der Hand
erobert haben, dafs dann auch unter analogen Verhältnissen sich
analoge Erscheinungen bilden mufsten und dafs von vollkommener
Gleichheit aller Bürger als einem Fundamentalsatze italischer Politik
schwerlich die Rede sein kann.

Nach den bisherigen Funden läfst sich weder entscheiden, welcher Stamm vor den Italikern auf der Halbinsel safs, noch ob der-

---

1) vgl. Schleicher in Hildebrands Jahrbüchern für Nationalökon. und
Statistik 1, 410.

2) Hannibal verpflichtet sich durch einen solchen Pact seinem Heer
gegenüber bei der Ankunft in Italien Liv. 21, 45. — vgl. Preller, R. Myth.
220. J. Schmidt, die Wurzel Ak S. 63.

selbe bereits den Gebrauch der Metalle kannte. Diese Unsicherheit
drängt sich namentlich bei der interessantesten unter den bisherigen
Entdeckungen auf, ich meine der Nekropolis am Albaner See im
Herzen des alten Latiums. Hier fand man 1817 unter einer Peperinschicht eine Anzahl von rohen Graburnen, die außer verbrannten
Knochen, Bernsteinstücke, Broncespangen, ja wie es scheint auch
eiserne Nägel enthielten. Neuere Untersuchungen haben die Richtigkeit des ältesten Fundberichts herausgestellt und zugleich die verschiedenen Phasen vulkanischer Thätigkeit, die hier vorliegen, näher
beleuchtet [1]. Als die Nekropolis am Rande des jetzigen Sees gegründet ward, stellte derselbe einen ruhenden Krater dar, dessen
Furchtbarkeit, wie eben die Ansiedlung zeigt, den Anwohnern verborgen blieb. Ein erster Ausbruch verschüttete das Todtenfeld;
dann folgte eine lange Ruhe von Jahrhunderten, in der die Aschendecke sich mit einer Grasvegetation überzog; endlich ein zweiter ge-
waltigerer Ausbruch, durch den die bis 0,50 m. dicke Peperinschicht
sich bildete. Seitdem hat die Thätigkeit dieses Kraters aufgehört
und allmälig konnte sich das Wasser zum See ansammeln, wie er
noch jetzt da liegt. Man war bisher gewohnt, den Emissarius dieses
Sees, die Mauern von Tusculum und ähnliche Werke vorgerückter
Technik als die ältesten Denkmäler Latiums hinzustellen; aber durch
Entdeckungen wie die vorliegende, so betont Herr de Rossi mit
Recht, eröffnet sich eine ganz neue Einsicht in die Kindheit der
Völker. Derselbe schreibt das genannte Todtenfeld den Latinern zu;
er nimmt an, daß der Vulkanismus des Albanergebirgs in römischer
Zeit noch nicht völlig erloschen gewesen sei. Aeußerungen desselben
will er in dem als Prodigium mehrfach erwähnten Steinregen auf
dem M. Cavo erkennen und schließt namentlich aus der Einsetzung
der neuntägigen Feier (Liv. 1, 31) auf wiederholte vulkanische Erscheinungen. Ich muß an der alten Deutung des Steinregens auf
Meteorsteine festhalten; denn dasselbe Prodigium wird häufig aus
nicht vulkanischen Gegenden gemeldet und gleichfalls in der angegebenen Weise procurirt, andrerseits erscheint die Annahme, als ob
der M. Cavo noch im hannibalischen Kriege zu Zeiten thätig sein
konnte (Liv. 25, 7. vgl. 35, 9), mit aller übrigen Kunde unvereinbar.
Von dieser unhaltbaren Erklärung abgesehen, liegen positive Be-
weise gegen die Vermutung de Rossi's, die Nekropolis am Albaner-

---

1) de Rossi a. O. S. 36 fg.

See auf Latiner zurückzuführen, nicht vor. Mit ihrer Annahme
würde die Dauer der latinischen Ansiedlung vielleicht um mehr als
ein Jahrtausend vor die Epoche hinaufgerückt werden, aus der die
ältesten der noch jetzt vorhandenen Bauwerke datiren.

Vorläufig stehen wir erst bei den Anfängen dieser neuen archäologischen Forschung. Man kann die Extravaganzen, zu denen
dieselbe vielfach geführt, ruhig auf sich beruhen lassen, würde aber
andererseits ihre Bedeutung unterschätzen, wollte man sich dagegen
verschließen, die hier gefundenen Resultate auf die geschichtliche
Betrachtung im engern Sinne anzuwenden. Von ganz besonderem
Interesse erscheint mir die Belehrung, welche wir über die Zeitmaße
erhalten, die der chronologisch fixirten Geschichte vorausgehen. Die
Tradition nicht minder als die historische Speculation alter und
neuer Zeit wird von selber dazu gedrängt die vorgeschichtliche Periode in ihren verschiedenen Phasen viel zu kurz anzusetzen. Die
Phantasie vermag nicht die einzelnen großen Thatsachen, die in
ihrer Vollendung klar vorliegen, umzusetzen in den unendlich langen
Prozeß des Werdens und doch ebensowenig, sei es bewußt oder
unbewußt, auf die Abschätzung desselben zu verzichten. Wie willkürlich und ungenau dieselbe ausfallen mußte und auf lange hinaus
noch muß, zeigt die Unbestimmtheit der geologischen Zeiträume,
mit denen die Anthropologie rechnet, in schneidender Deutlichkeit.
Diese Bemerkungen mögen dazu dienen, im Allgemeinen den Standpunct zu rechtfertigen, welchen die vorliegenden Untersuchungen
über altitalische Verfassung und Geschichte einnehmen.

Archäologie und Sprachforschung vermögen nur die allgemeinen
Umrisse der Völkergeschichte zu zeichnen; ihre Ausführung und Belebung wird stets von Neuem auf die Tradition zurückgreifen müssen.
Der Sagenschatz der Italiker ist verhältnißmäßig arm und doch
enthält er eine Fülle von Belehrung, ohne welche ein richtiges Bild
der ältesten Geschichte schlechterdings nicht gewonnen werden kann.
Freilich wird die Hebung des Schatzes durch große Hindernisse erschwert: Hindernisse, die vor allem im Wesen der Tradition selbst
begründet liegen. Die Alten haben den Ursprüngen ihrer Religion,
ihres Staats, ihrer Cultur, kurz dem Ursprung menschlicher Dinge
in ihrer Weise mit ebenso großem Eifer nachgeforscht, wie die moderne Wissenschaft. Es liegt in der innersten Natur des Menschen
begründet, nach dem Grunde der Erscheinungen zu fragen. Er findet
die Antwort in einer Geschichte, welche die Genesis derselben erzählt.

Sagenbildung ist so alt wie das Dasein der Menschen. Bei der Trennung der Stämme erhielt jeder einzelne den gleichen Vorrat an Erfahrungen, an Mythen und Sagen mit auf den Weg. Er ward in verschiedenem Sinne verwaltet: den einen mehrte er sich, den anderen schwand er im Laufe der Zeiten zusammen. Allmälig verlor sich das Verständnifs, ja selbst das Gedächtnifs an jene älteste Kunde aus dem Herzen der Menschen; denn neue Begebenheiten und neue Sagen machten ihr Recht geltend. Was aber sich davon lebendig erhielt, ging durch alle Wandlungen hindurch, die das Volk im Lauf der Jahrhunderte erlebt hatte. Daher rührt es, dafs die allerältesten Mythen oft ein sehr junges Aussehen tragen. Die Tradition eines Volkes enthält Niederschläge aus seiner gesammten Geschichte, von der fernsten Urzeit bis auf die nahe Vergangenheit. In dieser chaotischen Masse Altes und Neues zu sondern, dem Einzelnen seine Stelle anzuweisen in der langen Entwicklungsreihe, welche den historischen Zeiten vorausgeht, ist die erste, aber nicht die einzige Schwierigkeit, welche sich der Kritik entgegenstellt. Italien ist nicht das Glück zu Theil geworden, dafs seine Sagen in einer frühen Zeit, als sie noch rein und ungemischt aus dem Volksmund flofsen, der Litteratur einverleibt wurden; vielmehr hat die übermächtige Einwirkung des Hellenismus sie vielfach umgewandelt und umgedeutet, der Euhemerismus der Schriftsteller sie verfälscht und entstellt. Aus diesen Gründen begreift es sich vollkommen, warum die älteste Tradition der heutigen Forschung ein in vieler Beziehung unverständliches Problem abgiebt und auf lange hinaus noch abgeben wird. In der That wäre die Aufgabe der Kritik geradezu hoffnungslos, wenn sie nicht durch einen Umstand erleichtert würde, durch die Treue und Einfachheit, welche die italischen Sagen auszeichnet. Dem Volke fehlte die schöpferische Phantasie; wenn es die Kunde der Vorzeit in greifbare, ihm anschauliche Nähe umsetzte, so wagte es doch nicht — sei es aus frommer Scheu, sei es aus dichterischem Unvermögen — die Grundzüge derselben anzutasten. Der Gedanke selbst tritt klar und scharf zu Tage, nicht überwuchert von poetischem Beiwerk; das Symbol ist nichts weiter als sein dürftiges Kleid. Dieser Grundcharakter hat auch durch den Hellenismus verdunkelt, aber niemals ausgelöscht werden können.

Es soll versucht werden, an den Stammsagen der Italiker diese Sätze auszuführen. Das politische Element wiegt in der italischen Mythologie in einem Mafse vor, wie bei keinem andern Volke. Die

Naturgestalten, welche bei Hellenen und Deutschen mit allem Zauber der Dichtung umkleidet auftreten, sind durch Könige und Heerführer ersetzt, welche die Ordnungen der Staaten begründen. Insofern eröffnet sich hier der Geschichte ein reicher Schacht. Man darf zwar nicht hoffen, aus ihm eine pragmatische Darstellung der grofsen Revolutionen zu gewinnen, welche die Anfänge der italischen Geschichte ausmachen. Wol aber treten die Gesetze, die jene Bewegungen bedingten, klarer hervor und die Umrisse, denen das überreizte Auge nachspäht, zeichnen sich hie und da kenntlich ab. Das Studium der Anfänge hat ja von Niebuhr bis zu unseren Tagen deshalb vor allem die Geister angezogen, weil jede auch noch so geringe Erweiterung unserer Kenntnifs von hier aus ein helles Licht ausstrahlt über die ganze Entwicklung der Folgezeit. In einer Untersuchung welche die Grundzüge des italischen Nationallebens behandelt, durften somit auch die Erörterungen der beiden folgenden Kapitel nicht fehlen, auf die Gefahr hin, die Rätsel nicht zu lösen, sondern zu mehren, und durch Herkommen befestigten Anschauungen mit blofsem Zweifel entgegnen zu müssen.

Landschaften und Stämme sind der Ueberlieferung bekannt, lange bevor sich eine allgemeine Bezeichnung für das ethnographische Ganze, welches wir Volk, und die geographische Einheit, die wir Land nennen, festsetzt. Hesiod Theog. 1014 weifs bereits vom König Latinus zu melden, der über die Tyrrhener herrscht; aber zuerst Polybios verbindet mit dem Namen Italien die Vorstellung einer durch Alpen und Meer natürlich begrenzten, in sich abgeschlossenen historischen Einheit, wie sie uns seitdem geläufig geblieben ist [1]). Bei den ältesten griechischen Berichterstattern, Hekataeos und Hellanikos [2]), kommt bereits der Name Ἰταλίη vor. Nach Hekataeos ist Capua eine Stadt, Capreae eine Insel von Italien, Nola eine Stadt der Ausoner; auch nennt er viele Ortschaften der Oenotrer. In den späteren Quellen des 5. Jahrh. wird Bedeutung und Umfang von Italien näher begrenzt. Herodot versteht darunter den südlichen Theil der Halbinsel am Golf von Tarent,

---

1) Ueber die Entstehung des Namens Italien hat am Besten gehandelt Niebuhr, Röm. Gesch. 1, 16 fg.

2) Hellan. fr. 97 (Müller). Was die Fragmente des Hekataeos fr. 25—58 betrifft, so sind die meisten Localitäten unbestimmbar, auch weifs man nicht, ob Stephanos von Byzanz wirklich den strengen Wortlaut excerpirt hat.

nicht blos Bruttium, sondern Metapont und Tarent eingerechnet. Nördlich davon liegt *Οἰνωτρίη*, und höher hinauf sitzen Tyrrhener und Umbrer (Her. 1, 24. 94. 3, 136. 4, 15). Sein jüngerer Zeitgenosse, Antiochos von Syrakus (schloß 424 Diod. 12, 71), Verfasser einer Geschichte der unteritalischen Griechen, bestimmte den Umfang des Landes genauer: als Grenze giebt er im Norden den Fluß Laos, nach Osten das Gebiet von Metapont an, so zwar, daß Tarent nicht zu Italien, sondern zu Japygien gehört (Antioch. bei Dion. 1, 35. Strab. 6 p. 254). Ihm folgt Thukydides 7, 33; während Sophokles das letztere nicht als besonderes Land ansieht, sondern Italien von dem iapygischen Vorgebirge bis zur sicilischen Meerenge ansetzt, an das Oenotrien, Tyrrhenien und Ligurien sich anschließen [1]). Wir finden demnach eine engere Fassung bei Antiochos und Thukydides, eine weitere bei Herodot und Sophokles. Dies Schwanken erklärt sich aus dem Sprachgebrauch, der aufgekommen war, nicht blos die Bewohner der brettischen Halbinsel, sondern die Festlandsgriechen insgesammt als *Ἰταλιῶται* im Gegensatz zu den *Σικελιῶται* zu bezeichnen. An sich ist die erste Bestimmung allein correct; denn die stammfremden Messapier oder Japygen haben mit den oskischen Bewohnern Lucaniens und Bruttiums nichts gemein. Noch gegen das Ende des 4. Jahrh. v. Chr. hat der Name Italien seine spätere erweiterte Bedeutung bei den Hellenen nicht erhalten: dem Aristoteles (bei Dion. 1, 72) ist Latium eine Gegend im Opikerland; Theophrast, hist. plant. 5, 8. 1 spricht vom Bauholz in Latium und Italien, so daß unter letzterem gewiß nur das wegen seiner Waldungen seit Alters berühmte Bruttium [2]) zu verstehen ist. Wann die weitere Ausdehnung des Namens erfolgte, läßt sich im Einzelnen nicht sicher bestimmen. Kallias, ein Zeitgenosse des Agathokles, scheint bereits Rom unter demselben mitbegriffen zu haben (Dion. 1, 72). Man darf annehmen, daß der Gegensatz zwischen Festland und Insel sein Aufkommen beförderte, namentlich seitdem jenes unter römischer Hegemonie zur politischen Einheit sich zusammenschloß. In diesem

---

1) Sophokles im Triptolemos nach Dion. 1, 12 *.Ιημήτηρ . . . μνησθεῖσα δὲ τῆς ἑῴου πρῶτον Ἰταλίας, ἥ ἐστιν ἀπὸ ἄκρας Ἰαπυγίας μέχρι πορθμοῦ Σικελικοῦ, καὶ μετὰ τοῦτο τῆς ἀντικρὺ ἁψαμένη Σικελίας, ἐπὶ τὴν ἑσπερίαν αὖθις Ἰταλίαν ἀναστρέφει καὶ τὰ μέγιστα τῶν οἰκούντων τὴν παραλίαν ταύτην ἐθνῶν διεξέρχεται, τὴν ἀρχὴν ἀπὸ τῆς Οἰνώτρων οἰκήσεως ποιησαμένη.*

2) Ueber den Silawald vgl. Strabo 6, 261 u. a.

Sinne erscheint er in dem Bündnifs zwischen Rom und Karthago vom J. 306, καϑ' ἃς ἔδει 'Ρωμαίους μὲν ἀπέχεσϑαι Σικελίας ἁπάσης, Καρχηδονίοις δ' 'Ιταλίας, wie Philinos angiebt (Pol. 3, 26).

Der also vorzugsweise am südwestlichen Ausläufer der Halbinsel haftende Name ist von den Alten in verschiedener Weise gedeutet worden. Timaeos und ihm folgend Varro leiten ihn vom Rinderreichtum des Landes ab: *terram Italiam de Graeco vocabulo appellatam scripserunt, quoniam boves Graeca vetere lingua ιταλοί vocitati sint, quorum in Italia magna copia fuerit, bucetaque in ea terra gigni pascique solita sint complurima* (Gellius N. A. 11, 1); Varro RR. 2, 1 *Italia a vitulis ut scribit Piso*, vgl. de LL. 5, 96. Serv. Verg. Aen. 1, 533. Diese Etymologie ist gegenwärtig allgemein angenommen. In der That wird die Identität des Stammes von *vitulus* (umbr. *vitlu*) und *Italus* durch die Münzen der italischen Bundesgenossen außer Zweifel gesetzt: diese führen die lateinische Aufschrift *Italia* neben der oskischen *víteliú* und auf einer derselben ist der Stier dargestellt, wie er mit seinen Hörnern die am Boden liegende römische Wölfin spiefst (Friedländer, osk. Münzen S. 80). Auch giebt Serv. V. Aen. 8, 328 unter den alten Landesnamen Italiens *Vitalia* an. Wenn hierdurch für die Erklärung des Wortes ein sicherer Anhalt gewonnen, so berechtigt doch Nichts die daraus gezogenen Folgerungen zu billigen. Niebuhr wirft ihnen unsägliche Verkehrtheit vor und sein Tadel erscheint zwar hart, aber nicht ganz unverdient. Zunächst müfste Bruttium nach der Annahme des Timaeos vorzugsweise ein Weideland gewesen sein: allerdings bieten seine Bergwälder und -matten eine vorzügliche Sommerweide dar, aber der nämliche Umstand trifft auf das gesammte italische Gebirgsland zu; auch wird solches von dieser Landschaft nirgends besonders hervorgehoben aufser in der vorliegenden Nachricht, welche offenbar der Etymologie zu Liebe erfunden worden ist. Die Sache wird um nichts besser, wenn man an Süditalien überhaupt denken wollte. Vielmehr hatte Sophokles im Triptolemos das Land wegen seines schönen Weizens gepriesen, wie Plinius N. H. 18, 65 übersetzt, *et fortunatam Italiam frumento canere candido*. Man erinnere sich ferner, dafs die Eingebornen den Ackerbau nicht etwa von den hellenischen Colonisten erlernt, sondern bereits auf der Wanderung in Asien angenommen hatten; und endlich, dafs Rindviehzucht, wie sie diesseit der Alpen getrieben zu werden pflegt, im Süden nicht vorkommen kann. Die wichtigsten Producte dieser Wirtschaft, Milch

und Butter, werden dort durch das Oel ersetzt, auch in der Fleisch-
consumtion ist das Rind von geringem Belang neben dem Schwein
und Schaf. Man züchtete wie jetzt so auch im Altertum das Rind
lediglich um Zugthiere zu gewinnen. Insofern erscheint die Wendung bei Festus p. 106 *Italia dicta, quod magnos italos hoc est boves habet*, ungleich verständiger. Aber es ist ebenso wenig bekannt,
dafs Bruttium gerade in der Rinderzucht besonders excellirte. Und
man sieht schlechterdings nicht ein, wie dasselbe zu diesem Namen
hätte kommen sollen, da selbstverständlich die natürlichen Verhältnisse späterer Zeiten von den älteren nicht erheblich abgewichen sein
können. Hierzu kommt ein Zweites. Man mufs bei der jetzigen Deutung annehmen, dafs der Name von den Griechen ausgegangen und
durch die griechische Litteratur allmäligen Eingang und Aufnahme
bei den Italikern gefunden hat. Die ganze Namenbildung ist von
vorn herein unbegreiflich; denn zwar giebt Timaeos an, *Graeca vetere lingua* habe ἰταλός Rind bedeutet, aber aufser einer Glosse
des Hesychius, deren Ursprung in diesem Fall nicht erst gesucht zu
werden braucht, läfst sich das Wort im Griechischen gar nicht nachweisen. Viel ehrlicher heifst es bei Hellanikos, dasselbe sei dem Herakles unverständlich gewesen: ἐρόμενον ἀεὶ τοὺς ἐπιχωρίους καϑ'
οὓς ἑκάστοτε γένοιτο διώκων τὸν δάμαλιν, εἴ πῃ τις αὐτὸν ἑωρακὼς
εἴη, τῶν τῇδε ἀνϑρώπων Ἑλλάδος μὲν γλώττης ὀλίγα συνιέντων, τῇ
δὲ πατρίῳ φωνῇ κατὰ τὰς μηνύσεις τοῦ ζῴου καλούντων τὸν δάμαλιν οὐίτουλον, ὥσπερ καὶ νῦν λέγεται, ἐπὶ τοῦ ζῴου τὴν χώραν
ὀνομάσαι πᾶσαν ὅσην ὁ δάμαλις διῆλϑεν Οὐιτουλίαν (Dion. 1. 35),
oder wie Apollodor 2, 5. 10. 10 es ausdrückt *Τυρρηνοὶ γὰρ ἰταλὸν
τὸν ταῖρον ἐκάλεσαν*. Die bekämpfte Annahme schlägt auch weiter
aller Wahrscheinlichkeit ins Gesicht. Wol haben die Dichter gelegentlich den Griechen Bezeichnungen entlehnt, wie *Hesperia* und
Oenotria: aber in das Volk sind dieselben niemals eingedrungen.
Entschieden volkstümlich dagegen sind *Italia* und *Italici*, wie die
Inschriften des 2. Jahrh. v. Chr. beweisen (C. J. L. I 533. 551. 595.
596. 656). Derselbe Name verkörpert im Bundesgenossenkrieg den
grofsen politischen und nationalen Gegensatz zwischen Rom und den
mittleren und südlichen Landschaften. Wenn er dergestalt im eminenten Sinne national ist, so kann er schwerlich von den Griechen
entlehnt sein; vielmehr läfst sich nach Analogie der übrigen Stammesbezeichnungen mit Sicherheit vermuten, dafs auch diese einheimischen Ursprungs ist.

Eine zweite Erklärung, die von Hellanikos stammt (a. a. O.)
berichtet, gleichfalls von der feststehenden Bedeutung des Wortes
ausgehend, daß Herakles ein Rind aus der Heerde Geryons verloren
und dabei von den Eingebornen erfahren habe, daß *vitulus* in ihrer
Sprache Rind bedeute. Das Stück Land, welches der flüchtige Stier
durchlaufen, habe ursprünglich den Namen bekommen und dieser sei
später weiter ausgedehnt worden. Was dieser seltsamen Nachricht
zu Grunde liegt, mag dahin gestellt bleiben; aber augenscheinlich
genügt sie ebenso wenig wie die vorhergehende.

Es bleibt eine dritte Deutung übrig, welche auf den ältesten
und verläßlichsten Gewährsmann zurückgeht, auf Antiochos von Syrakus [1]). Das Land, welches jetzt Italien heißt, so erzählt er, hieß
früher Oenotria und ist benannt nach Italos. Das war ein weiser
und guter König, der seine Nachbarn theils in Güte, theils mit Gewalt gewann und das ganze Land innerhalb der Meerbusen von
Scylacium und Hipponium sich zu eigen machte. Nachdem er dies
erworben, breitete er seine Herrschaft noch weiter aus und unter-
warf viele Städte: die Namen Oenotrer und Italien wurden bis auf
das Gebiet von Metapont und Siris übertragen, wo die Choner wohn-
ten, ein sehr angesehener oenotrischer Stamm. Aber Italos war nicht
blos Eroberer, sondern auch Gesetzgeber: er gewöhnte die unstät
umherziehenden Oenotrer an das seßhafte Leben des Ackerbauers,
gab ihnen Gesetze, richtete Tischgenossenschaften ein und seine Einrichtungen bestehen noch heute. Antiochos berichtet nach seiner
eigenen Angabe ἐκ τῶν ἀρχαίων λόγων τὰ πιστότατα καὶ σαφέστατα;
und wenn Aristoteles — was keinem Zweifel unterliegt — ihn unter
οἱ λόγιοι τῶν ἐκεῖ κατοικούντων versteht, so bestätigt seine Autorität, daß wir hier keine gelehrte Speculation, sondern ächte einheimische Volkssage vor uns haben. Auch Pherekydes (Dion. 1, 13)
läßt die Oenotrer in Italien wohnen. Ihr ist ferner Vergil gefolgt
Aen. 1, 530 (= 3, 163; vgl. 7, 85)

> *est locus, Hesperiam Grai cognomine dicunt,*
> *terra antiqua, potens armis atque ubere glaebae,*
> *Oenotri coluere viri; nunc fama minores*
> *Italiam dixisse ducis de nomine gentem.*

---

1) Seine Nachrichten liegen vor unter namentlicher Anführung bei
Dion. 1, 12. 35. 73. Strab. 6 p. 254. Geschöpft hat aus ihm Aristoteles Pol.
1329 (Bekker). Das Citat bei Stephanos von Byzanz (Βρέττος), nach dem
Antiochos bereits den Namen der Brettier gekannt hätte, ist nicht genau.

Thukydides 6, 2 (misverstanden von Serv. Aen. 8, 328) weicht darin ab, daß Italus ein König der Sikeler heißt. Weiter theilt Servius (Aen. 1, 533) nicht weniger als fünf verschiedene Angaben über die Herkunft desselben mit; an der leider corrupten Stelle verdient besondere Beachtung, daß Italus König der Ligurer oder auch König der Lucaner und Sohn der Venus heißt. Die drei andern Versionen sind hellenistischen Ursprungs und zwar redet die letzte von einem sikelischen Augur und der Tochter des Minos von Kreta, welche Italia geheißen habe.

Das Zeugniß des Antiochos berechtigt uns zu dem Schluß, daß der Name *Italia* einheimischen Ursprungs und von den Hellenen ebenso vorgefunden worden ist, wie derjenige der Σικελοί oder *Siculi*. Andererseits begreift es sich gar wol, warum der Rationalismus späterer Schriftsteller von Timaeos ab ganz abweichende Erklärungen gesucht hatte: auch waren in jenen Gegenden, an denen derselbe besonders haften sollte, durch die Bildung der lucanischen und brettischen Völkerschaft ganz neue Namen aufgekommen. Es verdient besondere Beachtung, daß *Italia* in historischer Zeit nur als Bezeichnung des Landes vorkommt: ein Gebrauch, an dem auch die officielle Sprache der römischen Urkunden festhält (C. J. L. I 198. 200. 206), während auf den Inschriften des 2. Jahrh. von privatem Charakter allerdings *Italicei* als Volksname auftritt. Die Verhältnisse späterer Zeit brachten es eben von selber mit sich, eine Collectivbenennung der Bundesgenossen im Unterschied von den Provinzen sowol als den römischen Bürgern einzuführen. Hingegen Antiochos hat die Italer nicht als einen noch bestehenden Volksstamm gekannt, sondern auf König Italos folgt Morges, zu ihm kam ein flüchtiger Mann aus Rom Namens Sikelos und verführte einen Theil des Volks und so wurden aus Oenotrern Italer, aus diesen Morgeten und Sikeler[1]). Ueberhaupt ist der Sprachgebrauch bei den älteren Griechen darin ziemlich consequent, Italien nur als Landes-, Oenotrer dagegen als Benennung des hier wohnenden Stammes anzuwenden.

----

1) Dion. 1, 12 Ἀντίοχος . . . »τὴν γῆν ταύτην, ἥτις νῦν Ἰταλία καλεῖται, τὸ παλαιὸν εἶχον Οἴνωτροι. Ἔπειτα διεξελθὼν ὃν τρόπον ἐπολιτεύοντο, καὶ ὡς βασιλεὺς ἐν αὐτοῖς Ἰταλὸς ἀνὰ χρόνον ἐγένετο, ἀφ' οὗ μετωνομάσθησαν Ἰταλοί, τούτου δὲ τὴν ἀρχὴν Μόργης διεδέξατο, ἀφ' οὗ Μόργητες ἐκλήθησαν, καὶ ὡς Σικελὸς ἐπιξενωθεὶς Μόργητι (vgl. 1, 73) ἰδίαν πρᾶτων ἀρχὴν διέστησε τὸ ἔθνος, ἐπιφέρει ταυτί· »οὕτω δὲ Σικελοὶ καὶ Μόργητες ἐγένοντο καὶ Ἰταλῆτες ἐόντες Οἴνωτροι.

Wenn das Wort Italien einheimischen Ursprungs ist, so trifft der nämliche Gesichtspunct auf den zweiten, mit jenem in enger Beziehung stehenden Namen in keiner Weise zu: Οἰνωτρία das Weinland, Οἴνωτροι die Weinbauer sind augenscheinlich griechische Bildungen. Beide werden von den älteren hellenischen Schriftstellern als wirkliche Landes- und Volksnamen gebraucht: Pherekydes kannte in Italien die beiden Völker der Oenotrer und Peuketier (Dion. 1, 13), die nach seinem Vorgang später von Cato auf griechische Einwanderung zurückgeführt wurden (Dion. 1, 11). Die Oenotrer werden ferner von Hekataeos und Hellanikos (Dion. 1, 22), von Sophokles und Herodot erwähnt; nach letzterem liegt Hyele, das spätere Velia, in Oenotrien 1, 167; zwei Inseln vor Velia heifsen Οἰνωτρίδες Strab. 6, 252. Plin. N. H. 3, 85. Bei den späteren Schriftstellern hat diese Benennung nur noch antiquarisches Interesse. Es fragt sich wie sie zu erklären sei. An den Weinreichtum des Landes kann ebenso wenig gedacht werden, wie an den Rinderreichtum Bruttiums; denn die eigentlichen Weingegenden Italiens, namentlich Campanien, sind niemals unter dem Namen einbegriffen gewesen. Wir müssen auch hier annehmen, dafs derselbe italischen Ursprungs, zwar nicht direct entlehnt, wol aber aus der Landessprache übersetzt sei. Wenn Italien das Land ist, in dem die Oenotrer wohnen, so kann der Stamm der *Oenotri* kein anderer sein als derjenige der *Sabini*. Der Name Samniter umfafst bei den Griechen späterer Zeit alle Zweige der südlichen Sabeller: Frentaner (Strab. 5, 241), Hirpiner (Str. 5, 250), Campaner (Str. 5, 242. 247. 249. 251), Lucaner und Brettier (Str. 6, 253. 254). Und gleichwie sie die nämliche Sprache reden, so zeigen auch die Sagen, dafs die verschiedenen Völkerschaften ihrer Zusammengehörigkeit sich gar wol bewufst waren. Die Münzen der italischen Bundesgenossen weisen neben *Italia* auch den Namen *safinim, Sabinorum* (Mommsen, Unt. Dial. 293. Corssen, Krit. Nachtr. 201) auf und man wird darunter an die gesammte Nation, nicht an den einzelnen Stamm der Samniten zu denken haben. Durch die Annahme der Identität von *Oenotri* und *Sabini* werden zwei Schwierigkeiten beseitigt: erstens dafs Italia nur eine neuere Namensform für Oenotria sein soll, zweitens dafs die älteren griechischen Berichterstatter nur diese beiden Benennungen für den samnitischen Theil der Halbinsel beibringen. Strab. 5, 209 οἱ γὰρ παλαιοὶ τὴν Οἰνωτρίαν ἐκάλουν Ἰταλίαν ἀπὸ τοῦ Σικελικοῦ πορθμοῦ μέχρι τοῦ Ταραντίνου κόλπου καὶ τοῦ Ποσειδωνιάτου διήκουσαν. Die Identifirung von Oenotrern und Sabinern stützt sich auf mehrere Zeugnisse der Alten und ist vielleicht bereits von Varro ausgesprochen worden [1]): Serv. V. Aen. 1, 532 *Oenotria dicta est vel a vino optimo, quod in Italia nascitur, vel ut Varro dicit ab Oenotro rege Sabinorum.* Ebenso Vergil Aen. 7, 178, wenn er als Ahnen des latinischen Königshauses in aufsteigender Reihenfolge nennt

Italusque paterque Sabinus
vitisator, curvam servans sub imagine falcem,
Saturnusque senex Ianique bifrontis imago.

Endlich Lydus de Mens. 1, 5 Σαβῖνος ἐκ τῆς περὶ τὸν οἶνον γεωργίας φερωνύμως ὠνομάσϑη· τὸ γὰρ Σαβῖνος ὄνομα σπορέα καὶ φυτευτὴν οἴνου διασημαίνει. Um aber die Bedeutung und den Zusammenhang dieser Sagen richtig zu verstehen, ist eine weitere Untersuchung über die älteste Geschichte der italischen Stämme nicht von der Hand zu weisen.

Thukydides 1, 3 charakterisirt die vorhistorische Epoche als durch zwei Eigentümlichkeiten bestimmt: Schwäche (ἀσϑένεια) und Isolirung (ἀμιξία). Seine Schilderung trifft auch auf das älteste Italien zu und wird z. B. mit Bezug auf Sicilien ausdrücklich von Diodor 5, 6 bestätigt. Die Städte, heifst es, liegen auf schroffen Berghöhen zum Schutz gegen räuberischen Ueberfall, kein gemeinsames Band knüpft sie an einander, jede Stadt hat ihren eigenen König: so leben sie vom Ertrag ihrer Aecker ohne Handel und Verkehr. Die Geschichte der griechischen Colonisation gewährt die vollkommenste Bestätigung für diese Charakteristik. Ueberlegene Kriegskunst und Politik allein hätten den griechischen Ansiedlern nicht den Besitz der reichen Küsten Siciliens und Unteritaliens verschafft, noch die Eingebornen zu der Stellung von Leibeigenen herabgewürdigt; ein solches Resultat ward vorzugsweise dadurch erreicht, dafs die Städte getrennt eine nach der andern den Fremden erlagen. Dies ist die eine Seite im ältesten Leben der Völker. Es giebt noch eine zweite: ihr Kennzeichen ist die aus absoluter Gemeinsamkeit hervorgehende Kraft. Sie manifestirt sich in den grofsen Katastrophen, wenn ein Volk aus seinen Sitzen aufgerüttelt, sich zur compacten Einheit zusammenschliefst, die von einem einzigen Willen

---

1) Die Ableitung der *Sabini* von σέβεσϑαι, *a religione et deorum cultu*, Plin. N. H. 3, 108. Fest. p. 343 kann nicht als sicher varronisch gelten, weil letztere Stelle lückenhaft ist.

gelenkt wird, und nun einer elementaren Naturkraft gleich Verderben
ringsum verbreitend, auszieht eine bleibende Stätte zu finden. Durch
solche Züge werden die grofsen Umwälzungen herbeigeführt, welche
die ethnographischen Verhältnisse der historischen Zeit bedingen.
Sobald ein Volk feste Wohnsitze errungen, so beginnt sich allmälig
seine Einheit zu lockern. Auf die ungeheure Kraftanstrengung folgt
eine Periode des Individualisirens und Sammelns. Das Volksganze
löst sich in städtische Individualitäten auf und wenn nicht drohende
Gefahren das Stammesbewufstsein wach halten, so versinkt es im
Lauf der Jahrhunderte in jenen Zustand der Isolirung und Schwäche,
den wir auf Sicilien bei der Ankunft der Hellenen vorfinden. Diese
beiden Gegensätze bedingen das Verständnifs der ältesten Umwälzungen auf italischem Boden.

Wir fanden S. 99, dafs die Italiker als ein einiges Volk Besitz von der Poebene genommen und hier geraume Zeit gewohnt
haben. Wenn die Archäologie zu dem Schlufs nötigt, eine voritali-
sche Bevölkerung im ganzen Umfang des Landes anzunehmen, so
führt auch die historische Betrachtung zu dem gleichen Resultat.
Und zwar haben sich in Italien Reste zweier Nationen erhalten, in
denen wir die ehemaligen Herren desselben erkennen dürfen. Von
der einen, den Messapiern oder Japygen, wird dies gegenwärtig allgemein anerkannt (Mommsen, U. D. S. 97. R. G. 1⁴. 11). Ihre Sprache
sondert sie scharf von den italischen Stämmen; ihre Wohnsitze am
Südostrand der Halbinsel deuten klar an, dafs sie hier nach und
nach eingeengt und zusammengedrängt worden sind. Reste derselben mögen sich auch an anderen Orten in älterer Zeit behauptet
haben: z. B. nach Ephoros (Strab. 6, 262) sollen Japygen früher in
Kroton gewohnt haben, und in der kumanischen Sage (Dion. 7, 3) erscheinen Daunier neben Etruskern und Umbrern [1]). Als zweite ver-
drängte Nation sind die Ligurer anzusehen [2]). Sie sitzen in historischer Zeit von der Mündung der Rhone bis zu der des Arno in

---

1) Das *Japuskum numen* der iguvinischen Tafeln kann freilich nicht,
wie Müller, Etr. 1, 71 wollte, auf die Japyger bezogen werden; s. Aufrecht
und Kirchhoff 2, 255. Sollte dies überhaupt nicht am Besten auf Kelten gedeutet werden können? der Name findet sich bei dem keltoillyrischen Mischvolk der Japyden (Zeufs, die Deutschen und ihre Nachbarstämme S. 248) wieder und wäre dann von uraltersher den Umbrern geläufig gewesen.

2) Zu einem ähnlichen Resultat war Niebuhr, R. G. 1, 181 gelangt; vgl.
Zeufs S. 167.

dem Gebirgsland, welches die Busen von Lyon und Genua umzieht. Strabo 2, 128 unterscheidet sie ausdrücklich von den Kelten (ἑτεροεθ- νεῖς μέν εἰσι, παραπλήσιοι δὲ τοῖς βίοις) und es wäre sehr gewagt aus der Erzählung bei Plutarch Mar. 19 das Gegentheil schliefsen zu wollen. Cato (Orig. 2, 1 Jordan) hatte keine Ursprungslegende derselben aus- findig machen können: *Ligures omnes fallaces sunt ... unde oriundi sunt exacta memoria, inliterati mendacesque sunt et vera minus memi- nere* (vgl. Dion. 1, 10). Wenn man ihre geographische Lage ins Auge faſst, wie sie auf einem schmalen Gebirgskamm, mehr als 60 Meilen in die Länge wohnen, so läſst sich mit grofser Sicherheit behaupten, daſs dies nicht der Wohnsitz ist, den ein siegreich vordringendes Volk sich erkämpft, sondern der Zufluchtsort, dessen natürlicher Schutz die Reste einer unterdrückten Nation rettet. Westlich von der Rhone berühren sich die Ligurer mit den Iberern, wie denn Skylax von hier bis zu den Pyrenäen ein Mischvolk aus beiden an- setzt. Von Norden her wurden sie bedrängt durch die Kelten, welche durch Mitteleuropa in Gallien eingewandert waren. Wie in Spanien das grofse Mischvolk der Keltiberer entstand, so werden auch *Κελ- τολίγυες* an der Rhone bei Avignon erwähnt (Strab. 4, 203). Die Ligurer waren den Griechen früh bekannt und sollen bereits von Hesiod erwähnt worden sein (Strab. 7, 300). Mancherlei Spuren in den älteren Sagen zeugen dafür, daſs sie ehemals auch einen ansehn- lichen Theil der italischen Halbinsel inne hatten: so sollen nach Festus p. 321 auf der Stätte des ältesten Rom Ligurer und Siculer gewohnt haben und Philistos (Dion. 1, 22) identificirt gar beide Völker. Auch begegnet wenigstens ein Ortsnamen ligurischen Ur- sprungs, die Insel *Ilva* neben dem Gau der *Ilvates*.

Von der Poebene aus hat die italische Nation nach und nach die Halbinsel erobert. Die Motive, welche derartige Völkerzüge be- stimmen, sind im Wesentlichen überall die gleichen: Uebervölkerung und Bedrängung durch äufsere Feinde. Von Osten und Norden rückten fremde Völker nach, die Euganeer, über die sich später die Veneter ergossen, und dann die Etrusker. Polybios 2, 17. 5 nennt die Veneter ein sehr altes Volk, das andere Sprache als die Kelten redete (γένος ἄλλο πάνυ παλαιόν .... τοῖς μὲν ἔθεσι καὶ τῷ κό- σμῳ βραχὺ διαφέροντες Κελτῶν, γλώττῃ δ' ἀλλοίᾳ χρώμενοι); Hero- dot 1, 196. 5, 9 rechnet sie den Illyriern zu. Wohin die am Süd- abhang der Alpen bei Padua und Verona begegnenden Volkstrümmer der Euganeer zu zählen sind, hat man noch nicht näher bestimmt.

Die Italiker müssen geraume Zeit im ungestörten Besitz der Poebene gedacht werden; denn eben in diese Zeit fällt die feste Ausprägung des Nationalcharakters. Man darf nicht erwarten in den Ortsnamen zahlreiche Spuren dieser ältesten Periode zu finden, weil sie unter der langen Herrschaft der etruskischen und später der keltischen Nationalität zu Grunde gingen. Nur einzelne haben sich gerettet: italisch sind die Namen der Städte *Hatria* und *Spina*, *Acerrae* (an der Addua und gleichnamig in Campanien), *Verona* (= *Vesuna* vgl. C. J. L. 1, 182), die sämmtlich zu den ältesten Oberitaliens gehören. Denn gerade wie in Toskana etruskischer, in Ariminum keltischer Adel über eine unterworfene umbrische Bevölkerung herrschen, so mufs auch ehemals ein ansehnlicher Theil der letzteren in der Po-ebene zurückgeblieben sein und dieser Umstand erklärt die Erhal-tung jener ältesten Namen. Die Spaltung der italischen Nation und die Classificirung ihrer einzelnen Stämme läfst sich nicht mit Si-cherheit nachweisen. Auch sind die Wahrscheinlichkeitsgründe, welche man in diesem Sinne geltend gemacht hat, zum . Theil sehr trüge-risch : z. B. so nahe es liegt, in den südlichsten Völkern die ältesten Abzweigungen vom gemeinsamen Grundstock zu˜ erkennen, so zeigt umgekehrt die Geschichte der keltischen Einwanderung, dafs die zuletzt ankommenden Züge am Weitesten vorwärts geschoben sind. Noch bedenklicher ist ein anderer Gesichtspunct, den Mommsen, R. G. 1⁴, 32 aufstellt: »die latinische Wanderung zog vermuthlich an der Westküste entlang, wohl lange bevor die ersten sabellischen Stämme aufbrachen; der Strom überfluthet die Höhen erst wenn die Niederungen schon eingenommen sind und nur wenn die latini-schen Stämme schon vorher an der Küste safsen, erklärt es sich, dafs die Sabeller sich mit den rauheren Gebirgen begnügten und erst von diesen aus wo es anging sich zwischen die latinischen Völ-ker drängten.« Vielmehr steht es als unzweifelhafte ethnologische Thatsache fest, dafs die Ebenen die Wanderzüge anlocken und den häufigsten Umwälzungen ausgesetzt sind, während in ärmeren abge-schlossenen Berggegenden die Bewohner Jahrtausende hindurch allen Stürmen trotzen.

Das italische Urvolk wird durch die Umbrer repräsentirt. Ihr Name ist beschränkt auf das enge Gebirgsland des nördlichen Apen-nin; Oberitalien und Toscana gingen an Etrusker und Kelten ver-loren: 300 Städte sollen die ersteren ihnen entrissen haben (Plin. N. H. 3, 112). Sie gelten den Alten als der älteste Stamm Italiens

(Plin. *Umbrorum gens antiquissima Italiae existumatur.* ebenso Flor.
1, 12. Dion. 1, 19). Von ihrer Einwanderung war Nichts bekannt;
über ihre Abstammung fährt Plinius fort: *ut quos Ombrios a Grae-
cis putent dictos, quod inundatione terrarum imbribus superfuissent*
(ebenso Serv. Aen. 12, 753. Isidor 9, 2. 87). Man darf hieraus entnehmen, daß sich bei den Umbrern die so vielen anderen Völkern
geläufige Sage von der Sündflut, welche im Uebrigen bei den Italikern nicht nachzuweisen ist, erhalten hat; weil es schwer abzusehen
ist, wie die ganze Nachricht der Etymologie zu Liebe hätte erfunden
werden sollen (vgl. die abweichende Fassung Diod. 14, 113).

Es ist das Loos der Umbrer wie aller älteren Völker des italischen Stammes gewesen, daß sie in historischer Zeit keinen bedeutenden Einfluß auf die politischen Geschicke der Halbinsel aus-
übten. Sie haben sämmtlich jüngeren Völkerschaften den Vorrang
abtreten müssen und nur dazu gedient, diesen die Stätte zu be-
reiten. Dadurch ist denn auch jeder Versuch so aussichtslos geworden, Wohnsitze und Ausdehnung der Völker, welche zuerst vom
gemeinsamen Grundstock sich abzweigend, die Halbinsel in Besitz
nahmen, im Einzelnen nachzuweisen. Den besten Anhalt gewährt
die Tradition von der Einwanderung auf Sicilien, weil dieselbe zu
einer Zeit, wo die Erinnerung noch lebendig war, literarisch fixirt
worden ist. Im äußersten Westen der Insel erhielten sich die Ely-
mer, gewiß nicht wie Thukydides 6, 2 erzählt und die spätere Tradition mit großer Zähigkeit festhält, eine troianische Colonie, sondern ein Rest der alten Autochthonen, die den Messapiern gleich hier
den Italikern gegenüber ihre Unabhängigkeit behauptet hatten. Die
Hauptmasse der Bevölkerung zerfiel in den Stamm der Sikaner und
den der Sikeler. Beide Namen sind allerdings nur der Endung nach
verschieden; allein dieselben zu identificiren, wie man in alter und
neuer Zeit gethan hat, verbietet die sehr bestimmte Unterscheidung,
welche nicht nur die ältere Tradition aufstellt, sondern auch diejeni-
nige historischer Zeiten beobachtet [1]). Die Einwanderung der Sikeler
war im 5. Jahrh. noch nicht aus dem Gedächtniß verschwunden,
so daß man daran denken konnte dieselbe chronologisch zu fixiren.
Wenn Thukydides 6, 2 sie 300 Jahre vor Ankunft der Griechen,
Hellanikos und Philistos (Dion. 1, 22) dagegen 80 Jahre vor dem

---

1) z. B. Diod. 13, 8. 4. 59. 6. 114. 1. 14, 55. 6. 16, 9. 5. 78. 2. Strab. 6, 270.
Philistos fr. 5. Thuk. 6, 62.

troischen Kriege ansetzen, so zeigt der Widerspruch allerdings, wie
ungenau die Abschätzung der vorhistorischen Zeit ausfiel. Immerhin
wird doch durch diese Ansätze die abweichende Stellung der Sikaner charakterisirt; sie waren nach eigener Aussage Autochthonen,
hatten also die Erinnerung an ihre Einwanderung verloren (Thuk.
a. O. Diod. 5, 6). Wenn dagegen Thukydides die Sikaner zu Iberern,
Neuere gar zu Kelten machen wollen, so ist die eine Vermutung
nicht glücklicher als die andere. Die italische Nationalität der Bevölkerung Siciliens wird sowol durch Sprachreste als das eigentümliche Münzsystem der sicilischen Kupferwährung über jeden Zweifel
erhoben [1]).

Wie in Sicilien die Sage eine bestimmte, fest ausgeprägte Kunde
von der Einwanderung der Sikeler bewahrt hat, so auch in Italien
von ihrer Austreibung. Plinius nennt als die ältesten Bewohner
Etruriens Umbrer, aber an der Ostküste haben vor den Umbrern
Siculer und Liburner gesessen (N. H. 3, 112). Thukydides bezeugt,
daß noch zu seiner Zeit Siculer in Brettium sich erhalten hatten,
vgl. Pol. 12, 5. Fest. p. 134. Weit zahlreicher sind die Zeugnisse,
welche von der ehemaligen Ansiedlung dieses Stammes an der Tiber
in Latium berichten (Schwegler, R. G. 1, 202). Nach der Sage ward
er von hier durch die Aboriginer, die italischen Autochthonen, ver-
trieben, welche in der Sabina um den See von Cutilia, den Nabel
der Halbinsel (Plin. N. H. 3, 109) gewohnt hatten. An der Glaub-
würdigkeit dieser Tradition, welche durch eine Anzahl der besten
Gewährsmänner gestützt wird, kann billiger Weise nicht gezweifelt
werden. Sie legt die Annahme nahe, daß ein den Sabellern ver-
wandter Stamm sich hier mit älteren Bewohnern zu einem neuen
Volksganzen verband. Allein weder diese noch ähnliche Ueberlieferungen reichen hin, um die Genesis der Latiner zu erklären. Die
lateinische Sprache nimmt der unter einander eng verwandten umbrischen und oskischen Sprache gegenüber eine abgesonderte Stellung ein; es fragt sich vor allem, ob sie in näherer Beziehung zu

---

1) O. Müller, Etr. 1, 12. Schwegler 1, 210 und neuerdings Rubino,
Beiträge zur Vorgesch. Ital. S. 5 fg. haben das Verhältniß richtig gefaßt.
Letzterer betont mit vollstem Recht, daß eine Entlehnung der Kupferwährung oder von Wörtern wie κάρκαρον (carcer), μοῖτον (mutuum), πατάνη (pa-
tina), ἀρβίνη (arvina), λέποϱις (lepus) aus dem Handelsverkehr mit Latium
undenkbar sei.

derjenigen des sikelischen Stammes steht. In diesem Falle würden die Sikeler als die erste grofse Abzweigung vom Grundstock der italischen Nation anzusehen sein. So geneigt man sein möchte nach den oben erwähnten Proben diese Frage zu bejahen, so reichen dieselben hierfür doch entfernt nicht aus. Es bleibt zu hoffen, dafs neue Funde und glückliche Entdeckungen den Stammbaum der italischen Dialekte im Einzelnen aufhellen.

Für das hohe Alter der latinischen Ansiedlung zeugen ihre Ursprungssagen. Es ist bereits von Schwegler, R. G. 1, 398 bemerkt worden, dafs die Jugendgeschichte von Romulus und Remus mit derjenigen des Kyros (Justin 1, 4. Herod. 1, 122) und des iberischen Heros Habis (Justin 44, 4) in sehr wesentlichen Zügen übereinstimmt. Aehnliche Motive finden sich u. A. auch in dem Mythos von Perseus, doch ist die Färbung des letzteren weit jünger. Es handelt sich um Göttersöhne, bestimmt ganz neue staatliche Ordnungen zu gründen; ihre Abkunft wird von der Bosheit und Unwissenheit verkannt, der Wildnifs preis gegeben werden sie von Thieren errettet, wachsen in der Niedrigkeit des Wald- und Hirtenlebens auf, bis endlich die Stunde ihrer Erhöhung gekommen. Wie dürfte man glauben, dafs diese Geschichten, in denen der Ursprung eines Volkes sich verkörperte, in später Zeit aus der Fremde eingewandert wären? So wenig die Verbindung des Cacus mit dem indischen Mythos von Indra beanstandet worden ist, wird man sich auch entschliefsen müssen, die politischen Sagen auf eine unvordenkliche Einheit zurückzuführen, welche die Culturstufe repräsentirt, auf der die ungetheilten Völker sich befanden. Gleich der Romulussage reicht auch diejenige von den ältesten Landeskönigen in die fernste Urzeit hinauf. Zuerst, heifst es, herrschte König Janus; zu ihm kam Saturnus gefahren und lehrte ihn den Ackerbau. Aus Dank dafür ward er sein Mitherrscher und Nachfolger. Dann folgt der Sohn des Saturn, der Laurenterkönig Picus, weiter Sohn auf Vater, Faunus und endlich Latinus. Unter der Regierung des Latinus kam Aeneas und damit beginnt die aus jüngeren und älteren Bestandtheilen zusammengesetzte Sagengeschichte. Die mythische Königsreihe, welche ihr vorausgeht, hat viel Befremdendes. Schwegler 1, 216 kommt zu folgendem Schlufs: »übrigens scheint der vorliegende Sagenkreis, was sowohl die Umsetzung jener Götter in Könige, als die Verknüpfung derselben durch den Begriff physischer Zeugung betrifft, verhältnifsmäfsig jung und vom Einflusse der griechischen Mytho-

logie nicht frei zu sein«. Der grofse Forscher hat in diesem Fall
von der Tradition zu gering gedacht. Wenn man die für uns sehr
durchsichtige Symbolik abstreift, stellt sich die Sache anders. Janus
ist der Himmel und der Gott alles Anfangs, Saturnus der Erd- und
Saatengott, Picus der Specht und als solcher der Vogel schlechthin,
Faunus das Thier, Latinus der Mensch; mit letzterem treten wirklich menschliche, sagenhaft greifbare Persönlichkeiten auf. Mit anderen Worten, in diese mythische Königsreihe ist eine Kosmogonie
umgesetzt, welche fünf Schöpfungstage enthält: Himmel, Erde, Vögel, Thiere, Menschen. Sie zeugt zugleich von einer Altertümlich-
keit, der die griechische Mythologie nichts Entsprechendes an die
Seite stellen kann und welche am Meisten an die mosaische Schöp-
fungslegende am Anfang der Genesis erinnert [1]). Wenn man das
Alter der Saturnalien erwägt, erscheint ferner die Ansicht, als ob
die Vorstellung des goldenen Zeitalters vom hellenischen Kronos auf
Saturn übertragen worden sei, in keiner Weise statthaft. Wol aber
erhält die Wendung, dafs unter Saturn allgemeine Gleichheit, Friede
und Freude herrschte, in diesem Zusammenhang einen neuen und
tiefen Sinn. Mit dem Eintritt des animalischen Lebens ist der
Friede der Schöpfung gestört; es beginnt der ewige Kampf um das
Dasein.

Neben den Sikelern erscheinen noch mehrere andere Völker-
namen, von denen jedoch nur zwei eine gröfsere Verbreitung angenommen haben, derjenige der Ausoner und Opiker. Die *Aurunci*
oder *Ausones* sind in historischer Zeit auf das schmale Küstenland
am Golf von Gaeta eingeschränkt; es scheint, als ob sie auf diesen
engen Raum durch Volsker und Samniten zusammengedrängt worden wären. Ihr Name erfreute sich in älterer Zeit einer weiteren
Geltung: der grofse Völkerschub, welcher Sicilien in Besitz nahm,
wird von Hellanikos (Dion. 1, 22) nicht den Sikelern, sondern den
Ausonern beigelegt; auch hiefs das Meer zwischen Sicilien und Griechenland bei den älteren Hellenen das ausonische (Strab. 2, 123. 5,
233. Plin. N. H. 3, 75. 95). Antiochos von Syrakus (Strab. 5, 242)
und nach ihm Aristoteles Pol. p. 1329 erklärten Ausoner und Opiker für das nämliche Volk. Wenn Polybios (bei Strabo) sich gegen
die Identificirung erklärt, so war er allerdings hierzu durch die hi-

---

1) Den Rest einer anderen italischen Kosmogonio finden wir am Anfang der Weissagung des Vegoia Feldm. p. 350.

storischen Verhältnisse seiner Zeit vollkommen berechtigt; immerhin
beweist der ältere Sprachgebrauch, daſs eine feste Umgrenzung der
Namen nicht stattfand. Opiker heiſst dem Thukydides die Völkerschaft, welche die Sikeler vom Festland vertrieb; die Benennung
haftet später vorzugsweise an Campanien, aber wird noch von Aristoteles auf Latium ausgedehnt. Auch muſste ihre Anwendung zur
Bezeichnung der Italiker eine allgemeine sein, wenn sich Cato in
bekannter Weise so sehr darüber ereifern konnte (Plin. N. H. 29, 14).
Damit stimmt der bekannte lateinische Gebrauch zum Theil: oskisch
heiſst die Sprache, welche in Campanien. Samnium, Lucanien, Bruttium geredet wird. Schwegler 1, 183 wirft die Frage auf, ob das
oskische den ältesten Landeseinwohnern, oder aber den eingewan-
derten Samniten angehört, und findet, daſs wahrscheinlich eine Mi-
schung des Dialekts der herrschenden Sabeller mit demjenigen der
älteren oskischen Bevölkerung statt gefunden habe. Die Annahme
ist weder sprachlich noch auch historisch zu erweisen. Sprachlich
nicht, weil unsere Kenntniſs nicht ausreicht, um das Verwandtschafts-
verhältniſs von groſsen Theils unbekannten oder verschollenen Dia-
lekten zu fixiren. Die historischen Zeugnisse genügen ebenso wenig
und führen eher zu einem ganz abweichenden Resultat. Antiochos
setzt Italer und Oenotrer, Osker und Ausoner, Thukydides Oenotrer
und Osker einander gleich. Wenn weiter Hellanikos Ausoner und
Sikeler, Philistos gar Sikeler und Ligurer einander identificiren, so
haben wir es in diesen Gleichungen mit etymologischen Versuchen
zu thun, auf welche wenig zu geben ist. Dagegen lehrt die
groſse Latitude, deren die Anwendung dieser Namen in historischer
Zeit fähig ist, daſs dieselben unmöglich dazu dienen konnten, Stam-
mesindividuen als Repräsentanten geschlossener politischer Mächte
zu bezeichnen, sondern daſs ihnen vielmehr eine generelle Bedeutung
zu Grunde lag, welche auf das eine Volk ebenso gut paſste wie auf
das andere. Dabei verdient besondere Beachtung, daſs dies Schwanken nur sich auf den Umfang des italischen Stammes erstreckt. Die
Japygen sind ausgeschlossen ; schon Pherekydes in seiner seltsamen
Wondergeschichte (Dion. 1, 13) unterscheidet die beiden Brüder Οἴ-
νωτρος, ἀφ' οὗ Οἴνωτροι καλέονται οἱ ἐν Ἰταλίῃ οἰκέοντες, καὶ Πευ-
κέτιος, ἀφ' οὗ Πευκέτιοι καλέονται οἱ ἐν τῷ Ἰονίῳ κόλπῳ [1]).

---

1) Mommsen, U. D. 293 identificirt Peuketier und Sabiner. Dies ist
aus dem Grunde unmöglich, weil in vollkommen historischer Zeit *Peucetia*

Die sabellischen Völker haben sämmtlich das Andenken an ihre Einwanderung bewahrt (Beweisstellen Schwegler 1, 241 An. 5) und zwar führen sie dieselbe zurück auf einen heiligen Lenz, den ihre Stammeltern, die Sabiner, ausgesandt. Die letzteren selber gelten als Autochthonen (Strab. 5, 228 ἔστι δὲ καὶ παλαιότατον γένος οἱ Σαβῖνοι καὶ αὐτόχθονες). Cato (Dion. 2, 49) sieht als Stammsitz derselben die Hochebene von Amiternum an; von hier dringen sie nach Norden vor und vertreiben die Aboriginer aus der Gegend von Reate. Jedoch wird man gewifs nicht annehmen wollen, dafs die enge Landschaft, an welcher in römischer Zeit der Name der Sabiner haftete, die Mutter der größten Völker Mittel- und Süditaliens gewesen sei. Wenn Varro den See von Cutiliae für den Nabel Italiens erklärte, so ward er dazu offenbar durch die Vorstellung geleitet, dafs hier die Aborigines, die Stammeltern des latinischen Volkes gesessen hatten. Einen bedeutungsvollen Zug enthält die samnitische Sage (Strab. 5, 250), dafs nämlich von den Umbrern gedrängt die Sabiner ihren heiligen Lenz gelobten. Die grofse Umwälzung, welche die Siculer in Latium unterjochte und nach Sicilien austrieb, steht aller Wahrscheinlichkeit nach in Verbindung mit dem Einbruch der Etrusker [1]). Die altumbrische Bevölkerung verblieb zwar zum Theil in ihren alten Sitzen den fremden Herren unterthänig, aber grofse Massen mögen aufgerüttelt und südwärts gedrängt worden sein. Wir kennen von der gewaltigen Revolution, welche sich unter langen wechselvollen Kämpfen vollzogen haben wird, nur das Resultat, d. h. die ethnographischen Verhältnisse, wie die Hellenen sie bei ihrer Ankunft vorfanden. So dürftig auch die älteren griechischen Nachrichten über Italien sind, so gestatten sie doch, die Völkerschichtungen in ihren allgemeinen Umrissen zu erkennen und diese weichen von den bekannten Zuständen historischer Zeiten nicht erheblich ab. Hesiod nennt Latiner und Tyrrhener neben einander (S. 107). Die Etrusker entfalteten bereits im 6. Jahrh. eine bedeutende Seemacht; sie traten in dem Mafse hervor, dafs in älterer Zeit die gröfsere Hälfte der Halbinsel von den Hellenen mit ihrem Namen bezeichnet ward [2]). Die Geschichte des Alphabets bestätigt

---

ein Theil Apuliens von einer Menge Autoren genannt wird, s. Forbiger, Alt. Geogr. 3, 750.

1) Diese Vermutung ist zuerst von A. W. Schlegel, Op. lat. p. 228 (ed. Böcking) ausgesprochen worden.

2) Dion. 1, 29 ἦν γὰρ δὴ χρόνος ὅτε καὶ Λατῖνοι καὶ Ὀμβρικοὶ καὶ Αὐ-

es, dafs sie das älteste Culturvolk Italiens darstellen. Wenn man nun den Abstand erwägt zwischen einem erobernd vordringenden Wanderzug und den geordneten Einrichtungen eines in Handel und Industrie ausgezeichneten, mit überlegener Politik verfahrenden Staatenbundes, wie Etrurien beim Aufdämmern geschichtlicher Kunde erscheint, so wird man denselben nur nach Jahrhunderten abschätzen können. Setzen wir mit Thukydides die Besitznahme Siciliens und ihr entsprechend die Eroberung Norditaliens und Toscanas durch die Etrusker ins Jahr 1050, so dürfte die Zwischenperiode eher zu niedrig als zu hoch gegriffen sein.

Auf jene Revolution trat eine allmälige Beruhigung, ein Zerfallen der Stämme in staatliche Individuen ein. Wie eng oder lose die Stämme an die neue Heimat gefesselt, ob die Culturentwicklung verlangsamt oder beschleunigt wurde, hing im Wesentlichen von den örtlichen Bedingungen ab. Die Gebirge, welche ihre Bewohner auf Viehzucht anwiesen [1], hemmten damit die Entfaltung städtischen Lebens, wie es namentlich die Westküste und die Ebenen hervorriefen. Nicht als ob der innere Apennin keine Städte gekannt hätte; die samnitische Geschichte beginnt ja gerade mit der Gründung von Bovianum. Aber das politische Leben ging hier nicht in dem Mafse in den Begriff der Stadt auf, wie das im übrigen Italien der Fall war. An diesen Umstand knüpfte wol auch die bekannte hellenistische Fabel an, welche die Sabiner zu Abkömmlingen der Spartaner machte. Cato giebt an, dafs die Ortschaften der Sabiner ohne Mauern seien (Dion. 2, 49). Livius 9, 13 schildert die ungefestigten Zustände der Samniten im 4. Jahrh. sehr treffend folgender Mafsen: *exercitus alter cum Papirio consule locis maritimis pervenerat Arpos per omnia pacata Samnitium magis iniuriis et odio quam beneficio ullo populi Romani. nam Samnites ea tempestate in montibus vicatim habitantes campestria et maritima loca contempto cultorum molliore atque, ut evenit fere, locis simili genere ipsi montani atque agrestes depopulabantur.* Die Reaction der civilisirten Küste gegen dies zügellose Treiben führte die Samniterkriege und damit auch die Einigung Italiens unter römischer Hegemonie herbei. Aber auch

αυτις και αγχροι αλλοι Τυρρηνοι εφ' Ελληνων ελεγοντο, της δια μακρου των εθνων οικησεως απαφη ποιουσης τοις προσω την ακριβειαν' την τε Ρωμην αυτην πολλοι των συγγραφεων Τυρρηνιδα πολιν ειναι υπελαβον.

1) d. h. wie S. 110 bemerkt, vorzugsweise Schaf- und Schweinezucht; man durchmustere die von Forbiger 3, 529. 30 gesammelten Stellen.

in der Folgezeit hat dies Gebirgsland sich immer von Neuem theils offen, theils im Geheimen gegen die Cultur und ihre Ordnungen empört. Es sind grofse Naturgegensätze, die sich in diesen Erscheinungen aussprechen. Auf das höhere oder geringere Alter eines Volkes gestatten dieselben nicht einen Schlufs zu ziehen. Kein Volksleben auf italischem Boden steht dem samnitischen näher, als dasjenige der Ligurer und gerade in ihnen erkennen wir einen Stamm, der längst vor allen übrigen eingewandert war. Die Samniter liefsen sich nach ihrer Ursprungssage im Lande der Opiker nieder; Opiker hiefsen auch die Bewohner der Landschaft, welche seit 424 den Namen Campanien annahm. Es fragt sich nun, ob ein durchgreifender Unterschied zwischen einer älteren oskischen und einer jüngeren samnitischen Bevölkerung Unteritaliens anzunehmen, ob namentlich erst im 5. Jahrhundert Lucanien und Bruttium samnitisirt worden seien. Eine derartige Annahme wäre mit den hier vertretenen Sätzen unvereinbar, findet aber auch in anderen gewichtigen Umständen ihre Widerlegung.

Die Colonisirung der Küsten Siciliens und Unteritaliens ward den Hellenen vorzugsweise ermöglicht durch jene Schwäche und Isolirtheit, welche die vorhistorischen Perioden im Leben der Völker charakterisirt (S. 114). Die hellenische Herrschaft und Cultur hat auf die eingebornen Stämme in verschiedenem Grade eingewirkt. In Sicilien war die italische Nationalität vollständig isolirt; von den Küsten abgeschnitten und auf das Innere hingedrängt, wird sie hier schliefslich erdrückt. Die Sachlage wird durch das eine Factum genügend gekennzeichnet, dafs der siculische Dialekt sich nie zum Rang einer Schriftsprache erhoben hat. In Italien stellt sich das Verhältnifs anders und um so günstiger für die einheimischen Elemente, je weiter sie der Machtsphäre des Hellenismus entrückt liegen. Die Niederlassungen der Festlandsgriechen zerfallen in drei Hauptgruppen: im Südosten Tarent, im Norden die chalkidischen Städte Campaniens, dazwischen die Italioten. Die Geschichte der italischen Alphabete gewährt uns einen äufseren Anhalt, ihre Stellung zum Culturleben der Halbinsel kurz zu charakterisiren. Die Japygen haben ihre heimische Sprache geschrieben, aber mit dem Alphabet der Tarentiner (Kirchhoff, Studien z. Gesch. d. gr. AB. *. S. 104). Von den Chalkidiern haben die mittleren und nördlichen Landschaften die Schrift überkommen und in selbstständiger Weise ausgebildet. Es ist bekannt, dafs das oskische sowol als das umbrische Alphabet

aus dem etruskischen abgeleitet ward; aber wie und wo diese Ableitung erfolgte, steht nach den bisherigen Forschungen keineswegs fest.
Die Ansicht Mommsens, U. D. S. 25. 332, dafs die Umbro-Sabeller
vor ihrer Trennung ein eigenes Alphabet gehabt haben sollen, läfst
sich aus dem vorliegenden Material nicht beweisen und unterliegt
den mannigfachsten Bedenken. Vielmehr erscheint es bis jetzt als
weitaus wahrscheinlicher, dafs die Samniten durch ihre nächsten
Nachbarn, d. h. die Etrusker in Campanien die Buchstaben kennen
lernten. Insofern läfst sich aus der Aufnahme des Alphabets auf
die Zeit der sabellischen Wanderung kein Schlufs thun. Die oskische Nation hat gleich der sikelischen die überwältigende Macht des
Hellenismus an sich erfahren. In dem Gebiet der Italioten wird sie
völlig unterworfen. Wenn die Eingebornen den grofsen achäischen
Städten nicht abgelernt haben eine eigene Schrift zu gestalten, so
liegt darin der deutlichste Beweis, dafs diese südlichen Landschaften
in der Periode ihres höchsten Glanzes dem italischen Leben ent-
fremdet und ganz in den Kreis des Hellenentums gezogen waren.
Aber das Verhältnifs des Binnenlandes zur Küste war doch ein ganz
anderes als auf Sicilien; die Sikeler versuchten um die Mitte des
5. Jahrhunderts vergebens eine nationale Macht zu schaffen. Hier
gelang der Versuch. Gegen Ende des 5. Jahrhunderts beginnt eine
entschiedene Reaction des italischen Elements gegen das fremdlän-
dische. Sie trifft mit der allgemeinen Zerrüttung zusammen, welche
die gesammte hellenische Welt ergriffen hatte. So rasch die Colonien
emporgeblüht waren, von denen dereinst z. B. Sybaris über 4 italische Stämme und 25 Städte gebot, ebenso unerwartet und rettungs-
los trifft sie der Verfall.

Die Bezeichnung Oenotria und Oenotrer, welche von Herodot,
Antiochos, Sophokles und den älteren Schriftstellern als wirklicher
Volksname gebraucht wird, verschwindet fortan; an ihre Stelle treten
zwei neue Namen, der Lucaner und Brettier. Während der Kriege
Dionysius des älteren gegen die Italioten werden die Lucaner zum
ersten Mal erwähnt (Diod. 14, 91) [1]). Sie waren schon damals ein
mächtiger und gefürchteter Feind. Der Periplus des Skylax (c. 360)
dehnt sie über das ganze südwestliche Italien aus, kennt aber noch

1) Wenn das Zeugnifs des Polyaen 2, 10. 2 fg. verläfslich wäre, müfste
dieser Zeitpunct noch um ca. 30 Jahre (etwa 425) höher hinauf gerückt

nicht das Volk der Brettier. Letzteres bildete sich um 356 (Diod.
16, 15. Strab. 6, 255. Justin. 23, 1); die Erzählungen, welche hierüber
vorliegen, sind von den griechischen Berichterstattern gründlich entstellt worden, weil sie die einheimischen Sagen und die politischen
Vorgänge, die hierin ihren Ausdruck fanden, nicht begriffen. Die
drei angegebenen Versionen, so weit sie auch im Einzelnen von einander abweichen, stimmen doch in mehreren Grundzügen überein.
Vor allem sind es Hirten und Räuber, welche den Staat gründen.
Bei Justin heißen sie rechtmäßige Kinder der Lucaner, bei Diodor
und Strabo entlaufene Sklaven (κατὰ γὰρ τὴν τῶν ἐγχωρίων διάλεκ-
τον οἱ δραπέται βρέττιοι προσηγορεύοντο). Der Widerspruch löst
sich einfach, wenn man annimmt, daß die Brettier von den Lucanern als *ver sacrum* ausgesandt wurden. Es heißt, daß sie sofort
ihre Waffen gegen die Lucaner wandten; allein diese Feindschaft
zwischen beiden trotz der engen Verwandtschaft hat nichts Befremdendes. Vielmehr ward sie durch den natürlichen Lauf der Dinge
herbeigeführt: 80 Jahre nach der Eroberung Campaniens riefen die
hier ansässigen Samniten gegen das eigene Mutterland den Schutz
der Römer an Die Scharen, welche die italiotischen Städte schwächten
und dem langsamen Ruin entgegen führten, können aber weder in
Lucanien noch Bruttium ausschließlich oder vorzugsweise von Norden
eingewandert sein. In diesem Falle müßte gerade wie in Campanien das nationale Element weit stärker hervortreten. Allein nicht
nur blieb die griechische Sprache neben der oskischen im allgemeinen
Gebrauch (*bilingues Bruttates Ennius dixit, quod Bruttii et Osce et
Graece loqui soliti sint* Fest. p. 35), sondern die nationale Schrift ist
weder von den Brettiern noch den Lucanern überhaupt geschrieben
worden (Mommsen, U. D. 108). Auch die Tradition weiß von einer
Einwanderung von Norden aus Samnium her Nichts, und doch hätte sie
es schwerlich verschweigen können, wenn sich ein ähnlicher Heer-
zug über Oenotrien ergöß, wie er Etrusker und Hellenen in Cam-
panien traf. Endlich kommt ein Drittes hinzu: das Gebirgsland von
Samnium gravitirt gegen die reichen Küstenebenen Campaniens und
Apuliens, auf sie münden seine sämmtlichen Flüsse. Südlich vom
Golf von Neapel durchschneidet ein Querzug die Längenaxe des Apen-
nin; sein Lauf wird charakterisirt durch eine Reihe seinem Fuß im
Norden vorgelagerter Vulkane. Dies Gebirge scheidet Oenotrien oder
Lucanien von Samnium. Es ist ein anderes Land und eröffnet seinen
Bewohnern neue Gesichtskreise. Die Flüsse fließen in den Tarentiner

Busen als das gemeinsame Centrum, von welchem aus das Binnenland seine Anregungen und Aufgaben zugestellt bekommt. Wenn
man den Umfang und die Gestaltung dieses Binnenlandes überblickt,
so begreift sich vollkommen, wie im Unterschied von Sicilien die
italische Nation auf den Bergen und in den gedeckten Thälern der
Basilicata und Calabriens ihre politische Unabhängigkeit retten und
von der hellenischen Cultur gestärkt aber nicht erdrückt, zu günstiger Zeit mit Ueberlegenheit den Angriffskrieg gegen die fremden
Ansiedler aufnehmen konnte. Es begreift sich nicht, was die Völker
des eigentlichen Samnium über die grofse Gebirgsscheide, welche die
Natur zwischen ihnen und ihren lucanischen Stammverwandten auf-
gerichtet, hätte hinüber führen sollen zu einem aussichtslosen Kampf
um ein geringes Ziel, während die Schätze der apulischen und campanischen Ebene so nahe und so verlockend sich ihren Augen dar-
boten. Man kann die Verhältnisse der vorhistorischen Zeit nicht
einfach genug und gebunden an die Bedingungen denken, welche
die Natur selber gestellt hat. Ein wanderndes Volk nimmt das Land
in Besitz, das ihm zufällt, guten Boden wie schlechten; aber sowie
es seinen nationalen Zusammenhang in staatliche Individuen aufgelöst hat, beginnen die Atome unabhängig von einander ihre eigene
Bewegung. Davon soll im nächsten Kapitel gehandelt werden. Die
angeführten Gründe werden genügen, um die hier vertretene Ansicht, dafs die sabellische Wanderung vor die hellenische Colonisation fällt, zu belegen. Die Eroberung Campaniens durch die Samniten, die Bildung der lucanischen und brettischen Eidgenossenschaft
und ihr Vordringen gegen die Küstenstädte sind nicht als letzte
Ausläufer dieser Wanderung aufzufassen, sondern auf den Gegensatz
von reichen civilisirten Küstenstrichen und rohen, zurückgedrängten,
volksreichen Gebirgsstämmen zurückführen. Es giebt im Grunde
nur ein einziges Moment, welches zu Gunsten der bekämpften Ansicht geltend gemacht werden kann, nämlich der Namenwechsel.
Allein an der Identität der Italer und Brettier, der Oenotrer und
Lucaner darf die Verschiedenheit der Namen nicht irre machen.
Denn sie sind sich nahe verwandt: wie die Italer oenotrischen,
so sind die Brettier lucanischen Stammes; die Grenze, welche Antiochos bei Laos für Italia ansetzt, hat auch in späterer Zeit die
Landschaften Brettium und Lucanien getrennt. Wenn die Hellenen
fortan die einheimischen Stammesbezeichnungen brauchen, so spricht
sich eben hierin die ganz veränderte Stellung der beiden Nationen

zu einander aus. Die zurückgedrängten unterjochten Eingebornen sind eine gefürchtete politische Macht geworden. Der gröfste Monarch des Westens verschmäht ihr Bündnifs nicht, um die Kraft der italiotischen Freistaaten zu brechen.

Unsere Erörterung ist damit zu ihrem Ausgangspunct zurückgekehrt, dem Versuch eine Erklärung des Namens Italien zu finden. Unter den Benennungen der italischen Völkerschaften ist eine grofse Anzahl nach Landesgöttern gebildet. Als Söhne des Mars bezeichnen sich *Marsi* und *Marrucini* (Corssen Beitr. S. 404), ferner die *Mamertini*, welche kurz vor den punischen Kriegen Messana eroberten (Fest. p. 158). *Picentes* heifsen nach dem Specht, *Hirpini* nach dem Wolf, heiligen Thieren des Mars, welche ihre Züge in das verheifsene Land geleiteten (Strab. 5, 240. 250). *Vestini* sind schwerlich etwas Anderes als Kinder der Vesta. *Lucani* bezieht Mommsen U. D. 143. 274 mit grofser Wahrscheinlichkeit auf Lucetius d. h. Jupiter. Ebenso wird auch *Aurunci* oder *Ausones* zu fassen sein als Söhne der Sonne (*Aurora, aurum, Auseli* Fest. p. 23, vergl. Curtius Gr. Etym. ². 357). Ich übergehe die Städtenamen, bei denen die nämliche Erscheinung wiederkehrt, obwol eine Menge und wol überhaupt die Mehrzahl der Ortschaften natürlichen Bedingungen ihre Bezeichnung verdanken. Das letztere Princip hat bei Völkern eine weit seltnere Anwendung gefunden. *Campani* nennen sich die Samniten der Ebene zum Unterschied von denjenigen des Hochlands. Umgekehrt *Hernici*. Abkömmlinge der Marser, die Bergbewohner (Schwegler 1, 181). Endlich *Brettii* nach der S. 127 angeführten Erklärung die Flüchtigen ¹). In allen drei Fällen betont der Name das Verhältnifs zu dem Stammvolk, von dem die neue Gründung ausgegangen ist. Die bisher angeführten Namen gehören den in historischer Zeit bekannten Zweigen des sabellischen Stammes an. Der Umstand, dafs sie sich ohne Schwierigkeit erklären lassen, deutet auf eine jüngere Bildung; denn z. B. *Umbri* und *Latini* sind noch nicht in befriedigender Weise ermittelt worden.

Gehen wir auf die bei den älteren Griechen so viel gebrauchten Bezeichnungen über, so sind dieselben ohne Frage nach der oben

---

1) Eine merkwürdige Uebereinstimmung mit der brettischen Ursprungssage zeigt diejenige der Balarer auf Sardinien: Pausan. 10, 17. 9 *Βαλαροὶ τὸ ὄνομά ἐστιν αὐτοῖς κατὰ γλῶσσαν τὴν Κυρνίων· Βαλαροὺς γὰρ τοὺς φυγάδας καλοῦσιν οἱ Κύρνιοι.*

angeführten Analogie zu fassen. Man deutet *Siculi* und *Sicani* als Schnitter, *Opsci* als Feldarbeiter (Mommsen R. G. 1⁴, 21)[1]), in dieser Formulirung nicht ganz correct. Preller Myth. 418 hat richtig erkannt, daß beide Benennungen zu Ops und Saturn in enger Beziehung stehen. Die einen sind Söhne der Ops (doppelte Bildung *Opicus* und *Opiscus*, die erste gr. Ὀπικός, aus der letzteren contrahirt *Opscus* und *Oscus*); die anderen des Saturn. Während im Lateinischen *Saeturnus* der belebende Saatengott (skr. *Savitar* die Sonne als Erzeuger s. O. Meyer, quaest. Hom. p. 8 Bonn 1868) hervortritt, so läßt sich vermuten, daß er im Sikelischen als Schnitter oder Winzer bezeichnet ward; denn die Sichel ist sein gewöhnliches Attribut. Dieselbe Gottheit, aber mit anderem Namen, findet sich bei den *Sabini* oder *Samnites*. Ihr Stammvater ist nach Cato's Zeugniß (Dion. 2, 49, Preller Myth. 637) *Sabus*, der Sohn des Semo Sancus oder Dius Fidius; davon abgeleitet *Sabini* osk. *Safineis*, als zweite Form *Sabelli*, als dritte von der neben *Sabus* vorkommenden Form *Sabinus Sabin-ites*, woraus wegen der nahen Verwandtschaft von *b* und *f* gr. Σαυνῖται, lat. *Samnites* mit einem Umschlag der Labialis vor *n*, der sich auch sonst nachweisen läßt (Schwegler 1, 180 An. 9). Alle drei Formen finden sich unabhängig und neben einander im Gebrauch; die *Samnites* sind also durchaus nicht die Abkommen der *Sabini*, wie man sie erklärt hat, sondern vielmehr des *Sabinus*. Jene Deutung würde völlig ohne Analogon in der italischen Namengebung dastehen. Wir sahen S. 114, daß *Sabini* und *Oenotri* gleichbedeutend und daß Sabus als Erfinder des Weinbaus galt. Dies ist alles, was wir aus den spärlichen Trümmern der italischen Mythologie über den Stammgott des größten Volkes der Halbinsel entnehmen können. Doch läßt sich derselbe auf anderen Wegen weiter verfolgen. Dem Namen wie dem Begriff nach ist Sabus identisch mit dem Σάβος oder Σαβάζιος, welcher besonders in Thrakien und Phrygien heimisch, dem Dionysos am Meisten entspricht, aber auch als Zeus angerufen wird. Zeus und Dionysos sind Differenzirungen aus derselben Wurzel und wie letzterer zum Sohn des Zeus gemacht wird, so heißt auch Dius Fidius Vater des Sabus. Lassen, Zeitschr. d. morgenl. Gesellsch. 10, 370 erklärt Σαβάζιος vom skr. *sabháj* verehren, also der Verehrungswürdige und so kommt schließlich die

---

1) Ders. Unt. Dial. 307 erklärte Osker als die Werkleute oder Burgenbauer.

Ableitung der Sabiner ἀπὸ τοῖ σέβεσθαι (S. 114 An.) auch zu ihrem Recht. Den Latinern fehlt der Namen, doch lassen sich ähnliche Verhältnisse auch hier nachweisen. Die Weinfeste, drei an der Zahl, legt der Kalender des Numa dem Jupiter bei. Daneben findet sich ein eigener Weingott, der Liber Pater; der capitolinischen Trias steht die Trias Ceres, Liber, Libera gegenüber. Ihr Tempel, am Circus gelegen, ist der Mittelpunct und das Haupttheiligthum der plebejischen Gemeinde Roms. Der Liber Pater war eine der gefeiertsten Gottheiten Altitaliens; er galt als Repräsentant der bürgerlichen Freiheit. Auf einigen Inschriften, welche der sabinischen Hälfte Italiens angehören (Preller Myth. 174), erscheint ein Jupiter Liber und wir werden später einen sicheren Beweis erhalten, dass er in der oskischen Stadt Pompeji den höchsten Gott darstellte (Kap. 7, Jupitertemp.). Vielleicht ist dieser Jupiter Liber geradezu mit Sabus identisch.

Wie die Picenter von dem Specht, die Hirpiner von dem Wolf, Bovianum, die Landeshauptstadt Samniums, von dem Stier, so ist auch das Land Italien von dem Stier benannt, der die Sabiner einst auf die brettische Halbinsel führte. Wenn der Name in älterer Zeit an diesem Theil vorzugsweise haften blieb, so war dies im Grunde ein äußerer Zufall. Es mag sein, wie Antiochos erzählt, daß dereinst ein Volk der Italer von den Gefilden Metaponts bis zum Flusse Laos saß und sich als »Stierlinge« bezeichnete, den »Wölflingen und Spechtlingen« analog. Aber, wie schon die samnitische Sage beweist, war die hier zu Grunde liegende Anschauung über den ganzen Umfang des sabinischen, vielleicht selbst des italischen Stammes verbreitet. Den nächsten Beweis hierfür findet man in den Münzen. Eine sehr häufige Volksmünze der Brettier zeigt auf dem Avers den Kopf einer geflügelten Nike, auf dem Revers neben der Schrift Βρεττίων einen nackten Mann mit Stierhörnern, in der linken Hand die Lanze, über dem Arm die Chlamys, mit der Rechten sein Haupt bekränzend [1]).

---

1) Eckhel D. N. 1, 167, Mionnet 1, 180 u. a. Cavedoni bei Carelli p. 95 denkt an einen Flußgott oder Pan, den Schutzgott der Hirten. Daß derselbe aber wirklich Hörner hat, wie Cavedoni nur mit gewissem Widerstreben zugiebt, kann ich nach einem mir vorliegenden Exemplar bestätigen. Ob das ihm zur Seite befindliche Gerät eine Wagendeichsel oder Candelaber oder Dreifuß sei, ist zweifelhaft; Cavedoni neigt sich der ersten Annahme zu, sieht übrigens hierin nur das Wappen des Magistrats ohne Beziehung auf die Hauptdarstellung.

Nach Eckhels Vorgang erklärt man die Figur als Bacchus. Offenbar wäre es correcter, sie auf Italus, den vergötterten Stier, den Heros und Eponymos des Landes zu beziehen. Dies führt uns zu der viel besprochenen Controverse über den Stier mit dem Menschenantlitz auf den süditalischen und sicilischen Münzen. Der Typus kommt im Wesentlichen übereinstimmend als schreitender Stier mit Menschenantlitz vor: auf den mit oskischer Aufschrift versehenen Münzen von Allifae, der Campani, Capua, Compulteria, Larinum, Malies, Phistelia, Teanum Sidicinum, Teate, Uria; ferner auf den Münzen mit lateinischer Aufschrift von Aesernia, Cales, Cora, Suessa; endlich auf den griechischen Münzen von Arpi, Kyme, Laos, Metapont, Murgantia, Neapolis, Nola, Poseidonia, Sybaris; desgleichen in Sicilien in Agyrion, Alontion, Entella, Gela, Himera, Katane, Megara, Selinus, Syrakus, Tauromenion. Ein langer Streit ist über die Deutung des Typus geführt worden [1]): die Einen (Eckhel, Avellino, Creuzer) erkannten in ihm Dionysos, die Anderen (Torremuzza, Millingen) den Acheloos. Die letztere Ansicht stützte sich auf die gewichtigsten äußeren Gründe: der Typus kehrt auf akarnanischen Münzen wieder ausdrücklich diesem Fluß beigelegt; auf einer Münze von Metapont erscheint Acheloos als bärtiger Mann mit Stierhörnern durch Beischrift gekennzeichnet; ferner speit der Stier auf einer Münze von Alontion Wasser. Dazu ist neuerdings eine neapolitanische Münze gekommen: der Stier (das häufigste Zeichen dieser Stadt) auf Wogen schwimmend und Wasser speiend (Minervini Bull. Nap. N. S. 1, 57). Der Herausgeber macht zugleich mit Recht darauf aufmerksam, daß der Stier in vielen Fällen nicht schreitend oder sich legend dargestellt ist, sondern vielmehr schwimmend; wodurch seine enge Beziehung zum Meere neue Bestätigung erhält. Diesen Thatsachen gegenüber muß die Deutung auf Dionysos entschieden aufgegeben werden und, soweit ich sehe, wird die Figur jetzt allgemein auf Acheloos bezogen. Die schwierige Frage, auf welche Umstände eine so allgemeine Verehrung desselben zurückzuführen, und ob nicht die Westhellenen darin durch landläufige Anschauungen beeinflußt worden sind, kann hier nicht erwogen werden. Aber in jedem Fall wird die herrschende Ansicht in ihrer Allgemeinheit einiger Einschrän-

---

1) Sie ist zuletzt behandelt von Franz Streber Abhandl. der Münchner Akad. phil.-philol. Classe 2, 453 fg. 1837, auf den ich wegen der älteren Literatur verweise.

kung bedürfen. Denn es erscheint in höchstem Grade unwahrscheinlich, daß der akarnanische Flußgott einer so verbreiteten Verehrung
unter den Eingebornen Italiens genossen haben soll, wie man aus
dem vorliegenden Thatbestand würde schliefsen müssen. Die Lösung
liegt nahe, daß die Italiker zwar den Hellenen ihre Münzbilder ent-
lehnten, aber darum durchaus nicht gebunden waren, die nämlichen
Vorstellungen damit zu verknüpfen wie ihre Lehrmeister. Der Stier
mit dem Menschenantlitz findet sich nur in Süditalien; aber ohne
Zweifel steht er in nahem Bezug zu dem Stier, der auf älteren Münzen
von Rom vorkommt. Auch fehlt der Mannstier den Römern selbst
nicht; unter den alten Feldzeichen nimmt er nach Adler und Wolf die
dritte Stelle ein (Plin. N. H. 10, 16). Auf die Stammsage der Samniten,
auf die vielen Städte, welche vom Stier den Namen führen, und seine
Bedeutung bei der Stadtgründung ward S. 57 aufmerksam gemacht.
In den Prodigien tritt kein Thier so sehr hervor. Niebuhr, R. G. 1,
17 hat gelegentlich die Vermutung ausgesprochen, der Stier mit dem
Menschenantlitz sei Italus: ähnlich vor ihm andere Gelehrte darin
ein Symbol des Ackerbaus erkannt. Dies erscheint in der That durchaus das Richtige. Eine Göttin *Vitula* oder *Vitellia* war vieler Orten
verehrt (Suet. Vitell. 1) und von den Alten als Victoria erklärt (Macrob. Sat. 3, 2. 13. Preller, Röm. Myth. 358). Wir haben in ihr
die Begleiterin und Gemahlin des Italus zu erkennen, wie sie denn
Sueton als solche Faunus dem König der Aboriginer beilegt; auf
den Münzen würde sie der fliegenden Victoria entsprechen, welche
das Haupt des Stieres bekränzt.

Diesen Betrachtungen liegt es fern, die Stellung und Wandlungen, welche die einfachsten und ältesten Symbole im Glauben der
Völker durchmessen haben, näher zu verfolgen. Wolf und Stier
waren den Latinern so gut heilig wie den Samniten: der eine das
Sinnbild von Streit und Kampf, der andere das Sinnbild der blei-
benden Gründung, beide in den Anfängen eines Volkes unzertrenn-
liche Genossen. Dann bei der Spaltung der Stämme sind sie aus
einander gegangen und haben auf Leben und Tod gerungen. Der
Stier von Samnium hat die römische Wölfin nicht erdrückt, noch
heute unter anderem Feldgeschrei der alte Kampf, und besorgt wie
in den Tagen des marsischen Kriegs ruhen die Blicke auf dem Ausgang. Rom war zu etwas Höherem bestimmt, als die Hauptstadt
der Apenninhalbinsel zu werden, aber ebenbürtig ist das Land an
seine Seite getreten. Italien ist das Land des Stieres nicht in dem

gewöhnlichen Sinne von Rinderreichtum, es ist das Land des Ackerbaus und — was damit im nächsten Zusammenhang steht — der
Städtegründung, das Land der Cultur. Eine schöne Fügung hat
ihm eine Benennung verliehen, welche seiner Bedeutung in der Geschichte der Menschheit so durchaus und so vollkommen entspricht.

Die italischen Völker sind von dem höchsten Gotte oder dessen
Repräsentanten benannt worden. Aber ob dieser Gott nun Picus
oder Mars, ob Saturnus oder Sabus heißt, seine Eigenschaften und
Attribute sind im Wesentlichen dieselben. Er hat den Acker- und
Weinbau erfunden und damit ein seßhaftes, gesittetes Leben eingeführt. Wenn Saturnia von den römischen Dichtern als alter Landes-
name aufgezählt wird, so drückt derselbe nichts Anderes aus wie
Oenotria und Italia. Diese nahe Verwandtschaft in den Anschauungen und Göttern der verschiedenen Völker bestätigt von Neuem,
daß die Differenzirung erst nach der Besitznahme der Halbinsel be-
gonnen und auch dann nicht bis zu dem Grade fortgeschritten ist,
welcher die griechischen Stämme scheidet. Die Einförmigkeit und
Einerleiheit, welche den Hauptzug in der Configuration des Landes
bildet, wiederholt sich in der Ausprägung der Stammesindividuali-
täten. Daneben gestatten die Ursprungssagen auch einen Schluß
auf die Gestaltung der natürlichen Verhältnisse zu thun, welche die
Italiker bei ihrer Einwanderung vorfanden. Wenn der Ackerbau an
die Spitze aller staatlichen und menschlichen Entwicklung gestellt
wird, so liegt hierin nichts specifisch Italisches. Die nämlichen Anschauungen kehren bei den Hellenen wieder, ja auch in dem iberischen (keltischen?) Mythos von Habis, der zum Erfinder des Ackerbaus gemacht wird. Seine Einführung liegt jenseit der Spaltung
der südeuropäischen Stämme. Das Gleiche gilt vom Weinbau; die
phantastischen Mythen der Griechen, der Umstand, daß die Graeko-
italiker ihn auf ihren höchsten Gott zurückführen, lassen aus weiter
Ferne ahnen, welche Aufregung, welcher Jubel und Gegensatz durch
die Bekanntschaft mit dem Wein unter den Menschen verbreitet
worden ist. Mit Pflug und Zugstier, mit Rebe und Winzermesser
ausgerüstet, überschritten die Italiker die Alpen. Wenn sie diese
Gaben immer von Neuem als das Höchste hinstellen, das ihnen die
Gottheit verlieh, so legt dieser Umstand die Vermutung nahe, daß
die Stämme, welche sie hier vorfanden, eine niedrigere Stufe der Cultur
einnehmend, den Feldbau vielleicht erst in seinen Anfängen kannten.
Die historische Geographie vermag das Bild etwas weiter auszuführen.

Der ungeheure Abstand zwischen dem heutigen Italien und der Zeit höchster Blüte im ersten Jahrhundert unserer Zeitrechnung ist zum grofsen Theil durch Entwaldung herbeigeführt worden. Seitdem die Abhänge des Apennin statt kräftigen Eichwald nur nacktes Steingeröll aufweisen, hat die Schiffbarkeit der Flüsse, die Temperirung der Sommerhitze und die Culturfähigkeit grofser Landstrecken aufgehört. Dionys 1, 37 pries die Eichenwälder Italiens πάντων δ' εἰσὶν οἱ δρυμοὶ θαυμασιώτατοι περί τε τὰ χρημνώδη χωρία καὶ τὰς νάπας καὶ τοὺς ἀγεωργήτους λόφους; ebenso Strabo 5, 222. 228. 261; Polybios 2, 15 erzählt, dafs die Eichelmast der Poebene genügte, um die ganze Halbinsel mit Schweinen zu versorgen. Noch im Häuserbau aus der letzten Zeit Pompejis ist das Holz in einer Ausdehnung verwandt worden, welche nach den Preisverhältnissen der Gegenwart ganz unmöglich sein würde. Im Verlauf der römischen Geschichte hat die Volksvermehrung und die Steigerung der Cultur den Wald immer weiter beschränkt. Wie das heutige Deutschland zum Anfang unserer Zeitrechnung, so mag sich ungefähr das augusteische Italien zu der Periode der italischen Einwanderung verhalten haben. Die Natur des Landes bedingt das Verständnifs der ältesten Geschichte und Verfassung. Der bestellte Acker ist dem Urwald durch die Axt abgewonnen. In Lichtungen richtet sich der Staat mit seinen Ordnungen ein, gegen seine Nachbarn, Stammesgenossen wie Stammfeinde, durch mächtige Waldungen abgesondert. Der Ciminische Wald, wie Livius 9, 36 ihn beschreibt, stellt eine derartige alte Völkergrenze dar (vgl. Rudorff, grom. Inst. 260 fg.). Silvanus ist der Gott der Grenze; bis in die späteste Zeit haben sich die Anschauungen des alten Waldlebens erhalten, auch nachdem die Wälder bis auf vereinzelte Baumgruppen um die Heiligtümer der Grenzgötter herum zusammengeschmolzen waren. Die räumliche Trennung ist das notwendige Postulat, um die Isolirung und Schwäche, welche nach Thukydides die wesentlichsten Kennzeichen der vorhistorischen Epoche ausmachen, zugleich auch die italische Verfassung und ihre Entwicklung zu begreifen.

Kapitel V.

Grundzüge der italischen Verfassung.

Der Ursprung des Staats gehört zu denjenigen Fragen, welche sich immer von Neuem gebieterisch aufdrängen, obwol jeder Versuch sie aufzuklären ihre Lösung in immer weiterer Ferne erscheinen läfst. Ist der Staat, wie Aristoteles will, φύσει aus einer notwendigen Erweiterung der Familie hervorgegangen? oder haben Plato, Polybios, Hobbes, Rousseau und andere Politiker Recht, wenn sie ihn zurückführen auf einen Beschlufs der versammelten Menge, auf einen einzigen schöpferischen Act? Die Betrachtung des italischen Staats lehnt sich passend an diese grofse Controverse an; sie löst sie in ihrer Weise, indem sie auf die Frage eine zwiefache und scheinbar sich direct widersprechende Antwort giebt. Seinem Organismus nach ist der Staat mit dem Hause so eng verwandt, dafs man ihn ein vergröfsertes Abbild desselben nennen kann. Seine Genesis dagegen zwingt uns eine θέσις, einen einzigen Schöpfungsact vorauszusetzen. Gehen wir aus von der Sage. Die Gründungssagen der Hellenen und Italiker sind auch weiter Nichts als Speculationen über den Ursprung des Staats; in einem Zuge gleichen sie sich alle in auffallender Weise, nämlich darin, dafs dem Staat ein völlig ungeordneter, sittenloser, chaotischer Zustand vorhergeht. So in Sparta vor der Verfassung Lykurgs (Thuk. 1. 18. Herod. 1, 65), in Athen vor der solonischen. Nicht anders in Italien: König Italus, welcher die umherschweifenden Oenotrer den Ackerbau lehrt, in staatliche Ordnungen einfügt und ihnen Gesetze giebt (S. 111), Caeculus, der Gründer von Praeneste und vor derselben Anführer von Räubern

(Serv. Aen. 7, 678), Romulus, der mit Hirten und Räubern seine
Stadt erbaut: sie alle repräsentiren den nämlichen Typus. Mommsen,
R. G. 1⁴, 21 meint, es gehöre zum sagenwidrigen Charakter der so-
genannten römischen Ursprungssage, dafs darin ein städtegründendes
Hirten- und Jägervolk auftritt (vgl. S. 469), während doch umgekehrt dieser Zug auf unvordenkliches Alter zurückweist. Er kehrt
wieder in der Entstehungssage der Brettier, welche aus Hirten und
Räubern zusammengelaufen sind, aber auch in der Legende des lusi-
tanischen Habis, der unter den Thieren des Waldes aufgewachsen,
den Ackerbau und die Ordnungen der Cultur feststellte. Auch entspricht die Vorstellung eines unstäten Hirten- und Räuberlebens vollkommen den natürlichen Bedingungen der ältesten Zeit; der Wald bot
den heimatlosen Scharen Schutz, ihren Heerden Unterhalt, bis sich die
günstige Gelegenheit bot eine bleibende Stätte zu gründen, und nachweisbar sind die italischen Staaten durch derartige Scharen geschaffen
worden (S. 156). Wenn die Formulirung der Stammsagen wie z. B.
der brettischen noch im 4. Jahrh. den natürlichen Bedingungen wie
den Anschauungen der Menschen entsprechen konnte, so reicht doch
ihre Entstehung in die fernste Urzeit zurück. Das Volk kümmert
sich nur um die eigene Geschichte und überträgt auf die eigenen
Anfänge, was es aus alter Ueberlieferung bewahrt hatte. Deshalb
beginnt jede Volksgeschichte unabhängig von der anderen mit der
Einrichtung von Ackerbau und Cultur, jenseit liegt ein wildes Chaos,
die Not hat zur Schöpfung des Staates geführt. Die Sage bekennt
sich somit entschieden zu der nämlichen Auffassung, welche Thukydides und Polybios ausgesprochen haben: das *bellum omnium contra
omnes* wird beendet durch den Staat. Auch die Geschichte der einzelnen Städte für sich führt zum gleichen Resultat, insofern dieselben
nicht im langsamen Verlauf der Jahrhunderte dem Boden entwachsen, sondern mit einem Schlage an einem einzigen Tage geschaffen werden. Diesen Thatsachen gegenüber kann es durchaus
nicht gebilligt werden, wenn man annimmt, Geschlecht und Staat
seien factisch aus dem Hause hervorgegangen. Das älteste italische
Haus kann gar nicht für sich allein stehend gedacht werden, weil es
auf rechter Ehe beruht, und noch weniger sich fortpflanzen, ohne mit
anderen Häusern in einer weiteren sacralen Gemeinschaft zu stehen.
Umgekehrt ersehen wir, dafs auch die Verwandtschaftsverhältnisse
künstlich geschaffen werden. Der Stadtgründer kann die haus- und
geschlechtslosen Massen sondern und jedem Einzelnen erklären, der

ist Dein Bruder und jener Dein Sohn; er kann aus dem Chaos zusammengelaufener Menschen Häuser, Geschlechter und Stämme schaffen und diese gemachten Verhältnisse haben fortan dieselbe Gültigkeit wie die natürlichen. Also werden in historischer Zeit Staaten gegründet, also erneuert sich das Haus, um sein Aussterben zu verhindern, durch Adoption. Aber freilich ist das Urbild, nach dem dergestalt verfahren wird, nicht erkennbar und die Politik muß dem unendlichen und unlösbaren Problem gegenüber darauf verzichten, das Verhältniß der $\vartheta\acute{\varepsilon}\sigma\iota\varsigma$ zur $\varphi\acute{\upsilon}\sigma\iota\varsigma$ bestimmen zu wollen. Die Speculation hat um so mehr Grund sich zu bescheiden, wenn sie die historischen Bedingungen, auf denen die italische Verfassung ruht, ins Auge faßt; denn sie ist nichts weiter als eine Tochter der indogermanischen und auch diese ohne Zweifel auf eine ältere Einheit mit der semitischen zurückzuführen. Jedoch beantwortet die italische Politik die Frage nach dem Ursprung des Staats in einer ihren Zwecken vollkommen genügenden Weise, indem sie die Gegensätze durch eine höhere Einheit vermittelt. Eine jede $\vartheta\acute{\varepsilon}\sigma\iota\varsigma$, der Eingriff in den natürlichen Gang der Dinge wird nur gestattet, wenn der Ratschluß der Götter befragt, ihre Zustimmung eingeholt ist; deshalb kann auch der Staat nicht ohne ihre Mitwirkung gegründet werden. Die Götter selbst, wie Jupiter, Mars, Picus, stellen sich an die Spitze des Unternehmens als Herren und Väter des Volkes oder sie zeugen mit sterblichen Frauen einen Sohn, der den hohen Schicksalsschluß auszuführen bestimmt ist; solcher Göttersöhne nennt die römische Geschichte Romulus, Servius Tullius, Julius Caesar und Augustus. Dergestalt sind die Ordnungen des Staates durch einen directen Willensact der Gottheit hervorgerufen und sanctionirt. Dies ist der Fundamentalsatz der italischen Politik und auf ihn muß auch der Versuch in den Organismus des Staates einzudringen sich gründen. Unsere Betrachtung knüpft an die im 1. Kap. dargelegte Bedeutung des Templum an und beginnt mit der Grundform des Staates d. h. dem Hause.

Das altitalische Haus zeigt in seinem Grundplan den nämlichen fest ausgeprägten Schematismus, den wir in Lager und Stadt vorgefunden haben [1]). Je nach Stand und Reichtum des Besitzers mag

---

1) Die folgende Charakteristik, zu deren Erläuterung der Plan III beigefügt ist, muß in diesem Zusammenhang als gegeben vorausgesetzt werden. Sie ist das Resultat einer längeren Untersuchung, die demnächst bei anderer

die Größe wechseln, die Ausschmückung desselben eine reichere sein, aber im Großen und Ganzen wohnt der König nicht anders als der Ratsherr und Bürger. Das Haus bildet ein Rechteck, dessen Breite zur Länge sich etwa wie 4 : 5 verhält. An die Hinterseite schließt sich ein kleiner offener Hofraum (*hortus*), der auf die hintere Straße mündet. Das Ganze ist nach allen Seiten vollständig abgeschlossen, vorn und hinten an die Straße grenzend, von den Nachbarn aber durch einen freigelassenen Raum von 2¹/₂' Breite (*ambitus*) getrennt[1]). Selbst nach der Straße zu wird der Uebergang durch das Trottoir vermittelt; im Unterschied von dem eigentlichen Fahrdamm hat das Haus ein gewisses Anrecht an die Benutzung des Trottoirs, auch ist dasselbe in Pompeji vor den einzelnen Häusern in verschiedener und ganz abweichender Weise gepflastert. Haus und Hof sind nach allen Seiten durch hohe Mauern von der Außenwelt abgeschieden; nur die Thür vermittelt den Verkehr, Fenster nach unserer Art sind unbekannt, nur hier und da schmale Mauerspalten, welche keinen neugierigen Blick von Außen einlassen. Man nannte in späterer Zeit, als vielfach andere Sitte Eingang gefunden hatte, ein solches Haus sehr passend *insula* (Festus p. 111 *insulae dictae proprie, quae non iunguntur communibus parietibus cum vicinis, circuituque publico aut privato cinguntur; a similitudine videlicet earum terrarum, quae fluminibus ac mari eminent, suntque in salo*).

Das ältere Haus kennt nur ein Erdgeschofs. Die Mitte desselben wird durch einen saalartigen, größtentheils bedeckten Hof eingenommen, der durch eine Oeffnung in der Decke (*compluvium*) Licht und Luft erhält und an die einzelnen Gemächer vermittelt. Dieser Hof heifst *atrium* oder *cavum aedium* (Varro LL. 5, 161 *cavum aedium dictum qui locus tectus intra parietes relinquebatur patulus, qui esset ad communem omnium usum*)[2]). Um das Atrium liegen 12 Zimmer, 3 an jeder Seite; davon ist das mittlere immer das gröfste mit Ausnahme der Eingangsseite, wo in der Mitte der

Gelegenheit in aller Ausführlichkeit, welche der hochwichtige Gegenstand verdient, dargelegt werden wird.

1) Fest. p. 5 *ambitus proprie dicitur circuitus aedificiorum patens in latitudinem pedes duos et semissem in longitudinem idem quod aedificium.* Die Breite war durch das Zwölftafelgesetz sanctionirt (s. Schoell fr. p. 186).

2) Beide Ausdrücke sind fast gleichbedeutend; der Unterschied beruht darin, dafs Atrium das Compluvium einschliefst, das Cavumaedium nur den bedeckten Raum begreift.

kleinere Vorplatz (*vestibulum*) liegt. Von den 12 Zimmern sind 8 vollständig isolirt, 4 dagegen ergeben sich als blofse Erweiterungen des Atriums, nämlich aufser dem Vestibulum das ihm gegenüber befindliche *tablinum*, das Hauptzimmer des ganzen Hauses, welches seinen Namen daher führt, dafs es nur durch eine Bretterverschälung, die jeder Zeit sich fortnehmen läfst, von dem Hortus getrennt ist, und endlich rechts und links ein kleiner Flügel (*ala*). Dafs aufser diesen 4 benannten auch die 8 übrigen bestimmte Namen geführt haben, ersieht man aus Varro I.L. 5, 162 *circum cavum aedium erant unius quoiusque rei utilitatis causa parietibus dissepta: ubi quid conditum esse volebant, a celando cellam appellarunt; penariam, ubi penus, ubi cubabant, cubiculum, ubi coenabant, coenaculum vocitabant*; doch ist es im Einzelnen nicht mehr möglich diese Namen zu fixiren. Der durch das Compluvium einfallende Regen wird von einem kleinen Bassin (*impluvium*) aufgenommen. An dem Impluvium befindet sich zugleich der Brunnen; denn das Regenwasser wird in einer unterirdischen Cisterne gesammelt. Den Heerd wird man wahrscheinlich im Tablinum anzusetzen haben. Aufser der Hauptthür, welche auf das Vestibulum mündet, führt auch aus dem Hortus eine Hinterthür auf die Gasse, welche in den plautinischen Comödien eine wichtige Rolle spielt.

Die Inhaberin des Hauses ist die *familia*, die Hausgenossenschaft (über die Ableitung vgl. Corssen, Krit. Beitr. S. 184), welche gelenkt wird vom *paterfamilias* gleich wie der Staat vom König. Die Uebereinstimmung in der Oekonomie von Haus und Stadt ist oftmals im Einzelnen hervorgehoben worden und kann daher als bekannt übergangen werden. Aber besondere Beachtung verdient die Analogie, welche sich auch auf das Local erstreckt. Wie das Haus von der Aufsenwelt abgesondert und durch seinen Ambitus isolirt ist, so die Stadt durch Mauer und Pomerium. Das Haus hat 12 Zimmer. Wir sahen S. 70, dafs Pompeji seiner Limitation nach in 12 Abschnitte zerfiel, die wir Cohorten benannten. Mantua war in gleicher Weise disponirt; Vergil Aen. 10, 201 singt von seiner Vaterstadt:

Mantua dives avis, sed non genus omnibus unum:
gens illi triplex, populi sub gente quaterni,
ipsa caput populis, Tusco de sanguine vires.

Der Scholiast erklärt ganz richtig *quia Mantua tres habuit populi tribus, quae et in quaternas curias dividebantur.* Wie die 12 Curien

den Zimmern, so entspricht dem *hortus*, der für allerhand grobe
Verrichtungen des Hauses diente, in der Stadt das *forum boarium*:
in Rom lag dasselbe aufserhalb des ältesten Mauerrings, in Pompeji
(wie man den im vorigen Jahrhundert ausgegrabenen und nach da-
maliger Sitte wieder verschütteten Platz mit allem Recht benannt
hat) in dem abgelegenen Stück beim Amphitheater. Noch deutlicher
springt die Analogie zwischen dem Atrium (*locus patulus qui esset
ad communem omnium usum*) und dem Forum hervor.

Forum ist nach Isidor 18, 15. 1 *exercendarum litium locus a
fando dictus*. Die Ableitung ist sprachlich unmöglich. Es wird von
Corssen, Krit. Beitr. 173 von der Sanskritwurzel *dhar* halten, festi-
gen, abgeleitet. Dies ist begrifflich unmöglich. Vielmehr findet sich,
wie J. Schmidt mich belehrt, das Wort wieder im Litt. *dváras* Hof,
Herrenhof, Altbulgar. *dvorŭ*, *aula domus saeptum*, Russisch *dvor*
und Poln. *dvór* Hof, Fürstenhof. Ueber das lateinische Wort handelt Festus p. 84: von den 6 Bedeutungen, welche er unterscheidet,
gehören die beiden letzten (*fori* und *foruli*) gar nicht her. Zuerst
heifst *forum negotiationis locus, ut forum Flaminium, forum Iulium,
ab eorum nominibus, qui ea fora constituenda curarunt; quod etiam
locis privatis et in viis et in agris fieri solet.* Zweitens *in quo iu-
dicia fieri, cum populo agi, conciones haberi solent. Tertio cum is
qui provinciae praeest, forum agere dicitur, cum civitates vocat et
de controversiis eorum cognoscit.* Diese drei Bedeutungen hängen
aufs Engste zusammen, die erste und dritte sind einfach aus der
zweiten abgeleitet. Eine erwünschte Erläuterung erhalten wir durch
*quarto cum id forum antiqui appellabant, quod nunc vestibulum se-
pulcri dicari solet*; in diesem Sinne kam Forum nach Cic. de Leg.
2, 24. 61 auf den zwölf Tafeln vor. Zu Ciceros Zeit ging das alte
Atrium auch schon unter dem Namen *vestibulum* (Gell. 16. 5. 2);
es ist der ummauerte Vorhof (*area*) gemeint, welcher sich bei Gräbern findet. Aus Allem ersieht man, dafs *forum* recht eigentlich den
eingehegten Hof bezeichnet.

Eine correcte Vorstellung von der Anlage eines italischen Forums gewährt Pompeji. Es bildet ein längliches Rechteck, ringsum
von einer einfachen oder doppelten, zwei Stockwerk hohen Säulen-
halle umgeben. Die Hauptstrafsen der Stadt münden unmittelbar
auf dasselbe oder doch in seinem Bereich; aber sämmtlich sind sie
durch hohe Hemmsteine gesperrt, so dafs weder Reiter noch Wagen
auf das Forum gelangen können. Nicht blos dies: an den Strafsen-

mündungen waren, wie deutliche Spuren zeigen, grofse Thürflügel
angebracht, durch welche der Platz gegen alles Profane abgesperrt
werden konnte, gleich dem Atrium eines Hauses. Umgeben ist derselbe ausschliefslich von Tempeln und öffentlichen Gebäuden, auf
ihm stehen die Bildsäulen verdienter Bürger. An der Nordseite auf
hohem Unterbau erhebt sich frei der Tempel des capitolinischen Jupiter, d. h. des Jupiter mit seinen Beisitzerinnen Juno und Minerva [1]).
Die übrigen Tempel am Forum haben ihren eigenen Vorhof und
repräsentiren ein für sich abgeschlossenes Ganze. Aber gleichwie
der von einer hundertsäuligen Porticus eingefafste Burgplatz (das sog.
forum triangulare) den Hof der Burggöttin darstellt, so ist ein Gleiches hier der Fall. Das Forum kann schlechterdings nicht anders
aufgefafst werden denn als Peribolos des Jupitertempels. Unter den
Augen und auf Grund und Boden des höchsten Gottes bewegt sich
der Verkehr des Staates.

Dieser Schlufs zwingt uns auf die Lage des capitolinischen
Tempels in Rom näher einzugehen. Bekanntlich ist kein Punct der
alten Topographie härter bestritten als dieser. Die Deutschen haben
mit geringen Ausnahmen den Tempel auf die südwestliche Spitze
des capitolinischen Hügels, die Höhe des Pal. Caffarelli, umgekehrt
die italienischen Topographen denselben auf die Nordostspitze verlegt, welche Kloster und Kirche von Araceli einnehmen. Wenn man
die lange Reihe von Argumenten durchmustert, welche über den
Streit gewechselt sind, so wird man keines derselben durchschlagend
nennen können. Immerhin, wie ein unbefangener Kritiker hervorhebt [2]), sprechen sie weit mehr zu Gunsten der Italiener, als ihrer
Gegner. Die Ausgrabungen, welche seitdem im Garten des Pal. Caffarelli angestellt worden, haben klar bewiesen, dafs die hier befindlichen Substructionen, welche W. Abeken, Mittelitalien S. 223 dem
Jupitertempel vindiciren wollte, ihm sicher nicht angehören (Ann.
dell' Inst. 1865 p. 382). Trotzdem hat noch neuerdings Jordan (Ann.
dell' Inst. 1866 p. 385 fg.) die deutsche Auffassung zu bestärken ge-

1) Dafs der Tempel dem Jupiter gehört, habe ich durch die Bull. dell'
Inst. 1866 p. 7 mitgetheilte Inschrift gegen den willkürlichen Einfall von
Garrucci Bull. Nap. N. S. II p. 17 sicher gestellt. Die Dreitheilung der Cella
bedingt von selbst die im Text gegebene Deutung; sie bedarf, wie Kap. 7
nachgewiesen werden wird, einer gewissen hier unwesentlichen Einschränkung.

2) Vgl. Thomas Dyer, Ancient Rome p. 43 fg. London 1864 (auch in
W. Smith, Dictionary of Greek and Roman Geography).

sucht; da er indessen selber seine Bemerkung *un parere più o meno probabile* nennt, dürfen wir dieselbe ohne Bedenken zu der Masse der bisher gebrauchten Argumente bei Seite legen [1]). Merkwürdiger Weise hat Jordan aus der Augurienlehre die Lage der Arx und des Auguraculum auf Araceli erweisen wollen, während gerade sie einen zwar bisher unbeachteten, aber nichts desto weniger durchschlagenden Gegengrund abgiebt. Wenn der Augur auf Araceli stand und nach Süden oder Osten ausschaute (vgl. Kap. 6), so hatte er den Jupitertempel notwendig zur Rechten, d. h. auf der unglücklichen Seite. Bei einer Lehre, nach der rechts' und links auf das Aengstlichste abgewogen war, wird man den Auguru, welche den Willen Jupiters zu erforschen das Templum bestiegen, eine derartige Respectwidrigkeit nicht zutrauen dürfen. Umgekehrt wird das Omen zur günstigen Vorbedeutung, wenn der Augur auf der tarpejischen Höhe stand, den Tempel zur Linken, von dem aus der höchste Herr dem getreuen Volk seine Zeichen schickte. Dafs durch ähnliche Erwägungen die ganze Orientirung der antiken Gotteshäuser bestimmt war, soll im folgenden Kapitel des näheren gezeigt werden. Von dem richtigen Takt geleitet, den das Leben unter den Ueberresten des Altertums instinctiv verleiht, haben die Italiener bereits hervorgehoben, dafs die Tempelfront notwendig vom Forum aus habe sichtbar sein müssen. Wir dürfen viel weiter gehen: auch in Rom hat das Forum den Peribolos des capitolinischen Jupiter gebildet. Wie im Lager unter der Hoheit des Prätoriums Bürger und und Bundesgenossen, so treffen sich in der Stadt auf dem Forum Patricier und Plebejer. Die römische Verfassung bleibt schlechterdings unverständlich, wenn man nicht die räumlichen Beziehungen ihrer einzelnen Factoren, vor allem auch, wie früher ausgeführt, die räumliche Scheidung der beiden Stände vor Augen hält. Die Vorstellung von einem gemeinsamen, durch Gottesfrieden geheiligten Mittelpunct geht in ferne Vorzeit zurück und findet sich bei den Semiten ebenso gut als den Indogermanen: es genügt an den Vorhof des jüdischen Tempels in Jerusalem zu erinnern. Fragen wir noch nach der genaueren Lage des capitolinischen Heiligtums, so ergeben sich für Araceli mehrere sichere Indicien. Im Lager wird der höchste Punct für das Prätorium ausersehen, in Pompeji nimmt der Ju-

---

1) Neu, wie Jordan meint, ist sein Argument übrigens auch nicht; es wird nur im entgegengesetzten Sinne verwandt, s. Dyer a. O. p. 49.

pitertempel wirklich die höchste Stelle der ganzen Stadt ein: wie
hätte es anders in Rom sein können, als daſs der oberste Imperator
den Blick frei schweifen liefs über, das zu seinen Füſsen gelagerte
Heer! Der Tempel war gen Süden orientirt (Dionys 4, 61), jedoch,
wie später gezeigt werden wird, mit einer Neigung von ca. 10 Grad
nach Ost. Das trifft ziemlich genau auf die Längenseite der Kirche
S. Maria in Araceli zu. Die Kirche ward nach christlichem Gebrauch von Ost nach West orientirt; aber denken wir ihre Länge
nach dem Forum zu, vielleicht noch etwas mehr südlich, als Front,
so würde dieselbe den alten Tempel darstellen. Und noch Eins, wenn
auch kein Argument. Eine alte sinnige Legende berichtet, daſs auf
der Höhe von Araceli die Sibylle von Tibur dem Augustus in einer
Vision die h. Jungfrau mit dem Kinde zeigte. Auf keinen Platz
konnte dies besser zutreffen, als auf das höchste Heiligtum des Orbis
Romanus. Wenn es demnach dem Sinn der Legende entspricht auf
Araceli den Jupitertempel anzusetzen, so stimmt es damit vollkommen, daſs die Kirche ursprünglich *S. Maria de Capitolio* hiefs, bevor sie vom Himmelsaltar den Namen annahm.

Die Dreitheilung, welche in der Gruppirung der Räume des
Hauses sich offenbart, spielt eine weit wichtigere Rolle im Organismus der Stadt. Sie beherrscht die Limitation des Lagers, diejenige
von Pompeji; auch für Mantua wird sie bestimmt überliefert. Man
hat in der Regel übersehen, daſs sie zu den Grundelementen der
antiken Politie gehört. Alle die Meinungen, welche über die 3 Tribus des ältesten Roms aufgestellt worden sind, mit den Gründen
für und wider aufzuzählen, möchte allein einen mäſsigen Band füllen.
Beherzigenswerte Worte finden sich darüber bei Mommsen, R. G.
1⁴, 44. Die von ihm aufgeworfene Frage, ob nicht die Dreitheilung
der Gemeinde eine graekoitalische Grundform sei, läſst sich mit
gutem Grund bejahen. Die dorischen Bürgerschaften zerfallen regel-
mäſsig in 3 Phylen; die 4 Phylen in Attika jede in 3 Phratrien; bei
den Umbrern finden wir dem römischen *tribus* entsprechend die
trifo; bei den Etruskern in Mantua, den Oskern in Pompeji, endlich
noch im altitalischen Lager überall die nämliche Form. Darnach
begreift sich, wie *tribuere* vom Dritteln zur generellen Bedeutung
des Theilens überhaupt gelangen konnte. Die Trichotomie ist aber
nicht blos eine graekoitalische Grundform, sondern gehört den Semiten ebenso gut als den Indogermanen an (Movers, Phoenizier 2,
1. 481) Gewisse Grundzahlen, wie Movers ausführt, beherrschen das

gesammte Altertum: ihren Zusammenhang zu deuten, die Gesetze jener grofsen einheitlichen Entwicklungsperiode nachzuweisen, ist eins der höchsten Probleme, das sich der vergleichenden Geschichtsforschung eröffnet.

Das Symbol der in drei Tribus-zerfallenden Bürgerschaft ist der capitolinische Jupiter. Eine *urbs*, d. h. ein souveräner Staat kann nicht ohne einen Tempel desselben bestehen; denn so ist offenbar die Nachricht des Servius zu Verg. Aen. 1, 422 zu interpretiren *prudentes Etruscae disciplinae aiunt apud conditores Etruscarum urbium non putatas iustas urbes, in quibus non tres portae essent dedicatae et votivae, et tot templa Iovis Iunonis Minervae*. Ebenso Vitruv 1, 7 *aedibus vero sacris, quorum deorum maxime in tutela civitas videtur esse, et Iovi et Iunoni et Minervae in excelsissimo loco, unde moenium maxima pars conspiciatur, areae distribuantur*; vgl. S. 143. Jupiter in der Mitte repräsentirt den vornehmsten Stamm, im Lager die Legionen, in Pompeji die Nolaner. Zu seiner Rechten sitzt Minerva, zur Linken Juno (Eckhel, D. N. 6, 327. O. Jahn, Arch. Beitr. S. 80). Da das Stadttemplum nach Osten orientirt ist (S. 70. 84. 86 und Kap. 6), so erscheint Minerva als Vertreterin der südlichen, Juno die der nördlichen Tribus. Dies auf Pompeji angewandt, würde die Tribus der Nuceriner mit der Burg unter die Obhut der Minerva fallen. Wie in Rom die Decumani zu ziehen sind, welche die Ramnes Tities und Luceres trennten, läfst sich vorderhand nicht vermuten. Aber wenn Jupiter mit den Ramnes die Mitte einnahm, so stimmt es gar wol, dafs zu seiner Linken auf dem Quirinal Juno Quiritis über den Tities oder Sabinern wachte. Zur Rechten aber lag das Hauptheiligtum der Minerva auf dem Aventin. Die 3 Tribus sind an Zahl sich gleich: eine jede stellt zur Legion 1000 Mann Fufsvolk und 100 Reiter (Varro LL. 5, 89. 91). Jedoch unterscheidet sich ihre politische Stellung: in Rom tritt der Stamm der Luceres ganz zurück; er hat kein eigenes Collegium von Saliern, wie die Ramner und Titier, noch hören wir von eigentlichen *sacra* desselben, ja ihm fehlt schlechterdings ein Eponymos. Einer ähnlichen Erscheinung begegnen wir in Pompeji, wo die mittlere und südliche Tribus enger mit einander verbunden sind, die nördliche aber für sich isolirt dasteht. Hierzu kommt ein fundamentaler Unterschied in der Limitation: während die mittlere Tribus centuriirt, ist die nördliche, vielleicht auch die südliche strigirt. Rudorff, Grom. Inst. 296 sucht nachzuweisen, dafs die Strigation Ausdruck der Vernichtung (*intercisio*) eines Gemeinwesens und die quadratische Form der Centurien notwendig das Zeichen einer *civitas integra*, die oblonge das Symbol einer *civitas aratrum passa* sein müsse. In dieser Allgemeinheit ist das allerdings nicht richtig; vielmehr zeigt das Lager und zeigt das Beispiel von Pompeji, daß in jeder Stadt beide Limitationsformen neben einander bestehen. Aber darin hat Rudorff ohne Zweifel Recht, daß er die Strigation als eine untergeordnete Form hinstellt, die wol auf ursprüngliches Kriegsrecht zurückgeht. Mochten auch zu einer gemeinschaftlichen Gründung drei Städte in aller Freundschaft sich vereinigen, wie das in Pompeji der Fall gewesen zu sein scheint, so fand doch nichts desto weniger eine strenge Abstufung der drei Theile statt. Die Sage giebt den Verhältnissen einen treffenden Ausdruck, wenn sie die Gestaltung Roms, die uns im Synoikismos des Servius Tullius vorliegt, ja die ersten Anfänge der Stadt selbst auf eine Reihe gewaltsamer Katastrophen zurückführt. Auf gütlichem Wege hat sich das italische Verfassungsschema nicht vollziehen können; wie die Bundesgenossenschaft, so ist auch die Plebs durch Gewalt der Waffen zu ihrer beschränkteren Stellung herabgedrückt worden. Auch die moderne Geschichtsforschung ist zu keinem anderen Resultat gelangt. Aber darin hat sie meines Erachtens die Tradition mit Unrecht verlassen, daß sie nicht gleich dieser die Geschichte Roms mit dem Gegensatz eines siegenden und eines besiegten Stammes beginnt. Dieser Gegensatz wiederholt sich in sämmtlichen Verfassungen italischer Stämme, so weit nur unsere Nachrichten reichen, und findet sogar die nämliche äußere Formulirung. Wie in Rom die *montani* als Vollbürger den *pagani* oder Plebejern gegenüber stehen (S. 86), so in Iguvium der *ocris Fisius* der *tota Ijovina*. Der *ocris* entspricht dem griechischen ἄκρα πόλις und es ist bedeutsam, daß auch die Wurzel von *arx* nur den Graekoitalikern eignet (S. 88). Die weitere Untersuchung hierüber, sowie über die räumliche Absonderung der einzelnen Gentes, Curien, Tribus gehört der römischen Geschichte an und kann mit den hier vorliegenden Mitteln aus der Limitation nicht wesentlich gefördert werden.

Bleiben wir bei der Haupteintheilung in Tribus stehen, so wird überliefert, daß nach ihr auch das Landgebiet limitirt war (Varro LL. 5, 55 *ager Romanus primum divisus in partes tres, a quo tribus appellata Tatiensium Ramnium Lucerum*). Ohne Zweifel war auch hier das mittlere Drittel centuriirt, die beiden äußeren strigirt.

Auf das aufgetheilte Feld folgte an der Grenze der *ager arcifinius*, welcher das ganze Gebiet schützend umgab, gleichwie das Intervallum die Zeltreihen, das Pomerium die Stadtviertel, der Ambitus das Haus. Einer Urzelle gleich liegt das nämliche Schema sämmtlichen Organismen zu Grunde. Und über dieser sichtbaren Welt erhebt sich ein anderer Geisterstaat, ihr Abbild und ihr gleich in feste Ordnungen eingeengt. Denn überall wo die heiligen Linien sich kreuzen, entsteht ein Templum und wird von einem bestimmten Gott in Besitz genommen. Der Kundige weifs es, welcher Gott über jedem Viertel wohnt und welche Zeichen er schickt und wie man ihn geneigt macht eine Bitte zu erfüllen. Zwar wölbt sich der Himmel nicht blos über den Einzelstaat, sondern auch über seine Nachbarn und Feinde. Wie die absolute Isolirung, welche der älteste Staat erstrebt, nicht auf Erden durchgeführt werden kann, so noch weniger im Himmel. Aber unbeschadet ihrer mehr oder weniger dunkel erkannten Allgemeinheit individualisirt der Mensch seine Götter; der Jupiter vom Albanerberg ist grundverschieden von dem Jupiter des Capitol, die Juno von Lanuvium eine ganz andere als die von Veji und Falerii. Der Staat sieht seine Götter als ihm ureigen angehörend an; er umgiebt sie mit geheimnifsvollen verborgenen Gebräuchen und Diensten, damit nicht ein Feind das rechte Wort erfahre und dem Volk seine Herrscher abwendig mache; denn das rechte Wort und die wahre Kunde vermag die Götter zu bannen. Suchen wir uns das Verhältnifs des ältesten Staates zu der Götterwelt im Einzelnen klar zu machen.

Ein jedes Haus ist ein Heiligtum für sich. In ältester Zeit begrub man im Hause die Todten, wahrscheinlich im Hortus (Serv. Verg. Aen. 5, 64 *sciendum quia etiam domi suae sepeliebantur: unde orta est consuetudo, ut dii penates colantur in domibus* vgl. zu 6, 152 Isidor Orig. 15, 11. 1 *prius autem quisque in domo sua sepeliebatur*). Die Sitte ward erst spät abgestellt; die zwölf Tafeln enthalten ein Verbot dagegen (Cic. Leg. 2, 23, 58), das im J. 260 von Neuem eingeschärft ward (Serv. V. Aen. 11, 206). In den Municipien mufsten noch die Antonine mit strengen Verfügungen einschreiten (Rudorff, Grom. Inst. 265). Denn auch der Tod löst die Bande der Haus- und Geschlechtsgemeinschaft nur äufserlich. Die geschiedenen Geister verbleiben als *dii manes* im Bereich des Hauses; als *lares*, d. h. die Herren wachen sie darüber, dafs Alles mit rechten Dingen zugehe. Der *lar familiaris* ist der Ahnherr des ganzen Hauses. Keine Mahlzeit wird begangen, bevor nicht ein Theil der Speise in die Flamme des Heerdes geschüttet als Gabe für die Geister. An bestimmten Tagen weiht der fromme Sinn der Lebenden ihnen Kränze und Früchte. Dafür sind sie erkenntlich und segnen das gute Beginnen und nehmen Theil an allem, was in Freud und Leid die Hausgenossenschaft trifft. So leben und weben die Todten im Hause fort. Und wenn man das Haus verläfst und an den Kreuzweg (*compitum*) kommt, wo die Gentilen sich zu versammeln pflegen zu Gesprächen und Beratungen, auch wol zu allerlei Scherz und Kurzweil, so wachen andere Geister darüber, dafs Alles mit rechten Dingen zugehe, das sind die Ahnherren der Geschlechter, die *lares compitales*. Und wenn man auf den Markt kommt, auf dem der grofse Verkehr des Staates sich bewegt wie im Atrium der Verkehr des Hauses, da wachen die Schutzherren der Gemeinde, die Götter selbst, dafs Recht geschehe und Unrecht fern bleibe. Auch aufserhalb der Stadt an jedem Kreuzweg, auf jeder Feldflur und in jedem Weinberg, über der kleinsten wie der gröfsten Verrichtung ruht das Auge eines Geistes. An der Grenze endlich wacht Terminus um zu verhüten, dafs an die Limites des Templum frevelnde Hand angelegt werde. Der Italiker hatte keinen unbewachten Augenblick im ganzen Leben; von dem Moment seiner Empfängnifs bis zur Stunde seines Todes kann er kein Wort reden, das nicht gehört, keine That thun, die nicht von Geisteraugen gesehen würde. Das ist es, was den römischen Staat mit seinen Rechtssätzen überhaupt möglich gemacht hat. Wol kann der Hausvater Weib und Kind an Leib und Leben strafen, aber er hat darüber abzurechnen mit seinen Vorfahren; wol kann der König jeden Bürger verkaufen und tödten, aber in der Königswohnung warten die Geister der verstorbenen Könige um Rechenschaft zu fordern für das vergossene Blut. Und wenn Recht geschieht, sind die Götter mild und gnädig, den Frevler strafen sie mit den furchtbarsten Strafen. Wer recht gehandelt im Leben, geht ruhig ein zu seinen Vätern und waltet fortan in der Gemeinde fort und sorgt, dafs das Gute bestehen bleibt. Aber wer Unrecht gehandelt im Leben, der wird ein böser Geist, selber gequält und Andere quälend; die Lebenden haben sich vor ihm zu wahren [1]). Auf

---

1) Näheres bei Preller, Röm. Myth. 486 fg., der aber die Identität der Verstorbenen mit den Laren und Larven zu sehr in den Hintergrund drängt und uralte Vorstellungen auf spätere Umdeutung und Umbildung zurück-

alle erstreckt sich die Wirkung dieser Geisterwelt, den König nicht
minder wie den gemeinsten Knecht. Auch ist kein Entrinnen möglich, weder im Leben noch im Tode. Jenseit der Grenze des Templum wird der Flüchtige vogelfrei, freund- und friedlos; er kennt
die Götter der Fremde nicht und weil er sie nicht kennt, noch zu
ehren versteht, so sind sie ihm feindlich. Jeder Begegnende kann
ihn erschlagen, jeder ihn zum Sklaven machen. Fremd und Feind
sind aufs Engste verwandt (*hostis* von der gleichen Wurzel wie deut-
sches Gast, auch *hospes* (?)). Alle diese Sätze bleiben durchaus nicht
auf die Theorie beschränkt. Man kann sie im ältesten Staat nicht
äufserlich und nicht scharf genug markirt denken. Wenn auch mit
dem Fortschreiten der Cultur immer weiter abgeschwächt, haben sie
doch und hat die Lehre vom Templum die ganze Entwicklung der
römischen Geschichte bestimmt. Es wird Manchem schwer sein, von
dieser Uebereinstimmung, diesem Zusammenfallen der Ideen mit den
äufserlichen Formen des Lebens eine überzeugende Vorstellung zu
gewinnen, zumal in Deutschland, wo unsere trübe Luft, unsere wei-
che Natur das bewufste Gefühl für scharfe strenge Linien gar nicht
aufkommen läfst. Man gestatte ein Bild. Wenn man eine Weltanschauung symbolisirt als mathematische Figur entwerfen dürfte,
so könnte man in der Gegenwart ausgehen von einem Centrum, einer
Urform — der Naturforscher würde sagen eine Zelle. Auf die erste
Urform folgt eine zweite vollkommnere Zelle, auf die zweite eine
dritte und so weiter. Diese Zellenformen, eine die andere ablösend,
würden sich in unendlichen Spiralen fortbewegen: ohne Ende; denn
wir kennen dasselbe nicht, aber wir vertrauen, dafs der gütige
Schöpfer, welcher diesen schönen Kosmos ins Leben gerufen hat,
Alles zum Besten führen werde. Anders der Römer. Er würde sich
die Welt vorstellen als aus lauter Quadraten zusammengesetzt, Quadrate neben einander, über einander und unter einander. Und wo
das letzte Quadrat aufhört, ist es mit menschlicher Erkenntnifs
und Einsicht zu Ende. Da folgt noch so ein unbestimmtes Gebiet,

---

führen will. Nichts ist sicherer bezeugt als die Bestattung der Todten in
der Stadt und zwar im Hause, aber Preller (S. 486 An.) sieht darin »wohl
nur eine Conjectur um die Entstehung des Dienstes der Hauslaren und der
Penaten zu erklären, die man für die Geister der Verstorbenen hielt.« Neuerdings hat Fustel de Coulanget, la cité antique, Paris 1866. deux. ed. die Bedeutung des Todtencults in sehr entschiedener Weise hervorgehoben.

ein *ager arcifinius*, der sich um die Quadrate herumlegt, wie das
Pomoerium um die Stadt, und dem Ganzen die Gestalt eines Kreises
giebt. Denn die letzte und vollendetste Form des Templum ist der
Kreis; deshalb ist auch der Name *urbs* eng verwandt mit *orbis* und
deshalb wird das Gebäude, welches sichtbar die Weltordnung verkörpert, das römische Pantheon, als Rundtempel und Kuppelbau errichtet. Aber jenseit des Kreises, der die ganze Schöpfung umfafst,
da ist das Nichts, die Zerstörung und Negation, welche die Grenzen
des heiligen *orbis* umbrandet wie die Wogen des Meeres das feste
Land. Denn auch das grofse Welttemplum mit allem, was darinnen
lebt und webt, die leblose Natur wie das ganze Geister- und Götter-
reich ist endlich und vergänglich, und wenn die Zahl der Saecula
erfüllt, so bricht die Zerstörung herein und verwandelt sie in dasselbe chaotische Nichts, aus dem sie hervorgegangen.

Der gröfste Kenner des römischen Staats, Polybios hat dem
Eindruck, welchen die religiöse Seite desselben auf einen frei denkenden
Hellenen machen mufste, in sehr bemerkenswerter Weise Worte verliehen 6, 36: καί μοι δοκεῖ τὸ παρὰ τοῖς ἄλλοις ἀνθρώποις ὀνειδιζόμε-
νον, τοῦτο συνέχειν τὰ Ῥωμαίων πράγματα, λέγω δὲ τὴν δεισιδαιμονίαν·
ἐπὶ τοσοῦτον γὰρ ἐκτετραγῴδηται καὶ παρεισῆκται τοῦτο τὸ μέρος παρ'
αὐτοῖς εἴς τε τοὺς κατ' ἰδίαν βίους καὶ τὰ κοινὰ τῆς πόλεως ὥστε
μὴ καταλιπεῖν ὑπερβολήν. ὃ καὶ δόξειεν ἂν πολλοῖς εἶναι θαυμά-
σιον. ἐμοί γε μὴν δοκοῦσι τοῦ πλήθους χάριν τοῦτο πεποιηκέναι.
Das Urtheil ist nicht platt, wie man meinen könnte, sondern würde
einem Politiker der Renaissance alle Ehre machen. Auch hat vom
sittlichen Standpunct aus dieser skeptische Rationalismus seine volle
Berechtigung, insofern gerade er der höheren Erkenntnifs die Wege
bereitet hat. Endlich erscheint es ganz unbillig, an jenen Ausspruch
den Mafsstab des historischen Wissens der Gegenwart anzulegen.
Wir wissen, dafs die römische wie alle Religion ein Product von
Jahrtausenden und aus dem innersten Volksgeist entstanden ist. Wol
aber dürfen wir den Worten des Polybios entnehmen, dafs die wichtigste Quelle für das Verständnifs des römischen Staates in der römischen Theologie zu suchen ist. Auch verspricht das Studium derselben in anderer Beziehung Befriedigung. Denn freilich ist diese
italische Anschauung mit ihrer starren Satzung, ihrer eisernen Consequenz, die Nichts weifs von Freiheit und Selbstbestimmung, sondern nur von Gesetz und Notwendigkeit, für unser Gefühl geradezu
unerträglich. Aber man wird zuletzt nicht gering denken von dem

Glauben dieser alten Heiden. Sie haben uns zwei Worte geschenkt, welche zeigen, wie edler Inhalt in jenen Schranken sich bewegte: *pietas*, die Treue, welche sämmtliche Verhältnisse des Lebens erfüllt, auf alle angewandt von den Göttern bis auf den niedrigsten Mann, und *religio*, die Bindung, die fromme Scheu vor den heiligen Satzungen.

Der italische Staat ist seinem innersten Wesen nach absolut und exclusiv; er erkennt keinen Staat neben sich an und kann ihn nicht anerkennen, ohne von seinem Wesen einzubüfsen. Aber gleichwie das Haus das Vor- und Urbild des Staates ist und doch nicht gedacht werden kann ohne diesen, so kann auch dieser älteste exclusive Staat nur bestehen in der Gemeinschaft anderer. Schon die äufsere Not treibt ihn mit der Fremde in Verkehr zu treten: die Not, weil er selber nicht Alles producirt, dessen er zum Leben bedarf. Handel und Verkehr reichen ebenso weit zurück, wie die Entstehung des Staates selber. Dies begreift sich leicht. Eines der täglichen Bedürfnisse, das Salz kann das Binnenland nur erhalten von der Küste. So wird Salz einer der ältesten Handelsgegenstände; an den grofsen Lachen, in denen das Meerwasser verdunstet, eröffnet sich ein Markt; zu ihm hin führen die ältesten Strafsen wie z. B. die *via Salara* aus dem innern Apennin nach Rom (Plin. N. H. 31, 89), das um die Salzwiesen an der Tibermündung seine ersten Schlachten gegen die Etrusker schlug. Ein anderes allgemeines Bedürfnifs richtet sich auf Metalle. Reiche Gruben finden sich in keiner Landschaft Italiens aufser Etrurien und deshalb gewährte diesem das Kupfer von Volterra, das Eisen von Elba von selber den ersten Platz unter den handeltreibenden Völkern der Halbinsel. Somit bilden sich durch den Handel die ersten rohen Züge des Völkerrechts aus. Aber noch durch ein anderes wird die Isolirung des Staates beschränkt, ein Moment, das in seiner Entstehung begründet liegt. Soweit sich diese zurück verfolgen läfst, sind es grofse Völkerzüge, welche die Länder in Besitz nehmen. Nachdem sie ihre festen Wohnsitze gewonnen, spalten sie sich in staatliche Individualitäten. Demnach steht der Staat neben anderen, ihm ursprünglich nahe verwandten Genossen. Wir erkennen im ältesten Italien eine Anzahl grofser Föderationen, Bündnisse von souveränen Staaten, welche durch gemeinsame Sprache, Abstammung und Sitte an einander gekettet sind. Den Mittelpunct des Bundes bildet ein Heiligtum, das allen theilnehmenden Städten gemeinsam angehört: in

Etrurien das *fanum Voltumnae* am See von Volsinii, in Latium der
Iupiter Latiaris auf dem Albanerberg, in Samnium die alte Bundes-
hauptstadt *Bovianum*. Hier versammeln sich alljährlich die Genossen
zur gemeinsamen Feier des Gottes (*feriae Latinae*; das Fest von
Bolsena bis in späteste Kaiserzeit dauernd Or.-Henzen inscr. 5580)
und während derselben ruhen alle Waffen. Die Vereinigung wird
zugleich der Kern, um den sich die weitere politische Entwicklung
lagert. Das Recht der Gemeinden gegen einander Krieg zu führen
wird beschränkt und der Austrag etwaigen Streites an Mittelsmänner
verwiesen. Daran knüpft sich das Recht des freien Verkehrs und
gegenseitiger Eheschließung. Die von Außen drohende Gefahr zwingt
die Glieder, zur gemeinsamen Abwehr, auch wol zum gemeinsamen
Angriff zusammen zu halten. Jedoch mußte es ganz von den Umständen abhängen, wie eng oder locker ein solches Band sich knüpfte.
Auch haben die natürlichen Bedingungen hier entscheidend eingewirkt, indem z. B. das zerklüftete Bergland im Innern und an der
Ostküste, das in eine Menge räumlich getrennter oder doch schwer
zugänglicher Cantone zerfiel, nicht zu der strafferen Einigung gelangen konnte, welche den größeren Ebenen an der Westküste ver-
möge ihrer günstigeren Lage zu Theil ward. Im Ganzen genommen ist der Charakter dieser Bündnisse ein entschieden defensiver.
Sie garantiren die Souveränetät der Einzelstaaten und tragen dazu
bei, die Stabilität der Verfassung zu erhöhen. In der That haben
dieselben wol glänzende Erfolge errungen in der Ausbreitung ihrer
Macht, aber es liegt in der Natur eines Bundesstaats begründet,
daß die Vermehrung der Bundesglieder keineswegs eine Steigerung
der Kraft des Ganzen in sich schließt. Aus diesem Grunde ist auch
die Neugestaltung der Halbinsel nicht etwa von dem etruskischen
oder samnitischen Bund durchgeführt worden, sondern vielmehr auf
den Trümmern der Föderationen durch den centralisirten Einzelstaat.

Die Stabilität erscheint als innerstes Merkmal des italischen
Staates. Er bildet eine Welt für sich, deren Ordnungen unver-
rückbar fest gesetzt werden bis an das Ende aller Dinge. Der Mensch
zieht seine Schranken, aber in der Satzung selbst liegt der Widerspruch. Von Anbeginn an sind zerstörende Kräfte thätig, welche
die Schranken hinwegnehmen, um einer höheren Ordnung Platz zu
machen, welche die alten Auspicien durch stärkere Auspicien auf-
heben, um neue weitere Limites zu ziehen. Die Beziehungen, in
denen der Staat zur Fremde, sei es durch Verkehr oder Bündniß

steht, üben ihre Wirkung in dieser Richtung aus. Der Einzelne ist
aufserhalb seiner Stadt recht- und schutzlos; um Leben und Güter
sicher zu stellen, schliefst er allein mit dem Bürger einer anderen
Stadt oder mit der ganzen Stadt oder schliefsen auch Städte unter
einander einen Vertrag, der Schutz und Gastfreundschaft garantirt.
Es tritt auch wol der Fall ein, dafs heimatlose Leute kommen
Schutzflehend an den Heerd des Königs oder den Heerd eines Bürgers, Leute, deren Staat zerstört worden und die nun vogelfrei um-
herirren. Gewährt man ihnen Leben und Freiheit, so werden sie
Hörige (*clientes*), sei es des Königs, sei es des einzelnen Bürgers.
Sie sind damit nicht rechtlich frei, sondern nur thatsächlich. Der
patronus, unter dessen Botmäfsigkeit sie stehen (*in fide alicuius
esse*), sorgt für sie, dafs ihnen kein Schade zugefügt werde, und
vertritt sie vor Gott und Menschen, und sie ihrerseits ehren ihn wie
einen Vater[1]). Besonderen Zuwachs erhält der Stand der Clienten
durch Freilassung. Denn zwar ist der Sklave rechtlich nichts als
eine Sache und steht damit dem Vieh vollständig gleich. Allein die
Natur übt auch hier ihre Rechte: die Sklaven der ältesten Zeit sind
nicht jene Horden, wie sie späterhin aus Barbarenländern auf den
Markt geschafft wurden, sondern stehen ihren Herren gleich an
Sprache, Sitte und Abstammung. Vor allem das Sklavenkind, das
mit seinem zukünftigen Herrn herangewachsen war, durfte auf
menschliche Behandlung rechnen. Die sittliche Einwirkung der Ma-
trona wird in dieser Hinsicht hoch anzuschlagen sein. Man wird
nicht anstehen dürfen, die Freilassung, wie sie später allgemein Sitte
war, auch uraltersher als sehr verbreitet anzusehen. Die Freigelassenen bleiben in factischer und rechtlicher Abhängigkeit von ihren
ehemaligen Herren, sie werden Clienten. Dergestalt entsteht ein
neuer Stand neben den Vollbürgern, ein gedrückter abhängiger
Stand, aber wie es in solchem Falle zu gehen pflegt, auch ein auf-
strebender. Es sind hiermit Elemente zu neuen Bildungen gegeben,
doch nur schwach und unfähig allein fortzuwirken. Vielmehr kommt
das eigentlich Treibende anderswo her.

Die Ordnungen des Staats sind auf ewig festgesetzt. Gegen
diese Satzung empört sich die Natur als solche. Der älteste Staat
konnte nur bestehen bleiben, wenn das Zahlenschema, das bei seiner

---

1) Vgl. Mommsen, das röm. Gastrecht und die Clientel in den Forschungen 1. 321 fg.

Einsetzung bestimmt worden, nicht überschritten ward. Er konnte 3000 Häuser ernähren, vielleicht noch einige hundert oder tausend Köpfe darüber. Allein bei diesem streng geregelten Leben, das ganz in Arbeit aufging, bei diesen einfachen Verhältnissen und der Kraft eines aufstrebenden Volkstums mußte sich bald ein bedeutender Ueberschuß an Geburten ergeben. Dies ist der Haupthebel, welcher an der Auflösung der antiken Politie arbeitet. Den Hellenen eröffnete das Meer und ihre Colonialpolitik den leichtesten Abzugscanal, um die überschüssige Volkskraft zu verwerten. Dieser Weg hatte sich den Italikern noch nicht erschlossen, weil ihre Culturentwicklung hunderte von Jahren hinter derjenigen von Hellas im Rückstand war. Vor anderen verzweifelten Mitteln, welche die Griechen anwandten, um der Uebervölkerung zu wehren, hat die Ehrbarkeit und Zucht der Italiker stets zurückgescheut. Allerdings war der Vater rechtlich befugt sein neugebornes Kind auszusetzen und zu tödten, aber der Zorn der Götter und der Tadel seiner Mitbürger straften solches Verfahren als Frevel. Kinderreichtum hat den Italikern stets auch als Kindersegen gegolten; die Ehe wird eben geschlossen *liberorum quaerendorum causa*. Der italische Staat historischer Zeit, hat zwei Wege gefunden, um die Uebervölkerung zu verhüten: der erste und ältere ist auf das Gebirg, die umbrisch-samnitischen Stämme des Apennin beschränkt, der zweite geht aus von der Ebene, den Etruskern und Latinern.

In den abgeschlossenen Thälern des Apennin richtet sich der Blick nicht in die Weite. Die Berge begrenzen ihn und beschränkt wie der Blick wird auch der Sinn. Man hält am Alten fest und lebt nach Art der Vorfahren still und genügsam die Jahrhunderte hin. Doch hier auf gegebenem, fest umgrenztem Raum macht sich vor allem der Notstand der Uebervölkerung geltend. Die bittere Not treibt zu harten Maßnahmen. Die Sage drückt dies in der Wendung aus, daß der Zorn der Götter über dem Volke ruht und mit schweren Seuchen dasselbe heimsucht. Es ist die gestörte Harmonie, die Uebertretung der Grundzahlen, auf deren Einklang alle göttliche und menschliche Ordnung ruht, welche sie ahnden. Um die Götter zu versöhnen, um die eigene Not zu stillen, entschließt man sich zu dem großen Sühnopfer des *ver sacrum* [1]). Die über-

---

1) Man hat die nationalökonomische Seite dieses Instituts, so klar sie auch von den Quellen betont wird, bisher nicht gebührend beachtet. Die

schüssige Mannschaft wird ausgestofsen aus dem Verbande des Staats. Heimatlos, freund- und friedlos stehen sie da, den Göttern preis gegeben, dafs sie mit ihnen schalten nach ihrem Willen; nur die Waffen sind ihnen gelassen, mit denen sie sich eine neue Heimat erfechten können.· Die Gottheit erbarmt sich der Ausgestofsenen; Mars, der Nationalgott Italiens, der Führer der waffenfähigen Jugend, schickt ihnen seine heiligen Thiere, auf dafs sie sie geleiten zu neuen Wohnsitzen. Und so ziehen sie dahin, dem Lauf der Flüsse folgend und sie kommen in stammfremde Länder, wo andere Sitte und Sprache und andere Götter herrschen als zu Hause. Mit den Waffen in der Hand erzwingen sich die gefürchteten Gäste in den Städten Aufnahme und es entstehen hier gemischte Verfassungen, nach denen Sieger und Besiegte fortan als zwei geschlossene Gemeinden neben einander wohnen. Oder sie ziehen als abenteuernde Sold- und Raubschaaren in der Welt herum, bis sie dem Speer erliegen, welche mit dem Speer ausgezogen waren, sich eine Welt zu gründen. Immer aber bleibt ihr Schicksal, mag es sich günstig gestalten oder ungünstig, für die Mutterstadt gleichgültig. Die harte Mutter hat ihre leiblichen Kinder verstofsen und weder im Glück noch im Unglück denken die Kinder an sie zurück. *Mamertini*, Söhne des Mars nennen sie sich, einen anderen Vater haben sie nicht. Also hat das innere Bergland sich seiner überschüssigen Volkskraft entledigt; noch um die Zeit des ersten punischen Krieges treiben jene Schaaren ihr Wesen. Varro vergleicht sie treffend mit der jungen Bienenbrut, welche ausschwärmt, weil der Stock keinen genügenden Raum für alle bietet (RR. 3, 16 *cum examen exiturum est, quod fieri solet, cum adnatae prospere sunt multae, ac progeniem veteres emittere volunt in coloniam, ut olim crebro Sabini factitaverunt propter multitudinem liberorum*) [1]).

obige Darstellung stützt sich aufser den folgenden Stellen besonders auf Strab. 5 p. 250. Festus p. 158. Serv. Aen. 7, 796. Dafs sich die stammverwandten Städte zur gemeinsamen Aussendung eines Ver sacrum vereinigten, ist an sich glaublich und wird auch bestimmt überliefert. In wie weit die Aussendung auf den Ertrag eines einzigen Jahres beschränkt ward, und ob man wirklich 20 Jahre verstreichen liefs, bevor dieselbe erfolgte, mufs bei den spärlichen Andeutungen unserer Tradition unentschieden bleiben.

1) Auf denselben Gewährsmann geht wol auch, sei es mittelbar oder direct, die ausführlichere Darstellung von Dionys 1, 16 zurück, die hier in ihrer ganzen Ausdehnung mitgetheilt werden mag: ἱερά τις ἐξελθοῦσα νεότης,

Eine Anzahl der bedeutendsten Völker Italiens führten ihren Ursprung auf ein *ver sacrum* zurück: Samniten, Lucaner, Brettier, Picenter, Hirpiner. Während Umbrer und Sabiner als Autochthonen gelten, also gleich den Sikanern in früherer Zeit eingewandert waren, haben sich jene Völker unter dem Eindruck der grofsen Revolution gebildet, welche der Einbruch der Etrusker verursachte (S. 123). Aufserdem liefern ihre Stammsagen den Beweis, dafs die für uns nachweisbar älteste Form der italischen Verfassung bereits durch das *ver sacrum* bestimmt wird. Ueberall treffen wir siegreiche Eindringlinge gegenüber einer älteren Bevölkerung. Der nämliche Gegensatz wird auch für Latium auf's Bestimmteste berichtet (Dion. 1, 16. Fest. p. 321 *Sacrani appellati sunt Reate orti, qui ex Septimontio Ligures Siculosque exegerunt, nam vere sacro nati sunt.* Serv. Aen. 7, 796). Zugleich gewinnen wir hierdurch die Erklärung eines der dunkelsten und wichtigsten Worte der lateinischen Sprache, von *populus*. Die Ableitung desselben von der Wurzel πεμπ »die Ausgesandten, Colonisten« (Mommsen, Unterit. Dial. 289) ist sprachlich nicht möglich; denn hätte auch eine Elidirung von *m* eintreten können, so müfste solche doch zum wenigsten eine Vokaldehnung zur Folge gehabt haben. Die Erklärung von Curtius, Gr. Etym.², 249, der *populus* mit *plebes plenus* auf gleichen Stamm zuzückführt, hat Mommsen, Röm. Forsch. 1, 168 mit Recht verworfen als dem Sprachgebrauch durchaus widerstreitend. Noch weniger

---

ἄνδρες ὀλίγοι κατὰ βίου ζήτησιν ὑπὸ τῶν γειναμένων ἀποσταλέντες, ἔθος ἐκπληροῦντες ἀρχαῖον, ᾧ πολλοὺς βαρβάρων τε καὶ Ἑλλήνων ἐπίσταμαι χρησαμένους. ὁπότε γὰρ εἰς ὄχλου πλῆθος ἐπίδοσιν αἱ πόλεις τισὶ λάβοιεν ὥστε μηκέτι τὰς οἰκείας τροφὰς ἅπασιν εἶναι διαρκεῖς, ἢ κακωθεῖσαι ταῖς οὐρανίαις μεταβολαῖς ἡ γῆ σπανίους τοὺς εἰωθότας καρποὺς ἐξενέγκοι, ἢ τοιόνδε τι πάθος ἄλλο τὰς πόλεις κατασχὸν εἴτε ἄμεινον εἴτε χεῖρον ἀνάγκην ἐπιστήσειε μειώσεως τοῦ πλήθους, θεῶν ὅτῳ δὴ καθιερούντες ἀνθρώπων ἐτείους γονὰς ἐξέπεμπον ὅπλοις κοσμήσαντες ἐκ τῆς σφετέρας· εἰ μὲν ὑπὲρ εὐανδρίας ἢ νίκης ἐκ πολέμου χαριστήρια θεοῖς ἀποδιδοῖεν, προθύοντες ἱερὰ τὰ νομιζόμενα, εὐφήμοις οἰωνοῖς τὰς ἀποικίας προπέμποντες· εἰ δ' ἐπὶ μηνίμασι δαιμονίοις ἀπαλλαγὰς αἰτούμενοι τῶν κατεχόντων σφᾶς κακῶν τὸ παραπλήσιον δρῷεν, αὐτοί τε ἀχθόμενοι καὶ συγγνώμονας ἀξιοῦντες γενέσθαι τοὺς ἀπελαυνομένους. οἱ δὲ ἀπανιστάμενοι ὡς οὐκέτι τῆς πατρῴας γῆς μεταληψόμενοι, εἰ μὴ κτήσαιντο ἑτέραν, τὴν ὑποδεξαμένην αὐτοὺς εἴτε πρὸς φιλίαν εἴτε ἐν πολέμῳ κρατηθεῖσαν πατρίδα ἐποικοῦντο· ὅ τε θεός, ᾧ κατονομασθεῖεν ἀπελαυνόμενοι, συλλαμβάνειν αὐτοῖς ὡς τὰ πολλὰ ἐδόκει καὶ παρὰ τὴν ἀνθρωπίνην δόξαν κατορθοῦν τὰς ἀποικίας.

befriedigen andere Versuche. Ich leite, was etymologisch ohne Frage am Nächsten liegt, *pŏpŭlus* von *pellere* (*pĕpŭli*) ab »die Ausgestofsenen, *Sacrani*, das *ver sacrum*«. Sachlich erscheint diese Deutung vollkommen zwingend, nicht nur wenn man erwägt, dafs sämmtliche sabellische Stämme und nach der oben erwähnten Sage auch die Latiner eben auf diesen Ursprung ihre Entstehung zurückführen, sondern auch, wenn man die römische Gründungssage selber ins Auge fafst. Es ist ein zusammengelaufener Haufe, den Romulus führt: überschüssige Mannschaft aus Alba und Latium, räuberische Hirten, endlich *ex finitimis populis turba omnis sine discrimine, liber an servus esset, avida novarum rerum* (Liv. 1, 8). Für eine solche Vereinigung pafst der Name *Ramnes* vortrefflich, der nach der bisherigen und durchaus annehmbaren Erklärung Waldleute bedeutet. Ferner begreift man, warum die römische gleich der pränestinischen und brettischen Sage der Stadtgründung ein Hirtenleben vorhergehen läfst (S. 137); denn zu den Sacranern gehörte auch der betreffende Jahresertrag an Vieh (Liv. 34, 44. Dion. 1, 23 u. a.). Endlich erhält auch jetzt das Verbum *populare*, das doch unmöglich, wie man versucht hat (Corssen, Kr. Beitr. 458), von *populus* getrennt werden kann, eine angemessene Deutung »als *Sacrani* oder *latrones* hausen«.

Die Römer haben noch nach dem hannibalischen Kriege ein *ver sacrum* dargebracht. Doch war es bei ihnen zu einer blos religiösen Handlung herabgedrückt und seiner großen social-politischen Bedeutung vollständig entkleidet. Dies mufs an der Westküste überhaupt schon früh der Fall gewesen sein. In der Ebene gestalten sich die Verhältnisse wesentlich anders als im Gebirg. Hier wird der Wald am Ersten gelichtet, die Cultur des Bodens und damit auch die Dichtigkeit der Bevölkerung nimmt ungehindert zu. Der Blick schweift in die Weite, das Meer mit seiner Wunderwelt eröffnet unbekannte Bahnen, auf ihm kommen fremde Schifffahrer um zu plündern, wo sie's können, und der geschlossenen Macht gegenüber als friedfertige Handelsleute, welche gegen Erzeugnisse des Ostens die einheimischen Rohproducte eintauschen wollen — alles dies macht den Bewohner der Küste gewandter, rühriger, erfindungsreicher. Von der Küste geht alle Cultur aus. Aber auch landeinwärts, dem Treiben der Küste entrückt, wird die Anschauung des Flachländers eine wesentlich andere. Seine Augen ruhen nicht allein auf dem Templum seines Staats; jenseit der Grenze liegen die Aecker und die Stadt von Fremden. Sie erwecken, um mit Vegoia

zu reden, *hominum avaritiam vel terrenam cupidinem.* Der Trieb
die Grenzen zu erweitern wird wach und als natürliches Auskunfts-
mittel opfert man nicht die überschüssige Mannschaft den Göttern,
sondern die Politik bemächtigt sich ihrer und verwendet sie im Interesse des Staats, um sein Gebiet zu vergrößern. Die *avaritia*
bleibt in diesem Fall nicht auf die Menschen beschränkt, sondern theilt sich in gleichem Mafse den Göttern mit. Jupiter Capitolinus freut sich, je weiter die Grenzen seines Templum vorge-
rückt werden; denn um so kostbarer sind die Gaben, um so zahlreicher rauchen die Opfer, die ihm, dem höchsten Gott und Vater
sein frommes Volk darbringt. Der planmäfsige, im Interesse des
Staats unternommene Krieg tritt hier an die Stelle des Landraubs
der Samniten. Der Krieg bringt in die starren Massen Leben und
ruft neue eigentümliche Bildungen hervor.

An sich ist derselbe ja älter als der Staat und die Sage drückt
sich gerade so aus, dafs der Staat gegründet sei, um dem Krieg zu
entgehen; nun aber wird er von Neuem durch die Macht der Natur
in den Kampf hineingedrängt. Indessen liegt der grofse menschliche Fortschritt darin, dafs er nicht mehr in wüstem Hinschlachten
besteht, sondern dafs sich auch seiner der ordnende Gedanke bemächtigt hat. Gewisse allgemein gültige Grundsätze des Völkerrechts haben sich schon in fernsten Urzeiten festgesetzt. Man ehrt
den Boten, welcher von der einen Gemeinde zur andern gesandt
wird; man überzieht den Nachbar, neben dem man Jahrelang, sei es
unter ausdrücklichem, sei es stillschweigendem Vertrag friedlich ge-
lebt, nicht plötzlich mit den Waffen. Als ob man das grofse menschliche Unrecht, das im Kriege liegt, fühlte, wird nach Gründen gesucht, um die Grenzen des eigenen Templum zu überschreiten und
mit den Waffen in das des Nächsten einzufallen. Es ist jederzeit
ein Hauptsatz der römischen Politik gewesen, sich die Rolle des An-
gegriffenen zu sichern oder wenigstens eine zwingende Veranlassung
zum Angriff zu erlangen [1]). Dann war es ein *bellum iustum legiti-
mumque,* ein *duellum purum piumque*; der Beihülfe der Götter und
damit des endlichen Erfolgs hielt man sich versichert. Vor Eröff-
nung der Feindseligkeiten wird der Gegner zur Sühne seines begar-

---

1) Noch in später Zeit haben die Römer mit der scrupulösesten Sorgfalt und Casuistik den Kriegsgrund zu finden gewufst, Plut. Numa 12. Cic.
de Off. 1, 11. 36. Diod. 28, 3.

genen Unrechts aufgefordert und ihm eine Sühnfrist gestellt. Verstreicht dieselbe ungenützt, so wird unter feierlichen Formeln und Bräuchen der Krieg erklärt. Man fafst ihn von der einen wie der andern Seite als Gottesgericht auf. Lange Feldzüge finden nicht statt, sondern es kommt in der Regel gleich zur Schlacht und die Schlacht entscheidet in der Regel den Krieg. Man kann keine langen Kriege führen, weil die productive Arbeitskraft gröfstentheils im Heer aufgeht. Auf dem kleinen Raum, den wir hier vorauszusetzen haben, ist die Verschleppung eines Krieges für Sieger wie Besiegte gleich aufreibend und gleich unmöglich. Je hartnäckigeren Widerstand der letztere leistet, desto härter wird auch sein schliefsliches Loos. Setzt er denselben fort bis zur Erstürmung seiner Stadt, so wird die Einwohnerschaft niedergemetzelt oder in die Sklaverei verkauft. In diesem Fall zerstört man meistens die Stadt, nachdem die Götter zuvor aufgefordert sie zu verlassen. Die Limitation wird durch den Pflug vernichtet und das ganze Gebiet als *ager publicus* Besitz des siegreichen Volkes. Gewöhnlich beendet den Krieg ein feierlicher Vertrag, dessen Formen, wie S. 103 bemerkt, noch an die Urzeit der Steinperiode erinnern. Der Vertrag enthält in der Regel Landabtretungen, auch wol ein Waffenbündnifs, durch welches der Besiegte sich verpflichtet Zuzug zu leisten, während umgekehrt auch ihm Hülfe und Schutz garantirt wird. Eine Mittelform zwischen vollständiger Vernichtung eines Gemeinwesens und der durch ein *foedus* gesicherten Autonomie ist die *deditio*, wie sie Livius 1, 38. Polyb. 20, 9 schildern. Die Vertreter der Unterworfenen erklären *urbem agros aquam terminos delubra utensilia divina humanaque omnia in regis populique Romani dicionem dedere*. Sie werden damit in den römischen Gemeindeverband aufgenommen und der König kann kraft seiner *potestas* nach freiestem Ermessen über sie verfügen. Waren sie mit den Waffen besiegt, so nahm man ihnen meistens ein Drittel ihrer Feldmark, der damit zum *ager publicus* geschlagen wurde. Den Rest aber behielten sie zu freiem Eigentum, ebenso ward ihr Gentil- und Sacralverband nicht aufgelöst. Factisch waren die *dediticii* frei, aber der Staat erkannte sie rechtlich nicht als Bürger und damit nicht als vollfrei, d. h. *suae potestatis* an. Sie stehen rechtlich genau den Clienten gleich, mochten sie nun in ihren alten Sitzen wohnen bleiben oder auch auf römischem Gebiet angesiedelt werden. Doch liegt ein grofser Unterschied darin, dafs sie nicht in die Clientel einer einzelnen Gens treten wie die Freigelassenen und

Schutzverwandten, die bei einem bestimmten Hause Aufnahme gefunden hatten. Man half sich in doppelter Weise; einmal indem
man einzelne Häuser in den Verband der Vollbürger aufnahm, die
dann ihrerseits die Vertretung ihrer ehemaligen Mitbürger übernah-
men: ein Mittel, das sich höchst wirksam erwies um die Interessen
der Unterworfenen zu theilen und einige derselben eng an das neue
Gemeinwesen zu knüpfen. Oder die ganze Masse trat direct in die
Clientel des Königs. Dadurch wird der Stand der Clienten, welcher
sich im Staat von Innen heraus durch Freilassung und Einwanderung nur zu einer bescheidenen Anzahl und Macht entwickeln konnte,
mit einem Mal zu einem der wichtigsten Factoren erhoben. Von
ihm geht fortan ein starker Antrieb zu Verfassungsveränderungen
im Innern und damit auch eine bestimmende Einwirkung auf die
äußere Politik aus. Das Gemeindeland bietet die Mittel, um durch
Assignation von neuen Bürgerlosen die jüngeren Söhne zu versorgen
und die Zahl der Bürger nach Ermessen zu vermehren. Dadurch
wird eine fortwährende Erweiterung des Staats und seiner Verfas-
sungsschemata herbeigeführt, freilich nicht ohne daß eine jede durch
eine grofse innere und äußere Krisis bezeichnet wäre.

Ich habe im Vorstehenden einige von den Grundgedanken der
italischen Politie darzulegen gesucht. Ihre Form ist und bleibt diejenige eines Templum, das nach einem festen Schema gegliedert die
Uebereinstimmung der menschlichen Ordnungen mit dem Götterwillen, nach welchem der Staat eingesetzt worden, repräsentirt. Im
Verlauf der italischen Geschichte lassen sich drei Hauptphasen des
Staatslebens unterscheiden. Erstens der Staat verharrt auf dem
status quo innerhalb seiner Grenzen und mit seiner Verfassung,
so wie er ursprünglich gestiftet worden. Die untern Stände entwickeln sich bei ihm zu keiner Bedeutung und der Gefahr der
Uebervölkerung beugt er durch das Sühnopfer des *ver sacrum* vor.
Diese stabilste Form ist zugleich die älteste; doch kann sie sich auf
die Dauer nur in abgeschlossenen, verkehrsarmen Gegenden behaupten und eignet sich daher vorzugsweise für das Gebirge. Eine
natürliche Erweiterung derselben ist die Föderation, welche die Souveränetät der Einzelstaaten garantirt und ihren Hauptzweck in der
Behauptung des gegebenen Besitzstandes findet. — Zweitens der Doppelstaat entsteht dadurch, daß in einer Stadt eine fremde Schaar
sich Aufnahme erzwingt, deren Verhältniß zu den Eingebornen durch
Vertrag geregelt wird. Alt- und Neubürger bilden jede für sich

sacral und auch politisch geschlossene Gemeinden, welche in ewigem
Bündnifs mit einander stehen. Durch *commercium* und *connubium*
nähern sich beide immer mehr, bis sie schiefslich im Lauf der Zeiten
zu einer neuen Einheit verschmelzen. Hierher gehören die Verfassungen der campanischen und vieler anderen Küstenstädte Unteritaliens, hierher die Verfassung des ältesten Roms; nach ihr ist auch
diejenige vieler römischer Colonien gemodelt. — Drittens der erweiterte Staat nimmt fremde Staaten, deren Selbständigkeit er vernichtet, in seinen Verband auf. Die Verhältnisse der Unterworfenen
werden durch Vertrag und Herkommen geregelt. Es entsteht ein
mächtiger und zahlreicher unterer Stand, der nach Gleichberechti-
gung mit den Altbürgern strebt. Hierdurch wird einerseits im Innern ein fortwährender Verfassungskampf wach gerufen, zugleich
aber auch mit dem Anwachsen der Bevölkerung, die theilweise ihre
alten Sacra behält, die ursprügliche religiöse Einheit des Staats
gelockert und dieser immer weiter auf der Bahn der Eroberungs-
politik fortgedrängt. Es ist die vollkommenste Form der italischen
Verfassung, weil sie die gröfste Zukunft in sich trägt. Viele Städte
Italiens haben die Bahn eingeschlagen und im Grunde gehören alle
diejenigen älteren Städte in diese Kategorie, deren Umfang die von
uns S. 80 als normal befundene Gröfse überschreitet. Im Herzen
der Halbinsel, an dem Trifinium von drei der bedeutendsten Völkerschaften gelegen, war Rom von Natur zur Hauptstadt Italiens und
des ganzen Mittelmeergebiets prädestinirt. Es konnte in unaufhalt-
samem Vordringen das eine wie das andere in den Verband seiner
Gemeinde aufnehmen. Denn ungleich der orientalischen oder hellenischen Verfassung war die italische der höchsten Erweiterung fähig.
Die nämlichen Grundgedanken, welche die Speculation in den ersten
Anfängen des italischen Namens erkennt, behaupten sich klar und
deutlich bis an das Ende der Alten Geschichte. Die Form des Templum bleibt unter den wechselnden Erscheinungen dieselbe: aber
immer weiter die Kreise, immer reicher der Inhalt, bis der letzte
Kreis gezogen war und eine neue Offenbarung, die alten Schranken
hinwegräumend, den irrenden Völkern andere Bahnen vorzeichnete.

Kapitel VI.

Die Orientirung des Templum.

In den vorhergehenden Kapiteln ist die Lehre vom Templum nach ihrer wesentlich historischen und politischen Bedeutung erörtert worden. Es bleibt uns übrig nachzuweisen, daſs in gleicher Weise das Verständniſs der italischen Religion durch sie bedingt wird. Wir gehen von der Frage aus, welche Rücksichten auf die Himmelsgegenden von der Lehre beobachtet wurden. Wir betreten damit ein Gebiet, dessen Existenz kaum bekannt und das zu den dunkelsten und aussichtslosesten in der ganzen Altertumswissenschaft gehört. Immerhin steht zu hoffen, daſs vorgerücktere Untersuchungen allmälig auch hierüber mehr Licht verbreiten werden.

Das normale Lager bildet ein gen Osten orientirtes Templum. Desgleichen ergab sich, daſs das Stadttemplum von Pompeji und Rom derselben Weltgegend zugewandt ist. Damit hängt es zusammen, daſs die Feldmesser den Decumanus, ihre Haupttheilungslinie, in der nämlichen Richtung ziehen. Aber sofort drängt sich die Frage auf, nach welchen Principien der Decumanus gezogen, wodurch die genauere Richtung dieser Hauptaxe, auf welcher das ganze Templum ruht, bestimmt worden sei. Denn die Angabe von Ost nach West fällt zwar im Ganzen mit Sonnenaufgang und -untergang und der natürlichen Welttheilung zusammen, läſst aber begreiflicher Weise sehr groſse Latituden offen. Wir haben nach den Feldmessern drei verschiedene Systeme zu unterscheiden. Das erste nimmt auf die Himmelsgegenden keinerlei Rücksicht, sondern richtet sich nach der Gestalt des zu vermessenden Territoriums, durch dessen Längenausdehnung der Decumanus gelegt wird. Dabei konnte es denn leicht vorkommen, dafs der Kardo nach Ost und der Decumanus nach Süd lief: Hygin p. 170 *et quidam ne proximarum coloniarum limitibus ordinatos limites mitterent, relicta caeli ratione mensuram constituerunt, qua tantum modus centuriarum et limitum longitudo constaret. quidam agri longitudinem secuti: et qua longior erat, fecerunt decimanum* (ebenso p. 178). *quidam in totum converterunt, et fecerunt decimanum in meridianum et kardinem in orientem; sicut in agro Campano qui est circa Capuam.* Der letzte Fall geht auf die abweichende Auffassung zurück, nach der die Ost-Westlinie als Kardo, der Meridian als Decumanus betrachtet wird (S. 13). Der feine Unterschied, der zwischen ihr und dem normalen Verfahren besteht, wird später zur Geltung kommen. Zunächst leuchtet es ein, dafs die Limites in dem einen wie anderen Falle nach denselben Principien gezogen werden mufsten. Im Allgemeinen sind sich die Gromatiker der religiösen Weihe, welche über ihrer Kunst ruht, wenn auch nur dunkel, doch gar wol bewufst. Die Limites stehen nach ihrer Ansicht in directer Beziehung zur Weltordnung: der Kardo repräsentirt die Weltaxe und der Decumanus theilt die Welt in zwei Hälften. Aus diesem Grunde halten sie an der Richtung des Decumanus von Ost nach West, des Kardo von Süd nach Nord in der Theorie unverbrüchlich fest. Sie verstehen darunter die wahren Himmelsgegenden, für den Kardo den Meridian ($0° = 360° - 180°$), für den Decumanus die Aequinoctialpuncte ($270° - 90°$, vgl. Plin. N. H. 18, 331: nachdem der Kardo um Mittag gefunden, fährt er fort *per hunc medium traversa currat alia. haec erit ab exortu aequinoctiali ad occasum aequinoctialem, et limes qui ita secabit agrum decumanus vocabitur*). In der Praxis aber gehen sie jedesmal von der Bestimmung des Meridian aus (vgl. S. 14) und setzen auf ihm den Decumanus rechtwinklig auf. Hierin liegt ein gewisser Widerspruch gegen die theoretische Bedeutung der beiden Linien. Wenn der Decumanus die erste und vornehmste ist, so hätte, möchte man meinen, nach ihm der Lauf des Kardo bestimmt werden sollen, während doch die Praxis den umgekehrten Weg einschlägt.

In der That giebt es noch eine dritte Art und Weise die Limites zu ziehen, welche direct vom Decumanus selber ausgeht. Die Hauptstellen sind folgende: Frontin p. 31 *optima ergo ac rationalis agrorum constitutio est cuius decumani ab oriente in occidentem diriguntur, kardines a meridiano in septentrionem. Multi mobilem*

*solis ortum et occasum secuti variarunt hanc rationem.
sic utique effectum est, ut decumani spectarent ex qua
parte sol eo tempore, quo mensura acta est, oriebatur.*
p. 108 *nam et alibi limites facti sunt ab his qui solis ortum et occasum secuti sunt. quos fefellit ratio geometriae. mihi tamen, sicut
Higenus constitui decrevit limites, ita rationabile videtur, ut decumanus maximus in orientem crescat et cardo maximus in meridianum.* Am Ausführlichsten Hygin p. 170 *multi ignorantes mundi rationem solem sunt secuti, hoc est ortum ac occasum. quod is semel
ferramento conprehendi non potest. quid ergo? posita auspicaliter groma, ipso forte conditore praesente, proximum
vero ortum conprehenderunt, et in utramque partem
limites emiserunt, quibus kardo in horam sextam non convenerit.* Das hier getadelte Verfahren war also folgendes: im Mittelpunct des zu vermessenden Territoriums oder der zu gründenden
Stadt (*conditore praesente*), wo der Decumanus laufen soll und — wie
aus dem Lager geschlossen werden mufs (S. 27) — da wo der Kardo
ihn schneiden soll, wird das Visirinstrument aufgestellt. Man visirt
auf die aufgehende Sonne, auf den Punct am Horizont, an welchem
die Sonne an einem gegebenen Tage zum Vorschein kommt, und
bestimmt darnach den Decumanus, indem die auf der Groma gefundene Linie einfach nach beiden Seiten verlängert wird. Der Ort,
an dem die Sonne in den verschiedenen Jahreszeiten aufgeht, wechselt in Italien ungefähr um 65°. Daraus folgt denn erstens, dafs
der Meridian nur dann den Decumanus rechtwinklig schneiden kann,
wenn dieser zufällig um eins der beiden Aequinoctien herum bestimmt worden ist; in allen andern Fällen steht entweder der Kardo
nicht rechtwinklig auf dem Decumanus oder wenn dieses, so entspricht er nicht der Mittagslinie. Hierauf bezieht sich der Tadel
quibus kardo in horam sextam non convenerit. Damit hängt ein
Zweites und in diesem Falle die Hauptsache zusammen. Bei einem
Verfahren, wie das hier gerügte war, mufsten notwendig die Limita-
tionssysteme in den verschiedenen Theilen Italiens und des römischen
Reichs sehr abweichend ausfallen: Hygin p. 182 *multi ita ut supra
diximus solis ortum et occasum conprehenderunt, qui est omni tempore mobilis nec potest secundum cursum suum conprehendi, quoniam
ortus et occasus signa a locorum natura varie ostenduntur. sic et
limitum ordinatio hac ratione conprehensa semper altera alteri dis-
convenit. hos qui ad limites constituendos hac ratione sunt usi, fe-*

fellit mundi magnitudo, qui se ortum et occasum pervidere credide-
runt: aut forte scierunt errorem et neglexerunt, ei contenti tantum
regioni ortum et occasum demetiri. Das Streben der Feldmesser ist
mit aller Entschiedenheit darauf gerichtet, daſs innerhalb des ganzen
Orbis Romanus ein einziges Limitationsschema angewandt werde; die
Einheit wird dadurch erreicht, daſs man überall und in allen Fällen
die Praxis auf den Meridian basirt. Man mag zunächst äuſsere
Rücksichten in dieser Tendenz erkennen, insofern damit die Limitation einfacher, geregelter und gleichförmiger ward. Jedoch nicht
dies allein: vielmehr äuſsert sich auch hierin die gröſste geschichtliche Thatsache, welche das Altertum kennt. Seit Augustus war
der Culturkreis des Mittelmeers zu einem einzigen politischen Ganzen
geschlossen worden; das Templum, welches einst auf den palatinischen Hügel beschränkt gewesen war, hatte sich ausgedehnt in immer
weiteren Kreisen und anjetzt war das letzte und gröſste Templum
constituirt worden. Aber wie das Templum der einzelnen Stadt auf
einem einzigen Decumanus und Kardo beruht und nicht verschiedene Bezifferungen neben einander duldet, so wird eben derselbe
Grundsatz folgerichtig und mit Notwendigkeit auf das ganze Reich
angewandt. Das bekämpfte Verfahren stand allerdings hierzu im offen-
sten Gegensatz. Hygin p. 183 richtet noch einen anderen Grund
wider dasselbe: es sei nämlich in Praxi gar nicht rationell in Anwendung zu bringen; denn in hügeligem Terrain sei es oftmals gar
nicht möglich die Aufgangs- oder Untergangslinie mit dem Diopter
zu fassen. Auch sei dieser so beobachtete Auf- und Untergang nur
ein scheinbarer; den wahren könne man selbst vom Rand der Erde
aus nicht erkennen. Auf die kosmische Weltanschauung gründet
der wahre Feldmesser seine Kunst: p. 183 *quaerendum est primum*
quae sit mundi magnitudo, quae ratio oriundi aut occidendi, quanta
sit mundo terra. advocandum est nobis gnomonices summae ac di-
vinae artis elementum: explicari enim desiderium nostrum ad verum
nisi per umbrae momenta non potest.

Die Praxis nach dem Sonnenaufgang den Decumanus zu orientiren, wird von den Gromatikern als weit verbreitet bezeugt, und
dazu paſst ihre eifrige Polemik recht wol. In dem Städteverzeichniſs
wird Luceria genannt als nach diesem Princip vermessen (p. 210);
daſs nur dieses eine Beispiel hier begegnet, darf nicht Wunder nehmen, weil eben die meisten Vermessungen aus verhältniſsmäſsig
später Zeit datiren. Es fragt sich nun, wie jene Sitte zu erklären

sei: Niebuhr (R.G. 2, 703) sieht darin »einen Beweis von der Rohheit der einheimischen römischen Meßskünstler«, Rudorff S. 348 von
der Unwissenheit der Mensoren. Doch gewiß weder das eine, noch
das andere: vielleicht mag es heutigen Tages in unseren Groß-
städten gebildete Menschen geben, die keine Vorstellung davon haben, daß die Sonne jeden Tag an einem andern Fleck aufgeht; im
Altertum, in Italien und in einer culturarmen Zeit nimmermehr. Die
Feldmesser werfen der Praxis nur vor, daß sie von der Größe der
Welt keine Ahnung habe. Jedenfalls stammt sie aus einer sehr alten
Zeit; einer Zeit, wo das Bewußtsein der Menschen Nichts wußte
von der Einheit der Länder, sondern wo der Einzelne in seiner Stadt
ein abgeschlossenes, politisches und sacrales Ganze, eine Welt für
sich erkannte.   Ferner ruht über der Absteckung des Decumanus
eine höhere Weihe: die Groma wird aufgestellt *auspicaliter*, d. h.
nach Befragung des Götterwillens, der Gründer selber ist anwesend,
offenbar bezeichnet die Ceremonie den Gründungstag des Templum.
Der Decumanus entspricht der Richtung, in welche die ersten Strahlen
der aufgehenden Sonne fallen: p. 183 *immo contendisse feruntur ortum cum esse singulis regionibus unde primum sol appa-
reat, occasum ubi novissime desinat: hactenus dirigere mensuram laboraverunt.* Diese Erklärung, welche sich aus den Worten
der Gromatiker mit Notwendigkeit ergiebt, eröffnet eine ganz neue
Betrachtungsweise.   Wie jeder Mensch, so hat auch der Gott und
die Götterwohnung und das Templum in seinen verschiedenen Anwendungen überhaupt einen Geburtstag.   Dies gilt ebenso von der
Stadt: einige Geburtsjahre italischer Städte sind S. 56 zusammengestellt.   So wenig wir hiervon wissen, erscheint unsere Kunde be-
züglich der Geburtstage doch noch weit dürftiger.   Für Rom wird
er bezeichnet durch das Parilienfest am 21. April, für die Colonie
Brundisium durch das Fest der Salus auf dem Quirinal am 5. August.
Nach dem oben Gesagten muß also die Richtung des Decumanus
entsprechen dem Sonnenaufgang am Gründungstag des Templum.
Und um die Theorie auf gegebene Fälle anzuwenden, läßt sich aus
dem Decumanus der Gründungstag finden, oder falls der Tag bekannt, die Richtung des Decumanus. Wenn in dieser Auseinandersetzung ein Schluß richtig aus dem andern folgt, so galt es doch
zunächst an einem einzelnen Exempel zu erproben, ob diese Betrachtungsweise für das Studium der noch vorhandenen Ruinen von
irgend welchem Interesse sein könnte. Auf meine Bitte beobachtete

R. Schöne im Juni des Jahres 1867 den Sonnenaufgang im Pompeji, um sein Verhältnifs zum Decumanus vorläufig empirisch festzustellen, und fand, dafs der längste Tag der einzige sei, nach welchem die Nolanerstrafse orientirt sein könne. Er schreibt den 20. Juni 1867: »Auf Deine neulichen Fragen ist leider wenig zu antworten. Die Sonne ging noch vor wenig Tagen so weit südlich auf, dafs ich sehr zweiflé, ob ihr Aufgangspunkt je nördlich in die Richtung der Nolaner Str. fallen wird: ich will morgen am längsten Tage noch einmal zu Sonnenaufgang hin und kann vielleicht das Resultat der Beobachtung noch anfügen«. Dazu eine Bleistiftnotiz als Nachschrift: »21. Juni früh 5½ Uhr. Eben komme ich aus Pompeji. Die Sonne scheint heute wirklich in die Nol. Strafse, aber so, dafs die Südseite im Schatten bleibt. Da sie hinter einem Berge aufgeht, so würde der ideale Aufgangspunkt ziemlich genau in die Richtung der Strafse fallen. So viel ist sicher, dafs das Solstitium der einzige Tag ist, welcher einigermafsen pafst.« Soweit mein Freund: seine Schilderung illustrirt die Bedenken Hygins p. 183 *et si kardo a monte non longe nascatur sive decimanus, quomodo potest cursus conprehendi recte, cum ferramento sol occiderit et trans montem adhuc luceat et eisdem ipsis adhuc campis in ulteriore parte resplendeat?* Im Uebrigen ist die empirische Beobachtung durch später angestellte genaue Compafsmessungen vollständig bestätigt worden. Wie S. 64 mitgetheilt, bildet der Decumanus keine vollkommen gerade Linie, sondern die an verschiedenen Theilen desselben gemachten Messungen variiren zwischen 234° und 242° 30′. Das Azimuth beim Aufgang am Solstiz beträgt 237° 18′ für das Jahr 300, 237° 15′ für das J. 600 v. Chr. Die Richtung der Nolanerstrafse vom Quadrivium, also demjenigen Puncte, wo in diesem Fall die Groma aufgestellt zu denken ist, nach Osten beträgt 236°. Man mag die geringe Abweichung von 1¼° auf das oben erwähnte örtliche Hindernifs zurückführen, vielleicht auch würde sich bei detaillirten Untersuchungen an Ort und Stelle der Punct ermitteln lassen, wo die Groma stand. Aber dieser völlig verschwindenden Differenz gegenüber kann es nicht dem mindesten Zweifel unterliegen, dafs der Decumanus von Pompeji wirklich am Solstiz orientirt worden ist. Die Sonnenwende, der 24. Juni nach römischem Kalender, ist einer der bedeutungsvollsten Tage in den Naturreligionen: *magnus hic anni cardo, magna res mundi* heifst er bei Plinius N. H. 18, 264. · Es genügt an unser Johannisfest und an die damit verwandte Olympiadenfeier zu er-

innern. In Rom war der Tag der *Fors Fortuna* d. h. der Stadttyche
und ihrem Schützling Servius Tullius geweiht (vgl. Preller, Röm.
Myth. ². 553). Die Vermutung liegt gar nicht weit ab, dafs nach
ihm das Templum der servianischen Stadt orientirt gewesen sei.

Nach der eben dargelegten Theorie ruht über Sonnenaufgang
und -untergang eine besondere religiöse Weihe. Beide bilden die
Hauptabschnitte in dem was wir Tag nennen; die Babylonier be-
gannen ihren bürgerlichen Tag mit dem Aufgang, die Athener mit
dem Untergang (Plin. N. H. 2, 188. Censorin 23, 3). Die Römer rech-
neten zwar ihren bürgerlichen Tag von Mitternacht, aber nichts desto
weniger bildete der natürliche Tag durchaus die Grundlage aller
Zeitmessung und -eintheilung. Wenn man sich aus den Fesseln der
modernen, vielfach das Naturleben und das Naturgefühl zerstörenden
Civilisation heraus denkt, so bedarf es in der That keiner langen
Auseinandersetzung, warum die Zeiten um Auf- und Untergang als
besonders heilige angesehen wurden. Um zu beweisen, dafs sie als
solche im antiken Cultus die hervorragendste Rolle gespielt haben,
mögen einige Zeugnisse nachfolgen. Hierher gehören zuerst die *dies
intercisi*, deren der römische Kalender 8 zählt: um Sonnenaufgang
und Untergang (*mane·et vesperi* vgl. Censorin 24) fand die religiöse
Feier statt, die Mitte des Tages war bürgerlichem Verkehr überlassen (Varro LL. 6, 31 *intercisi dies sunt per quos mane et vesperi
est nefas, medio tempore inter hostiam caesam et exta porrecta fas;
a quo quod fas tum intercedit aut eo est intercisum nefas, intercisum.* Ovid Fast. 1, 49 *nec toto perstare die sua iura putaris: qui
iam fastus erit, mane nefastus erat. nam simul exta deo data sunt,
licet omnia fari, verbaque honoratus libera praetor habet.* Macrob.
Sat. 1, 16. 2. 3. Fast. Praen. ad Ian. 10). Um Sonnenaufgang werden
Auspicien eingeholt Dion. 1, 86. 2, 5. 6. Fest. p. 241. 348. Ebenso betet
Aeneas zu den Flüssen des Landes Verg. 8, 67 fg. *nox Aenean
somnusque reliquit. surgit et aetherii spectans orientia solis lumina ...
effundit voces.* So schliefsen Aeneas und Latinus ihr Bündnifs *ad
surgentem conversi lumina solem* (Aen. 12, 172); ferner das Gebet
Valer. Flacc. 3, 437). Unter gleichen Verhältnissen war das *augu-
stum augurium*, nach dem Rom gegründet ward, empfangen; wie es
in der prächtigen Schilderung des Ennius (p. 15 Vahlen) heifst:

> *sic expectabat populus atque ora tenebat*
> *rebus, utri magni victoria sit data regni.*
> *interea sol albus recessit in infera noctis.*

exin candida se radiis dedit icta foras lux.
et simul ex alto longe pulcherrima praepes
laeva volavit avis: simul aureus exoritur sol.
cedunt de caelo ter quatuor corpora sancta
avium, praepetibus sese pulchrisque locis dant.

Nicht anders bei den Griechen: die besondere Heiligkeit von Tages-anfang und -ende bezeugen Hesiod. op. 340

ἄλλοτε δὲ σπονδῇσι θύεσσί τε ἱλάσκεσθαι
ἠμὲν ὅτ' εὐνάζῃ καὶ ὅτ' ἂν φάος ἱερὸν ἔλθῃ.

ferner Plato Leg. 10 p. 887 E ὡς ὅτι μάλιστα οἷσι θεοῖς εὐχαῖς προσδιαλεγομένοις καὶ ἱκετείαις ἀνατέλλοντός τε ἡλίου καὶ σελήνης καὶ πρὸς δυσμὰς ἰόντων προκλίσεις ἅμα καὶ προσκυνήσεις ἀκούον-τές τε καὶ ὁρῶντες Ἑλλήνων τε καὶ βαρβάρων: so betet Sokrates zur aufgehenden Sonne Symp. 220 D; desgleichen Dion bei seinem Anmarsch gegen Syrakus Plut Dion. 27. Die nämliche Bedeutung von Sonnenaufgang bei den Persern beweisen die Erzählungen bei Herodot 3, 84. 7, 54. Ueber die Verehrung der Inder handelt Lucian de salt. 17 Ἰνδοὶ ἐπειδὰν ἕωθεν ἀναστάντες προσεύχονται τὸν ἥλιον, οὐχ ὥσπερ ἡμεῖς τὴν χεῖρα κύσαντες ἡγούμεθα ἐντελῆ ἡμῶν εἶναι τὴν εὐχήν, ἀλλ' ἐκεῖνοι πρὸς τὴν ἀνατολὴν στάντες ὀρχήσει τὸν ἥλιον ἀσπάζονται, σχηματίζοντες ἑαυτοὺς σιωπῇ καὶ μιμούμενοι τὴν χορείαν τοῦ θεοῦ· καὶ τοῦτ' ἐστὶν Ἰνδῶν καὶ εὐχὶ καὶ χοροὶ καὶ θυσία. διὸ καὶ τούτοις ἱλεοῦνται τὸν θεὸν δίς, καὶ ἀρχομένης καὶ δυομένης τῆς ἡμέρας. Nach einer merkwürdigen phönizischen Sage bei Justin 18, 3 soll derjenige König von Tyros werden, der zuerst die aufgehende Sonne erblickt (*regem creari cuique potissimum quasi acceptissimum dis, qui solem orientem primus vidisset*); sie er-innert an die deutschen Sonnenlehen (Grimm, Rechtsaltert. 278 fg.). Es ist überflüssig nach weiteren Belegen zu suchen. »Nichts in der Natur«, schreibt Welcker, Gr. Götterlehre 1, 400, »scheint von An-beginn so allgemein als das Waltende empfunden worden zu sein als Sonne und Mond. Nichts ist ihnen zu vergleichen hinsichtlich des Eindrucks und des Gefühls unmittelbarer Wohlthat durch Licht, Wärme und Belebung des Wachsthums«.

Mit der Bedeutung der aufgehenden Sonne hängt es weiter zusammen, dafs der Betende sein Antlitz nach Osten wendet. Ser-vius zu der oben angeführten Stelle Aen. 12, 172 bemerkt *non uti-que nunc solem surgentem dixit, iamdudum enim dies erat, sed disci-plinam ceremoniarum secutus est, ut orientem spectare diceret cum*

qui esset precaturus. Vitruv 4, 5 verlangt, dafs Tempel und Götterbild nach Westen orientirt sei: *uti qui adierint ad aram immolantes
aut sacrificia facientes, spectent ad partem caeli orientis et simulacrum quod erit in aede, et ita vota suscipientes contueantur aedem
et orientem caeli, ipsaque simulacra videantur exorientia contueri
supplicantes et sacrificantes; quod aras omnes deorum necesse esse
videatur ad orientem spectare.* Die nämliche Vorschrift wird auch
in einzelnen Fällen erwähnt: zur Pales am Feste der Parilien soll
man beten *conversus ad ortus* (Ov. Fast. 4, 777); der Promagister
der Arvalbrüder sagt im Pronaos des Concordiatempels *relato capite
contra orientem* den Tag des Opfers der Dea Dia an (Henzen inscr.
7419 a). Pacatus paneg. 3 *nam ut divinis rebus operantes in eam
caeli plagam ora convertimus, a qua lucis exordium est; sic ego vota
verborum quae olim nuncupaveram soluturus, id oratione tempus ad-
spiciam, quo Romana lux coepit.*

Eine eigentümliche römische Sitte verlangte, dafs man, nachdem ein Theil des Gebetes gen Osten gesprochen, sich rechtsum
drehend das Antlitz nach Westen wandte, sei es im Allgemeinen
der Weltgegend oder auch dem Tempel zu, vor welchem man gerade betete. Die Sitte wird auf Numa zurückgeführt: Plut. Num.
14 ἡ δὲ περιστροφή, τῶν προσκυνούντων λέγεται μὲν ἀπομίμησις
εἶναι τῆς τοῦ κόσμου περιφορᾶς, δόξειε δ' ἂν μᾶλλον ὁ προσκυ-
νῶν, ἐπεὶ πρὸς ἕω τῶν ἱερῶν βλεπόντων ἀπέστραπται τὰς ἀνατο-
λάς, μεταβάλλειν ἑαυτὸν ἐνταῦθα καὶ περιστρέφειν ἐπὶ τὸν θεόν,
κύκλον ποιῶν καὶ συνάπτων τὴν ἐπιτελείωσιν τῆς εὐχῆς δι' ἀμφοῖν.
Die Wendung geschah nach rechts, also von Ost durch Süd nach
West dem Lauf der Sonne entsprechend: Plin. N. H. 28, 25 *in ado-
rando dextram ad osculum referimus totumque corpus circumagi-
mus, quod in laevom fecisse Galliae religiosius credunt;* Plut. Marc. 6
τὸν ἥλιον αὐτὸς προσεκύνησεν ὡς δὴ μή, κατὰ τύχην ἀλλ' ἕνεκα τούτου τῇ περιαγωγῇ χρησάμενος· οὕτω γὰρ ἔθος ἐστὶ Ῥωμαίοις προσ-
κυνεῖν τοὺς θεοὺς περιστρεφομένους; Plut. Cam. 5 καθάπερ ἐστὶ
Ῥωμαίοις ἔθος ἐπευξαμένοις καὶ προσκυνήσασιν ἐπὶ δεξιὰ ἐξελίτ-
τειν; ferner Plaut. Curc. 70. Lucret. 5, 1197. Liv. 5, 21. Dion.
12, 23. Suet. Vitell. 2. Valer. Flacc. 8, 246 [1]). Nach dem Gebete
setzte man sich hin. Der ganze Ritus steht, wie auch bei Plutarch

1) Merula de sacrificiis Rom. Lugd. Bat. 1684. cap. 6. p. 50. Mar-
quard, R. A. 4, 466.

angegeben, in enger Beziehung zum Laufe der Sonne, insofern der
Betende ihm folgt. Die tiefere Bedeutung desselben wird aus dem
Folgenden klar werden. Es verdient besondere Beachtung, daß der
Ritus sich bei den Hellenen nicht nachweisen läfst (Hermann, Gottesdienstl. Alt. ^{2}. 118 An. 19) und wie die Anführungen griechischer
Schriftsteller beweisen, denselben ganz fremdartig erscheint. Umgekehrt wird bezeugt, dafs er auch den Kelten geläufig war. Zwar
notirt Plinius in der Richtung eine Abweichung, aber ihm widerspricht Athenaeos 4 p. 152 d aus Poseidonios *καὶ τοὶς θεοὶς προσκυ-
νοῦσιν ἐπὶ τὰ δεξιὰ στρεφόμενοι.* Jedenfalls erhellt aus dieser Uebereinstimmung, dafs eine engere Beziehung zwischen Kelten und
Italikern obwaltet, wie denn ja nach wol begründeter Annahme beide
nach dem Ausscheiden der Hellenen ein italokeltisches Volk gebildet haben.

Der Himmel als ein grofses Templum gefafst, ist nach Süden
orientirt: Varro LL. 7, 6 *eius templi partes quattuor dicuntur, sinistra ab oriente, dextra ab occasu, antica ad meridiem, postica ad
septentrionem;* Festus p. 339 *sinistrae aves sinistrumque est sinisti-
mum auspicium id quod sinat fieri. Varro libro quinto epistolicarum
quaestionum ait: a deorum sede cum in meridiem spectes, ad sinistram sunt partes mundi exorientes, ad dexteram occidentes; factum
arbitror, ut sinistra meliora auspicia quam dextera esse existimentur.
idem fere sentiunt Sinnius Capito et Cincius* (vgl. p. 351 *sinistrum*);
ders. p. 220 (vgl. 233) *quae ante nos sunt antica et quae post nos
sunt postica dicuntur, et dexteram anticam et sinistram posticam di-
cimus* [dies geht auf die Theilung in eine Nord- und Südhälfte,
jene als *postica* ist auch zugleich *laeva* s. u.]. *sic etiam ea caeli
pars, quae sole illustratur ad meridiem, antica nominatur, quae ad
septentrionem postica; rursumque dividuntur in duas partes orientem
et occidentem.* Hiermit stimmt auch, was Plinius N. H. 2, 142 von
der Blitzlehre mittheilt, von der später zu handeln ist: *laeva prospera existumantur, quoniam laeva parte mundi ortus est.* Die Bedeutung der linken Seite als der glücklichen wird oft erwähnt:
Varro LL. 7, 97. Cicero de Div. 1, 22. 45. 2, 35. 74. Verg. Aen.
2, 693. 9, 631. Dion. 2, 6. Plut. Quaest. Rom. 78. u. a.

Von der Eintheilung des Himmels hängt auch das Verfahren
bei den Auspicien ab. Unsere Quellen unterscheiden zwei Orientirungen des Auguraltempels, eine südliche und östliche. Die südliche Orientirung kommt in der bekannten Erzählung von Attus

Navius vor: Cic. de Div. 1. 17, 31 *ad meridiem spectans in vinea media dicitur constitisse cumque in quattuor partis vineam divisisset trisque partis aves abdixissent, quarta parte, quae erat reliqua, in regiones distributa, mirabili magnitudine uvam invenit,* vgl. Dion. 3, 70. Aber weit häufiger wird die Orientirung nach Osten erwähnt. Sie wird bei Gelegenheit des Auguriums, durch das Romulus zum König bestimmt ward und wo derselbe seinen Blick nach dem Aufgang richtete (S. 168), von Dionys 2, 5 behandelt. Seine Quelle ist aller Wahrscheinlichkeit nach Varro. Ich lasse die ganze Stelle folgen. μετὰ δὲ τὴν εὐχὴν ἀστραπὴ διῆλθεν ἐκ τῶν ἀριστερῶν ἐπὶ τὰ δεξιά. τίθενται δὲ Ῥωμαῖοι τὰς ἐκ τῶν ἀριστερῶν ἐπὶ τὰ δεξιὰ ἀστραπὰς αἰσίους, εἴτε παρὰ Τυρρηνῶν διδαχθέντες, εἴτε πατέρων καθηγησαμένων κατὰ τοιόνδε τινὰ, ὡς ἐγὼ πείθομαι, λογισμὸν, ὅτι καθέδρα μέν ἐστι καὶ στάσις ἀρίστη τῶν οἰωνοῖς μαντευομένων ἡ βλέπουσα πρὸς ἀνατολὰς, ὅθεν ἡλίου τε ἀναφοραὶ γίνονται καὶ σελήνης καὶ ἀστέρων πλανητῶν τε καὶ ἀπλανῶν, ἥ τε τοῦ κόσμου περιφορὰ, δι' ἣν τοτὲ μὲν ὑπὲρ γῆς ἅπαντα τὰ ἐν αὐτῷ γίνεται, τοτὲ δὲ ὑπὸ γῆς, ἐκεῖθεν ἀρξαμένη τὴν ἐγκύκλιον ἀποδίδωσι κίνησιν. τοῖς δὲ πρὸς ἀνατολὰς βλέπουσιν ἀριστερὰ μὲν γίνεται τὰ πρὸς τὴν ἄρκτον ἐπιστρέφοντα μέρη, δεξιὰ δὲ τὰ πρὸς μεσημβρίαν φέροντα· τιμιώτερα δὲ τὰ πρότερα πέφυκεν εἶναι τῶν ὑστέρων. μετεωρίζεται γὰρ ἀπὸ τῶν βορείων μερῶν ὁ τοῦ ἄξονος πόλος, περὶ ὃν ἡ τοῦ κόσμου στροφὴ γίνεται, καὶ τῶν πέντε κύκλων τῶν διεξοκότων τὴν σφαῖραν ὁ καλούμενος ἀρκτικὸς ἀεὶ τῇδε φανερός· ταπεινοῦται δ' ἀπὸ τῶν νοτίων ὁ καλούμενος ἀνταρκτικὸς κύκλος ἀφανὴς κατὰ τοῦτο τὸ μέρος. εἰκὸς δὴ κράτιστα τῶν οὐρανίων καὶ μεταρσίων σημείων ὑπάρχειν, ὅσα ἐκ τοῦ κρατίστου γίνεται μέρους, ἐπειδὴ δὲ τὰ μὲν ἐστραμμένα πρὸς τὰς ἀνατολὰς ἡγεμονικωτέραν μοῖραν ἔχει τῶν προσεσπερίων, αὐτῶν δέ γε τῶν ἀνατολικῶν ὑψηλότερα τὰ βόρεια τῶν νοτίων, ταῦτα ἂν εἴη κράτιστα. Es folgt dann noch eine Erzählung aus einer ungenannten Quelle, nach der die Theorie von der Bedeutung der Blitze älter sei, als die Bekanntschaft der Römer mit etruskischer Disciplin: auch diese Notiz ohne Zweifel aus Varro entlehnt. Auf ihn geht wol ferner die Angabe des Servius zurück zu Aen. 2, 693 *sinistras autem partes septentrionales esse augurum disciplina consentit, et ideo ex ipsa parte significantiora esse fulmina, quoniam altiora et viciniora domicilio Iovis.* Nach Osten ist auch das Templum gerichtet, das bei der Inauguration Numas constituirt wird; dieser schaut nach Süden, der

Augur zu seiner Linken nach Osten *ubi prospectu in urbem agrumque capto deos precatus regiones ab oriente ad occasum determinavit, laevas ad septentrionem esse dixit* (Liv. 1, 18. Plut. Numa 7) [1]). Ueber die genaue Richtung des Auguraltemplums findet sich eine wichtige Stelle bei Isidor 15, 4. 7 *sed et locus designatus ad orientem a contemplatione templum dicebatur* [über die Ableitung S. 4]. *cuius partes quatuor erant, antica ad ortum, postica ad occasum, sinistra ad septentrionem, dextra ad meridiem spectans. unde et quando templum construebant, orientem spectabant aequinoctialem, ita ut lineae ab ortu ad occidentem missae fierent partes caeli dextra atque sinistra aequales, ut qui consuleret ac deprecaretur, rectum aspiceret orientem.*

Die bisherigen Erörterungen haben uns den Weg gebahnt, um auf die Gotteshäuser, die wir im gewöhnlichen Sprachgebrauch Tempel nennen, überzugehen. Die Zeugnisse der Alten sind dürftig: sie unterscheiden zwei Orientirungen, eine östliche und westliche. Für Osten zeugen Lucian de domo 6 τὸ γὰρ τῆς τε ἡμέρας πρὸς τὸ κάλλιστον ἀποβλέπειν — κάλλιστον δὲ αὐτῆς καὶ ποθεινότατον ἡ ἀρχή — καὶ τὸν ἥλιον ὑπερκύψαντα εὐθὺς ὑποδέχεσθαι καὶ τοῦ φωτὸς ἐμπίμπλασθαι ἐς κόρον ἀναπεπταμένων τῶν θυρῶν, καθ' ὃ καὶ τὰ ἱερὰ βλέποντα ἐποίουν οἱ παλαιοί; Plutarch Num. 14 πρὸς ἕω τῶν ἱερῶν βλεπόντων; vgl. Cass. Dio 54, 7. Hygin p. 169 erklärt, dafs zu seiner Zeit die Tempel nach Osten orientirt wurden, aber nach der Angabe alter Architekten (Vitruv?) sei Westen die alte und normale Richtung: *secundum antiquam consuetudinem limites*

---

1) Th. Schäfer hat in einem Corollarium p. 35—43 zu seiner Dissertation de Horatii Carmine 3, 27. Lips. 1868 erweisen wollen, dafs bei den römischen Auspicien ausschliefslich die Orientirung nach Süden vorgekommen sei. Der Verf. hat leider Zeit und Mühe an einen Gegenstand verschwendet, von dessen Schwierigkeit und Tragweite seine Vorstellungen zu unklar waren. Unter Anderem meint er, alle Nachrichten über Orientirung nach Osten gingen auf einen griechischen Schriftsteller etwa Juba zurück, der eben das Ganze confundirte. Livius habe *neglegentissime* aus diesem übersetzt. Die Motivirung für die Abkanzelung von Livius beginnt *primum ridiculum est augurem velato capite ad laevam Numae sedisse:* man weifs freilich nicht, ob es Schäfer lächerlich vorkommt, dafs die Römer bei sehr vielen religiösen Handlungen *velato capite* fungirten, oder etwa, dafs der Auspicirende zu sitzen pflegte u. s. w. In jedem Falle aber sollte man einem Manne gegenüber, der wie Livius so tief innerlichen Respect vor der italischen Religion bekundet, lieber die Unwissenheit im eigenen Kopfe suchen, als bei ihm.

diriguntur. quare non omnis agrorum mensura in orientem potius quam in occidentem spectat, in orientem sicut aedes sacrae. nam antiqui architecti in occidentem templa recte spectare scripserunt: postea placuit omnem religionem eo convertere, ex qua parte caeli terra inluminatur. Frontin p. 27, wie er sagt nach Varro, läfst den Decumanus gezogen werden *ab oriente ad occasum, quod eo sol et luna spectaret, sicut quidam architecti delubra in occidentem recte spectare scripserunt.* Ferner Clem. Alex. Stromatt. 7 p. 724 ἵνα οἱ ἀπαντιπρόσωπον τῶν ἀγαλμάτων ἱστάμενοι πρὸς ἀνατολὴν τρέπεσθαι διδάσκωνται. Am entschiedensten und ausführlichsten spricht sich Vitruv für die Orientirung nach Westen aus: er widmet dem Gegenstand ein ganzes Kapitel 4, 5: *aedes autem sacrae deorum immortalium ad regiones, quas spectare debent, sic erunt constituendae, uti si nulla ratio impedierit liberaque fuerit potestas aedis, signum quod erit in cella collocatum, spectet ad vespertinam caeli regionem: uti qui adierint ad aram immolantes aut sacrificia facientes, spectent ad partem caeli orientis et simulacrum, quod erit in aede; et ita vota suscipientes contueantur aedem et orientem caeli, ipsaque simulacra videantur exorientia contueri supplicantes et sacrificantes; quod aras omnes deorum necesse esse videatur ad orientem spectare* [1]). Vitruv ist hier nicht griechischen Autoren gefolgt, aus denen er ja gröfstentheils sein Compendium zusammengeschrieben hat — denn die griechischen Tempel sind in der Regel nach Osten orientirt — sondern wie es scheint einheimischen Anschauungen. Aus den oben angeführten Zeugnissen ersehen wir, dafs der Römer beim Gebet Osten als die vornehmste Richtung ansieht und folglich mufs das Tempelbild, wenn der Betende sich an dasselbe richten soll, gen Westen schauen. Aus dem nämlichen Grunde mufs auch — worin man sonderbarer Weise einen Widerspruch hat erkennen wollen — der Altar, weil er direct

---

1) Gegen die Behandlung dieser Stelle bei Bötticher, Tektonik d. H. 4, 34 thue ich deshalb Einsprache, weil selbst in solchen Dingen der Autorität ein williges Ohr geöffnet wird. Bötticher meint, Vitruv habe hier die Orientirung nach Osten beschreiben wollen; die Worte *signum quod erit in cella collocatum, spectet ad vespertinam caeli regionem* bedeuten nach ihm, »dafs das Bild in dem westlichen Theile der Cella stehen soll und nach Osten schaut«! Die Worte *ipsaque simulacra exorientia contueri supplicantes et sacrificantes* sind corrumpirt! Stark zu Hermann, Gottesdienst, Alterth. S. 104. 10 scheint das alles zu billigen.

auf das Bild Bezug nimmt, die entgegengesetzte, also östliche Front haben. Vitruv sieht die Orientirung nach Westen zwar nicht als einzig mögliche, aber doch als normale an: *si nulla ratio impedierit liberaque fuerit potestas aedis.* Was er hierunter verstanden, ist nicht ganz klar; doch scheint er nur an örtliche Schwierigkeiten gedacht zu haben, wie die Fortsetzung lehrt. *Sin autem loci natura interpellaverit, tunc convertendae sunt earum aedium constitutiones, uti quam plurima pars moenium e templis deorum conspiciatur. item si secundum flumina aedes sacrae fient, ita uti Aegypto circa Nilum, ad fluminis ripas videntur spectare debere. similiter si circum vias publicas erunt aedificia deorum, ita constituantur uti praetereuntes possint respicere et in conspectu salutationes facere.* Der Wert dieser Bemerkungen ist äußerst gering; die Erwähnung Aegyptens läßt vermuten, daß sie einem griechischen Compendium entstammen. Wie man sich aber aus dem großen Kupferwerk von Lepsius (B. 1 und 2) überzeugen kann, trifft es keineswegs allgemein zu, daß die ägyptischen Tempel nach dem Lauf des Nil gerichtet sind. Noch weniger gilt dieser Gesichtspunct für Rom: die beiden Tempel am Tiberufer, welche ein günstiges Geschick bis auf unsere Tage erhalten hat, drehen dem Fluß der eine den Rücken, der andere die Seite zu. Auch die Forderung, daß die Tempel einen möglichst großen Theil der Mauern überblicken sollen, erscheint ziemlich nichtssagend; natürlich legte man die Tempel im Allgemeinen lieber an erhabenen weithin sichtbaren Stellen an, denn in der Tiefe versteckt. Ebenso verhält es sich mit der letzten Bemerkung, daß die an den Straßen gelegenen Tempel ihre Front der Straße zukehren sollten, um die Reverenz der Vorübergehenden empfangen zu können. Gewiß ist das richtig; allein alle diese äußeren Gesichtspuncte lassen um so deutlicher erkennen, daß Vitruv von den Principien, auf denen die Orientirung der Tempel beruhte, wenn überhaupt, jedenfalls nur sehr unklare Vorstellungen hatte.

Von den Neueren ist diese Frage nicht eingehend erörtert worden [1]). Man begnügte sich an der im Ganzen genommen durchstehenden Thatsache, daß die hellenischen Tempel nach Osten orien-

---

1) Man beschränkte sich darauf, die Stellen der Alten zusammenzutragen. Soweit ich sehe, that dies zuerst Spencer, de legibus Hebr. ritualibus lib. 3 diss. 6 cap. 2, 4, dann Hermann, Gottesdienstliche Alt. ². p. 103. Welcker, Gr. Götterlehre 1, 403 u. A.

tirt, also der auch sonst anerkannten Heiligkeit jener Weltgegend
entsprechen. Bötticher, Tektonik 4, 97 präcisirt dies so: »Gleich
wie aber die Cella selbst nur des Kultbildes wegen gegründet ist,
so wird sie auch durch die Stellung dieses Bildes orientirt, und weil
letzteres nach den Satzungen des hellenischen Kultes mit dem Ant-
litze stets nach Osten gewandt sein muſs, um die Thymele unter
seinen Augen zu haben, so öffnet sich die Cella in ihrer Thüre und
der Pronaos mit seinem Eingange ebenfalls nach dieser Himmels-
gegend; dies ist eine Thatsache, die sich durch alle Literaturzeug-
nisse und Monumente mit kaum bemerkenswerthen Ausnahmen bestätigt findet«. Von Literaturzeugnissen kann nach der obigen Zusammenstellung zu Gunsten dieser Theorie wirklich nicht die Rede
sein, und mit den Monumenten steht es nicht besser. Der Apollotempel von Phigalia schaut nach Norden, bei Doppeltempeln (Pausan. 8, 9. 1. 2, 25. 1) war die eine Cella nach Westen gerichtet.
Allerdings ist die weitaus überwiegende Mehrzahl nach Ost orientirt; aber auch vereinzelte Ausnahmen genügen, um jene Theorie
zu erschüttern. Weit unklarer wird noch die Sachlage, wenn wir
auf Italien übergehen. Man will hier zwei verschiedene Orientirungen unterscheiden, eine hellenische nach Osten, eine etruskische von Nord nach Süden (Bötticher S. 98). Von der letzteren
weiſs kein Schriftsteller ein Sterbenswort und wir müssen von vorn
herein moderne Kategorien ablehnen, welche aus scheinbar analogen Gebieten entnommen, doch nur dazu beitragen können die
Frage zu verwirren. Dagegen herrscht über die von den Quellen
so stark betonte und in vielen Fällen vorliegende Orientirung nach
Westen tiefes Schweigen. Man kennt sie nicht, ja leugnet überhaupt
ihre Berechtigung: z. B. Overbeck, Pompeji 1, 94. 2. Aufl. bemerkt
vom Fortunatempel »er liegt ... gegen Westen, also nicht in richtiger Orientirung, weder nach griechischer, noch nach römischer
Sitte, nach welcher letzteren er im Uebrigen ganz angelegt ist«.
Man würde sich allerdings mit einigem Fug auf Vitruv berufen können, um die bisherige Betrachtungsweise zu rechtfertigen: das Terrain, Rücksichten auf die Umgebung, ästhetische Erwägungen ver-
schiedenster Art hätten die Wahl des Ortes und die Richtung der
Tempelaxe bestimmt. Wer den strengen Satzungen des antiken Cultus
nachgegangen ist, wird sich von vornherein hierbei nicht beruhigen.
Am Lautesten widersprechen die Monumente selbst. Ueberblickt
man das Forum von Pompeji, wie es nach dem verheerenden Erd-

beben von 63 n. Chr. gründlich renovirt und im neuesten Neronischen Geschmack hergestellt wurde (ein Unternehmen, das bei der
Verschüttung von der Vollendung weit entfernt war), so divergiren
die Axen der auf dasselbe mündenden Tempel sämmtlich. Man hat
durch allerlei zum Theil recht künstliche Vorbauten sich bemüht,
einiger Mafsen symmetrische und dem Auge wolgefällige Linien nach
dem Markt hin zu erzielen. Warum? Wenn man die herrliche
Tempelreihe von Akragas betrachtet, so schauen zwar alle gen Ost,
aber keiner liegt genau in der Axe des andern. Warum? Es ist
bekannt, dafs der Mohammedaner beim Gebet sein Antlitz nach Mekka
richtet, je nach der Lage seines Wohnorts nach Süd oder Nord, Ost
oder West; die Moscheen sind sämmtlich nach diesem Mittelpunct
hin orientirt. Auch die christliche Gemeinde wendet das Antlitz
nach Osten dem Grab des Erlösers zu, wenn gleich aus anderen
Gründen die strenge Consequenz der Mohammedaner in der Orientirung unserer Kirchen nicht hat zur Durchführung gelangen können. An diese Thatsachen durfte erinnert werden, um die Behauptung vorzubereiten, dafs hier nicht aesthetisirende oder Rücksichten
der Zweckmäfsigkeit walten, sondern dafs die Religion Plan und
Richtung bis auf Zollbreite vorgeschrieben hat.

Vor allem müssen wir beginnen mit einer exacten Aufnahme
des Thatbestandes. Angaben über Tempelorientirung, wie sie gewöhnlich lauten, nach Osten, ungefähr, nicht ganz genau nach Osten
u. s. w. besitzen äufserst geringen Wert; denn Osten ist schliefslich
ein sehr relatives Ding. Ich mufs es als eines der dringendsten Desiderate der monumentalen Forschung erklären, dafs das bisher
Versäumte von denen, welche in der äufseren Lage und Willens
sind diese Studien aufzunehmen und fortzuführen, möglichst vollständig nachgeholt werde. Mit dem vollständigen Material werden sich
ganz andere Resultate erreichen lassen, als es mit den mir vorliegenden dürftigen und ungenügenden Mitteln möglich erscheint. Die
folgenden Orientirungen verdanke ich, mit Ausnahme von N. 7. 8.
19. 27. 31. 36. 38, sämmtlich meinem Freunde Richard Schöne; 27.
31. 38 habe ich aus Plänen entnommen, 7. 8. 19. 36 selbst gemessen: nähere Angaben über die Messungen im 7. Kapitel. Wir
haben uns eines Compasses bedient, welcher die ganzen Grade stets,
bei sorgfältiger Beobachtung auch halbe Grade genau angiebt. Dabei
ist freilich nicht aufser Acht zu lassen, dafs die Beschaffenheit der
Ruinen es häufig sehr erschwert durch einfaches Anlegen des Com-

passes ein völlig exactes Resultat zu erlangen: immerhin sind die
Fehler, welche in diesen Angaben liegen können, so unbedeutend,
daſs sie in keiner Weise das Resultat der Untersuchung, die Grundprincipien der Tempelorientirung, die im Folgenden dargelegt werden, in Frage stellen können. Aber wenn die hier entwickelte
Theorie sich der wissenschaftlichen Welt als eben so wichtig und
eben so bewährt herausstellt, wie sie es jetzt schon für den Verfasser ist, so würde allerdings der Thatbestand mit gröſserer Sorgfalt und Genauigkeit aufzunehmen sein, als die im vorliegenden
Falle zu Gebote stehenden Mittel erlaubten. Vor allem wäre ein
Compaſs empfehlenswert, der bis auf 10 Minuten exacte Messung
verstattet. Ferner liegt eine ärgerliche Fehlerquelle in dem Schwanken der magnetischen Declination. Zuverlässige Angaben wie die
unten aus Rom und Neapel mitgetheilten sind im Ganzen schwer
zu erlangen. Um deshalb eine ziemlich miſsliche Interpolation und
Abschätzung des gesuchten Wertes zu vermeiden, möchte es am
Besten sein, betreffenden Ortes Sonnenaufgang oder -untergang direct
zu beobachten und darnach mit Hülfe der angehängten Tieleschen
Tafeln die magnetische Abweichung für den gegebenen Tag genau
festzustellen. Denjenigen, welche diese Untersuchungen nachprüfen
wollen, wird es von Wichtigkeit sein, die magnetischen Declinationen
zu kennen, mit denen ich gerechnet habe.

Rom (1866) 13° 36′, Mittheilung von Padre Secchi an Schöne.

Neapel (1863) 12° 45′ 20″ in schwachem Abnehmen begriffen,
betrug 1842 etwas über 14°. De Gasparis, von dem
Schöne die Mittheilung erhielt, war der Meinung, daſs
man die Zahl 12³/₄° für Pompeji brauchen könne, ohne
einen Fehler zu begehen, der irgend in Betracht komme.
Die nämliche Gröſse ist auch für Paestum angenommen.

Brescia 15°; betrug im J. 1846 16° 10′ nach Kreil (Magnetische und geogr. Ortsbestimmungen im oesterr. Kaiser-
staat, Prag 1848).

Asisi 14° angenommen als etwas gröſser wie die Declination
von Rom.

Nîmes 17°; betrug nach Lamont (Untersuchungen über die
Richtung und Stärke des Erdmagnetismus, München 1858)
im J. 1854 18°; derselbe setzt die jährliche Abnahme der
Declination in Paris 7′ 6″ an. Für Marseille giebt Lamont S. 136 17° 4′ 1. Jan. 1858. Nach einer Mittheilung

des Opticien Herrn Lenti an den Verf. betrug sie dagegen im Sommer 1867 16° 40′, also jährliche Abnahme nur 2′ 40″. Darnach wird ungefähr obige Annahme für 1867 das Richtige treffen. Vienne 17°, unbedeutend mehr als Nimes.

Für Griechenland theilt mir Schöne folgende Angaben mit, die er von dem Director der Sternwarte in Athen, Herrn Schmidt erhalten. Sie beziehen sich bis auf die beiden letzten sämmtlich auf das J. 1857: Euboea nördlich am Kaphareus 9°; Euripus zwischen Marathon und den Petaliinseln 9° 10′; Attika westlich bei Kalamos 9° 10′; Sporaden nördlich von Scopelos 9° 10′; südlich von Sunion 9° 20′; Attika östlich von Postoraphti 9° 15′; Piräus südlich von Psyttaleia 9° 15′; Thermia, Seriphos, Siphnos 9°; Zea, Andros, Tinos 8° 50′; Korinth nördlich bei Parachora 9° 30′; Korinth zwischen Aigion und Galaxaidion 9° 50′; Navarin 10° 15′; zwischen Syra und Delos (1843) 12° 40′; Poros (1836) 13° 20′. Darnach habe ich gerechnet: Athen, Eleusis Sunion 8° 30′, Korinth und Nemea 9°.

Nach astronomischem Gebrauch ist der wahre Südpunct 0 = 360° gesetzt und von hier durch West 90°, Nord 180°, Ost 270° gezählt. Die folgenden Tempel sind nach 16 Abtheilungen geordnet, von denen jede 22° 30′ umfasst. Die Aufzählung beginnt von Norden.

A. Römische Tempel.

I.	(180—202½°)	fehlt.	
II.	(202½—225°)	1. Castor und Pollux, Rom	216° 30′
III.	(225—247½°)	2. Aesculap, Pompeji	230° 15′
		3. Altar *sei deo sei deivae*, Rom	234° 30′
		4. Isis, Pompeji	239°
		5. sog. Curia Isiaca, Pompeji	241° 15′
		6. Basilica, Pompeji	247° 30′
IV.	(247½—270°)	7. sog. Diana, Nimes	257° 30′
		8. sog. Augustus, Vienne	270°
V.	(270—292½°)	9. Venus und Roma, Rom	289° 30′
VI.	(292½—315°)	10. Burgtempel (sog. Griech.), Pompeji	300°
		11. Concordia, Rom	301° 30′
		12. Saturn, Rom	302°
		13. Kirche S. Maria in Cosmedin, Rom	305°
		14. sog. Jupiter Stator, Rom	310° (?)
VII.	(315—337½°)	15. sog. Venus, Pompeji	334°
		16. Jupiter Capitolinus, Pompeji	337°

VIII. $(337^1/_2 - 360^0)$	17. Janus Quadrifrons, Rom	342^0
	18. S. Maria in Araceli (Queraxe)	$349^0\ 30'$
IX. $(0-22^1/_2^0)$	19. sog. Hercules, Brescia	7^0
	20. sog. Auguratorium, Rom	20^0
	21. sog. Minerva, Asisi	$20^0\ 30'$
X. $(22^1/_2 - 45^0)$	22. Vespasian, Rom	34^0
	23. Faustina, Rom	40^0 (?)
XI. $(45-67^1/_2^0)$	24. sog. Jupiter Victor, Rom	$48^0\ 30'$
	25. S. Adriano, Rom	$49^0\ 30'$
	26. Fortuna, Pompeji	$59^0\ 15'$
	27. Juno Moneta, Rom	60^0 (?)
XII. $(67^1/_2 - 90^0)$	28. sog. Mercur, Pompeji	$71^0\ 15'$
	29. Chalcidicum, Pompeji	74^0
	30. Augusteum, Pompeji	74^0
	31. Curie, Pompeji	75^0 (?)
	32. Dogana di Terra, Rom	86^0
XIII. $(90-112^1/_2^0)$	9. Venus und Roma, Rom	$109^0\ 30'$
XIV. $(112^1/_2 - 135^0)$	fehlt.	
XV. $(135-157^1/_2^0)$	33. sog. Purgatorium, Pompeji	148^0
	34. die drei Curien, Pompeji	$156^0\ 15'$
XVI. $(157^1/_2 - 180^0)$	35. sog. Fortuna Virilis, Rom	162^0
	36. Maison carrée, Nimes	168^0
	37. Pantheon, Rom	175^0

B. Griechische Tempel.

I. $(180-202^1/_2^0)$	38. Apollo von Phigalia	182^0
IV. $(247^1/_2 - 270^0)$	39. Tempel in Korinth	248^0
	40. Tempel in Nemea	250^0
	41. Tempel in Eleusis	$251^0\ 30'$
	42. Jupiter, Girgenti	255^0 [1])

1) Als Schöne im Frühjahr 1867 Sicilien bereiste, war die hier entwickelte Theorie noch nicht gefunden und deshalb unternahm er die Orientirung der Tempel nur zu dem Zweck, um im Allgemeinen zu constatiren, daß die Tempelaxen innerhalb der Grenzen des Sonnenaufgangs fallen. In Folge dessen sind sämmtliche Angaben aus Sicilien ziemlich unzuverlässig und schwerlich mehr als bis auf 10^0 genau. Mein Freund schreibt darüber: »wenn ich die traurige Beschaffenheit des kleinen Compasses bedenke, den ich brauchte, und die mehr als naturalistische Art, in der ich ein Resultat zu finden suchen mußte, erscheint es mir doch zu anspruchsvoll, wenn diese Daten mitsprechen sollen; verweise sie in eine Anmerkung.« Daß ich letz-

	43. Parthenon, Athen	257⁰
	44. Juno Lacinia, Girgenti	258⁰
	45. Castor und Pollux, Girgenti	258⁰ 30'
	46. Tempel in Segesta	261⁰
	47. Oratorio di Falaride, Girgenti	265⁰
	48. Concordia, Girgenti	266⁰
	49. Kathedrale, Syrakus	266⁰
	50. Erechtheion, Athen	267⁰ 30'
	51. Apollo (neugefund. T.), Syrakus	268⁰
V. (270—292¹/₂⁰)	52. sog. Ceres, Paestum	272⁰
	53. sog. Poseidon, Paestum	273⁰
	54. sog. Basilica, Paestum	273⁰
	55. Athena Nike, Athen	275⁰ 30'
	56. Theseion, Athen	283⁰ 30'
	57. Tempel in Sunion	284⁰
	58. S. Pancrazio, Taormina	286⁰
	59. sog. Artemis, Athen	289⁰ 30'
	60. Ceres und Proserpina, Girgenti	298⁰

Eine solche Zusammenstellung ergiebt zunächst nur einige ganz allgemeine Gesichtspuncte, wie dafs die Tempel der vergötterten Caesaren eine südwestliche Richtung haben, dafs einzelne Himmels-gegenden vor anderen bevorzugt erscheinen u. s. w. Aber wenn man erwägt, dafs die Benennung der meisten der angeführten Tempel unbekannt ist, so erscheint der Gewinn vorab ein sehr problemati-scher. Um weiter zu kommen haben wir uns nach andern Hülfs-mitteln umzusehen und zunächst die hellenischen Tempel ganz bei Seite zu lassen. Wir gehen aus von der italischen Fulgurallehre [1]). Nach Cic. de Div. 2, 18. 42 theilten die Römer für die Beobachtung der Blitze den Himmel in 4, die Etrusker in 16 Regionen. Dies wird von Plinius N. H. 2, 54. 142 fg. näher ausgeführt: *laeva prospera exi-stumantur, quoniam laeva parte mundi ortus est. nec tam adventus spectatur quam reditus, sive ab ictu resilit ignis sive opere confecto aut igne consumpto spiritus remeat. In sedecim partes caelum in*

terem Wunsche nicht willfahre, rührt daher, dafs meines Wissens keine ge-naueren Messungen sicilischer Tempel existiren und auch diese annähernden Werte dazu dienen, die Sachlage zu charakterisiren. Die magnetische Decli-nation für Sicilien hat Schöne zu 14⁰ angenommen.

1) Im Allgemeinen vgl. die vortreffliche Auseinandersetzung von K. O. Müller, Etrusker 2, 124 fg.

eo spectu divisere Tusci. prima est a septentrionibus ad aequinoctialem exortum, secunda ad meridiem, tertia ad aequinoctialem occasum, quarta optinet quod reliquom est ab occasu ad septentriones. has iterum in quaternas divisere partis. ex quibus octo ab exortu sinistras, totidem e contrario appellavere dextras. ex his maxume dirae quae septentrionem ab occasu attingunt. itaque plurimum refert unde venerint fulmina et quo concesserint. optumum est in exortivas redire partes. ideo cum a prima caeli parte venerint et in eandem concesserint, summa felicitas portenditur, quale Sullae dictatori ostentum datum accepimus. cetera ipsius mundi portione minus prospera aut dira. Die Darstellung läfst an Klarheit nichts zu wünschen übrig. Die I. Hauptregion umfafst 180—270°, die II. 270—360° — dies sind die *laevae* oder *exortivae* — die III. 0—90°, die IV. 90—180°, die beiden *dextrae.* Die Eintheilung geschieht wie immer durch Kardo und Decumanus. Theilt man nun weiter jede Hauptregion in 4 kleinere, so erhält man 16 Unterabschnitte von je 22$\frac{1}{2}$°, wie sie der obigen Aufzählung zu Grunde gelegt sind. Müller hat hiermit »eine höchst merkwürdige Auseinandersetzung eines spätern Schriftstellers, in dem viel verworrene Gelehrsamkeit, des Martianus Capella« verbunden, jedoch ohne ihre Bedeutung und Tragweite klar zu erkennen. Noch weniger ist dies dem neuesten Herausgeber des Martianus, Fr. Eyssenhardt gelungen, welcher — wol auch von der jetzt zur Mode gewordenen Tuskophobie angesteckt — *reconditam hanc et abstrusam Etruscorum disciplinam* des Varro unwürdig erklärt und aus mir unerfindbaren Gründen gerade die wichtigste Nachricht in diesem Bruchstück streicht. Ich lasse zunächst dasselbe in seiner ganzen Ausdehnung (p. 17, 16—19, 1 Eyssenhardt) folgen. Es handelt sich um eine allgemeine Götterversammlung, welche Jupiter beruft, um über die Vermählung der Philologia mit Mercur zu beraten:

Nec mora milites Iovis per diversas caeli regiones approperant, quippe discretis plurimum locis deorum singuli mansitabant et licet per Zodiacum tractum non nulli singulas vel binas domos animalibus titularint, in aliis tamen habitaculis commanebant. nam in sede-
5*cim discerni dicitur caelum omne regiones. in quarum prima sedes habere memorantur post ipsum Iovem di Consentes Penates Salus ac Lares Ianus Favores Opertanei Nocturnusque. in secunda itidem mansitabant praeter domum Iovis, quae ibi quoque sublimis est, ut est in omnibus, Praediatus Quirinus Mars Lar mi-*

litaris. Iuno etiam ibi domicilium possidebat, Fons etiam Lymphae 10
dique Novensiles. sed de tertia regione unum placuit corrogari.
nam Iovis Secundani et Iovis Opulentiae Minervaeque domus illic
sunt constitutae. sed omnes circa ipsum Iovem fuerant in praesenti.
Discordiam vero ac Seditionem quis ad sacras nuptias corrogaret
praesertimque cum ipsi Philologiae fuerint semper inimicae? de ea- 15
dem igitur regione solus Pluton, quod patruus sponsi est, convocatur.
tunc Lynsa silvestris Mulciber Lar caelestis nec non etiam militaris
Favorque ex quarta regione venerunt. corrogantur ex proxima
transcursis domibus coniugum regum Ceres Tellurus Terraeque pater
Vulcanus et Genius. vos quoque Iovis filii Pales et Favor cum Ce- 20
leritate Solis filia ex sexta poscimini. nam Mars Quirinus et Ge-
nius superius postulati. sed etiam Liber ac Secundanus Pales vocantur
ex septima. Fraudem quippe ex eadem post longam deliberatio-
nem placuit adhiberi, quod crebro ipsi Cyllenio fuerit obsecuta.
octava vero transcurritur, quoniam ex eadem cuncti superius corro- 25
gati solusque ex illa Veris fructus adhibetur. Iunonis vero Sospitae
genius accitus ex nona. Neptune autem et Lar omnium cunctalis
ac Neverita tuque Comse ex decima convenistis. venit ex altera
Fortuna et Valitudo Pavore Pallore et Manibus refutatis, quippe
hi in conspectum Iovis non poterant advenire. ex duodecima 30
Sancus tantum modo evocatur. Fata vero ex altera postulantur.
ceteri quippe illic di Manium demorati. ex bis septena Saturnus
eiusque caelestis Iuno consequenter acciti. Veiovis ac di publici ter
quino ex limite convocantur. ex ultima regione Nocturnus Iani-
toresque terrestres similiter advocati. ex cunctis igitur caeli regio- 35
nibus advocatis deis ceteri, quos Azonos vocant, ipso commonente
Cyllenio convocantur. tunc elementorum praesules atque utilitatis
publicae mentiumque cultores omnisque populus potestatum, quibus
Numae nullus successor indicatur, confestim omnes Iovis imperio con-
vocati, in aulam caelitem convibrantibus venere sideribus [1]).   40

---

1) Durch Useners Vermittlung hat Herr Dr. F. Pfander in Bern die grofse
Gefälligkeit gehabt aus dem Cod. Bernensis 56 b und 331 (beide Anfang 10.
Jahrh.), sowie auch von den in beiden befindlichen Scholien sorgfältige Ab-
schrift des betreffenden Stückes für mich anzufertigen. Die Hoffnung, daraus
erhebliche Verbesserungen des Textes zu gewinnen, hat sich leider als trü-
gerisch erwiesen. Von wichtigeren Lesarten sind zu erwähnen Z. 7 *opertanei.*
9 wie es scheint *lars*, aber der Scholiast zu *a* las *lar*. 18 *fabor a, fauor b.*
19 zu *coniugum regum* die erklärende Ueberschrift *Iovis et Iunonis.* 20 *pales*

Müller hält das Ganze für ein Fragment aus den etruskischen Fulguralbüchern; es sei voll von ächtetruskischer Lehre, obgleich auch dem Bestreben der Haruspices gemäß allerlei fremde Götterlehre aufgenommen und in die sechszehn Regionen vertheilt sei. Hiervon ausgehend bemerkt. Eyssenhardt (praef. p. 36), daß das Ganze unmöglich von Martianus Capella ausgedacht sein könne und dies mit vollstem Recht. Aber wenn er nun weiter die einzelnen Götter als etruskische nachzuweisen sucht und bei dieser Gelegenheit Interpolationen von Martianus Hand anzunehmen genötigt wird, so ist das vergebliche Mühe. In derjenigen Gestalt, in welcher das Bruchstück vorliegt, ist von etruskischen Gottheiten Nichts zu spüren, vielmehr das Ganze durch und durch römisch. Ich zweifle nicht, daß diese tiefe und sinnige Lehre, welche zu den allerwichtigsten Ueberlieferungen der italischen Religion gehört, aus Varro entnommen war, der, wie Eyssenhardt p. 43 richtig ausführt, gleich im Folgenden als Quelle zu Grunde liegt. Ein wahrer Jammer aber bleibt es, daß das Fragment in einer so lückenhaften und abgeschmackten Fassung erhalten ist, wie Capella sie ihm zu geben für gut befand. Immerhin genügt dieselbe, um eine klare Anschauung von den Hauptdispositionen des Himmelstemplum zu gewinnen. Man hat sich dasselbe nach Anleitung von Tafel 4 als Halbkugel zu denken oder besser als Kuppel mit einer Oeffnung in der Mitte, genau der Kuppel des Pantheon entsprechend. Am höchsten Zenith in Mitten des Ganzen wohnt Jupiter oder die Weltseele (Augustin, Civ. Dei 7, 6. 9). Mit siegender Klarheit spricht sich in dieser Lehre die Einheit des italischen Gottesbewußtseins aus (*eumdem, quem nos, Iovem intellegunt, rectorem custodemque universi, animum ac spiritum mundi, operis huius dominum et artificem, cui nomen omne convenit* Seneca Nat. Quaest. 2, 45). Es ist daher auch völlig correct, daß Jupiter Blitze schleudert am ganzen Himmel in allen 16 Regionen (Serv. Verg. Aen. 8, 427); denn im höheren Sinne sind doch alle Götter nur Emanationen dieses einen. Durchmustert man nun im Einzelnen

et fauor. 26 *veris fluctus b.* 26 *hospitae* wie die anderen Handschr. 29 ebenso fehlt *et.* 29 ebenso *valetudo faborque pastor.* Die Scholien sind wertlos. — Nachträglich erhalte ich von A. Wilmanns in Rom die Varianten des Regin. 1987 saec. IX und Regin. 1335 saec. X, die leider auch Nichts ergeben. — Eyssenhardt streicht Z. 7 *Nocturnus,* 9 *ut est in omnibus,* ebd. *lar militaris* ohne jegliche Berechtigung. Z. 39 die Handschr. *quis Numae multus successor indicatur, qui,* Eyssenhardt *qui Numae nulli successori indicantur.*

die Götterreihen genauer, so erkennt man, daß je zwei sich gegenüber liegende Gruppen zu einander Complemente bilden, 1 und 9,
2 und 10 u. s. w., ferner daß auch die Gruppen 1 × 9, 2 × 10
in einer weiteren Beziehung zu 5 × 13, 6 × 14 u. s. w. stehen. Um
diese wichtige Erscheinung zu veranschaulichen, stelle ich dieselben
hier zusammen:

1	×	9	5	×	13
Iupiter	*Iunonis Sospitae*		*Iupiter*		
Di Consentes	*genius*		*Iuno*		*Fata*
Penates			*Ceres*		*Di Manium*
Salus			*Tellurus*		
Lares			*Vulcanus*		
Ianus			*Genius*		
Favores					
Opertanei					
Nocturnus					

2	×	10	6	×	14
Iupiter			*Pales*		*Saturnus*
Praediatus			*Favor*		*Iuno*
Quirinus	*Lar omnium cunctalis*		*Celeritas*		
Mars	*Consus*		*Mars*		
Lar militaris			*Quirinus*		
Iuno	.		*Genius*		
Fons	*Neptunus*				
Lymphae	*Neverita*				
Di Novensiles					

3	×	11	7	×	15
Iupiter Secundanus	*Fortuna*		*Liber*		·*Veiovis*
Iovis Opulentia	*Valetudo*		*Secundanus Pales*		*Di publici*
Minerva			*Fraus*		
Discordia	*Pavor*				
Seditio	*Pallor*				
Pluton	*Manes*				

4	×	12	8	×	16
Lynsa silvestris	*Sancus*		*Veris fructus*	*Nocturnus*	
Mulciber				*Ianitores terrestres*	
Lar caelestis					
Lar militaris					
Favor					

Die Uebereinstimmung zwischen den zusammengestellten Gruppen fällt auf den ersten Blick deshalb weniger in die Augen, weil die meisten Namen uns fremd erscheinen. Sie wird aber im Verlauf dieser Erörterung in ein immer helleres Licht gerückt werden. Zunächst gewinnt hierdurch die Fugural- und Auspicienlehre ein neues Verständnifs. Die Etrusker nannten neun Götter, welche Blitze schleuderten, und unterschieden 11 Arten von Blitzen, indem Jupiter über drei verfügte (Plin. N. H. 2, 138). Wir wissen indessen nur 8 Götter als solche nachzuweisen: Jupiter, Juno, Minerva, Vulcan, Mars, Saturn, Veiovis, Summanus (Müller 2, 165). Und zwar wirft Jupiter aus der 1. 2. 3. Region nach dem bestimmten Zeugnifs von Acron (zu Hor. Carm. 1, 12. 18); in der 2. wohnt ferner Juno, in der 3. Minerva, in der 4. Mulciber. Dies sind die *dii laevi et laevae, sinistrarum regionum praesides et inimici partium dexterarum* (Arnob. adv. Gent. 4, 5). Saturn und Veiovis wohnen in der 14. und 15. Region. In die 16. mag Summanus fallen, dessen Blitze vor allen anderen gefürchtet werden; in die 13. Mars, dessen Blitze zünden (Plin. 2, 139). Damit wäre die Nordhälfte des Himmels erschöpft und man sieht gar nicht ein, wo der fehlende neunte Gott unterzubringen wäre, es sei denn in der 1. Region neben Jupiter. Die Römer hatten die feinere Unterscheidung der Blitze aufgegeben und kannten nur Tages- und Nachtblitze (Plin. a. O.), obwol eine andere Quelle deren 4 Arten nennt (Serv. Verg. Aen. 1, 42). Immerhin ist es klar, dafs die Himmelseintheilung in correspondirende Regionen auch den einfacheren römischen Auspicien zu Grunde liegt. Man scheint vielfach über die Beobachtungsweise irrige Vorstellungen zu hegen und überschen zu haben, dafs es aufser aller Möglichkeit liegt, wenn der Augur mehr als die eine Hälfte, die *antica* des Templum hätte beobachten sollen. Der Augur steht auf der Decussis, dem Schneidepunct des Decumanus und Kardo. Nach Mittag gewandt umfafst sein Gesichtsfeld Südost zur Linken, Südwest zur Rechten; nach Aufgang gewandt, Nordost zur Linken, Südost zur Rechten. Ueber die Zeichen im Einzelnen wissen wir nicht viel anderes, als dafs links glücklich, rechts das Gegentheil bedeutet. Hierbei bleibt aber unentschieden, wie die Götter der *postica* sich äufserten, ob die Regionen 1—4 in denen von 9—12 (ἀστραπὴ διῆλθεν ἐκ τῶν ἀριστερῶν ἐπὶ τὰ δεξιά Dion. 2, 5), oder aber in 5—8, was näher zu liegen scheint. Auf jeden Fall aber richtet sich die Frage an den ganzen Himmel, was eben nur unter der Annahme einer engen Verbindung von Antica und Postica möglich erscheint.

Das nähere Verständnifs der ganzen Lehre wird erst gewonnen, wenn wir sie mit der Frage nach der Tempelorientirung in Verbindung setzen. Nach der oben gegebenen Zusammenstellung haben wir zu Pompeji einen Tempel des Jupiter und Juno oder Aesculap und Valetudo in der 3. Region, am Himmel den Jupiter Secundanus und Jovis Opulentia; in der correspondirenden 11. Region hier wie dort die Fortuna. In Rom liegt in der 6. Saturn, am Himmel dagegen hat er die correspondirende 14. inne: eine Umstellung, die sich daraus einfach erklärt, dafs der Gott *Graeco ritu* verehrt ward. Die 3 Curien zu Pompeji liegen in der 15. den *di publici* entsprechend; die correspondirende 7. enthält den dreizelligen Jupitertempel, die Tafel nennt statt dessen. *Liber*. Aber schon früher haben wir gefunden (S. 131), dafs *Liber* und *Iupiter* ursprünglich mit einander identisch sind. Die Coincidenz in den angegebenen Fällen ist deshalb nicht zufällig, weil sich keine einzige Instanz gegen dieselbe anführen läfst. Wenn sie nicht sofort noch klarer in die Augen springt, so liegt dies einfach darin, dafs wir hier eine Gleichung mit zwei unbekannten rechnen.

Zuvörderst ist noch die Frage zu berühren, in wie weit man die Tempelorientirung aus etruskischer Disciplin abzuleiten hat. Es läfst sich zwar nicht leugnen, dafs die Haruspices auch um den Tempelbau sich bekümmerten (Plin. Ep. 9, 39) und in zweifelhaften Fällen über den Festkalender, der, wie gleich gezeigt werden soll, eng mit der Orientirung zusammenhängt, Entscheidungen abgaben (Macrob. Sat. 1, 16. 22); aber sie scheinen doch immer nur unter aufsergewöhnlichen Umständen herbeigeholt zu werden. Dafs die Römer zu Ciceros und Plinius Zeit für die Beobachtung der Auspicien den Himmel nur in 4 Regionen eintheilten, wird man aller Wahrscheinlichkeit nach auf den allgemeinen Verfall der Disciplin zurückzuführen haben. In der That wird auch die Eintheilung in 16 Regionen als ganz allgemein bezeichnet (Serv. Verg. Aen. 8, 427 *nam dicunt physici de sedecim partibus caeli iaci fulmina*: eine in den Scholien sehr häufig genannte Quelle s. Index script. bei Lion). Und mag sie nun von den Etruskern erfunden sein oder nur kunstmäfsig ausgebildet und treuer bewahrt, unter allen Umständen nimmt sie im System der italischen Theologie eine ganz hervorragende Bedeutung ein.

Die Eintheilung des Himmels in 16 Regionen giebt ein wichtiges Hülfsmittel ab, um die einzelnen Tempel zu classificiren und näher zu bestimmen. Indessen muſs man noch weiter aussehen, ob nicht andere Principien zur Lösung dieser Frage sich gewinnen lassen. Wenn die Orientirung der Tempel durch die Eintheilung des Himmels bedingt wird, so liegt es nahe zu vermuten, daſs sie gleichfalls in Beziehung steht zu den himmlischen Zeichen, den Gestirnen. Zunächst und was am Deutlichsten erkannt werden kann, der Sonne. Ihr Aufgang und Untergang bilden die beiden Pole, um welche sich nicht blos alle Theilung der Zeit dreht, sondern alles Leben auf Erden schlechthin. Ueber diesen beiden Zeitpuncten ruhte die höchste Weihe der Religion. Nun haben wir S. 166 gefunden, daſs die ältere Praxis den Decumanus zu ziehen sich nach dem Sonnenaufgang oder -untergang orientirte. Und zwar geben die Gromatiker ausdrücklich an, nach dem Sonnenaufgang am Gründungstag. Was vom Stadttemplum gilt — das versteht sich im Grunde von selbst — darf auch auf den Göttertempel im engeren Sinne übertragen werden. Darnach würde die Richtung der Tempelaxe dem Gründungstag des betreffenden Tempels entsprechen. Der Gründungstag nahm im römischen Cultus die hervorragendste Stelle ein (vgl. Verg. Aen. 8, 600 *Silvano fama est veteres sacrasse Pelasgos, arvorum pecorisque deo, lucumque diemque*; dazu bemerkt Servius *hoc a Romanis traxit, apud quos nihil fuit tam solemne, quam dies consecrationis*). Er bezeichnet zugleich den Geburtstag des Gottes; denn jedes Templum wird von einem bestimmten individuellen Gott bewohnt, dessen Dasein an den ihm geweihten Raum auf das Engste geknüpft ist (S. 147 Arnob. adv. Gent. 7, 32 *Telluris natalis est, dii enim ex uteris prodeunt et habent dies laetos, quibus eis adscriptum est auram usurpare vitalem*). Auf den Gründungstag fällt das Hauptfest des Gottes (Lactant. Instit. 6, 20 *nam ludorum celebrationes deorum festa sunt, siquidem ob natales eorum vel templorum novorum dedicationes sunt constituti*). Von einem groſsen Theil der Feste des römischen Kalenders wird die Anküpfung an Tempelgründungen direct bezeugt; aus der reichen Stellensammlung von Marquardt, Röm. Alt. 4, 148. An. (vgl. Lobeck. Aglaophamus 1, 434) entnehme ich Fest. p. 147 *Martias calendas matronae celebrabant, quod eo die Iunonis Lucinae aedis coli coepta erat*; Ovid. Fast. 3, 837 von den *Quinquatrus ... parva licet videas Captae delubra Minervae, quae dea natali coepit habere suo.* Festus p. 257 *Quinquatrus ... Minervae*

*autem dicatum eum diem existimant, quod eo die aedis eius in Aven-
tino consecrata est.* Von anderen läfst sich dasselbe auf weiterem
Wege nachweisen, so dafs entschieden die Mehrzahl der auf einen
bestimmten Tag fallenden Feste auf diesen Zusammenhang zurückzuführen ist. Durch derartige Erwägungen erhält die Frage nach
der Tempelorientirung ein neues Licht. Sie stellt sich nach den aufgeführten Prämissen sehr einfach: wenn der Festtag eines Gottes gegeben,
läfst sich nach diesem die Lage seines Tempels bestimmen und umgekehrt aus dem Tempel der Gott, dem er angehört. Allein in dieser
Allgemeinheit bedarf der Satz der Einschränkung: er gilt zunächst nur
für Tempel, welche zwischen 236.37° und 301.2° einerseits, ebenso zwischen 57.58° und 122.23° fallen, insofern die ersteren innerhalb der
Grenzen des Aufgangs, die letzteren innerhalb der Grenzen des Untergangs liegen. Also kommen in diesem Sinne in Betracht die hellenischen Tempel fast sämmtlich, von den italischen die Regionen 4. 5.
12. 13 ganz, 3. 6. 11. 14 zur Hälfte. Dies ist die erste Klasse von Tempeln; ihr Kennzeichen, dafs ihre Längenaxe in unmittelbarer Relation
zur Sonne steht. Aber gleichwie nach einem zweiten System der Limitation (S. 12) die Hauptlinie von Nord nach Süd läuft, und wie die Auspicienlehre auch ein nach Süd orientirtes Templum kennt (S. 172), so
umfafst die zweite Klasse diejenigen Tempel, deren Längenaxe aufserhalb, deren Queraxe in Sonnenaufgang und -untergang fällt. Von der
Nordhälfte gehört in diese Abtheilung 146.47° bis 211.12°, von der
Südhälfte 327.28° bis 32.33°; mithin die 1. 8. 9. 16. Region ganz,
2. 7. 10. 15 zum Theil. Endlich die dritte Klasse enthält diejenigen
Tempel, deren Längen- sowol als Queraxe keinerlei Beziehungen zur
Sonne hat, die also zwischen 211.12° und 236.37°, 302° und 327.28°,
32° und 57.58°, 123° und 146.47° liegen, d. h. Theile der 2. 3. 6. 7.
10. 11. 14. 15. Region.

Man wird fragen, was denn überhaupt mit jener ganzen Theorie
von Sonnenaufgang und seinem Verhältnifs zur Tempelaxe gewonnen
sei. Die Antwort geben die angefügten Tieleschen Tafeln, nach denen
bei einiger Mafsen exacter Orientirung einer Ruine mit völliger Genauigkeit die beiden Tage gefunden werden können, an welchen das
Azimuth der auf- oder untergehenden Sonne in die Axe derselben
fällt. Der iulianische Kalender mit seinen Festen liegt uns in solcher Sicherheit und Vollständigkeit vor, dafs die Probe, ob die Tempel
der Kaiserzeit der hier entwickelten Theorie entsprechen, sich sehr
einfach anstellen läfst. Zum Glück können wir ja auch wenigstens

ein paar der römischen Tempel bestimmt benennen. Die Probe, welche man z. B. mit dem Concordia- und Saturntempel am Forum zu Rom (N. 11. 12) vornehmen mag, erweist sofort die Richtigkeit und praktische Anwendbarkeit unserer Theorie. Dieselbe erstreckt sich auch auf die ältere Zeit. Zwar ist man gewohnt den republikanischen Kalender für ein wahres Monstrum auszugeben und den römischen Schriftgelehrten die Kunde abzusprechen, wie viel Tage ein Jahr gehabt hätte. Jedoch sind derartige Vorstellungen stets mit dem entschiedensten Mistrauen aufzunehmen. Die chronologischen Systeme des Altertums bewegen sich sämmtlich um einen einzigen Gedanken, in dem aussichtslosen Streben die Ausgleichung für drei incongruente Größen zu finden, Tag, Jahr und Monat. Die Versuche, dies Problem zu lösen sind ebenso verschieden gewesen, als die Natur und eigene Begabung den Völkern verschiedene Bahnen vorgezeichnet hat. Die gelehrte Forschung alter und neuer Zeit ist hier wiederum in den mehrfach erwähnten Grundfehler verfallen. die Entwicklung, welche der historischen Ueberlieferung vorausliegt, viel zu kurz anzusetzen und Anfänge construiren zu wollen, die wenn überhaupt, so doch nur auf weiten Umwegen sich gewinnen lassen. Sonne und Mond nehmen in der Verehrung der Menschen die höchste Stelle ein; von ihnen erhalten die Naturreligionen ihren wesentlichen Inhalt. Deshalb wird auch durch ihren Lauf den einzelnen Culten und Festen jedem der gebührende Platz angewiesen. Im republikanischen Rom waren, wie Columella ausdrücklich bezeugt, die Feste nach dem Kalender des Eudoxos bestimmt, welcher dem iulianischen nahe verwandt ist: 9, 14 *nec me fallit Hipparchi ratio, quae docet solstitia et aequinoctia non octavis sed primis partibus signorum confici. verum in hac ruris disciplina sequor nunc Eudoxi et Metonis antiquorumque fastos astrologorum, qui sunt aptati publicis sacrificiis, quia et notior est ista vetus agricolis concepta opinio.* Dieser Festkalender (der nämliche. den Mommsen in der Chronologie seinem Bauernjahr zu Grunde legt) hat die Orientirung der älteren Tempel bedingt. Für die Gleichung mit den julianischen Daten ist zu beachten, daß Frühlingsaequinoctium den 25. März, Sommersonnenwende Ende Juni, Herbstnachtgleiche 24. Sept., Wintersolstiz 25. December gesetzt wird. Wie die Daten des eudoxischen Festkalenders in julianische umgesetzt worden sind. so ist dasselbe von den noch älteren Festen ebenso anzunehmen. Nach unserer Ansicht von dem Wesen der rö-

mischen Religion konnte sie sich in der That nicht, wie Mommsen
will, nach einem Kalender richten, der »schon in sehr früher Zeit
ziemlich unbekümmert um Mond und Sonne seinen eigenen Weg
gegangen ist« (Chron. ². 15). Wir nehmen vielmehr an, daß auch
der ältesten Zeit der Lauf der Sonne und die relativ sichere Bestimmung der Feste durch denselben vollkommen geläufig war und
rechnen auch für sie annähernd nach eudoxischem Kalender. Wie
sich zu dieser durch den Lauf der Sonne streng geregelten Festord-
nung die officielle Zeitrechnung verhalten habe, kann hier nicht
untersucht werden. Der grofse Kreislauf der Natur (*annus, annulus*)
stellte die Befugnisse und Anrechte der einzelnen Gottheiten an die
Verehrung des Staates fest. Aber namentlich im bürgerlichen Leben
mufste sich das Bedürfnifs einer kleineren Eintheilung der Zeit geltend machen und insofern ist die Messung nach dem Monde ebenso
alt wie das freie Sonnenjahr. Die Bedeutung, welche derselben im
Cultus zukommt, tritt freilich durchaus hinter derjenigen der Sonne
zurück. Während der Kalender nur die *dies statuti*, die feststeh-
henden Feiertage enthält, möchte man vermuten, dafs die Wandel-
feste, die *feriae conceptivae* gerade wie zum Theil noch in der christlichen Kirche durch den Lauf des Mondes bestimmt worden seien.
Im Anschlufs daran könnte man meinen, dafs die Tempel der dritten
Klasse vorzugsweise derartigen Festen angehörten: damit wäre eine
Erklärung für den fundamentalen Unterschied gegeben, welcher sie
von der Mehrzahl der italischen Tempel aussondert.

Wir befinden uns hier auf einem Gebiet, dessen Ausdehnung
und Eigenthümlichkeit noch zu erforschen bleiben. Es kommt vor
allem darauf an, gewisse leitende Grundgedanken auf dieser Ent-
deckungsfahrt stets gegenwärtig zu halten: zuerst die Ueberzeu-
gung von der Gebundenheit und Gesetzmäfsigkeit der antiken Religion, ferner die Betrachtung auch der sog. Urzeit unter König Romulus und Numa als des Products einer langen, vorausgehenden, für
uns ganz unübersehbaren Entwicklungsreihe. Je tiefer man sich in
die Periode der Anfänge hineinzuleben versucht, desto fester und
fertiger erscheint der enge Kreis, in dem dieselbe sich bewegte, desto
gröfser auch der Schatz an Erfahrung, über welche sie bereits verfügte. Die Sorgfalt und Genauigkeit der Alten in der empirischen
Beobachtung der himmlischen Zeichen kann nicht leicht zu weitge-
hend gedacht werden. Vorstellungen wie die früher erwähnten von
der Rohheit und Unwissenheit römischer Mefskünstler beruhen auf

gänzlicher Verkennung der natürlichen Bedingungen eines südlichen Landes und einer culturlosen Zeit. Ich wiederhole hier den Ausspruch von Plinius N. H. 18, 284 *rudis fuit priscorum vita atque sine litteris: non minus tamen ingeniosam fuisse in illis observationem adparebit quam nunc esse rationem.*

Der uralte Festkalender, welcher auf König Numa zurückgeführt wird, hat nur für Rom oder höchstens den Umfang des latinischen Stammes unmittelbare Geltung. Indessen gemäfs der engen Verwandtschaft, welche die sämmtlichen Zweige der italischen Nation verbindet, wie sie sich als immer wiederkehrendes Resultat unserer früheren Untersuchungen über Stadt und Staat, Sage und Geschichte herausgestellt hat, kann die Annahme nicht abgewiesen werden, dafs ebenso Religion und Feste überall im Wesentlichen übereinstimmen. Deshalb durfte der Versuch gemacht werden, auch die älteren Tempel Pompejis, welche aus oskischer Zeit datiren, aus dem römischen Kalender zu erklären.

Dafs aufser der Sonne noch die Aufgänge des Mondes und einzelner Sterne von hervorragender Lichtstärke, wie z. B. Sirius und Venus die Richtung der Tempelaxe beeinflufst haben, ist möglich und an sich glaublich. Auch wird es hoffentlich einer vorgerückteren Forschung gelingen, diese Momente ausfindig zu machen und schärfer zu präcisiren. Gegenwärtig kann es einzig und allein darauf ankommen, unsern Hauptsatz zu beweisen. Insofern lasse ich alle weiteren theoretischen Erörterungen bei Seite und wende mich zu den Thatsachen, auf denen sich meine Behauptungen stützen. Sie allein können die berechtigten Zweifel heben, welche sich dem Leser hier auf Schritt und Tritt aufdrängen mögen; auch lassen sich nur empirisch aus dem vorliegenden Material einige Grundsätze über Tempelorientirung ableiten.

Kapitel VII.

Römische Tempel.

———

Im Folgenden sind die S. 179 aufgeführten römischen Tempel einzeln besprochen. Der nächste und hauptsächliche Zweck dieser Erörterung ist darauf gerichtet, die im vorigen Kapitel gefundene Theorie empirisch zu beweisen. Die Bedeutung derselben für Topographie und Religion wird Jedem ohne besondere Betonung einleuchten. Es liegt außer dem Plan dieser Untersuchung, die Resultate, welche sich in der einen wie der anderen Richtung schon jetzt ergeben, in ihren Consequenzen zu verfolgen, theils weil wie die Prüfung so auch die Verwertung derselben passend specielleren Behandlungen überlassen bleibt, theils weil hier nur der Anfang gemacht werden kann, die Orientirung der Tempel für die Wissenschaft fruchtbar zu machen.

Ueber das Verfahren in den nachfolgenden Rechnungen schicke ich noch einige Bemerkungen voraus. Die Messungen sind von Schöne ohne Kenntniß der angehängten Hülfstafeln, also mit völliger Unbefangenheit gemacht; darnach von mir nach den S. 178 angegebenen Declinationen in die astronomischen Werte umgesetzt [1]). Die Mes-

———

1) Da ich der Kürze wegen nur den letzteren Wert, nicht die Rechnung angebe, so mögen zwei Beispiele das Verfahren veranschaulichen. Denn trotz aller Sorgfalt könnte sich unter etwa 60 Angaben möglicher Weise ein Mißverständniß eingeschlichen haben, namentlich weil die Compasse den Südpunct nicht 360°, sondern 180° rechnen. Freilich ist, wie ich hoffe, dieser Fall gar nicht und am Wenigsten bei einem der wichtigeren Tempel eingetroffen. Also z. B. schreibt Schöne: »*Pantheon* NSlinie parallel mit der Axe,

13

sungen schwanken in der Regel um $\frac{1}{2}$—1°; wo die Beschaffenheit der Ruine bei verschiedenen Versuchen eine noch gröfsere Abweichung gab, ist solches stets bemerkt. Die Angaben sind hierauf ohne Weiteres auf die folgenden Hülfstafeln übertragen. Denn wiewol diese eine ganz specialisirte und exacte Rechnung gestatten, so reichen für eine solche die vorliegenden Mittel nicht aus. Dabei bleibt Mehreres unentschieden, nämlich: 1) bis wie weit die Alten selber in ihren Beobachtungen genau gewesen sind; 2) ob das Azimuth für den Mittelpunct der auf- oder untergehenden Sonne, wie im Folgenden gerechnet ist, oder aber nach dem ersten resp. letzten Sonnenstrahl, oder endlich für die ganze Sonnenscheibe beobachtet ward (die Differenz beträgt in dem einen wie anderen Falle 15'); 3) kann für die meisten Tempel das Gründungsjahr nur ganz approximativ abgeschätzt werden. Dies macht, von der Gründungsepoche abgesehen, da unsere Tafeln für Schaltjahre gerechnet sind, durchweg Fehler von 15'—45'. Alle diese Unsicherheiten jedoch sind nicht gar grofs und heben sich vielfach gegenseitig auf. In der Mehrzahl der Fälle sind wir mit völliger Sicherheit im Stande das Datum bis auf 5 Tage und darüber hinaus genau zu finden.

Zur Erläuterung der Aufgangs- und Untergangsdaten bedienen wir uns des iulianischen Festkalenders, wie er in der Ausgabe Mommsens (C. J. L. I. p. 293—412; vgl. auch Marquardt, R. A. 4, 444—463) vorliegt. Das Verhältnifs des eudoxischen Kalenders zu demselben ist nach den S. 190 bezeichneten Correctionen angenommen worden; begreiflicher Weise wird die Unsicherheit hier gröfser. Die behandelten Tempel, soweit sie der ersten und zweiten Klasse angehören (S. 189), geben je 4 Kalenderdaten, 2 für den Auf-, 2 für den Untergang. Man wird nach den anderweitig bekannten Momenten, welche für die Bestimmung der Tempel in Frage kommen, daraus das Haupt- oder Gründungsdatum zu ermitteln, ferner zu untersuchen haben, in wie weit die übrigen drei Tage zur Feier des Gottes in nachweisbarer Beziehung stehen. Der iulianische Kalender weist einen unverkennbaren Parallelismus in seinen Festen auf, indem

---

zeigt die Nadel 351—351$\frac{1}{2}$°«; folglich liegt die Axe 8$\frac{1}{2}$—9° östlich vom magnetischen, d. h. 4$\frac{1}{2}$—5° westlich vom astronomischen Nordpunct, = 175° oder 175$\frac{1}{2}$°. Oder »Concordia OWlinie der Axe parallel zeigt die Nadel 314—15°«; folglich Axe 44—45° vom magnetischen, = 57$\frac{1}{2}$—58$\frac{1}{2}$ vom astronomischen Südpunct = 301$\frac{1}{2}$—302$\frac{1}{2}$°.

correspondirende Feste die gleiche Sonnenlänge haben. Doch würden erst vorgerücktere Untersuchungen über Tempelorientirung diesen Zusammenhang mit der erforderlichen Klarheit nachweisen können. Die Besprechung der einzelnen Tempel folgt der S. 179 gegebenen Aufzählung.

1. Castor und Pollux, Rom 216° 30'.

Es ist die Ruine der drei Säulen zwischen der Basilica Julia und dem Vestatempel gemeint, welche neuerdings allgemein den angegebenen Namen führt (u. A. bei Dyer p. 66). Erhebliche Aufschlüsse gewährt die Orientirung nicht, weil sie in keinerlei Beziehung zur Sonne steht. Doch verdient Beachtung, dafs in der 2. und 10. Region einerseits Gottheiten des Wassers, aber auch kriegerische und ritterliche Götter wie Mars, Lar militaris, Neptun und Consus wohnen: ein Umstand, welcher zu der obigen Annahme stimmt. Ich vermute, dafs der Tempel dem Forum den Rücken zukehrte und habe ihn darnach der 2. Region zugewiesen. Im anderen Fall lag er mit 36° 30' in der 10. Region.

2. Aesculap, Pompeji 230° 15'.

Overbeck 1, 96. Dieser kleine Tempel liegt an der Ecke der Stabianer- und Isisstrafse. Der Bestimmung desselben können wir ziemlich nahe kommen. Es fanden sich nämlich in der Cella zwei Statuen aus Terracotta, über Lebensgröfse, die von den einen als Jupiter und Juno, von den anderen als Aesculap und Hygiea gedeutet werden. Aufserdem fand sich noch eine Büste der Minerva. Dieser Thatbestand wird trefflich durch die *descriptio caeli* erläutert, welche in der 3. Region Jupiter Secundanus, Jovis Opulentia, Minerva aufzählt. Die in dem Stabianerthor befindliche oskische Wegebauinschrift (Huschke, Osk. Sprdenkm. S. 180) redet von einer *kavla iúveis meelikiieis*. Nach der ganzen Entwicklung, welche der Wegebau in Italien genommen hat, unterliegt es für mich keinem Zweifel, dafs in so früher Zeit nicht von einer Pflasterung aufserhalb der Stadt die Rede sein kann. Die *cella Iovis Milichii* ist eben der hier behandelte Tempel. Daraus folgt dann weiter, dafs der Dienst den Griechen entlehnt war und es pafst vortrefflich, dafs Aesculap unter dem Namen des milden gnädigen Jupiter (Ζεὺς μειλίχιος) eingebürgert ward. Die *via Iovia* endlich, welche die Inschrift erwähnt, würde auf den Kardo maximus, die Stabianerstrafse zu beziehen sein. Vorläufig bleibt dies freilich hypothetisch; denn die Inschrift ist in mehreren Stücken nicht sicher erklärt und überhaupt läfst sich ihre Deutung nur durch eine specielle Untersuchung der Localitäten an Ort und Stelle gewinnen.

In dem Hofe vor der Cella steht ein Altar, der aber dem Tempel nicht die Front, sondern die Schmalseite zukehrt. Leider sind Schöne und ich auf die Wichtigkeit der Altäre für die Orientirungsfrage zu spät aufmerksam geworden und deshalb ist es unterlassen worden, die Lage der Altäre eigens zu bestimmen. Schöne schreibt mir: »soweit ich sehe, gehört zum Wesen der *ara*, daß sie auf ihrer Oberfläche längs den beiden Nebenseiten Erhöhungen hat, die meist als Polster nach Analogie des ionischen Capitells gebildet werden. Ich glaube, daß das zum Begriff der *ara* gehört und sie charakterisirt; denn die Polster werden beibehalten, wo es sich nur darum handelt, einem Gefäfs oder Gebäude den Typus der *ara* aufzuprägen, besonders an den Gräbern (Scipionensarkophag, die grofsen Gräber an der Via Appia und in Pompeji). Bei den Grabcippen von dieser Form könnte man annehmen, daß wirklich darauf geopfert worden wäre; hier könnten also wie bei den eigentlichen Altären praktische Rücksichten mafsgebend gewesen sein, welche die Form natürlich ursprünglich veranlafst haben. Die Polster erscheinen nun immer auf den Nebenseiten, wenn die Ara oblongen Grundrifs hat, den Schmalseiten, und unter allen Umständen steht Inschrift, Hauptrelief etc. auf der oder den Seiten, welche oben die Polster nicht haben. Diese leeren Seiten sind also die Hauptseiten, die eine davon die Facade. Die Altäre finden sich zum Tempel verschieden gestellt: beim Venus- oder Aesculaptempel liegt ihre Facade der Tempelaxe parallel, die Polster parallel mit der Tempelfacade; beim Mercur- und zwei Altären des griech. Tempel umgekehrt. Dies ist doch schwerlich zufällig. Bei den Altären der Larencapellen liegt, so weit ich mich erinnere, die Facade der Ara immer der Wand mit dem Bilde oder der Facade der Aedicula parallel«. Diese Bemerkungen mochten hier eine Stelle finden, um zur genaueren Beobachtung des Thatbestandes anzuregen; zumal da die griechische Auffassung und Behandlung des Altars eine wesentlich andere zu sein scheint (Hermann, G. A. ². 88). Der Umstand, daß die Altäre in vielen Fällen senkrecht auf der Tempelaxe stehen, der Opfernde mithin dem Götterbild die Seite zukehrt, erklärt sich aus der italischen Weltanschauung. Das Templum wird durch Kardo und Decumanus bestimmt und wurzelt damit in vier verschiedenen Regionen. Im vorliegenden Fall liegt die Front des Altars in der 7. Region, in welcher die capitolinische Trias wohnt (S. 209). Ob genau in deren Lage, oder der Axe unseres Tempels entsprechend, d. h. ob 337° oder 320¼°, darüber könnte erst eine neue Messung entscheiden.

3. Altar *sei deo sei deivae*, Rom 234° 30'.

Es ist der altertümliche Altar gemeint, welcher am nw. Fuſs des Palatin mit der Front nach dem Tiber zu steht (C. J. L. 1, 632). Die nämliche Gottheit wird häufig erwähnt, besonders in den Arvalacten. Wenn es im Allgemeinen unbestimmt bleiben muſs, nach welchen Principien die Tempel der dritten Klasse gerichtet wurden, so begreift es sich um so leichter, warum dieser Gott auſser jeder Relation zum Sonnenaufgang stehen muſste.

4. Isis, Pompeji 239°.

Durch die Inschrift, welche seine Wiederherstellung nach dem Erdbeben 63 n. Chr. erwähnt (J. R. N. 2243), sowie die hier befindliche Isisstatue und Hieroglyphentafel ist die Bestimmung des Tempels zweifellos gesichert. An der Hinterwand der Cella steht eine Statue des Bacchus. Innerhalb des Peribolos (vgl. den Plan bei Overbeck 1², 109) befindet sich ein kleines nach NW. (148°) orientirtes Sacellum, in dem eine Treppe zu einem Brunnen (?) herabführt. Auſserdem liegt hier eine viereckige Brunnenöffnung, welche jetzt auf den Sarno-canal Fontanas mündet, die aber bei der Ausgrabung mit verbrannten Früchten und Asche angefüllt war. Die Bestimmung dieser Heiligtümer im Einzelnen bleibt ganz dunkel. Die Orientirung des Tempels ergiebt iulianisch 5/6 Juni 13/12 Juli für den Aufgang, Jan. 3 Dec. 12 für den Untergang. Beziehungen zu bekannten Isisfesten lassen sich hier nicht erkennen; es sei denn, daſs man den Aufgang des Procyon hierher rechnen wollte, der den 15. Juli fällt (Columella 11, 2). Allein es wäre doch befremdend nach dem Procyon und nicht nach dem Frühaufgang des Sirius selber zu bestimmen; letzterer wird aber auf den 26. Juli gesetzt (vgl. Ideler, Handb. 1, 125 fg.). Unter diesen Umständen erscheint es mir durchaus wahrscheinlicher, daſs der Isiscult hier unter einheimischen Formen sich eingebürgert hat. Die Isis tritt in Italien recht eigentlich auf als Fortuna oder Venus. Hiermit stimmt es vortrefflich, daſs die Orientirung dieses Tempels fast genau zu dem der Fortuna (59° 15') das Complement bildet. Darnach würde man für denselben keine anderen Festtage zu statuiren haben als die der Fortuna, s. Nr. 26. Die Anlage desselben, die doch gewiſs nicht früher gesetzt werden kann als das letzte Jahrh. v. Chr., hat verschiedene bauliche Umänderungen zur

Folge gehabt: namentlich ist, wie Schöne mich früher an Ort und Stelle belehrt hat, von der dahinter liegenden sog. *curia Isiaca* ein Drittel abgeschnitten und zum Isistempel hinzugefügt worden. Welche Heiligtümer hier früher gestanden, läfst sich natürlich nicht erraten und ebenso wenig die Bestimmung des sog. Purgatoriums und jenes merkwürdigen Tempelschachtes angeben. Nur ist daran zu erinnern, dafs die 3. sowie die correspondirende 11. Region den Sitz des Unterwelts- und Todtencults bilden.

5. Curia Isiaca, Pompeji 241º 15'.

Overbeck 1², 134. Zu dem was von anderen über diesen Säulenhof mit seinem rätselhaften Postament gesagt worden, habe ich nichts Neues hinzuzufügen. Dafs er einem Gotte geweiht war, erscheint mir nicht zweifelhaft. Aber den älteren Tempeln von Pompeji gegenüber ist, wie in der Natur der Sache liegt, Zurückhaltung geboten.

6. Basilica, Pompeji 247º 30'.

Overbeck 1², 128 fg. Name und Bestimmung des Gebäudes dürfen als sicher angesehen werden. Andererseits läfst sich nicht verkennen, dafs dasselbe einem Gotte geweiht sein mufste. Um diesen zu ermitteln, müssen wir auf frühere Zeiten zurückgehen, weil ein an der Wand der Basilica eingekratztes Datum das J. 79 v. Chr. nennt, überhaupt der ganze Bau entschieden zu den älteren gehört. Die Orientirung giebt erwünschten Aufschlufs: wir finden als Aufgangsdaten den 8. Mai 10. August iulianisch, d. h. etwa 10. Mai 12. August eudoxisch. Der 12. August ist der Festtag des viel gefeierten Hercules von der Ara maxima auf dem Ochsenmarkt in Rom. Kein Gott erfreute sich bei den Italikern allgemeinerer Verehrung. Die Weihung eines Gebäudes, in dem Handel und Verkehr ihren Sitz aufgeschlagen hatten, an Hercules pafst vortrefflich. Denn wie von ihm Segen und Fülle ausgeht, so ist er zugleich der Gott der Treue, bei dem die heiligsten Eide geschworen werden (Dionys 1, 40. vgl. Preller, Röm. Myth. 645). Er berührt sich eng mit dem Dius Fidius oder Semo Sancus, der nach der Tafel die correspondirende 12. Region bewohnt. Es pafst gleichfalls sehr gut zur Bestimmung einer Basilica, dafs die Frauen an dem Cult dieses Gottes keinen Antheil haben. Der 10. Mai weist kein Fest auf; aber der Bauernkalender berichtet *Vergiliae totae apparent*, den Frühaufgang der Plejaden. Sie heifsen mit ächt nationalem Namen *Suculae* und kein Thier steht in so enger Beziehung zum italischen Hercules wie das Schwein; ja man könnte es sein Wappenthier nennen. Die Orientirung ergiebt für den Untergang 3. Febr. 11. Nov. iulianisch, 5. Febr. 13. Nov. eudoxisch. Der letztere ist einer der höchsten Festtage des Jupiter (*epulum Iovis*), der erstere wird durch die Gründung der *Concordia in arce* gekennzeichnet. Doch erscheint es sehr zweifelhaft, ob diese Tage mit vorliegendem Gebäude etwas zu thun haben. Dahingegen wird es sich nicht abweisen lassen, die am 12. 14. 15. 16. November gefeierten plebejischen Spiele hierher zu ziehen, welche nach einer ansprechenden Deutung Mommsens, Gesch. d. röm. Münzw. S. 620 dem Hercules gelten. Man darf gegen die gegebene Deutung nicht einwenden, dafs dem Hercules Rundtempel zu eignen scheinen; denn als eigentliches Wohnhaus des Gottes dürfen wir die Basilica nicht bezeichnen, der *natalis Herculis* fällt vielmehr auf den 1. Februar. Dafs ich die Ansicht Mommsens (Unterit. Dial. S. 262), nach der Hercules ein national-italischer Gott ist, der erst später mit dem griechischen Herakles zusammengeworfen ward, trotz der Einwendungen Prellers u. A. für durchaus richtig halte, braucht kaum bemerkt zu werden.

7. sog. Diana, Nîmes 257° 30'.

Ueber Grundrifs, Lage, Beschaffenheit des Tempels s. Description des monumens antiques du Midi de la France par Grangent, Durand, Durant, Paris 1819 1, 79 fg. Der Tempel ist gewölbt und hat aufser dem Hauptpostament an jeder Seite 5, neben dem Eingang 2 Nischen, ist also im Ganzen auf 13 Statuen berechnet. Ein Apollokopf ist hier gefunden worden. Der Tempel liegt hart an den ausgedehnten Thermenanlagen des alten Nemausus. Die jetzt gewöhnliche Benennung entbehrt jeglichen Grundes. Die oben erwähnten Architekten haben ihn weit angemessener Pantheon getauft. Allerdings ist die Uebereinstimmung mit dem Pantheon zu Rom sehr gering, weit erheblicher diejenige mit dem Augusteum von Pompeji oder dem Serapisheiligtum von Pozzuoli. Nach Tafel 3 ergeben sich als Daten für den Aufgang 12. April 4. September, d. h. der Anfang der *ludi Cereris* und der *ludi Romani.* So gut nun auch diese Festtage für die Stiftung eines Tempels in einer römischen Colonie passen, rücken wir doch damit seiner Bestimmung um nichts näher. Der Untergang trifft auf den 27. Februar (*Equirria*) 19. October (*Armilustrium*), beides Marsfeste. Ich lasse dahingestellt, ob aus den Altertümern von Nemausus eine nähere Deutung und Verwertung dieser Daten zu gewinnen wäre.

8. sog. Augustus, Vienne 270°.

Eine neuere Publication dieses zierlichen und wol erhaltenen Tempels ist mir nicht bekannt; die älteren genügen nach den umfassenden Restaurationsarbeiten der letzten Jahre nicht mehr. Er hat 6 Säulen Front und ebensoviel an jeder Langseite; die Säulen umgeben aber nur den vorderen Theil der Cella, die Rückwand der Cella springt der Breite der Porticus entsprechend vor und schliefst diese ab. Zwölf Stufen führen hinauf; in der Mitte der Treppe ein grofser vorspringender Altar. Die jetzige Benennung entbehrt, so weit ich sehe, der Begründung, liegt aber doch von der richtigen nicht gar so weit ab. Die Lage des Tempels fällt in die Aequinoctialpuncte 22 März 25. September. Der letzte Tag ist der *Venus genetrix* geweiht und diese Deutung pafst für unseren Tempel ganz vortrefflich. In den Seitennischen der Aufsenseite des Tempels dürfen wir demnach Statuen von Caesar und Augustus voraussetzen.

9. Tempel der Roma und Venus, 289° 30′ resp. 109° 30′.

Der prächtige Doppeltempel ist ein Werk Hadrians, später gewöhnlich *templum Urbis* genannt. Die Identität desselben mit der grofsen Ruine auf der Velia oberhalb des Colosseum, zuerst von Nardini richtig erkannt, unterliegt keinem Zweifel (Nardini Roma antica 1, 287 Ausg. von Nibby; Beschreibung Roms 3, 1. 299 fg., Becker, Topogr. S. 444). Insofern bietet sie einen passenden Anhalt, um die Richtigkeit unserer Theorie zu erproben. Zunächst ergiebt sich, dafs die westliche Cella das Bild der Venus, die östliche das der Roma enthielt. Der Untergang fällt iulianisch auf den 29/30 April 18/19 August. Vom 28. April bis 3. Mai wird das Fest der Flora gefeiert mit aller Ausgelassenheit und Lust, welche dem Frühling ansteht (Preller, Röm. Myth. S. 378 fg.). Diese altitalische Göttin entspricht vollkommen der Venus: denn letzterer Name kommt überhaupt in den älteren priesterlichen Urkunden der Römer gar nicht vor (Macrob. Sat. 1, 12. 12). Es stimmt daher sehr gut, wenn ein Tempel der Venus an diesem Fest, das auch in der Kaiserzeit zu den beliebtesten gehörte, gestiftet ward. Dazu kommt aber noch ein Zweites. Die späteren Schriftsteller erwähnen öfters, dafs der eigentliche Name der heiligen Stadt nicht Rom laute; aber es galt für den höchsten Frevel den geheimen Namen kund zu thun (Plin. N. H. 3, 65 *Roma, cuius nomen alterum dicere arcanis caerimoniarum nefas habetur, optumaque et salutari fide abolitum enuntiavit Valerius Soranus luitque mox poenas.* Macrob. S. 3, 9. 5 *ipsius vero nomen etiam doctissimis ignoratum est carentibus Romanis ne quod saepe adversus urbes hostium fecisse se noverant idem ipsi quoque hostili evocatione paterentur, si tutelae suae nomen divulgaretur.* Serv. Verg. Aen. 1, 277. vgl. Becker, Röm. Alt. 2, 1. 14). Man mag sich gern mit Becker über die »unnütze Grübelei« alter und neuer Philologen, was denn dies für ein Name gewesen sei, ärgern. Aber »Aberwitz der spätesten Zeit« ist es denn doch nicht allein, wenn Lydus de mens. 4, 50 als ἱερατικὸν ὄνομα von Rom angiebt Flora οἱονεὶ ἄνθουσα, das übrigens πᾶσιν ἦν δῆλον καὶ ἀδεῶς ἐξεφέρετο. Die Notiz stimmt auf das Beste zu dem Umstand, der jetzt erst ins Licht tritt, dafs das Templum Urbis an den Floralien sein Fest feierte. Aber auch dem zweiten Tag kommt eine hohe Bedeutung zu. Der 19. August ist der Venus geweiht und zwar als Weinfest *Vinalia.* Letzteres begegnet schon am 23. April, aber hier dem Jupiter geweiht (Varro LL. 6, 16); Mommsen p. 392. 99 nimmt an, dafs beide Tage ursprünglich diesem eigneten und der Cult der Venus erst später hinzugetreten sei. Diese Annahme unterliegt manchen Bedenken. Immerhin erscheint die Verbindung der Stadtmutter mit dem Staatengründer Liber oder Jupiter (vgl. S. 130) sehr wol begründet und reicht gewifs früh hinauf. Wenn somit die Orientirung des Venustempels aus dem Festkalender die erwünschte Deutung erhält, so gehen wir nun zu der nach Osten gerichteten Roma über. Der Aufgang fällt iulianisch auf den 11/12 Februar 3/2 November. Die älteren Reductionen des Kalenders, welche unter Kaiser Claudius aufhören, geben für das erstere Datum kein Fest an; dagegen die späteren zum 11. *genialici* mit Circusspielen, zum 12. *ludi genialici.* Mommsen hat ganz richtig vermutet, dafs dies Fest dem *genius populi Romani* gegolten haben möchte. Er konnte freilich nicht wissen, dafs dasselbe nicht erst von Aurelian. sondern, wie unser Tempel aufser Frage setzt, bereits von Hadrian gestiftet worden ist. Als correspondirenden Festtag müssen wir nicht den 2. oder 3., sondern vielmehr den 1. November ansehen, den letzten Tag der von Sulla gestifteten *ludi Victoriae.* Die Roma wird als Minerva dargestellt, auch im vorliegenden Fall, wie die Angabe des Servius Verg. Aen. 2, 227 beweist, der von den Schlangen an den Minervabildern redend bemerkt *ut maxima pars in spiram collecta ante pedes sit. colla vero cum capitibus erectis post clipeum, i. e. inter scutum et simulacrum deae latebant, ut est in templo urbis Romae.* Als solche trägt sie häufig die Victoria auf der Rechten und so schickt es sich gar wol, wenn sie hier gleichsam als Athena Nike gefeiert wird. Eine inhaltsvolle Zusammenstellung für diesen letzten glänzenden Schmuck der *urbs Roma aeterna*, der unter den Zeichen von *Flora* und *Victoria*, von *Liber* und *Venus* und *Genius* gestiftet ward. Höchst merkwürdig ist auch, dafs der Isiscult sich später des einen dieser Feste bemächtigt hat; eine Hauptfeier der ägyptischen Göttin, auch hier wieder an die Vorstellungen von Venus und Fortuna anknüpfend, fällt in den Ausgang October und Anfang November. — Zu den Aufschlüssen, welche die Orientirung gewährt, stimmt die *descriptio caeli* vortrefflich. In der 5. Region findet sich der *Genius* und dadurch erhalten die *ludi genialici* neue Bewährung. Die correspondirende 13. Region nennt die *Fata*, eine ernste Umgebung, der unser Tempel vollkommen entspricht. — Die bisherige Erörterung würde erschüttert, wir aufserdem genötigt die Fehlergrenze, sei es in der Orientirung des Tempels, sei es in unserer Messung bis auf 3° hinauszurücken, wenn es wahr wäre — was unter den Neueren Preller, Röm. Myth. S. 707. Mommsen p. 391 annehmen — dafs das *templum Urbis* am Parilienfest gegründet sei. Diese beiläufig von Niebuhr, Beschreibung Roms 3, 1. 301 Anm. widerlegte Ansicht stützt sich auf Athenaeos 8 p. 361 f. ἔτυχε δὲ οὖσα ἑορτὴ τὰ παρίλια μὲν πάλαι καλούμενα νῦν δὲ ῥωμαῖα, τῇ τῆς πόλεως Τύχῃ ναοῦ καθιδρυμένου ὑπὸ τοῦ πάντ' ἀρίστου καὶ μουσικωτάτου βασιλέως Ἀδριανοῦ. ἐκείνην τὴν ἡμέραν κατ' ἐνιαυτὸν ἐπίσημον ἄγουσι πάντες οἱ τὴν Ῥώμην κατοικοῦντες καὶ οἱ ἐνεπιδημοῦντες τῇ πόλει. Auf die hier erwähnte Umbildung des Parilienfestes durch Hadrian bezieht sich eine Münze desselben Kaisers (Eckhel, Doctr. Num. 6, 501) *anno DCCCLXXIIII nat(ali) ur(bis) P(arilibus) cir(censes) con(stituti)*, nebenbei nach Eckhels Zeugnifs die einzige Münze, welche ein Datum *ab urbe condita* anführt. Diese Münze, dem J. 121 oder 22 angehörend, widerlegt ohne Weiteres einen Theil der Erzählung des Athenaeos; denn die Erbauung oder, wie zu verstehen sein wird, die Dedication des Templum Urbis fällt nach der bestimmten Angabe Cassiodors p. 637 (Mommsen) in das J. 135 und folglich kann das Parilienfest, das Hadrian 121 neu einrichtete, mit jener Gründung Nichts zu thun haben. Uebrigens begreift sich äufserst leicht, dafs zwei zeitlich und begrifflich einander so nahe liegende Daten wie das Parilienfest und die Gründung des Romatempels von Athenaeos confundirt werden konnten, um so mehr als gewifs auch am letzteren eine Feier des 21. April statt hatte.

10. Tempel der Burggöttin von Pompeji 300°.

Im Verlauf dieser Untersuchungen ist das sog. *Forum triangulare* gelegentlich als Arx bezeichnet worden. Es ist ein dreieckiger Platz, nach Norden durch Propyläen von der Isisstrafse geschieden, von Osten durch eine vom Theater hinaufführende grofse Freitreppe zugänglich, nach Süden steil abfallend und durch eine hohe Böschungsmauer eingefafst. Eine Halle von 100 Säulen umgiebt den Platz, auf dem der natürliche Boden überall zu Tage tritt. In Mitten liegen die dürftigen Ueberreste des sog. Griechischen Tempels, drei Altäre, eine Einfassung (sog. *recinto*), ein kleiner Rundtempel vor demselben. Dafs in diesem weitaus ältesten Theil der Stadt die Burg zu erkennen sei, ist längst ausgesprochen worden. Overbeck 1, 72 mufs sich freilich »auf alle Fälle« gegen diese Benennung erklären, weil die Lage beträchtlich (?) niedriger als die des Forum sei. Diese Theorie auf Rom angewandt würde zu dem Schlufs führen, dafs die Arx nicht auf dem capitolinischen Hügel sein konnte, weil der Palatin um 10' höher ist. Indessen da der Verfasser schwerlich über ähnliche Consequenzen des näheren nachgedacht, können wir seinen entschiedenen Widerspruch auf sich beruhen lassen [1]). — Die Lage gewährt einigen Aufschlufs über die Gottheit, welcher der seinem Stil nach etwa dem 5. oder 6. Jahrh. v. Chr. angehörende Tempel geweiht war. Als Datum des Sonnenaufgangs ergiebt sich nach eudoxischer Rechnung der 11. Januar und 11. December, die Sonnenwende auf den 26. gesetzt: der erste Tag bezeichnet durch das Fest der *Carmentalia*, der letztere durch das *Septimontium*. Carmenta ist eine der ältesten und ansehnlichsten Gottheiten Roms; sie hat einen eigenen Flamen, nach ihr ist ein Thor benannt; wie Mommsen hervorhebt, stand ihr Fest noch spät in hohen Ehren. Als Mutter des Stadtgründers Evander und Geburtsgöttin darf sie recht eigentlich als Stadtmutter aufgefafst werden. Das Fest des Septimontium, an dem nur der bevorzugte ältere Theil der Bürgerschaft (die *montani* vgl. S. 85), participirte, stand wahrscheinlich damit im Zusammenhang, wenn derselbe sich gleich im Einzelnen nicht mehr nachweisen läfst. Es verdient die höchste Beachtung,

---

1) Der von Cicero pro Sulla 21, 61 erwähnte Streit zwischen Pompejanern und Colonisten über die *ambulatio* ist sicher auf die erwähnte grofse Porticus neben dem Theater zu beziehen: denn der Zugang zur Burg ward den letzteren ohne Zweifel aus religiösen Bedenken vorenthalten.

dafs diese Feste, welche man nur gar zu geneigt ist für specifisch
römische zu halten, nach dem unverächtlichen Zeugnifs unseres Tempels in einer oskischen Stadt wiederkehren. Welchen Namen wir
der hier gefeierten Gottheit geben sollen, ist schwer zu sagen. Hercules, Jupiter, Neptun, Bacchus. auf die man früher geraten hat,
fallen selbstverständlich fort. Es mufs eine der Juno verwandte
Göttin, etwa eine Juno Populona, vielleicht sogar die später umge-
deutete Venus Pompejana gewesen sein. Damit stimmen die weiteren
Daten: ein Azimuth von 120° weist auf den Untergang Juni 1, Juli
16/17. Am 1. Juni fand ein Fest der Juno Moneta, der Burggöttin
Roms statt. Damit darf man vielleicht in Verbindung bringen die
grofse Parade der römischen Ritterschaft, welche an den Iden des
Quinctilis in feierlicher Procession auf das Capitol zog. — Vor dem
Tempel stehen 3 Altäre und eine merkwürdige niedrige Einfassung,
welche als Stall für die Opferthiere, Aschenbehälter u. s. w. erklärt
wird. Dieses sog. *recinto* liegt in der Axe des Tempelbildes, doch
mit geringer Abweichung nach Süden 121° 15′ resp. 301° 15′. Ich
möchte glauben, dafs dasselbe die Göttin vor Evocation zu bewahren
und auf dem Wege aus der Stadt heraus zu fangen und festzuhalten
bestimmt war. Diese Ansicht, welche sich an Ort und Stelle unwillkürlich aufdrängt, findet eine gewisse Bestätigung durch die
Orientirung. Für den Aufgang müfste man annehmen den 21. Dec.,
das Fest der Angerona, jener geheimnifsvollen Göttin, welche die Un-
bekanntschaft des Namens der römischen Schutzgottheit personifi-
cirt (vgl. Mommsens Commentar). — In der *descriptio caeli* haben
wir die Burggöttin zunächst wol unter dem *genius* zu erkennen, gerade wie in der 5. Region Roma gleichfalls durch den *genius* ausgedrückt war.

    11.· Concordia, Rom 301° 30′.

Bei Besprechung des Romatempels haben wir uns geweigert
die Fehlergrenze bis auf 3° auszudehnen: aus einem doppelten
Grunde, einmal weil der Festkalender der Kaiserzeit astronomisch
genau fixirt ist, zweitens weil die wenigen bekannten Tempel in Rom
mit verdoppelter Sorgfalt und zu wiederholten Malen von Schöne
gemessen worden sind, insofern an ihnen gerade die Theorie bewiesen werden sollte. Jene Ruine ist aber immer noch gut genug
erhalten, um eine ziemlich genaue Messung mit dem Compafs zu
ermöglichen. Wer den jetzigen Zustand der Area des Concordiatempels gesehen hat, wird es begreiflich finden, wenn sich hier eine

Differenz ergiebt. Die Messung schwankt zwischen 301 1/2 und 302 1/2°. Die Identität der Ruine mit dem nach Beilegung des Ständehaders von Camillus gegründeten, 7 v. Chr. — 9 n. Chr. von Tiberius neu erbauten Concordiatempel steht vollkommen fest (Becker, Topogr. S. 311), ebenso als Dedicationstag der 16. Januar. Das Azimuth des Aufgangs an diesem Tage beträgt nach iulianischer Rechnung 299°; also eine Differenz von 2° 30'. In Wirklichkeit ist dieselbe aber auf 1° 30' zu reduciren, weil bei einer Gründung des 4. Jahrh. natürlich eudoxisch zu zählen, d. h. das Solstiz auf den 25. Dec. anzusetzen ist; denn dafs an der alten Orientirung nichts gerüttelt wurde, versteht sich von selber. Es liegt hier einer von den Fällen vor, wo die Genauigkeit des von uns eingeschlagenen Verfahrens für die feineren Bestimmungen nicht ausreicht. Aber um die Gröfse der Fehler zu ermitteln, welche von den Alten gemacht sein mögen, müfste doch mit besseren Instrumenten der Versuch gemacht werden, die Ruine genauer zu messen. — Als correspondirenden Festtag haben wir wol den 1. December anzusehen, der auch der *Pietas* gilt. Neben der *Concordia Augusta* würde jene vortrefflich passen, vgl. N. 30. An eine Verbindung mit der *Bona Dea*, deren Fest 63 v. Chr. in die Nacht 3/4 December fiel (Marquardt 4, 289), scheint nicht gedacht werden zu dürfen. — Die Untergangsdaten sind nicht deutlich. Setzt man dem iulianischen 16. Januar gemäfs die Orientirung auf 299°, so führt das Azimuth des Untergangs von 119° auf zwei Kaisertage den 26. Mai, dessen nähere Beziehung unklar, und den 23. Juli inmitten der *ludi victoriae Caesaris*, oder wie zu verbinden ist, den 22. Juli gleichfalls ein Concordiafest.

12. Saturn, Rom 302°.

Wenn ich früher in einer Cardinalfrage der römischen Topographie die Ansichten der Italiener gegen meine Landsleute habe vertreten müssen, so bin ich jetzt in der angenehmen Lage, den letzteren zu ihrem Recht verhelfen zu können. Niebuhr und Bunsen, Beschr. Roms 3, 1. 48, Becker, Topogr. S. 312 fg. haben mit Bestimmtheit den abweichenden Ansichten der italienischen Topographen gegenüber daran fest gehalten, dafs die Ruine der 3 Säulen dem Saturn, die Ruine der 8 Säulen dem Vespasianstempel angehört. Nach den wiederholten Ausführungen Caninas haben sich dagegen die Neueren wie Preller, Regionen S. 146, Th. Dyer S. 63, Detlefsen, Ann. dell' Inst. 1860, Plan, zur entgegenstehenden Ansicht bekannt. Mit Unrecht. Allerdings hatte Becker nach dem vorliegenden Thatbestand nun

gerade keine Befugnifs zu schreiben: »dafs die Ruine der drei Säulen
dem Tempel des Saturnus angehört, ist eine der entschiedensten
Gewissheiten, die nur noch von Leuten, welche ihr Dafürhalten höher
stellen als die Quellen, oder absichtlich die Augen verschliefsen, verkannt werden kann.« Allein man kann zu seinen Gunsten drei neue
Argumente ins Feld führen: erstens wer die Ruine der drei Säulen
dem Vespasian zuschreibt, gibt dem Tempel eines Divus Lage nach
Osten; das ist meines Wissens ohne Beispiel. Zweitens unter der
nämlichen Voraussetzung erhält Saturn Lage nach NO. oder SW.,
für einen Tempel, an dem *ritu Graeco* ministrirt wird, gerade nicht
besonders passend. Endlich drittens fällt die Axe des Tempels
auf den Gründungstag, d. h. in das Fest der Saturnalien (Liv. 2,
21 u. a.). — Das Azimuth am Tag der Sonnenwende beträgt 302°
7' und differirt noch um 10 Tage vor derselben nur um 33'. Aus
diesem Grunde läfst sich gar nicht absehen, ob unsere so genau
stimmende Angabe sich auf den 17. oder 19. Dec. bezieht, noch
wie viel Tage später die Sonnenwende zu setzen sei. Unter solchen Verhältnissen ist nicht mit Gewifsheit zu ermitteln, welches
zweite Fest den Saturnalien entsprochen haben mag. Am ersten
möchte man an den 7. Januar denken; denn ohne Frage stehen
die *ludi compitales* 3—5. Jan., welche den *lares viales* galten, in
Relation mit den *Larentalia* am 23. Dec. und nach der nämlichen
Gleichung, welche den Wendepunct der Sonne auf den 27. Dec. setzt,
würde der 17. Dec. dem 7. Jan. entsprechen, an welchem dem Janus
Circusspiele gegeben wurden. Immerhin ist die Annahme sehr unsicher, weil das Fest erst von den späteren Kalendern angeführt
wird. Ebenso wenig finde ich sichere Anhaltspuncte, um die Untergangsdaten, resp. die Feste an denselben mit einiger Wahrscheinlichkeit zu ermitteln. — Noch ist der Abweichung zu gedenken,
welche zwischen diesem Tempel und der *descriptio caeli* stattfindet,
insofern jener in die 6. Region fällt, diese aber den Saturn in die
correspondirende 14. verweist. Die Abweichung erklärt sich vollkommen aus dem bekannten Umstande, dafs *Graeco ritu* dem Gott
geopfert wurde. Dies wird zwar zunächst nur erklärt mit *capite
aperto*; indefs wird man nicht anstehen dürfen, auch griechische
Orientirung hierbei als notwendig vorauszusetzen.

13. S. Maria in Cosmedin, Rom 305°.

Die Orientirung schwankt zwischen 304° 30' und 306° 30'. Der
ansehnliche in diese Kirche verbaute Tempel (Beschr. Roms 3, 1. 379)

läfst sich nur durch Combination feststellen. Auf dem Forum Boarium kennen wir drei berühmte Tempel, von Hercules, Fortuna und Mater Matuta. Davon lag der erste, ein Rundtempel, hinter der genannten Kirche, wie de Rossi, Ann. dell. Inst. 1854 p. 128 sicher bestimmt hat. Becker, Top. S. 481 fg. suchte auszuführen, dafs S. Maria in Cosmedin die Stelle der Fortuna einnimmt; allein schon Dyer p. 97 bemerkt *we must confess that Becker's long and laboured argument on the subject is far from being convincing*. Die Annahme wird weiter erschüttert durch die *descriptio caeli*, nach welcher Fortuna in die 11. Region gehört; wenn man sie auch keineswegs darauf ohne Weiteres beschränken dürfte, so kommen denn doch zunächst nur die correspondirenden Regionen 3, vielleicht auch 7 und 15 in Betracht. So bleibt nur Mater Matuta übrig, vielleicht identisch mit der *Celeritas Solis filia*, welche die Tafel nennt. Die Frauengöttin würde gar wol zu der *Iuno caelestis* in der correspondirenden 14. Region stimmen. Setzen wir mit einer im vorliegenden Fall durchaus gerechtfertigen Aenderung von 3° die Orientirung zu 302° an, so führt uns das Azimuth des Untergangs auf den 11. Juni *Matralia*, Dedicationstag des Tempels der Mater Matuta. Die Beweiskraft, welche man hierin suchen möchte, wird dadurch abgeschwächt, dafs der nämliche Tag der Fortuna eignet. Endlich weifs man auch nicht, ob unser Tempel, wie hier angenommen, der 6. oder aber der 14. Region zuzuweisen ist.

14. Jupiter Stator, Rom 310°.

Die Ruine ist in einem solchen Zustande, dafs eine Messung nach dem von uns eingeschlagenen Verfahren ein ganz ungenaues Datum liefert. In der That lautete eine frühere Messung auf 296°, eine spätere auf 314°; weshalb denn auch Schöne diesen Tempel als unbrauchbar bezeichnet. Immerhin scheint fest zu stehen, dafs er in die 6. Region gehört. Die ihm von P. Rosa (vgl. dessen plan des fouilles du palais des Césars à Rome, Juin 1866) gegebene Benennung Jupiter Stator scheint der *descriptio caeli* nicht zu widersprechen, insofern diese in der 6. Region u. A. Mars und Quirinus aufzählt. Zu einer sicheren Entscheidung reicht das vorliegende Material nicht aus.

15. sog. Venus, Pompeji 334°.

Overbeck 1, 101 fg. [1]). Die Benennung Venus stützt sich auf

---

1) Bei dieser Gelegenheit will ich die Leser von einer neuen Ent-

eine hier gefundene Statue dieser Göttin. Man fand ferner die Halb-
figur einer Diana aus Bronze. Eine gleichfalls aus diesem Tempel
stammende Inschrift mit den Siglen *T D V S* löst Mommsen, J. R.
N. 2199 zweifelnd *Telluri deae votum solvit* auf. Diese Vermutung
erhält eine gewisse Stütze durch den bisher wenig beachteten Umstand, daß sich in der Cella ein Omphalos befindet. Garrucci, Quest.
Pomp. 72 wollte den Tempel Mercur und Maia beilegen, deren Collegium so häufig auf den pompejanischen Inschriften begegnet. Dies
ist recht wol möglich; denn Maia und Terra sind weiter Nichts als
verschiedene Namen derselben Göttin (vgl. Macrob. Sat. 1, 12. 21.
auctor est Cornelius Labeo huic Maiae id est terrae aedem kalendis
Maiis dedicatam sub nomine Bonae Deae et eandem esse Bonam
Deam et terram ex ipso ritu occultiore sacrorum doceri posse con-
firmat. hanc eandem Bonam deam Faunamque et Opem et Fatuam
pontificum libris indigitari eqs.). Vor unserem Tempel steht ein
Altar mit der Schmalseite nach dem Tempel, mit der Front nach
Osten gewandt (S. 196). Wir kommen nunmehr zur zweiten Klasse
von Tempeln, bei denen die Queraxe in Relation zum Sonnenauf- und
untergang steht. Auf den ersten Blick scheint eine derartige Theorie
etwas Gezwungenes und Erkünsteltes zu haben. Jedoch geht sie

deckung Overbecks warnen. In Betreff unseres Tempels heißt es S. 103:
»Der Plan des Venustempels ist unbegreiflicher (!) Weise in allen bisherigen
mir bekannt gewordenen Werken über Pompeji ganz fehlerhaft gezeichnet,
obgleich seine richtige Aufnahme doch eben keine schwierige Aufgabe für
den sein kann, der mit dem nöthigen Meßgeräth ausgestattet ist. Ich (!)
war dies nicht, dennoch glaube ich, daß meine in Fig. 79 gegebene Zeich-
nung der Treppe und des Anfangs des Krepidom genauer ist als jede bisher
publicirte. Je mehr sie von allen früheren auch in Hauptsachen abweicht,
um so mehr habe ich geglaubt, sie nicht allein in den kleinen Gesammtplan
eintragen, sondern sie eigens in größerem Maßstabe geben zu müssen.« Die
Publication dieses und der andern Tempel ist von Fachleuten gemacht, ausgezeichneten Architekten, welche viele Jahre ihres Lebens auf die Arbeit
gewandt haben. Und nun glaubt der Leipziger Archäolog bei seiner flüchtigen Wanderung durch Pompeji ihnen so grobe Irrtümer nachweisen zu können! Die Sache liegt denn einfach so: die Travertinschwellen der Freitreppe
sind nur für die untere Hälfte derselben erhalten, die obere Hälfte ist aus
Ziegelstücken gemauert, eine moderne Restauration. Die Architekten haben
die Treppe gegeben, nicht wie sie heute zurecht gekleistert ist, sondern wie
sie im Altertum war: eine Bestimmung, welche keinerlei Schwierigkeiten
macht und über die man mit Recht kein Wort verloren hatte.

aus der ganzen Lehre vom Templum mit Notwendigkeit hervor und wird empirisch bestätigt. Im vorliegenden Fall entspricht ein Azimuth von 244° (334—90) dem 17/18. Mai 2/1. August. Nach dem römischen Kalender kann sich aber auf unseren Tempel nur beziehen der 15. Mai, das Fest von Maia und Mercur, Geburtstag des letzteren. Die Differenz beträgt noch nicht 1°. Für den correspondirenden Aufgang sowie die beiden Untergänge läßt sich aus dem Kalender keine deutliche Beziehung zu der Orientirung dieses Tempels wahrnehmen. Für die Deutung desselben auf Mercur und Maia darf man wol auch die *descriptio caeli* als Stütze heranziehen, insofern die Verbindung der Fraus mit Mercur bei Martianus (*Fraudem post longam deliberationem placuit adhiberi, quod crebro ipsi Cyllenio fuerit obsecuta*) schliefsen läßt, letzterer habe in derselben Region gewohnt.

16. Jupiter, Pompeji 337°.

Ueber sein Verhältniß zum Forum vgl. S. 142, seine Stellung im Staat S. 145. Desgleichen ward S. 131 Liber als italischer Nationalgott und identisch mit Jupiter nachgewiesen; die *descriptio caeli*, welche in der 7. Region nur ersteren, nicht letzteren nennt, gewährt für jene Auseinandersetzung eine neue Bestätigung. — Was beim vorhergehenden Tempel über die Beziehung der Queraxe zum Sonnenaufgang gesagt wurde, trifft auf den des Jupiter auch deutlich zu. Der Untergang von 67° fällt auf 2/3. Februar 11/12. November. Der 13. Nov. *epulum Iovis* ist einer der Haupttage dieses Gottes. Dem 13. Nov. entspricht iulianisch Febr. 1, der weiter nicht im Kalender bezeichnet ist; allein alle Kalenden sind der Juno heilig. Der Aufgang mit 247° trifft iulianisch auf 9. Mai 9. August: man wird vielleicht zu setzen haben 7. Mai 13. August, letzteres ein Jupiterfest, erstere die Nonen, an denen gleichfalls stets Opfer dargebracht wurden; doch ist dies sehr unsicher. Die *descriptio caeli* giebt weitere Andeutungen: denn die capitolinische Trias wohnt auch in der 3. Region und in der correspondirenden 11. die Fortuna; der Liber dagegen findet sein Gegenbild im Veiovis der 15. Region. Wie nun hier 3. 7. 11. 15 zusammen gehören, so lassen sich überhaupt die Götterculte in Gruppen theilen, die auf das einfache Grundschema des durch Kardo und Decumanus bestimmten Templum zurückgehen (S. 185).

17. Janus Quadrifrons, Rom 342°.

Der Bogen im Velabrum, dessen Erbauung nicht überliefert,

aber nach Stil und Ausführung nicht mehr der guten Kaiserzeit, sondern etwa dem Verfall des dritten Jahrhunderts angehört. Janus nimmt in der *descriptio caeli* die erste und letzte Region als Anfang und Ende ein. Aus unserem Bogen ersehen wir weiter, dafs er nicht blos den ganzen Himmelskreis, sondern auch jedes Viertel desselben beschliefst; denn die 4 Fronten fallen in die 4. 8. 12. 16. Region. Es ist Schade, dafs die Schöne'sche Messung eine Latitude von 2⁰ läfst (341—43⁰); denn dieser Bogen nimmt für unsere Theorie ein gewisses Interesse in Anspruch. Allerdings durchsucht man zunächst den Kalender vergebens um passende Festtage für die Ostfront von 251—53⁰ und die Westfront von 71—73⁰ zu ermitteln. Jene Angabe bewegt sich zwischen 24—29. April 19—24. August, diese zwischen 12—17. Februar 28. Oct.—2. Nov. Allein keines der Feste innerhalb dieser Grenzen scheint eine besondere Beziehung zu einem Janusbogen zu offenbaren. Tage dieses Gottes sind 17. Aug. 18. Oct. oder auch die *ludi Solis* 19—22. Oct. Immerhin wird man bei dieser Theorie, um der Willkür nicht Thor und Thür zu öffnen, die Annahme von grofsen Irrtümern, sei es in der Orientirung selbst, sei es in der Messung — falls die Ruine genügend erhalten ist um eine genaue Messung zu gestatten — nur als *ultima ratio* gelten lassen. Unter solchen Erwägungen kommt uns eine Vermutung Bunsens zu Hülfe. Die Notitia und das Curiosum Urbis (p. 18. 19 Preller) erwähnen in der 11. Region des Circus Maximus zum Schlufs nach dem *Velabrum Arcum Constantini.* Da unter letzterem natürlich nicht der bekannte Triumphbogen zwischen Palatin und Caelius verstanden werden kann, hat Bunsen, Beschr. Roms 3, 1. 663 ihn auf den Janus Quadrifrons bezogen. Ihm stimmen bei Becker, Top. S. 494, Preller, Regionen S. 195, Dyer S. 95. Eine Stütze findet diese Vermutung in der trefflichen Erhaltung der Ruine, eine glänzende Bestätigung durch die Orientirung. Der Kalender feiert unter dem 29. October *adventus divi*, d. h. den Einzug des siegreichen Constantin nach der Schlacht an der Milvischen Brücke, welche am vorhergehenden Tage statt hatte. Dies Datum giebt iulianisch 72⁰ 29', also ungefähr das Mittel der Schöne'schen Messung. Entsprechen würden 11. Febr. und für den Aufgang 24/25 Apr. 23. Aug. Der letzte Tag *Volcanalia* wird in den späten Kalendern ebenso sehr ausgezeichnet mit Circusspielen, wie der *adventus divi*. Was die beiden anderen Tage betrifft, so sind sie vielleicht mit dem Stadtfest 11/12. Febr. 21. Apr. fg. zusammen gefeiert worden (vgl. S. 202), wenigstens in keiner Weise besonders hervorgehoben.

18. Jupiter Capitolinus, Rom ca. 353º.

Es ist S. 143 gezeigt, daſs dieses Hauptheiligtum Roms nicht, wie die deutschen Topographen angenommen haben, auf der süd-westlichen Spitze des capitolinischen Hügels gelegen haben könne, daſs vielmehr alle Wahrscheinlichkeit dafür spricht, dasselbe an der Stelle der Kirche S. Maria in Araceli zu suchen. Wenn man weiter die hervorragende Stellung dieser Kirche in der christlichen Tradition sowie ihr hohes Alter (Bethmann, Bull. d. Inst. 1852 p. 39) erwägt, so liegt die Vermutung nahe, daſs — wie solches in zahllosen Fällen nachgewiesen werden kann — der geoffenbarte Gott unmittelbar Besitz ergriffen hat von einer Stätte, an welcher ein Jahrtausend hindurch die Verehrung der Menschen gehangen hatte. Aus diesem Grunde bat ich Schöne die Orientirung der Kirche zu messen. Sie ergab für die jetzige Front nach SW. 79º 30′. Nehmen wir an, daſs der Jupitertempel genau auf den Fundamenten der Kirche lag, so hatte er 349º 30′, blickte also fast ganz nach Mittag (Dion. 4, 61). Auf den ersten Blick erscheint es befremdsam, daſs der römische Jupiter in die 8., der von Pompeji in die 7. Region fallen soll. Allein jene Individualisirung des Jupiter als Liber wird selbst von den Sagen recht eigentlich den Sabinern und Samniten zugeschrieben. Wenn die Römer einer eigenen Trias Liber, Libera, Ceres Tempel weihten, so geht daraus schon hervor. daſs solche keineswegs mit der capitolinischen zusammenfiel. Daſs der höchste Jupiter wirklich den Römern in der 8. Region wohnte, dafür wird das Pantheon einen weiteren Beleg liefern. Die dem Forum zugekehrte Seite unseres Tempels hatte 259º 30′. Das Azimuth des Aufgangs entspricht iulianisch 10./11. April 7/6. September oder genauer es ist von der Nachtgleiche entfernt um 10º = 18/19 Tage. Das Azimuth des Untergangs von 79º 30′ trifft iulianisch auf 1. März 16. Oct.; von der Nachtgleiche entfernt um 11º, gleich 22 Tagen. Der Gründungstag des Capitolinischen Tempels ist der 13. Sept. (vgl. Preller, Röm. Myth. S. 195). Nehmen wir an, daſs die Queraxe desselben diesem Tage entspricht, so beträgt die Abweichung der heutigen Kirche von der hypothesirten Orientirung des Tempels nicht mehr als 6/7 Tag oder ca. 3½º, wenn man aber die Veränderung des Kalenders berücksichtigt, nur 1—2º. Diese Uebereinstimmung kann unmöglich auf einen Zufall zurückgeführt werden. Vielmehr gewährt. dieselbe den letzten und entscheidenden Beweis für die Identität von Kirche und Tempel. Als correspondirendes Fest zum Gründungstag werden vielleicht die Iden des April anzusehen sein. Der Untergang mit ca. 83° wird entsprechen 10/11. März und 11. October. Die Beziehung des ersten Tages ist nicht klar; den 11. Oct. bezeichnen die *Meditrinalia* ein Weinfest, das dem Jupiter gilt. Doch ist dies alles sehr unsicher.

19. sog. Hercules, Brescia 7°.

Der Tempel hat 3 Cellen und ward unter Vespasian erbaut. Die jetzige Benennung entbehrt, soweit ich sehe, jeglicher Begründung. Wir haben unter Nr. 18 die Lage des capitolinischen Jupiter von Rom zu 353° bestimmt. Unser Tempel steht hierzu in einem merkwürdigen Verhältnifs: er hat die nämlichen Auf- und Untergangstage wie jener, nur dafs hier Aufgang wo dort Untergang ist und umgekehrt (97° und·263°, 277° und 83°). Die Abweichung, die sich etwa hierbei ergeben könnte, ist zu fein um mit unsern Mitteln erkannt zu werden. Der Grundplan dieses Tempels stimmt allerdings weder mit dem Jupitertempel von Rom noch Pompeji überein; auch würde man nicht gerade erwartet haben die capitolinische Trias aufser der 3. 7. 8. Region, in der sie uns vorliegt, jetzt in der 9. wieder zu finden. Allein die Uebereinstimmung in der Orientirung ist für mich zwingend und ich stehe nicht an, in demselben den Jupitertempel von Brescia zu erkennen. Daraus würde weiter folgen, dafs derselbe an der Nordseite des Forums liegt: eine Annahme, welche zur bisherigen Kenntnifs der Topographie von Brescia recht gut pafst.

20. Auguratorium, Rom 20°.

Die Regionarier setzen zwischen der *domus Augustiana et Tiberiana* und der *area Palatina* oder der *aedes Iovis Victoris* ein *auguratorium* an. Darnach hat P. Rosa in seinem Entwurf eines Plans vom Palatin den Namen auf die vorliegende Ruine übertragen. Allein wie die ganze Reconstruction des verdienten Topographen, so mufs auch dieser Punct als überaus zweifelhaft bezeichnet werden. Zuvörderst erregt es grofses Bedenken, dafs das Auguratorium eine Declination von 20° nach Westen haben soll. Dann weifs man auch nicht recht, wie die fragliche Ruine gerade ein Auguratorium darstellen soll, freilich ebenso wenig, welcher Art Heiligtum sonst. Unter diesen Umständen wird es äusserst mifslich aus der Orientirung etwas Bestimmtes schliefsen zu wollen. Jedoch mag eine Vermutung gestattet sein. Die Queraxe ergiebt für den Untergang 1. Mai 17. August: an jenem ist den von Augustus eingeführten *Lares praestites* der Altar geweiht; der 17. August ist ein Janustag. Der Aufgang fällt auf 11/12. Febr. 3/2. Nov. Beide Tage sind im Kalender nicht näher bezeichnet; denn die *ludi genialici* wurden wol erst durch Hadrian eingeführt (S. 201) und an das Isisfest im November darf vollends in alter Zeit nicht gedacht werden. Nun aber gewährt der sog. Mercurtempel einen neuen Anhalt, der in seiner äußeren Anordnung eine gewisse Analogie mit unserer Ruine zeigt und dessen Stiftung wol auch auf den 1. Mai fällt (s. N. 28). In Pompeji dachte man unter den *lares praestites*, wie die dort angebrachten Inschriften zeigen, an Aeneas und Romulus. Ihre Deutung in Rom unterliegt verschiedenen Schwierigkeiten; denn die Darstellung Ovids Fast. 5, 129 ist in vieler Beziehung dunkel. Er beginnt

Praestitibus Maiae Laribus videre Kalendae
aram constitui parvaque signa deum.

Sie führen den Namen *quod praestant oculis omnia tuta suis;* sie wachen über Stadt und Mauern und hierin leistet ein Hund zu ihren Füßen ihnen Gesellschaft. Die hohe und ganz freie Lage der palatinischen Ruine paßt hierfür vortrefflich, ferner auch, dafs gar keine Spuren bemerklich, als ob die hohe Substruction von Cellamauern umgeben gewesen sei. Die Laren konnten hier stehen wie Schildwachen auf der Warte. Man dachte sie in Rom wol ursprünglich als die beiden Zwillingsbrüder, welche die Stadt gegründet (Schwegler, R. G. 1, 434 fg.). Es ist der nämliche Dualismus hierin ausgedrückt, der die ganze Natur und Religion der Römer erfüllt, Anfang und Ende, Tag und Nacht, Leben und Tod. Insofern stimmt es sehr gut, wenn der correspondirende Tag auf ein Fest des Janus fällt, des Gottes, welcher die abstracte Idee dieser Zweiheit in weitestem Umfang verkörpert. Für den Aufgang ergeben sich auf den ersten Blick keine passenden Tage. Indessen würde es, zumal bei dem defecten Zustand der Mauern, nur eine sehr geringe Ungenauigkeit der Messung voraussetzen, wenn wir statt des 11. Febr. herübergreifen auf den 13., das Todtenfest der *Parentalia.* Diese Annahme würde zu dem Charakter der Laren als der Geister der Vorfahren (S. 148) trefflich passen. Auf eine ähnliche Bestimmung weisen die Isisfeste Anfang November hin, die gewifs an die Stelle älterer Feste getreten, gleichwie auch sie später durch christliche verdrängt worden sind. Das Schweigen unserer Kalendarien widerlegt die Vermutung natürlich nicht. Wenn man unter den Reichslaren ursprünglich an Romulus und seinen Bruder dachte, so stimmt damit,

daſs nach übereinstimmender und in der That nicht abzuweisender
Annahme der Topographen die *casa Romuli* in der Nähe unserer
Ruine lag. Damit darf man weiter in Verbindung setzen, daſs auch
Remus auf dem Palatin verehrt ward; auf ihn weist die auf dem
Palatin gefundene und neuerdings wieder zum Vorschein gekom-
mene Inschrift *Remurcine* (C. J. L. I. 810). Unserer Ansetzung
widerspricht die *descriptio caeli* nicht, da sie in der 1. Region Laren
anführt und die Nennung des Genius in der correspondirenden 9. auf
ähnliche Wesen hinweist.

21. sog. Minerva, Asisi 20° 30'.

Es ist der wol erhaltene, an der heutigen Piazza, die dem antiken Forum entspricht, gelegene Tempel gemeint. Man schreibt
ihn der Minerva zu, soweit ich sehe, ohne Grund. Die Orientirung
gewährt keine sicheren Aufschlüsse. Die Queraxe fällt in den Aufgang 8/9. Februar 5/6. November, Untergang 3. Mai 15. August: bestimmte Beziehungen auf den römischen Kalender vermag ich hier
nicht zu erkennen.

22. Vespasian, Rom 34°.

Oben S. 205 bei Besprechung des Saturntempels ward nachgewiesen, daſs Bunsen und Becker mit Recht die Ruine der 8 Säulen
dem Vespasianstempel vindicirt haben. Wie Becker, Top. S. 357
bemerkt, war die Front desselben nicht etwa dem Severusbogen zu
nach NO. gekehrt, sondern nach SW. Wenn die Ruine selber mit
Notwendigkeit zu diesem Schluſs führt, weil an der NOseite keine
Spur eines Zugangs vorliegt, auch so die Reihenfolge der drei Tem-
pelinschriften beim Anonymus von Einsiedeln erklärt wird, so gewährt unsere Theorie weitere Bestätigung. Wie oben bemerkt,
scheint es nicht vorzukommen, daſs der Tempel eines Divus anders
als nach SW. orientirt sei. Diese Richtung wird durch den Faustina-
tempel bestimmt gegeben; auch die Mausoleen Augusts und Hadrians, wenn man sie als Templa fassen darf, hatten hier ihren Eingang. Die griechische Sitte den Heroen nach Abend gewandt zu
opfern, entspricht dem durchaus; auch waren die Heroa nicht anders orientirt (S. 229). Ferner läſst sich nach dem bis jetzt vorliegenden Material annehmen, daſs die Kaisertempel der 10. Region
angehören; man mag hierbei an den seltsamen *Lar omnium cunctalis*, den die *descriptio* aufführt, denken. Ein weiteres Kennzeichen
dieser Kategorie von Tempeln besteht darin, daſs Längen- wie Queraxe auſser jedem Contact mit Sonnenaufgang und -untergang bleiben.

Unser Tempel weicht von dem folgenden um mehrere Grade ab;
auf welchen Principien die präcise Orientirung derselben beruht
haben mag, darüber lassen sich vorläufig keinerlei Vermutungen
aufstellen.

23. Faustina und Antoninus, Rom 40°.

Die Messung ist nicht genau: ich habe obige Ziffer als das
Mittel von zwei ziemlich divergenten Angaben hingestellt.

24. sog. Jupiter Victor, Rom 48° 30′.

Oestlich von dem sog. Auguratorium oder, wie wir es deuteten,
dem Heiligtum der *Lares Praestites* ist vor einigen Jahren eine sehr
bedeutende Tempelarea ausgegraben worden. Sie liegt nach dem
Circus zugewandt. Vom Tempel bis zum Rand des Palatin erstreckt
sich ein eigentümlicher gepflasterter Vorplatz. Pietro Rosa hat den
Tempel Jupiter Victor getauft. Wir wissen von einem solchen Heiligtum nur wenig (vgl. Becker, Top. S. 422. Preller Reg. S. 186);
doch scheint kein Grund vorhanden an der Identität des von der
Notitia dem Palatin beigelegten und des Jupiter Victor, der nach
Ovid Fast. 4, 621 an den Iden des April sein Fest feiert, zu zwei-
feln. Die Regionarier erwähnen nach der *casa Romuli*, welche an
der Südwestecke des Palatin zu suchen sein wird, *aedem Matris
Deum et Apollinis Rhamnusii*, weiter *Pentapylum domum Augustia-
nam et Tiberianam*. Der Göttermutter kann unsere Ruine nicht angehören, weil, wie die Geschichte bei Dio 46, 33 zeigt, ihr Tempel
nach Osten orientirt war. Wahrscheinlich wird also dieser [war es
ein Rundtempel, wie Dyer p. 85 aus Martial 1, 70. 10 schliefst, schwerlich S. Teodoro] in dem unausgegrabenen Stück neben der *casa
Romuli* zu suchen sein. Die Construction der vorliegenden Ruine
weist auf einen Bau der Republik; das Material ist Peperin. Aus
diesem Grunde darf man nicht an den von Augustus aus carrari-
schem Marmor errichteten Apollotempel denken, auf welchen sonst
mancherlei Erwägungen führen könnten. Die *Fortuna respiciens* der
Regionarier pafst nicht, weil Fortuna in Pompeji etwa 11° weiter
nördlich liegt. Dagegen läfst sich für die von Rosa vorgeschlagene
Benennung der Umstand geltend machen, dafs die Richtung des
Jupiter-Aesculap in Pompeji nahezu stimmt. Dieser liegt 230° 15′
d. h. 7° 3′ oberhalb der Sommersonnenwende, unser Tempel 48.49°
resp. 228.29°, d. h. zwischen 7° 39′ und 8° 39′ oberhalb des nämlichen Punctes. Die Differenz ist so unbedeutend, dafs eine nähere
Beziehung zwischen beiden vermutet werden kann.

25. S. Adriano, Rom 49° 30'.

Die genannte Kirche ist auf den Fundamenten eines antiken Gebäudes errichtet. Man hat an die Curie gedacht und bei dieser Annahme mögen wir auch hier stehen bleiben. Kardo und Decumanus fallen außerhalb der Aufgangsrichtung der Sonne.

26. Fortuna, Pompeji 59° 15'.

Einer der wenigen Tempel, deren Bestimmung bekannt, daher für unsere Theorie von besonderem Interesse. Nach der Inschrift (I. R. N. 2219) ist er der Fortuna Augusta geweiht. Man hat bisher die Inschrift auf den Bau des Tempels bezogen und diesen darnach in augusteische Zeit gesetzt. Allein nach den sorgfältigen Untersuchungen Schöne's ist der Tempel bedeutend älter und hat nur eine wesentliche Erweiterung erlitten durch eine Nische an der · Hinterseite, auf deren Hinzufügung eben die Inschrift geht. Daraus folgt denn auch, daß wir eudoxisch, nicht iulianisch zu rechnen haben. Der Untergang giebt 15. Dec.: an diesem Tage ward der *Fortuna redux* ein Altar geweiht für die glückliche Heimkehr des Augustus, ein wichtiges Kaiserfest. Welcher Tag im Januar demselben entsprochen, ist nicht deutlich. Der 7. und 8. sind beides kaiserliche Feste, aber auch könnte man an die *ludi compitales* am 3—5. denken, welche von Augustus neu eingerichtet, in näherer Beziehung zu ihm standen, da sein Genius neben den Laren verehrt wurde. Für den Aufgang 239° 15' gelangen wir auf 8/9. Juni 18/19. Juli eudoxisch. Ich vermute, daß statt dessen der 11. Juni 15. Juli zu setzen sei. Auf jenen Tag fällt der berühmte Fortunatempel, den Servius Tullius erbaute (Becker, Topogr. 481), an den Iden des Quinctilis fand die große Parade der römischen Ritterschaft statt, bei der sie in feierlichem Aufzug auf's Capitol zog (Mommsen Comm.). Es ist zu beachten, daß die Daten in die Nähe der Solstitien fallen, wo die Sonnenlänge von Tag zu Tage sich nur unbedeutend ändert. Die Beziehung auf die genannten Feste setzt einen Fehler von etwa 20' voraus, der natürlich gar nicht in Betracht kommt. Daß die *descriptio caeli* die Fortuna der 11. Region zuweist, ward S. 187 bemerkt, desgleichen S. 197, daß der Isistempel in enger Beziehung zu dem unsrigen zu stehen scheint.

27. Juno Moneta, Rom etwa 60°.

Die ansehnlichen Reste von Substructionen im Garten des Palazzo Caffarelli sind durch Ausgrabungen im Jahre 1865 genauer bekannt geworden. Abeken und vor ihm Bunsen, Beschr. R. 3. 1. 22 legten sie dem Jupitertempel bei; dies ist, wie S. 142 bemerkt, nach den Maßen und Verhältnissen des Grundplans unmöglich und bedarf weiter keiner Widerlegung. Ueber den Thatbestand entnehme ich dem Bericht Pietro Rosa's (Ann. dell' Inst. 1865 p. 382—386) folgende Sätze: *onde oggi ci è reso riconoscibile in tutta la sua forma e ne' limiti generali uno dei più antichi edifizj capitolini, che un giorno forse riuscirà a più maturi studj di determinare, a quale possa propriamente riferirsi fra quelli, la cui origine non oltrepassa la prima metà del quinto secolo della fondazione della eterna città.* p. 386 *stabilito in tal modo il livello del piano della cella, si rileverà anco, come deve aver avuto la sua fronte principale rivolta al sud-ovest, ossia quasi risguardante il Gianicolo e il Tevere .... con il lato sud-est avrebbe risguardato il Velabro ed il Palatino, mentre con l'altro lato opposto il circo Flaminio e il campo Marzio, e con il lato di fondo la parte del Campidoglio distinta dagli antichi scrittori col nome inter lucos. Chiudiamo questi cenni, senza tentare di diffinire il tempio preciso, al quale riferisconsi i ruderi dissotterrati, i quali certamente meritano uno studio più profondo e considerazioni più ponderate.* Dem Bericht ist ein Plan beigegeben, den der Architekt Hauser aus Wien aufgenommen. Darnach beträgt die Länge des Tempels 39,18 m., die Breite etwa 23 m., also vielleicht 132 und 77' röm. $= 11 \times 12$ und 11×7. Leider habe ich unterlassen Schöne um eine genaue Orientirung der Ruine zu ersuchen. An dem Hauserschen Plan mißt sich die Abweichung nach West zu 55° 30'. Daß der Meridian mit vollster Exactheit auf dem Plan eingetragen sei, wird weder gesagt, noch entspricht es der bei den Architekten üblichen Praxis. Es ist daher vollkommen gestattet einen Irrtum von 5° anzunehmen und in der That geben die gewöhnlichen Compasse die Pariser Declination, welche ungefähr um den angenommenen Betrag für Rom zu groß ist. Damit löst sich eine der interessantesten Fragen der römischen Topographie. Eine Lage von 240°—240° 30' giebt für den Aufgang den 1. Juni, d. h. den Natalis der Juno Moneta. Welcher zweite Aufgangstag diesem entspricht, läßt sich nicht entscheiden. Wollte man an die *Furrinalia* des 25. Juli denken, so würde die Localität stimmen, insofern ein Hain der Furrina jenseit der Tiber an dem Pons Sublicius lag. Der Untergang fällt in das Fest der *Carmentalia*, ob auf den 11. oder 15. Januar würde von der genaueren

Bestimmung der Lage abhängen. Immerhin unterliegt es keinem
Zweifel, daſs die nämlichen Tage, also außer den Carmentalia auch
das Septimontium, dem römischen Burgtempel eignen. welche wir
für den pompeianischen S 203 gefunden haben. Beide haben genau
dieselbe Lage, nur daſs in Rom die Festtage durch den Untergang.
in Pompeji durch den Aufgang bestimmt werden und umgekehrt:
ein merkwürdiger Unterschied. In beiden Fällen liegen am Fuſs
der Burg Theater, aber in Rom der Göttin zur Rechten, in Pompeji
zur Linken. Hier führt eine groſse Freitreppe hinab, in Rom vielleicht die *centum gradus*. Zu dem Gesagten paſst vortrefflich, daſs
am Fuſs der Südwestspitze des capitolinischen Hügels die *porta Carmentalis* lag, durch welche der Decumanus maximus des Stadttemplum mündete (S. 86). Die *descriptio caeli* nennt in der 11. Region
zwar keine Juno, aber die Moneta und Carmenta passen vortrefflich
in die Umgebung der Fortuna Valetudo Pavor hinein; in der correspondirenden 3. findet sich Minerva, welche mit der genannten
Göttin manche Berührungspuncte gemein hat. Die vorstehende Erörterung wird endlich noch dadurch gestützt, daſs auf der Arx sich
keine bedeutenden Tempel außer dem der Moneta befanden; die
vorliegende Ruine ist sehr ansehnlich, gröſser z. B. als der Burgtempel von Pompeji.

  28. sog. Mercur, Pompeji 71° 15'.

  Der Name, den dies seltsame Heiligtum am pompeianer Forum
gewöhnlich führt, ist gänzlich unbegründet; weit besser bezeugt ein
anderer jetzt abgekommener, der des Quirinus. Man fand nämlich
an der Außenseite des Tempels, in der Porticus nach dem Forum
zu zwei Inschriften, von denen die eine die Thaten des Romulus.
die andere des Aeneas erzählt (I. R. N. 2188. 89). Das Innere enthält einen Hof, an der Rückseite auf erhabenem Unterbau eine
kleine Capelle, davor einen Altar. Aus der Darstellung des letztern
(Stieropfer, Rückseite Eichenkranz zwischen Lorbeer) hat Garrucci
Quest. Pomp. p. 76 eine directe Beziehung auf Augustus erkennen
und darnach das Ganze Augusteum benennen wollen. Die erste
Hälfte seiner Ausführung ist scharfsinnig ausgedacht und recht plau-
sibel; aber Name und Bestimmung des Heiligtums bleiben doch erst
zu ermitteln. Die Orientirung führt für den Aufgang auf 29. Apr.
— 1. Mai, 18—20. August, lauter augusteische Festtage, für den
Untergang Febr. 13. Nov. 1 nach iulianischer Rechnung. Obgleich so
der Kreis der Gottheiten, an die man denken kann, verengt wird,

bleibt die Wahl immer noch schwer genug. Ich vermute 1. Mai, Dedicationstag der *ara Larum praestitum*, von Augustus eingerichtet; 18. August Dedicationstag der *aedes divi Iulii*; für den Untergang 1. Nov. Haupttag der *ludi Victoriae*, der entsprechende 13. Febr. gehört dem Todtenfest der Parentalia. Also wäre das Ganze ein Heiligtum des Quirinus oder Divus Julius als Reichslar. Die Tafel nennt in der 12. Region nur den Sancus, dagegen in der correspondirenden 4. den *lar caelestis* und *lar militaris*; womit ja unsere Auffassung vollkommen stimmt.

29. Concordia und Pietas Augusta, Pompeji 74⁰.

Das sog. Chalcidicum am Forum von Pompeji diente allem Anschein nach wesentlich profanen Zwecken. Von der Cerespriesterin Eumachia war es erbaut und der *Concordia Augusta Pietas* geweiht (I. R. N. 2204. 5); insofern darf an eine Beziehung auf Götterfeste gedacht werden. Als Datum für den Aufgang ergiebt sich 22. April 25. August, für den Untergang 19. Februar 27. October nach iulianischer Rechnung. Von Festen der Concordia und Pietas ist allerdings weder an diesen Daten selbst noch in ihrer Nähe die Rede. Indessen scheint eine andere Betrachtungsweise am Platz zu sein. Der 25. August ist ein Hauptfest der Ops, der 19. April der Ceres. Nun schickt es sich erstens für eine Cerespriesterin sehr gut, daß sie nach dem wichtigsten Tag ihrer Göttin das Gebäude orientirt, welches sie von ihrem Gelde errichten läßt. Zweitens paßt aber auch die Verbindung mit dem Kaisercult sehr gut: denn unter dem 10. August melden die Kalender *feriae quod eo die arae Cereri Matri et Opi Augustae ex voto suscepto constitutae sunt* (7 n. Chr.) und die Ops Augusta wird auch sonst bezeugt (Preller, Myth. 419). Wenn man endlich erwägt, daß die Ops in einer oskischen Stadt notwendig eine sehr hohe Stellung einnehmen mußte (S. 130), so erscheint es nicht zweifelhaft den 25. August als Gründungstag, mithin auch die Orientirung als vollkommen genau ansehen zu müssen. Der correspondirende 22. April ist kein Festtag, man denkt am Liebsten an den 19. *Cerealia*; specielle Beziehungen auf den Untergang (27. Oct. *ludi Victoriae*) scheinen nicht vorzuliegen.

30. Augusteum (Pantheon), Pompeji 74⁰.

Eine Differenz in der Lage mit dem vorigen hat Schöne nicht ermittelt. Die vielen Hypothesen über die Bestimmung dieses rätselhaften Gebäudes gedenke ich nicht durch neue zu vermehren. Zweifellos erscheint seine nahe Beziehung zum Kaisercult (in der einen Capelle standen Bildsäulen von Livia Drusus und Augustus), auch dafs es zu Festschmäufsen diente. Die Auf- und Untergangs-tage fallen in Abschnitte des Kalenders. welche an Festen reich sind. Ich vermute im engen Anschlufs an die obige Messung als Tag der Gründung 21. April, den *natalis urbis Romae*. Vielleicht entsprach 23. August *Volcanalia*; denn Vulcan stand in naher Be-ziehung zu dem Kaiserhause (Henzen, inscr. 5686 *Augustae deac Vestae Augusto deo Volcano*, vgl. Preller, R. Myth. 526 fg.). Uebri-gens setzt die richtige Erklärung unseres Heiligtums die umfas-sendsten Untersuchungen über Religion und Verfassung der Kaiser-zeit voraus. Die Construction verbietet seine Anlage höher als diese hinaufzurücken.

31. Victoria (Senaculum), Pompeji etwa 75⁰.

In dem zwischen dem Augustalen- und dem sog. Mercurtempel liegenden Gebäude hat man das Sitzungslocal des Municipalsenats erkannt. Auch hat man bereits die Vermutung ausgesprochen, dafs der in der Mitte befindliche Altar nach Analogie römischer Verhält-nisse der Victoria geweiht gewesen sei. Leider steht mir keine an Ort und Stelle mit dem Compafs gemachte Messung zu Gebote. Aus dem grofsen Plan ersieht man, dafs die Axe des Tempels so-wol wie des Altars nur unerheblich von den anliegenden Tempeln abweicht; jedoch ist der Unterschied zu fein, um mit der erforder-lichen Genauigkeit an einem Plan bestimmt werden zu können. Im Anschlufs an die bisherige, wol begründete Auffassung kann man vermuten 75⁰ entsprechend 28. August, dem Tag, an welchem der Altar der Victoria in der Curie geweiht ward.

32. Dogana di Terra, Rom 86⁰.

Die Front des genannten Gebäudes an der Piazza di Pietra enthält 11 Säulen und ist in die Langseite eines Tempels hinein-gebaut (vgl. Beschr. Roms 3, 3. 337). In dem letzteren hat man gemeiniglich einen Tempel des Neptun erkennen wollen; doch liegen keinerlei Anhaltspuncte für diese Vermutung vor. Die Orientirung ergiebt für den Aufgang 28.29. März 18/19. September, für den Untergang 14. März 3. October nach iulianischer Rechnung. Davon fällt der 19. Sept. in den Schlufs der *ludi Romani*, der 14. März auf das alte Marsfest *Equirria*. Nach diesen Daten ist es mir durchaus wahrscheinlich. dafs unser Tempel dem Mars geweiht war. Ein Tempel dieses Gottes wird erwähnt von Dio 56, 24. Becker, Top. 630 vermutete, dafs derselbe in dem Theil des Mars-

feldes gewesen sei, wo die Equirria gefeiert wurden, sich stützend
auf Ovid Fast. 2, 857:

> *iamque duae restant noctes de mense secundo,*
> *Marsque citos iunctis curribus urget equos:*
> *ex vero positum permansit Equirria nomen,*
> *quae deus in Campo prospicit ipse suo.*

Seine Ansicht wird, wie mir scheint, durch die Orientirung vollkommen bestätigt. Zunächst ergiebt sich, dafs der Tempel nach
Westen auf den Campus schaute. Die Tafel nennt allerdings Mars
in der 2. und 6. Region; aber auch bei den Hellenen begegnet er
in der Lage gen Abend (Pausan. 2, 25. 1.). Das Fest der Equirria
ist uralt und wird auf Romulus zurückgeführt (Becker, Top. 669).
Wenn der Tempel nach dem Sonnenuntergang orientirt ist, so wird
sicherlich auch hierin der Ausdruck einer tiefen Symbolik zu suchen
sein, die mit der Bedeutung von Mars als Todesgott zusammen-
hängen mag.

33. sog. Purgatorium 148°.

Ein Heiligtum, dessen Bestimmung noch nicht ermittelt ist
(S. 197).

34. Die drei Curien, Pompeji 156° 15′.

Es sind drei grofse Säle an der Südseite des Marktes dem
Jupitertempel gegenüber. Ohne Zweifel stehen sie zu der capitolinischen Trias und den drei Tribus, in welche die Bürgerschaft zerfällt, in Beziehung. Mehr läfst sich vorläufig nicht sagen. Der Kalender scheint keinerlei Aufschlufs zu geben. Dafs wir die Gottheiten dieser Curien in den *di publici* der Himmelstafel wieder zu
erkennen haben, ward schon S. 187 bemerkt.

36. sog. Fortuna Virilis, Rom 162°.

Es ist der Tempel am Tiberufer gemeint, welcher jetzt in die
Kirche S. Maria Egiziaca verwandelt ist. Er wird von Becker, Top.
480 der *Pudicitia Patricia*, gewöhnlich aber ohne Grund der *Fortuna virilis* beigelegt. Die Orientirung giebt für den Aufgang 26/27.
April 21/22. August; die Feste dieser Tage führen auf Gottheiten,
welche zu unserer sonstigen Kunde von der Topographie des Forum
Boarium nicht recht passen. Dagegen gelangen wir mit einer Aenderung von ca. 2° auf den 17. August *Portunalia, Portuno ad pon-
tem Aemilium*, wie die Kalender angeben. Varro LL. 6, 19 erklärt
*Portunalia dicta a Portuno, quoi eo die aedes in portu Tiberino
facta et feriae institutae.* Unser Tempel liegt nahe am Flufs und

zwar bei den Resten einer antiken Brücke, welche *Ponte rotto* genannt werden. Von den Topographen (Becker 695, Dyer 131, Canina u. a.) ist diese Brücke mit gutem Grund für den *pons Aemilius* erklärt worden. Damit stimmt denn vollkommen der Umstand, welcher jetzt zu Tage tritt, dafs unser Heiligtum dem Portunus geweiht war. Die Fasten des Philocalus nennen unter dem 17. August *Tiberinalia*, aber deshalb mit Mommsen Portunus und Tiberinus zu identificiren, erscheint bedenklich. Vielmehr wird jener von Varro (Schol. Ver. Aen. 5, 241) erklärt als *deus port(uum porta)rumque praeses* (vgl. Marquardt, R. A. 4. 270. Preller. Röm. Myth. 158). Als solcher steht Portunus in enger Beziehung zum Janus, welchem am nämlichen Tage beim Theater des Marcellus geopfert ward. Es pafst vortrefflich, dafs unser Tempel der 16. Region angehört, in welche die Tafel *Ianitores terrestes* setzt. Unsere Auffassung widerspricht der Mommsenschen Hypothese, nach der der *pons sublicius* über die Tiberinsel führte. Mommsen sieht in dem *pons Aemilius* den Ponte S. Bartolommeo und vermutet, der von Varro erwähnte Tempel habe in Ostia gelegen. Wie letzteres mit dem Wortlaut der Quellen in Einklang gebracht werden soll, ist vollends nicht abzusehen, und es macht keinerlei Schwierigkeit, dafs dies kleine Heiligtum bei andern Schriftstellern nicht vorkommt. Dafs aber der Tiberhafen von dem Aventin bis an die Aemilische Brücke sich erstreckt haben soll, wird nur demjenigen auffallend erscheinen, welcher die Bedeutung der Schiffart für das alte Rom verkennt. Wenn sich demnach alle äufseren Bedenken, die gegen unsere Erklärung vorgebracht werden können, in befriedigender Weise beseitigen lassen, so darf ich doch ebenso wenig verschweigen, dafs die Annahme eines Fehlers von 2°, so wenig sie auch den von uns aufgestellten Bedingungen widerspricht, doch erst durch weiter vorgerückte Untersuchungen ihre endgültige Gewähr erhalten könnte.

36. Maison carrée, Nîmes 168°.

Dieser zierliche Tempel lag, wie es scheint, am Forum des alten Nemausus; vgl. die S. 199 citirte description des monumens p. 76 fg. Aus den Löchern der Nägel, mit denen die Bronzebuchstaben der Inschrift befestigt waren, hat man diese zu ermitteln gesucht und gefunden *C. Caesari Augusti f. cos. L. Caesari Augusti f. cos. designato principibus iuventutis.* Gegen diese Lesung sind bereits in der gedachten Publication Bedenken geltend gemacht, weil mehrere von den Nagellöchern unbenutzt blieben. Wenn man aus der Orientirung die Bestimmung des Tempels gewinnen will, so ergiebt sich keinerlei Anhalt für die Annahme, dafs er den Enkeln des Augustus geweiht war. Die 16. Region pafst für einen Kaisertempel ganz und gar nicht. Die Auf- und Untergangsdaten berühren sich sehr nahe mit denjenigen des sog. Dianatempels von 257° 30′ (S. 199) und differiren nur um einen Tag. Wir setzen für den Aufgang 11. April 5. September, Untergang 26. Februar 20. October. Eine deutliche Beziehung unseres Tempels auf einen dieser Tage ist nicht annehmbar und die Orientirung gewährt also hier ebenso wenig befriedigende Aufschlüsse wie bei dem früher besprochenen Tempel von Nemausus.

37. Pantheon, Rom 175°.

Die religiöse Bestimmung dieses Gebäudes als eines Tempels wird heutigen Tages wol von Niemand mehr bezweifelt. Es war in der That, wie Becker, Top. 634 sich ausdrückt, eine »unnütze Klügelei« und mehr als das, es war eine vollständige Verkennung der römischen Religion, welche in diesem großsartigsten Denkmal der alten Stadt eine Vorhalle der Thermen des Agrippa hat erkennen wollen. In den neuen Arvalacten des J. 59 kommt der Name Pantheon vor (Hermes 2, 54); Plinius N. H. 9, 121. 34, 13. 36, 38 braucht ihn; Dio 53, 27; Macrobius Sat. 2, 13; Aelius Spartianus Hadr. 19; Servius V. Aen. 9, 408; Ammian 16, 10; er steht in der Restaurationsinschrift des Septimius Severus (Orelli 34). Nach diesen Zeugnissen unterliegt es keinem Zweifel, dafs der Name von Anfang an beabsichtigt war, wenn er auch, wie man aus dem Schweigen der Zeitgenossen entnehmen mag, nicht sofort in den gemeinen Sprachgebrauch überging. Letzteres mit gutem Grund. Die Dedicationsinschrift nennt das dritte Consulat Agrippas 27 v. Chr., womit freilich das Jahr der Dedication nicht gemeint zu sein braucht, als welches vielmehr Dio 25 v. Chr. angiebt. Die wichtigste Auskunft über den Bau gewährt Dio 53, 27; ich lasse die ganze Stelle folgen: Ἀγρίππας .... τό τε πάνϑειον ὠνομασμένον ἐξετέλεσεν· προσαγορεύεται δὲ οὕτω τάχα μὲν ὅτι πολλῶν ϑεῶν εἰκόνας ἐν (? ἅμα) τοῖς ἀγάλμασι τῷ τε τοῦ Ἄρεος καὶ τῷ τῆς Ἀφροδίτης ἔλαβεν, ὡς δ' ἐγὼ νομίζω, ὅτι ϑολοειδὲς ὂν τῷ οὐρανῷ προσέοικεν. ἐβουλήϑη μὲν οὖν ὁ Ἀγρίππας καὶ τὸν Αὔγουστον ἐνταῦϑα ἱδρῦσαι, τήν τε τοῦ ἔργου ἐπίκλησιν αὐτῷ δοῦναι μὴ δεξαμένου δὲ αὐτοῦ μηδέτερον ἐκεῖ μὲν τοῦ προτέρου Καίσαρος, ἐν δὲ τῷ προ-

γάρ τοῦ τε Αὐγούστου καὶ ἑαυτοῦ ἀνδριάντας ἔστησεν. καὶ ἐγί-
γνετο γὰρ ταῦτα οὐκ ἐξ ἀντιπάλου τῷ Ἀγρίππᾳ πρὸς τὸν Αὔγουστον φιλοτιμίας, ἀλλ' ἔκ τε τῆς πρὸς ἐκεῖνον λιπαροῖς εὐνοίας καὶ
ἐκ τῆς πρὸς τὸ δημόσιον ἐνδελεχοῦς σπουδῆς, οὐ μόνον οὐδὲν αὐτὸν ἐπ' αὐτοῖς ὁ Αὔγουστος ᾐτιάσατο, ἀλλὰ καὶ ἐπὶ πλεῖον ἐτίμησεν.

Das Innere enthält 7 Nischen: dem Eingang gegenüber liegt
die Hauptnische; ihr an Bedeutung zunächst kommen die beiden
mittleren an der östlichen und westlichen Seite. Von den Gottheiten,
welche dieselben einnehmen, kennen wir nach der eben angeführten
Stelle drei, nämlich Venus, Mars, Caesar; die vier anderen bleiben
zu suchen. Wie ich aus dem Archäologischen Anzeiger 1867 April
p. 54 ersehe, hat Prof. Adler eine neue Restauration des Innern ausgeführt und man muſs nur bedauern, daſs dieselbe bisher nicht pu-
blicirt ist. Mit den a. O. entwickelten Ansichten über die religiöse
Bestimmung des Tempels kann ich mich freilich in keiner Weise ein-
verstanden erklären. Es heiſst dort: »als für die mittlere Nische
bestimmt vermuthete der Vortragende die Statue des göttlichen
Caesar (nur für zwei (?) der Nischen sind die Gottheiten bezeugt,
Mars und Venus, die der übrigen unbekannt), während in den beiden
Nischen der Vorhalle bezeugter Maſsen die des Augustus und des
Agrippa gestanden hätten. Mit dieser Beziehung auf den Cult der
Kaiser als Verstorbener (?) suchte der Vortragende auch die auf-
fällige (?) Orientirung des Bauwerks nach Norden in Verbindung zu
bringen«. Adler gab diese Ansicht aber gleich wieder auf, als
Mommsen »die ansprechende Vermuthung entwickelte, daſs die sieben
Nischen des Pantheon den sieben Planeten, zu denen ja Mars und
Venus gehörten, geweiht gewesen seien, wodurch sich die Construction des Kuppelbaues als Himmelsgewölbe und ferner auch die
Orientirung nach Norden leicht erklärt«. Die Berliner Archäologische Gesellschaft hat zwar auch später »die Vermuthung nicht un-
terdrückt, daſs diesem Nachweis die Annahme gleicher Beziehung
auch für andere Heptaden wol nachfolgen werde«. Vorläufig jedoch
vermiſst man den Beweis, daſs Augustus, dessen Bild herein gestellt
werden sollte, und Caesar, dessen Bild herein gestellt wurde, zu den
sieben Planeten gehörten, wird daher diese Bereicherung der römischen Religionslehre auf sich beruhen lassen können. Wir erklären
die Disposition des Pantheon aus der *descriptio caeli*. In der Hauptnische stand ohne Zweifel das Bild des Jupiter; ihre Lage entspricht
der 8. Region, in die der capitolinische Gott fällt (353⁰ S. 210, also

fast genau in der Axe des ganzen Tempels). Nach der constanten
Stellung seiner beiden Begleiterinnen (S. 145) setzen wir links Juno
in die 10/11., rechts Minerva in die 6/7. Region: Juno Moneta liegt
60° (S. 218), die Burggöttin von Pompeji, da wir für Minerva keine
näheren Vergleichungen besitzen, 300°. Nun folgen die beiden halb-
runden bevorzugten Nischen, welche ohne Frage Mars und Venus
zuzuweisen sind. Ich nehme für Mars die ·12/13. Region an, gemäfs des diesem Gott geweihten Tempels (32), welcher 86° liegt;
für Venus die 4/5. Region nach dem Stadttempel von 290°. Zwingend ist dieser Ansatz nach den Ausführungen S. 200, durch welche
der Venus die westliche Cella vindicirt ward, allerdings auf den
ersten Blick nicht. Aber man erwäge, dafs, wie später aus der
Orientirung sich ergeben wird, die Venus jedenfalls die hervorragen-
dere Gottheit unter den beiden ist. Als solche erhält sie durch unsere Anordnung den ehrenvolleren Platz zur Rechten Jupiters; damit
hat der Eintretende sie zugleich auf der linken, d. h. der Glück
bedeutenden Seite. Es bleiben nur noch zwei Nischen übrig; davon
gehört die eine Caesar, die andere aller Wahrscheinlichkeit nach der
Roma. Man kann Roma in die 14/15. Region setzen, den *di publici*
entsprechend, den Divus Julius in die 2/3. Region, etwa dem Quirinus und Lar militaris analog. Diese Stellung pafst auch aus
dem Grunde, weil die Tempel der Divi der correspondirenden 10.
Region eignen.

Die Tempelaxe liegt nur 5° westlich vom Pol entfernt. Die
sieben Götter des Pantheon sind den *septem triones*, den sieben
Ochsen zu vergleichen, welche niemals vom Sternenhimmel ver-
schwindend den Pol umkreisen: die capitolinische Trias wie die drei
Sterne der Deichsel, dann paarweis Venus und Mars, Caesar und
Roma. Die Stellung des Siebengestirns hat einen Grund für die
Lage unseres Tempels abgegeben, die Rücksicht auf Jupiters Woh-
nung in der 8. Region einen zweiten. Die präcise Lage ward aber
ohne Zweifel durch das Verhältnifs der Queraxe zur Sonne bestimmt.
Die Messung Schöne's schwankt nur zwischen 175° und 175° 30′.
Darnach erhalten wir ziemlich genau zutreffend als ersten Aufgangstag den 1. April, das Fest der Venus Genetrix, der Stammmutter
des römischen Volks. Der zweite Tag fällt in die *ludi Romani*, das
grofse Fest der capitolinischen Trias. Nach der Gleichung, welche
unserer Tafel zu Grunde liegt, der 16. September; doch setze ich
ohne Bedenken den 17., den Tag, an welchem dem Augustus 14

n. Chr. göttliche Ehren beschlossen wurden. Der Untergang mit 85°
stellt sich 12. März 5. October. Der erstere Tag, dem Monat des
Mars angehörig, ist doch im Kalender nicht ausgezeichnet und man
könnte wol eher an den 13., einen Jupiterstag denken; aber der
5. October bezeichnet den Anfang des dem göttlichen Augustus geweihten achttägigen Festes. Dafs man nach dem Tode des Kaisers
seine Consecration sowol wie die Augustalia in die Feiertage des
Pantheon legte, erscheint überaus bedeutsam. Augustus hatte es
abgelehnt bei seinen Lebzeiten unter die Götter des Orbis Romanus
aufgenommen zu werden, der grofse Oheim nahm die Stelle des
neuen Quirinus-Romulus ein. Die Nachwelt erkannte je länger desto
mehr in dem Neffen den eigentlichen Begründer der neuen Ordnung.
Gleichwie die capitolinische Trias die in drei Tribus zerfallende Bürgerschaft symbolisirt, so wird durch das Pantheon der Orbis Romanus dargestellt. Mit dem Pantheon steht aller Wahrscheinlichkeit nach ein zweites Denkmal der iulischen Dynastie in enger Verbindung: das Mausoleum derselben. Strabo 5, 236 schweigt vom
Pantheon, aber rechnet das Mausoleum zu den Wunderwerken des
Marsfeldes. Beide liegen genau in derselben Richtung; man darf
vermuten, dafs sie durch Portiken und ähnliche Anlagen verbunden
waren.

Zum Schlufs stellen wir die Resultate zusammen, welche sich
aus dem bisher erörterten Thatbestand ergeben. Von den 18 Tempeln der Stadt Rom, deren Orientirung wir kennen, gehören 6 in
die erste, 5 in die zweite, 7 in die dritte Klasse. Von den 6 ersten
waren die Namen und Kalendertage der Concordia und des Saturn
bekannt; an ihnen liefs sich unmittelbar die Richtigkeit unserer
Theorie constatiren. Weiter ergab sich aus der Orientirung für Venus
und Roma, Mater Matuta, Juno Moneta, Mars eine angemessene
Benennung und Fixirung ihrer Festtage. Nun galt es zweitens für
diejenigen Tempel, deren Front und Längenaxe aufserhalb des Son-
nenauf- und untergangs liegt, nachzuweisen, dafs die Richtung der
Queraxe durch den nämlichen Factor bestimmt wurde. Von den
5 Tempeln dieser Klasse war allein das Pantheon gegeben; an ihm
sowie durch weitere Combinationen an dem Jupiter Capitolinus, Janus Quadrifrons und Portunus stellte sich unsere Theorie als vollkommen sicher heraus. Endlich die Tempel der dritten Klasse:

ihre Beziehungen zu den himmlischen Zeichen bleiben noch zu ermitteln und für ihre Bestimmung sind wir vorab einzig auf die *descriptio caeli* angewiesen. Unter ihnen fanden wir die Tempel der
vergötterten Caesaren, ferner den unbenannten *sei deus sei deiva*.
Nachdem der Zusammenhang zwischen dem Festkalender und der
Tempelorientirung 'für die Stadt Rom nachgewiesen, so ist damit
auch das Princip gefunden, welches allen diesen Untersuchungen als
Leitstern dienen mufs. Zunächst für den gesammten Umfang des
italischen Stammes. Wir kennen aus Pompeji 14 Tempel: von ihnen
fallen 9 in die erste, 4 in die zweite, 1 in die dritte Klasse. Wenn
anders hier kein neckischer Zufall spielt, so drückt sich bereits in
diesen Zahlen eine Abweichung von der römischen und eine Annä-
herung an die griechische Auffassung aus; freilich liegt auch gegen
letztere ein grofser Unterschied darin, dafs die Orientirung nach
West durchaus vorwiegt. Wir fanden, dafs die meisten Tempel von
Pompeji, auch diejenigen, welche längst vor der römischen Herrschaft
errichtet sind, zu dem römischen Festkalender vollständig stimmen:
so die dem Hercules geweihte Basilica, der Burgtempel, Maia, Jupiter Liber, Fortuna, Caesar-Quirinus, Augusteum. Namentlich verdient besondere Beachtung, dafs der Burgtempel zu der Juno Moneta so genau das Complement bildet; ebenso verhält sich auch
der Jupiter von Brescia zu dem Jupiter Capitolinus von Rom. Man
sieht aus diesen Daten, dafs die Culte der verschiedenen Städte und
Stämme aus der nämlichen Wurzel entwachsen, zwar sich gespalten
haben, aber doch ohne Mühe auf den gemeinsamen Ursprung zurückgeführt werden können. Wenn wir eine Anzahl von Tempeln unbestimmt gelassen haben, so liegt selbstverständlich darin keine Be-
schränkung unserer Theorie. Ein topographisches Universalmittel,
das unter allen Umständen sich als probat erweist, darf man überhaupt in ihr nicht suchen. Vielmehr kann dieser Factor mit Erfolg
nur dann wirken, wenn andere Factoren ihn unterstützen: in solchem
Falle werden Controversen ohne Weiteres zur Evidenz gebracht, wie
denn schon unser Material genügte um mehrere Hauptfragen der
Topographie Roms endgültig zu entscheiden. Ich lege einen besonderen Nachdruck darauf, dafs sich aus den bisherigen Erörterungen
keine einzige Instanz gegen die Richtigkeit meiner Hypothese ergeben hat; auch ein tief eingewurzeltes Mistrauen gegen solche Er-
öffnungen würde eine derartige lange Kette von Zufällen, Täuschungen
und Irrtümern nicht für möglich halten. Im Uebrigen kann — das

liegt in der Natur der Sache begründet — auch für die hier behandelten Tempel späteren Untersuchungen eine reiche Ernte an Aufklärungen und Berichtigungen in Aussicht gestellt werden. Von den Landschaften ganz zu geschweigen, würde aus der Stadt Rom das Material sich nahezu verdoppeln lassen. Es möchte von Nutzen sein neben den eigentlichen Tempeln auch andere Gebäude, wie z. B. Theater und Amphitheater, Ehrenbögen, ferner alte Kirchen nicht aus den Augen zu verlieren. Ich füge die wenigen Messungen bei, welche mir davon bekannt sind. Nach Schöne liegt das kleine Theater von Pompeji 324°, ebendort die sog. Gladiatorenschule (richtiger Comitium) 321° 15′. Den Triumphbogen zu Orange maß ich zu 254 — 255°; dies führt ziemlich gut auf den 21. April als Gründungsdatum und es erscheint gar wol möglich, daß dies beabsichtigt war. Dagegen maß ich den Bogen von S. Remy (*Glanum*) zu 311°. Wie weit die religiöse Bedeutung der Himmelsgegenden für die Richtung der antiken Gebäude reicht, wird erst in der Folge fest gestellt werden können.

Die italischen Tempel sind so ziemlich nach allen Theilen der Windrose orientirt. Man kann nicht sagen, daß die eine oder andere Richtung vorherrscht; die Alten selber wissen nicht, ob West oder Ost bedeutsamer sei. Der Betende beginnt sein Gebet gen Osten, aber vollendet dasselbe gen Abend gewandt. Hierin liegt die Anschauung von der Einheit und Untheilbarkeit der Natur ausgedrückt. Ihr Symbol ist die eigentümlichste Gestalt der italischen Religion, der doppelköpfige Janus, der oberste und Gott aller Dinge, aller Zeiten und aller Götter. Er verbindet in sich die dualistischen Gegensätze, welche die Welt erfüllen, Anfang und Ende, Morgen und Abend, Ausgang und Eingang. Er ist der Gott des Jahres, das in seinem eigenen Kreislauf den Abschluß findet, und wie der Zeit so auch der Gott des Kosmos, der als Kugel Anfang und Ende zugleich darstellt. Aus den belehrenden Zeugnissen, welche Macrobius Sat. 1, 9 zusammen stellt, entnehme ich das des M. Messalla *de Iano ita incipit: qui cuncta fingit eademque regit, aquae terraeque vim ac naturam gravem atque pronam in profundum dilabentem, ignis atque animae levem in inmensum sublime fugientem, copulavit circumdato caelo: quae vis caeli maxima duas vis dispares colligavit.* Janus soll die ersten Tempel in Italien errichtet haben; bei jeglicher Feier nimmt er die erste Stelle ein: *Ianum quidam solem demonstrari volunt et ideo geminum quasi utriusque ianuae caelestis* *potentem, qui exoriens aperiat diem, occidens claudat: invocarique primum, cum alicui deo res divina celebratur, ut per eum pateat ad illum cui immolatur accessus, quasi preces supplicum per portas suas ad deos ipse transmittat.* Janus ist kein römischer, sondern ein allgemein italischer Gott; sein Bild findet sich bei den Etruskern und Campanern wieder. Auch den Hellenen scheint dasselbe nicht unbekannt gewesen zu sein; aber die Gottheit selbst in ihrer formlosen Abstraction war ihnen völlig abhanden gekommen. Der Hellene richtet beim Gebet sein Antlitz nach Osten; aber die Umdrehung nach West, wie sie Italiker und Kelten übten (S. 171), ist ihm gänzlich fremd geworden. Er kennt Westen nur als den Wohnsitz der Unterirdischen; daher der hellenische Cultus durch die allgemeine Regel bestimmt wird, daß man am Vormittag und nach Osten den Göttern, gen Abend dagegen den Heroen und Unterirdischen opfert (Hermann, Gott. Alt. *. 80. 173). Diese Auffassung entspricht der italischen nur in sehr bedingtem Grade. Allerdings gilt die westliche im Allgemeinen als Gegend von Nacht und Tod, hier auch wohnen die Manen; aber vor allem sind die correspondirenden Regionen aufs Engste mit einander verbunden. Die Burggöttin von Pompeji hat östliche, die von Rom westliche Lage; in derselben Region mit Neptun wohnen auch die vergötterten Caesaren, die nämlichen Gottheiten begegnen in östlicher sowol als westlicher Richtung. Diesem fein berechneten und durchgebildeten System gegenüber erscheinen die Hellenen gar sehr im Rückstand. Wenn beide Religionen aus derselben Wurzel entstammen, so liegt die Frage nahe, welche von dem gemeinsamen Grundstock am Wenigsten abgewichen sei. Im Großen und Ganzen scheint es nicht bezweifelt werden zu können, daß die italische Religion reiner und unverfälschter sich gehalten hat, der griechische Anthropomorphismus dagegen eine verhältnißmäßig junge Bildung ist. Dies gilt auch von der Weltanschauung, welche die Tempelordnung bestimmt und bedingt hat. Alle erhaltenen griechischen Tempel gehören der 4. und 5. Region an: mit einer einzigen Ausnahme [1]). Der Apoll von Phigalia liegt 182° (Stackelberg, Apollot. in Bassae, Rom 1826 S. 36).

---

1) Als zweite Ausnahme wird gewöhnlich nach Kunstblatt 1840 N. 71 ein korinthischer Tempel angeführt, der nach Nordwest orientirt sein soll. Diese Mittheilung beruht auf einem Irrtum: es ist der unter 39 angeführte Tempel von 248° gemeint.

Man erkennt darin einen Rest der älteren allgemeineren Auffassung, welche im Uebrigen fast ganz zusammengeschrumpft ist. Dabei verdient bemerkt zu werden, dafs dieser Tempel zu dem vor einigen Jahren in Syrakus entdeckten, der gleichfalls dem Apollo geweiht war (Arch. Anz. 1867 S. 61), allem Anschein nach im rechten Winkel liegt (nach der annähernden Angabe Schöne's 268°): in diesem Umstande wäre die gleiche Auffassung zu erkennen, welche unserer zweiten Klasse italischer Tempel und in weiterem Sinne dem durch Kardo und Decumanus bestimmten Templum überhaupt zu Grunde legt. Zu dieser Ausnahme treten dann weiter die Fälle hinzu, wenn bei Doppel- oder combinirten Tempeln die einzelnen Götterbilder nach verschiedenen Himmelsgegenden schauen. Warum aber die Ostrichtung so entschieden und so ausschliefslich mafsgebend geworden ist, diese Frage nimmt meines Erachtens für die hellenische Archäologie eine zu hohe Bedeutung ein, als dafs es verstattet wäre, darüber hier eine flüchtige Vermutung zu äufsern.

Die 22 Tempel, deren Orientirung wir S. 180 aufgeführt haben, liegen zwischen 248° und 298°, d. h. sämmtlich innerhalb der Grenzen des Sonnenaufgangs. Dies ist kein Zufall. Vielmehr folgt daraus ohne Weiteres, dafs nach demselben Gesetz, das wir für Italien nachgewiesen haben, das Verhältnifs der Längenaxe zur aufgehenden Sonne den Gründungstag und Festtag des Tempels bezeichnet. Die moderne Forschung hat bisher über Gebühr den italischen Cultus gegenüber dem hellenischen vernachlässigt, sie hat übersehen, dafs das Verständnifs des letzteren vielfach nur durch den Umweg über Italien zu gewinnen ist. So auch im vorliegenden Fall. Eine eingehende Erörterung über hellenische Tempelorientirung kann hier nicht versucht werden. Einerseits würde für diesen Zweck eine umfassendere Sammlung des Materials, vor allem aber ausgedehnte Untersuchungen über griechische Chronologie und Heortologie erfordert. Nur einige Bemerkungen mögen noch eine Stelle finden. Die Gründungsdaten der Tempel sind zunächst iulianisch festzustellen, weil der hellenische Kalender mit seinen verwickelten Schaltungen selbst für Athen noch keineswegs sicher astronomisch fixirt ist. Der Parthenon fällt auf 22. April 4. Sept., Athena Nike 15. März 11. Oct., Erechtheion 31. März 25 Sept., Theseion 27. Febr. 27. Oct., Artemis 13. Febr. 10. Nov.: alle für das Schaltjahr --600 gerechnet. Da das attische Jahr mit der Sommerwende beginnt, so begreift sich, warum die Hauptfeste dieser Tempel in den Herbst oder Hochsommer, nicht aber in den Frühling gehören. Als Gründungsfest des Parthenon haben wir die Panathenaeen und als Gründungstag den 28. Hekatombaeon, den Geburtstag der Göttin anzusehen. Gleichen wir letzteres Datum dem 4. iulian. September, so trifft das attische Neujahr auf den 8. August. Die Gründung der Athene Nike fällt nach der Orientirung 37 Tage später als diejenige des Parthenon. Rechnen wir vom 28. Hekatombaeon ab diesen Zeitraum, so gelangen wir in den Anfang des Boedromion und zwar auf den 5. Am 3. sind die Niketerien, am 6. Boedromion das Marathonsfest; folglich findet eine vollkommene Uebereinstimmung zwischen den Ansätzen des Parthenon und Niketempels statt. Der Theseustempel wäre am 8. Pyanepsion, dem Haupttag in der Feier des Heros, gestiftet. Dies Datum dem 27. Oct. geglichen, stellt sich der Jahresanfang auf den 23. Juli; doch steht bekannter Mafsen die Benennung des Tempels nicht fest. Die beiden anderen athenischen Tempel lassen sich nicht mit Sicherheit an ein Fest knüpfen. Man sieht, wie ungleich verwickelter und schwieriger als bei Rom die Frage sich für Griechenland stellt. Immerhin darf man annehmen, dafs dieser bisher nicht gekannte Factor zur Aufklärung der Heortologie das Seinige beitragen werde. Hier drängt sich noch eine andere Betrachtungsweise auf. Der römische Kalender historischer Zeit steht in nachweisbarer Abhängigkeit vom griechischen; z. B. die *ludi Apollinares* sind offenbar deshalb auf den 6—13. Juli gelegt, weil das Datum dem Hekatombaeon, dem Monat des Apollon entsprach. Aber wie nun, wenn wir zurückgreifen in jene Zeit, als die beiden Völker noch eine Einheit ausmachten? Die italische wie die hellenische Orientirung sind aus den nämlichen Anschauungen und Begriffen hervorgegangen; daraus folgt, dafs auch die Feste und ihre Stellung im grofsen Kreislauf der Natur ursprünglich dieselben waren. Die beiden Tage des Parthenon fallen zusammen mit dem Parilienfest und den *ludi Romani*. Im April steht die Sonne im Zeichen des Stiers, eine bedeutsame Zeit für den Stadtgründer. Wenn Athena Nike auf den 15. März, das uralte Minervenfest der *Quinquatrus* auf den 19—23. fällt, so wird es schwer einen Zusammenhang zu leugnen. Athena Polias ist in Rom die Venus. Theseus dagegen Mars. Diese Andeutungen mögen genügen.

Die vergleichende Religionsforschung wird aber die hier aufgeworfenen Fragen nur dann lösen können, wenn sie nicht blos aus der griechisch-römischen Welt, sondern aus dem gesammten Umfang des *Orbis antiquus* das Material zusammenträgt, welches die Orientirung der Ruinen darbietet. Aus dem grofsen Kupferwerk von Lepsius B. 1 und 2 ersieht man, dafs die aegyptischen Tempel gerade wie die italischen nach allen Theilen der Windrose orientirt sind. Dafs ihre Richtung durch die nämlichen Gesetze bedingt worden sei, läfst sich von vorn herein vermuten und wird auch empirisch durch die einzige genaue Messung, die mir bekannt ist, bestätigt. Tiele mafs auf seiner aegyptischen Reise 1868 den Tempel zu Denderah, um zu erproben, ob die für Rom aufgestellte Theorie sich auch auf Aegypten erstreckt. Er fand, dafs der Tempel der Hathor nach dem Aufgang des Sirius orientirt sei: ein Resultat, das sowol zur Göttin selbst als den am Tempel befindlichen Inschriften vollkommen stimmt. Mein Freund vergünstigte mir darüber folgende Mittheilung:

Die Längenaxe des Tempels von Denderah ist gerichtet nach N 21° O, oder nach dem Azimuth 201°. Auf dem Dache des grofsen Tempels in der Südwestecke steht ein kleinerer Tempel der Hathor, mit der Front senkrecht auf der Facade des grofsen, also nach dem Azimuth 291° (O 21° S). Dies stimmt sehr nahe mit dem Azimuth des Sirius bei seinem Aufgange überein. Die Rechnung, mit der Breite von Denderah $\varphi = +26°6'$ geführt, giebt hierfür folgende Zahlen:

Jahr		
—2500	293.0	
—2000	291.4	
—1500	290.0	Azimuth des Sirius
—1000	288.9	beim Aufgang.
— 500	288.1	
0	287.5	

Es scheint, als ob das innige Verhältnifs zwischen den himmlischen Zeichen und ihrer Manifestation auf Erden in den Göttertempeln eines von den Grundgesetzen sei, welche die gesammte Entwicklung des Altertums beherrschen. Dieser Zusammenhang kann für jetzt nur angedeutet werden. Die Specialforschung der verschiedenen Gebiete wird zunächst die einzelnen Erscheinungen zu prüfen und ihre Entscheidung zu formuliren haben, in wie weit die dargelegte Theorie richtig oder falsch ist. Möchte es mir gelungen sein in diesem Sinne eine Anregung gegeben zu haben!

ASTRONOMISCHE HÜLFSTAFELN

BERECHNET VON

DR. B. TIELE.

Erläuterungen.

Für die Zwecke der vorstehenden Untersuchung genügen im Allgemeinen die in den Tafeln III und IV gegebenen Zahlen; zu ihrer Construction war aber die Berechnung der beiden Tafeln I und II nothwendig, und da diese vielleicht für andere archäologische Zwecke von Nutzen sein können, sind sie hier mit abgedruckt.

Tafel I giebt die Länge der Sonne für jeden 10ten Tag des Jahres nach *Julianischem Kalender*, und zwar streng genommen für den Mittag des Meridians von *Berlin*, welcher fast genau in die Mitte zwischen den Meridian von Rom und den von Pompeji fällt. Will man scharf rechnen, so findet man die Länge der Sonne für den Mittag eines Ortes, welcher n Grade östlich vom Berliner Meridian liegt, wenn man die Zahlen der Tafel um $1/6 n$ Minuten vermindert, für einen Ort, welcher n Grade westlich liegt, wenn man sie um ebenso viel vermehrt. Diese Correction beträgt z. B. für Athen noch keine 2′, für Kleinasien $2\frac{1}{2}′$ bis 4′, wird daher praktisch stets zu vernachlässigen sein. Für die zwischenliegenden, in der Tafel nicht gegebenen Daten muß man die Länge der Sonne durch Interpolation ableiten; zur Erleichterung für eine nur genäherte Berechnung mag die Bemerkung dienen, daß im Mittel für einen Tag die Länge nahe einen Grad wächst, genauer 360°: 365¼.

Da das Julianische Jahr nicht genau mit dem wahren Sonnenjahr zusammenfällt, sondern 100 julian. Jahre um 0.765 Tage größer sind, als 100 wahre Sonnenjahre, so entspricht in verschiedenen Jahrhunderten demselben Datum nicht dieselbe Länge der Sonne; diese ist daher überall für zwei verschiedene Epochen, die Schaltjahre —600 und 0 (= 601 v. Chr. und 1 v. Chr.), angegeben. Für zwischenliegende Jahre muß man zwischen beiden Angaben interpoliren, für außerhalb liegende, vor —600 oder nach 0, in demselben Verhältnifs extrapoliren. Auch dann erhält man das Datum genau nur für die Schaltjahre, für die übrigen mit Fehlern von $1/4°$ bis $3/4°$; man erhält es auch für diese genau, wenn man folgende Aenderungen macht:

1) nehme man an, daß die Zahlen der Tafel nicht für den Mittag $(= 0$ Uhr) des nebenstehenden Datums gelten, sondern in den Jahren

von der Form $4m + 1$ für 6 Uhr Abends desselben Tages

,,   ,,   ,, $4m + 2$,, 12 ,, Nachts   ,,   ,,

,,   ,,   ,, $4m + 3$,, 18 ,,   ,,   ,,

                $= 6$ Uhr Morgens des folgenden Tages.

Statt dessen kann man auch mit genügender Näherung die Zahlen der Tafel vermindern in den Jahren

von der Form $4m + 1$ um 15′

,,   ,,   ,, $4m + 2$,, 30′

,,   ,,   ,, $4m + 3$,, 44′

2) lese man in den beiden ersten Monaten, Jan. und Febr., das Datum der Tafel

nicht Jan. 1, 11, 21, 31, Febr. 10, 20,

sondern Jan. 0, 10, 20, 30, Febr. 9, 19.

Dazu bemerke ich noch, daß z. B. das Jahr $-363 = (4 \times -91) + 1$ von der Form $4m+1$, -362 von der Form $4m+2$, -361 von der Form $4m+3$ ist.

Sucht man z. B. die Länge der Sonne für Apr. 13 in den 5 Jahren $-364, -363, -362, -361, -360$, so hat man zunächst durch Interpolation aus der Tafel

Apr. 13: -600 Länge $\odot$ $= 16° 20′$

            0   20 59

Die Differenz beträgt

für 600 Jahre $4° 39′$

also ,, 100   ,,   46′5

Daraus folgt mit Berücksichtigung der Regeln unter 1):

			Länge der Sonne
-364	Apr. 13	Mittags	$18° 10′$
-363	,, 13	6 Uhr Abends	18 10
-362	,, 13	12 ,, Nachts	18 11
-361	,, 14	6 ,, Morgens	18 11
-360	,, 13	Mittags	18.12

oder, da zufolge der Tafel die Aenderung für einen Tag 57′7 beträgt:

April 13 Mittags

$$-364 \text{ Länge} \odot = 18^{\circ}10'$$
$$-363 \qquad\qquad 17 \; 56$$
$$-362 \qquad\qquad 17 \; 42$$
$$-361 \qquad\qquad 17 \; 28$$
$$-360 \qquad\qquad 18 \; 12$$

Aehnlich folgt aus der Tafel für

Febr. 15   —600   Länge $\odot$ = 319°49′

0   324 16   Diff. 4°27′

und daraus mit Berücksichtigung der Regeln unter 1) und 2):

—364	Febr. 15	Mittags	321° 34′
—363	„ 14	6 Uhr Abends	321 34
—362	„ 14	12 „ Nachts	321 35
—361	„ 15	6 „ Morgens	321 35
—360	„ 15	Mittags	321 36

oder   Febr. 15 Mittags:

—364 : 321° 34′, —363 : 322° 19′, —362 : 322° 5′,

—361 : 321° 50′, —360 : 321° 36′.

Tafel II ist nur eine Umkehrung von Tafel I; sie giebt die Zeit (Datum und Stunde), wann eine bestimmte Länge der Sonne stattfindet, ebenfalls für die beiden Epochen —600 und 0, zwischen denen man für das jedesmal vorliegende Jahr interpoliren muſs. Für Orte, die 15°, 30° etc. östlich vom Berliner Meridian liegen, muſs man die Zeit um 1 resp. 2 etc. Stunden vermehren, für Orte, die westlich liegen, um ebenso viel vermindern. Auch diese Tafel gilt unmittelbar nur für die Schaltjahre; für die Gemeinjahre ist die Regel ganz entsprechend der oben für Tafel I gegebenen. Man vermehre die Zahlen der Tafel in den Jahren

von der Form $4m + 1$ um 6 Stunden

„ „ „ $4m + 2$ „ 12   „

„ „ „ $4m + 3$ „ 18   „

und vermindere sie auſserdem in den Monaten Jan. und Febr. um 1 Tag; oder unter Zusammenfassung beider Regeln:

Die Angaben der Tafel II sind in den Gemeinjahren

für Jahre von der Form	in den Monaten Jan. und Febr.	im Rest des Jahres
$4m+1$	zu vermindern um 18 St.	zu vermehren um 6 St.
$4m+2$	„ „ „ 12 „	„ „ „ 12 „
$4m+3$	„ „ „ 6 „	„ „ „ 18 „

1. Beispiel. Länge Sonne = 322° 0'. Tafel II giebt:

−600 : Febr. 17 4½ Uhr Ab.

0 : „ 13 5   „ Morgens.

Differenz für 600 Jahre 4 Tage 11½ Stunden

„ 100 „   17,9 Stunde.

Darnach für die beiden Schaltjahre

−364 Febr. 15 10 U. Ab.

−360 „ 15 9½ „ „

Und für die zwischenliegenden Jahre:

−363 Febr. 15 4 U. Morgens

−362 „ 15 10 „   „

−361 „ 15 4 „ Abends

2. Beispiel. Länge Sonne = 18° 0'. Tafel II giebt:

−600 Apr. 15 6 U. Morgens   Diff. 4 Tage 21 St.

0 „ 10 9 „   „

und daraus

−364 Apr. 13 8 U. M.

−360 „ 13 7 „ „

und für die zwischenliegenden Jahre:

−363 Apr. 13 2 U. NM.

−362 „ 13 7½ „ Ab.

−361 „ 14 1 „ Morgens.

Beide Beispiele in Uebereinstimmung mit den Resultaten S. 236, wenn man beachtet, daß die Aenderung der Sonne nahe 1° für 24 Stunden, oder 2½' für 1 Stunde beträgt.

Tafel IV a, b, c giebt das Azimuth der Sonne bei ihrem Aufgange und Untergange für die drei Orte Rom, Pompeji, Athen. Das Azimuth ist gezählt von 0° bis 360° von Süd durch West, Nord, Ost herum bis Süd, so daß genau im Westen 90°, im Osten 270° ist. Das Azimuth beim Auf- oder Untergange hängt, außer von der geographischen Breite (= φ) des Ortes, nur ab von der Declination des Gestirns (hier der Sonne), d. h. von seinem Winkelabstande vom Himmelsaequator, welcher nördlich positiv, südlich negativ genommen wird. Die Declination der Sonne hängt außer von der Länge der Sonne nur von der Schiefe der Ekliptik ab. Diese letztere ändert sich sehr langsam im Laufe der Jahrhunderte, sie ist

−600 23° 46' 29''

0 23 41 52,

im Verlaufe von 1000 Jahren beträgt die Aenderung nur 7'41''. Sie konnte daher ohne sonderlichen Fehler constant genommen werden, und ich habe sie genommen wie sie für —300 gilt, nämlich $\varepsilon =$ 23°44'11''.

Um die Anwendung auch für andere Orte Italiens, Griechenlands, Kleinasiens aufser den drei angeführten zu erleichtern, habe ich noch die allgemeinere Tafel III hinzugefügt, berechnet für die geographische Breite $\varphi = 40°0'$. und hier in einer besonderen Spalte, unter der Ueberschrift „Veränd. f. $\varDelta\varphi = +1°$``, die Aenderung des Azimuths angeführt, welche einer Aenderung der geographischen Breite von $+1°$ entspricht. Sie darf jedoch streng nur für mäfsige Werthe von $\varDelta\varphi$ angewendet werden; für $\varDelta\varphi = \pm5°$, also für die geogr. Breite 45° oder 35°, kann der Fehler im schlimmsten Falle bereits 20' betragen; für die Breite von Rom ($\varDelta\varphi = +1°54'$) und Athen ($\varDelta\varphi =$ —2°2') beträgt der Fehler im Azimuth im Max. 4' bis 5', wie man durch Vergleichung der Tafeln III und IV sieht. Die Tafel III enthält ausserdem die wahre Zeit des Sonnenauf- und -untergangs, die vielleicht hier und da gewünscht werden mag, sowie die der jedesmaligen Länge der Sonne entsprechende Declination derselben. Das Letztere ermöglicht auch die Anwendung der Zahlen für das Azimuth auf andere Gestirne als die Sonne, wenn man ihre Declination kennt, da, wie bemerkt, das Azimuth beim Auf- und Untergang nur von dieser abhängt.

Beide Tafeln, III und IV, schreiten fort von 5° zu 5° der Länge der Sonne; zur Erleichterung beim Gebrauche, wenn es auf einen Fehler im Azimuth bis höchstens $\frac{1}{2}°$ nicht ankommt, ist noch das der jedesmaligen Länge der Sonne entsprechende Datum für die 2 Epochen —600 und 0 beigefügt, wie es sich aus Tafel II ergiebt.

Als Beispiel berechne ich hier das Azimuth der Sonne bei ihrem Auf- und Untergange Apr. 13 in den 5 Jahren —364, —363, —362, —361, —360 für Pompeji (Tafel IV b). Wir fanden früher (S. 236) für Apr. 13 Mittags die Länge der Sonne

$$-364 : 18°10', \quad -363 : 17°56', \quad -362 : 17°42',$$
$$--361 : 17°28', \quad -360 : 18°12'.$$

Aus Tafel III sehen wir, dafs die Sonne bei der Länge von 18° um 5$\frac{1}{2}$ U. M. auf- und 6$\frac{1}{2}$ U. Ab. untergeht; da nun die Länge sich in 1 Stunde nahe 2$\frac{1}{2}$. in 6$\frac{1}{2}$ St. um 16' ändert, so haben wir die Länge der Sonne

Apr. 13	beim Auf- gange	beim Un- tergange
—364	17° 54'	18° 26'
—363	17 40	18 12
—362	17 26	17 58
—361	17 12	17 44
—360	17 56	18 28

Aus der Tafel IV b entnehme ich jetzt die diesen Sonnenlängen entsprechenden Werthe des Azimuths, und habe darnach

Azimuth ☉ beim

Apr. 13	Aufgang	Untergang
—364	260° 5'	100° 11'
—363	260 12	100 4
—362	260 20	99 57
—361	260 27	99 50
—360	260 4	100 12

Aus der Tafel IV b allein würde man schliefsen, dafs dem Azimuth des Aufgangs 260° entspricht das Datum

—600 Apr. 15 und 0 Apr. 10,

woraus folgt Apr. 13 im Jahre —360. In den meisten Fällen wird diese einfachere Berechnung nur aus der Tafel IV eine für archäologische Untersuchungen hinreichende Genauigkeit geben.

Ein specielles Beispiel für den Gebrauch der allgemeineren Tafel III zu geben, scheint überflüssig, da die Tafeln IV selbst als Erläuterung dazu dienen können. Es ist angenommen

für Rom $\varphi = 41° 54'$

„ Pompeji $\varphi = 40 \ 45$

„ Athen $\varphi = 37 \ 58.$

Für je 2 Sonnenlängen, die gleich weit vor oder hinter den Solstitien (Länge der Sonne = 90° und = 270°) liegen, ist die Declination der Sonne und daher auch das Azimuth des Auf- oder Untergangs gleich; das Arrangement der Tafeln IV ist so getroffen, dafs für jedes Azimuth die eine Länge nebst dem dazu gehörigen Datum links, die andere rechts steht. In der Nähe der Solstitien werden die Differenzen bei den Zahlen für die Azimuthe immer kleiner und dadurch die Ableitung des Datums immer unsicherer, zuletzt fast ganz unbestimmt, während sie am genauesten in der Nähe der Aequinoctien ist. Bei der Benutzung ist es daher nothwendig im Auge zu haben, wie grofs etwa der mögliche Fehler in der Bestimmung des Azimuths und die daraus folgende Unsicherheit in der Bestimmung des Datums ist.

Schliefslich bemerke ich noch, dafs alle Angaben für den Mittelpunct der Sonne gelten, und für den Moment, wann der Mittelpunct über den Horizont tritt, resp. unter demselben verschwindet. Das Azimuth des Aufgangs ist im Mittel 15′ kleiner, als die Tafel giebt, im Augenblick, wo der erste Sonnenstrahl erscheint, 15′ gröfser, wenn die ganze Sonnenscheibe hervorgetreten ist; das Azimuth des Untergangs 15′ kleiner, wenn der untere Rand der Sonnenscheibe gerade den westlichen Horizont berührt, 15′ gröfser, wenn der letzte Sonnenstrahl verschwindet.

Taf. I.

Mittl. Berl. Mittag	Länge ⊙ −600	Länge ⊙ 0
Jan. 1	274°39′	278°59′
11	284 47	289 7
21	294 51	299 14
31	304 53	309 17
Febr. 10	314 51	319 17
20	324 46	329 14
März 1	334 37	339 7
11	344 24	348 57
21	354 8	35~ 43
31	3 49	8 26
Apr. 10	13 27	18 6
20	23 3	27 43
30	32 36	37 18
Mai 10	42 8	46 51
20	51 39	56 23
30	61 10	65 55
Juni 9	70 41	75 26
19	80 12	84 57
29	89 46	94 30
Juli 9	99 20	104 4
19	108 57	113 40
29	118 37	123 18
Aug. 8	128 20	132 59
18	138 7	142 44
28	147 57	152 31
Sept. 7	157 50	162 23
17	167 47	172 17
27	177 48	182 16
Oct. 7	187 52	192 17
17	197 58	202 22
27	208 7	212 30
Nov. 6	218 18	222 39
16	228 31	232 50
26	238 44	243 3
Dec. 6	248 57	253 15
16	259 9	263 28
26	269 20	273 39
36	279 28	283 49

Taf. II.

Länge ⊙	Mittl. Berliner Zeit −600	Mittl. Berliner Zeit 0
280°	Jan. 6 7ᵘNM.	Jan. 2 Mittags
290	16 4 »	12 9ᵘVM.
300	26 3 »	22 6 »
310	Febr. 5 3 »	Febr. 1 5 »
320	15 4 »	11 5 »
330	25 7 »	21 6 »
340	März 6 12 N.	März 2 9 »
350	17 6 VM.	12 2 NM.
0	27 1 NM.	22 8 »
10	Apr. 6 10 »	Apr. 2 3 VM.
20	17 8 NM.	12 11 »
30	27 6 NM.	22 9 NM.
40	Mai 8 6 VM.	Mai 3 8 VM.
50	18 6 NM.	13 7 NM.
60	29 7 VM.	24 7 VM.
70	Juni 8 7 NM.	Juni 3 7 NM.
80	19 7 VM.	14 7 VM.
90	29 6 NM.	24 7 NM.
100	Juli 10 5 VM.	Juli 5 6 VM.
110	20 2 NM.	15 5 NM.
120	30 10 »	26 2 VM.
130	Aug. 10 5 VM.	Aug. 5 10 »
140	20 10 »	15 5 NM.
150	30 2 NM.	25 10 NM.
160	Sept. 9 4 »	Sept. 5 2 VM.
170	19 5 »	15 5 »
180	29 5 »	25 6 »
190	Oct. 9 3 »	Oct. 5 5 »
200	19 Mittags	15 4 »
210	29 8 VM.	25 1 »
220	Nov. 8 4 »	Nov. 3 10 NM.
230	17 11 NM.	13 6 »
240	27 6 »	23 Mittags
250	Dec. 7 1 »	Dec. 3 7 VM.
260	17 8 VM.	13 3 »
270	27 4 »	22 10 NM.
280	36 12 N.	32 6 »

Tafel III. für die geograph. Breite $\varphi = +40°0'$

Beim Sonnen-Aufgang:

Länge ⊙	Julian. Datum −600	Julian. Datum 0	Decl. ⊙	Azimuth ⊙	Veränd. f. $\Delta\varphi=+1°$	Wahre Zeit	Veränd. f. $\Delta\varphi=+1°$
0°	Mrz.27	Mrz.22	0" 0'	269°31'	−1.0	5ʰ57ᵐ	0.0
5	Apr. 1	27	+2 1	266 54	−3.4	5 50	−0.3
10	6	Apr. 2	4 1	264 17	5.7	43	0.5
15	12	7	5 59	261 42	8.0	37	0.8
20	17	12	7 55	259 9	10.3	30	1.0
25	22	17	9 48	256 40	12.6	24	1.2
30	27	22	11 37	254 16	14.8	17	1.5
35	Mai 3	28	+13 21	251 57	−17.0	5 11	−1.7
40	8	Mai 3	15 0	249 44	19.2	5 5	1.9
45	13	8	16 33	247 40	21.3	4 49	2.1
50	18	13	17 58	245 44	23.4	54	2.4
55	24	19	19 15	243 58	25.3	48	2.6
60	29	24	20 24	242 23	27.0	44	2.7
65	Juni 3	29	+21 24	241 0	−28.6	4 40	−2.9
70	8	Juni 3	22 14	239 51	29.9	36	3.0
75	14	9	22 53	238 56	31.0	34	3.1
80	19	14	23 21	238 16	31.9	31	3.2
85	24	19	23 38	237 52	32.4	30	3.3
90	29	24	23 44	237 44	32.5	30	3.3
95	Juli 4	30	+23 38	237 52	−32.4	4 30	−3.3
100	10	Juli 5	23 21	238 16	31.9	31	3.2
105	15	10	22 53	238 56	31.0	34	3.1
110	20	15	22 14	239 51	29.9	36	3.0
115	25	20	21 24	241 0	28.6	40	2.9
120	30	26	20 24	242 23	27.0	44	2.7
125	Aug. 5	31	+19 15	243 58	−25.3	4 48	−2.6
130	10	Aug. 5	17 58	245 44	23.4	54	2.4
135	15	10	16 33	247 40	21.3	4 59	2.1
140	20	15	15 0	249 44	19.2	5 5	1.9
145	25	20	13 21	251 57	17.0	11	1.7
150	30	25	11 37	254 16	14.8	17	1.5
155	Spt. 4	31	+9 48	256 40	−12.6	5 24	−1.2
160	9	Spt. 5	7 55	259 9	10.3	30	1.0
165	14	10	5 59	261 42	8.0	37	0.8
170	19	15	4 1	264 17	5.7	43	0.5
175	24	20	2 1	266 54	3.4	50	0.3
180	29	25	0 0	269 31	1.0	57	0.0

und für eine Veränderung derselben. $\Delta q = +1°$.

Länge ⊙	Julian. Datum −600	0	Decl. ⊙	Beim Sonnen-Aufgang: Azimuth ⊙	Veränd. f. $\Delta q=+1°$	Wahre Zeit	Veränd. f. $\Delta q=+1°$
180°	Spt. 29	Spt. 25	0° 0′	269°31′	− 1.0	5ʰ57ᵐ	0.0
185	Oct. 4	30	− 2 1	272 9	+ 1.3	6 4	+0.2
190	9	Oct. 5	4 1	271 45	3.6	10	0.4
195	14	10	5 59	277 19	5.9	17	0.7
200	19	15	7 55	279 51	8.1	24	0.9
205	24	20	9 48	282 20	10.4	30	1.1
210	29	25	11 37	284 44	12.6	37	1.4
215	Nov. 3	29	−13 21	287 2	+14.5	6 43	+ 1.6
220	8	Nov. 3	15 0	289 14	16.9	49	1.8
225	13	8	16 33	291 17	18.9	6 54	2.0
230	17	13	17 58	293 12	20.9	7 0	2.2
235	22	18	19 15	294 57	22.7	5	2.4
240	27	23	20 24	296 31	24.4	9	2.6
245	Dec. 2	28	−21 24	297 52	+25.9	7 13	+2.8
250	7	Dec. 3	22 14	299 1	27.3	17	3.0
255	12	8	22 53	299 56	28.4	19	3.0
260	17	13	23 21	300 36	29.1	21	3.1
265	22	18	23 38	301 0	29.5	23	3.1
270	27	22	23 44	301 8	29.7	23	3.2
275	Jan. 1	27	−23 38	301 0	+29.5	7 23	+ 3.1
280	6	Jan. 2	23 21	300 36	29.1	21	3.1
285	11	7	22 53	299 56	28.4	19	3.0
290	16	12	22 14	299 1	27.3	17	2.9
295	21	17	21 24	297 52	25.9	13	2.8
300	26	22	20 24	296 31	24.4	9	2.6
305	31	27	−19 15	294 57	+22.7	7 5	+2.4
310	Febr 5	Febr. 1	17 58	293 12	20.9	7 0	2.2
315	10	6	16 33	291 17	18.9	6 54	2.0
320	15	11	15 0	289 14	16.9	49	1.8
325	20	16	13 21	287 2	14.8	43	1.6
330	25	21	11 37	284 44	12.6	37	1.4
335	Mrz. 1	26	− 9 48	282 20	+10.4	6 30	+1.1
340	6	Mrz. 2	7 55	279 51	8.1	24	0.9
345	12	7	5 59	277 19	5.9	17	0.7
350	17	12	4 1	274 45	3.6	10	0.4
355	22	17	2 1	272 9	+ 1.3	6 4	0.2
360	27	22	0 0	269 31	− 1.0	5 57	0.0

Tafel IV a: Rom, $\varphi = +41°54'$.

Länge ⊙	Julian. Datum −600	Julian. Datum 0	Azimuth ⊙ beim Aufgang	− b′ +	Azimuth ⊙ beim Untergang	Julian. Datum −600	Julian. Datum 0	Länge ⊙
270°	Dec. 27	Dec. 22	302° 7′		57°53′	Dec. 27	Dec. 22	270°
275	Jan. 1	27	301 59	25	58 1	22	18	265
280	6	Jan. 2	301 34	41	58 26	17	13	260
285	11	7	300 53	56	59 7	12	8	255
290	16	12	299 57	72	60 3	7	3	250
295	21	17	298 45	85	61 15	2	Nov. 28	245
300	26	22	297 20	97	62 40	Nov. 27	23	240
305	31	27	295 43	109	64 17	22	18	235
310	Febr. 5	Febr. 1	293 54	119	66 6	17	13	230
315	10	6	291 55	129	68 5	13	8	225
320	15	11	289 47	136	70 13	8	3	220
325	20	16	287 31	143	72 29	3	Oct. 29	215
330	25	21	285 8	146	74 52	Oct. 29	25	210
335	Mrz. 1	26	282 42	154	77 18	24	20	205
340	6	Mrz. 2	280 8	157	79 52	19	15	200
345	12	7	277 31	160	82 29	14	10	195
350	17	12	274 51	161	85 9	9	5	190
355	22	17	272 10	161	87 50	4	Spt. 30	185
0	27	22	269 20	162	90 31	Spt. 29	25	180
5	Apr. 1	27	266 47	162	93 13	24	20	175
10	6	Apr. 2	264 5	160	95 55	19	15	170
15	12	7	261 25	157	98 35	14	10	165
20	17	12	258 48	153	101 12	9	5	160
25	22	17	256 15	149	103 45	4	Aug. 31	155
30	27	22	253 46	144	106 14	Aug. 30	25	150
35	Mai 3	28	251 22	137	108 38	25	20	145
40	8	Mai 3	249 5	129	110 55	20	15	140
45	13	8	246 56	120	113 4	15	10	135
50	18	13	244 56	110	115 4	10	5	130
55	24	19	243 6	98	116 54	5	Juli 31	125
60	29	24	241 28	85	118 32	Juli 30	26	120
65	Juni 3	29	240 3	72	119 57	25	20	115
70	8	Juni 3	238 51	57	121 9	20	15	110
75	14	9	237 54	42	122 6	15	10	105
80	19	14	237 12	25	122 48	10	5	100
85	24	19	236 47	− 8 +	123 13	4	Juni 30	95
90	29	24	236 39		123 21	Juni 29	24	90

Tafel IV b: Pompeji. $\varphi = +40°45'$.

Länge ☉	Julian. Datum −600	Julian. Datum 0	Azimuth ☉ beim Aufgang		Untergang	Julian. Datum −600	Julian. Datum 0	Länge ☉
270°	Dec. 27	Dec 22	301°30'	−'+	58°30'	Dec. 27	Dec. 22	270°
275	Jan. 1	27	301 22	24	58 38	22	18	265
280	6	Jan. 2	300 58	40	59 2	17	13	260
285	11	7	300 18	56	59 42	12	7	255
290	16	12	299 22	69	60 38	7	3	250
295	21	17	298 13	83	61 47	2	Nov. 28	245
300	26	22	296 50	95	63 10	Nov. 27	23	240
305	31	27	295 15	107	64 45	22	18	235
310	Febr. 5	Febr. 1	293 28	117	66 32	17	13	230
315	10	6	291 31	125	68 29	13	8	225
320	15	11	289 26	133	70 34	8	3	220
325	20	16	287 13	140	72 37	3	Oct. 29	215
330	25	21	284 53	146	75 7	Oct. 29	25	210
335	Mrz. 1	26	282 27	150	77 33	24	20	205
340	6	Mrz. 2	279 57	154	80 3	19	15	200
345	12	7	277 24	156	82 36	15	10	195
350	17	12	274 48	178	85 12	9	5	190
355	22	17	272 10	166	87 50	4	Spt. 30	185
0	27	22	269 30	152	90 30	Spt. 29	25	180
5	Apr. 1	27	266 51	159	93 9	24	20	175
10	6	Apr. 2	264 12	157	95 48	19	15	170
15	12	7	261 35	154	98 25	14	10	165
20	17	12	259 1	151	100 59	9	5	160
25	22	17	256 30	146	103 30	4	Aug. 31	155
30	27	22	254 4	140	105 56	Aug. 30	25	150
35	Mai 3	28	251 44	134	108 16	25	20	145
40	8	Mai 3	249 30	126	110 30	20	15	140
45	13	8	247 24	118	112 36	15	10	135
50	18	13	245 26	108	114 34	10	5	130
55	24	19	243 38	96	116 22	5	Juli 31	125
60	29	24	242 2	84	117 58	Juli 30	26	120
65	Juni 3	29	240 36	70	119 22	25	30	115
70	8	Juni 3	239 28	56	120 32	20	15	110
75	14	9	238 32	41	121 28	15	10	105
80	19	14	237 51	25	122 9	10	5	100
85	24	19	237 26		122 34	4	Juni 30	95
90	29	24	237 18	−'+	122 42	Juni 29	24	90

Tafel IV c: Athen. $\varphi = +37°58'$.

Länge ⊙	Julian. Datum −600	Julian. Datum 0	Azimuth ⊙ beim Aufgang		Azimuth ⊙ beim Untergang	Julian. Datum −600	Julian. Datum 0	Länge ⊙
270°	Dec. 27	Dec. 22	300°10'		59°50'	Dec. 27	Dec. 22	270°
275	Jan. 1	27	300 2	23	59 58	22	18	265
280	6	Jan. 2	299 39	38	60 21	17	13	260
285	11	7	299 1	52	60 59	12	8	255
290	16	12	298 9	66	61 51	7	3	250
295	21	17	297 3	78	62 57	2	Nov. 26	245
300	26	22	295 45	91	64 15	Nov. 27	23	240
305	31	27	294 14	102	65 46	22	18	235
310	Febr. 5	Febr. 1	292 32	111	67 28	17	13	230
315	10	6	290 41	120	69 19	13	8	225
320	15	11	288 41	128	71 19	8	3	220
325	20	16	286 33	134	73 27	3	Oct. 29	215
330	25	21	284 19	139	75 41	Oct. 29	25	210
335	Mrz. 1	26	282 0	144	78 0	24	20	205
340	6	Mrz. 2	279 36	148	80 24	19	15	200
345	12	7	277 8	150	82 52	14	10	195
350	17	12	274 38	152	85 22	9	5	190
355	22	17	272 6	153	87 54	4	Spt. 30	185
0	27	22	269 33	153	90 27	Spt. 29	25	180
5	Apr. 1	27	267 0	152	93 0	24	20	175
10	6	Apr. 2	264 28	151	95 32	19	15	170
15	12	7	261 57	148	98 3	14	10	165
20	17	12	259 29	145	100 31	9	5	160
25	22	17	257 4	140	102 56	4	Aug. 31	155
30	27	22	254 44	135	105 16	Aug. 30	25	150
35	Mai 3	28	252 29	128	107 31	25	20	145
40	8	Mai 3	250 21	121	109 39	20	15	140
45	13	8	248 20	112	111 40	15	10	135
50	18	13	246 28	102	113 32	10	5	130
55	24	19	244 46	91	115 14	5	Juli 31	125
60	29	24	243 15	79	116 45	Juli 30	26	120
65	Juni 3	29	241 56	67	118 4	25	20	115
70	8	Juni 3	240 49	55	119 11	20	15	110
75	14	9	239 56	39	120 4	15	10	105
80	19	14	239 17	23	120 48	10	5	100
85	24	19	238 54		121 6	4	Juni 30	95
90	29	24	238 46		121 14	Juni 29	23	90

Register.

Verlag der Weidmann'schen Buchhandlung (J. Reimer) in Berlin.

Bonn, Druck von Carl Georgi.

AI

Porta Pri.

Auxilia
incerti
numeri

Auxilia

coh.1
Delecti-
Pedites

t.Equites

Principia

3 4 5 6
Equites
coh.3 coh.4
Extraordinarii

FORV

Praefecti
Quaestor
Praef.
cui
Praef.

Porta Decumana

7 8 9 10
Equites
coh.4 coh.5
Extraordinarii

Sociorum

QVA

15

Auxilia
incerti
numeri

Ala dextra

900 950 100

Taf. II.

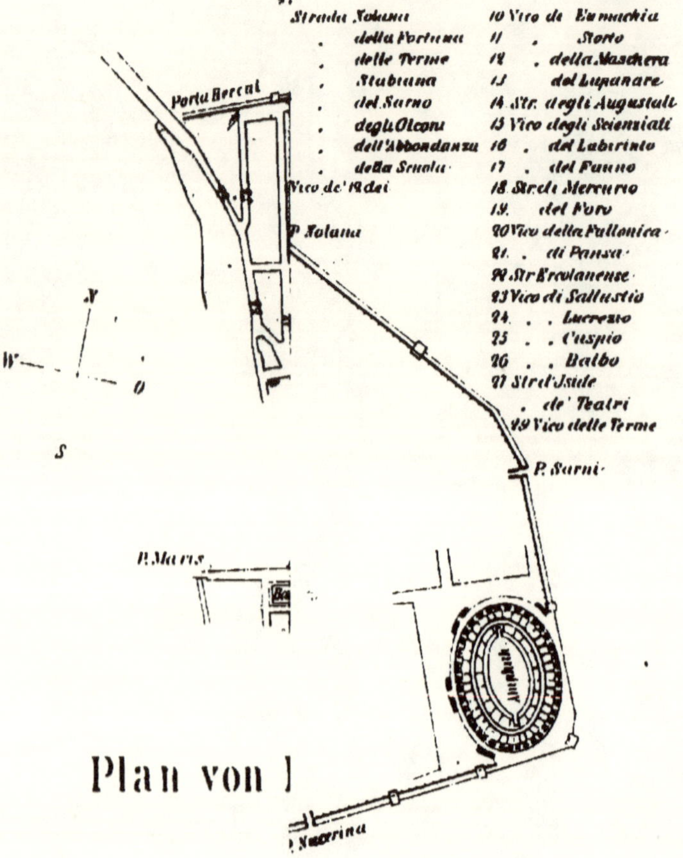

Strada Salana   10 Vico de Eumachia

. della Fortuna   11 . Storto

. delle Terme   12 . della Maschera

. Stabiana   13 . del Lupanare

. del Sarno   14 Str. degli Augustali

. degli Olconi   15 Vico degli Scienziali

. dell'Abbondanza   16 . del Labirinto

. della Scuola   17 . del Fauno

Vico de' 12 dei   18 Strada Mercurio

   19 . del Foro

P. Salana   20 Vico della Fullonica

   21 . di Pansa

   22 Str. Ercolanense

   23 Vico di Sallustio

   24 . Lucrezio

   25 . Cuspio

   26 . Balbo

   27 Strd Isule

   . de' Teatri

   29 Vico delle Terme

Porta Hercul

P. Sarni

P. Maris

N

W   O

S

Amphit

Plan von P

P. Nucerina

Altitalisches Haus.

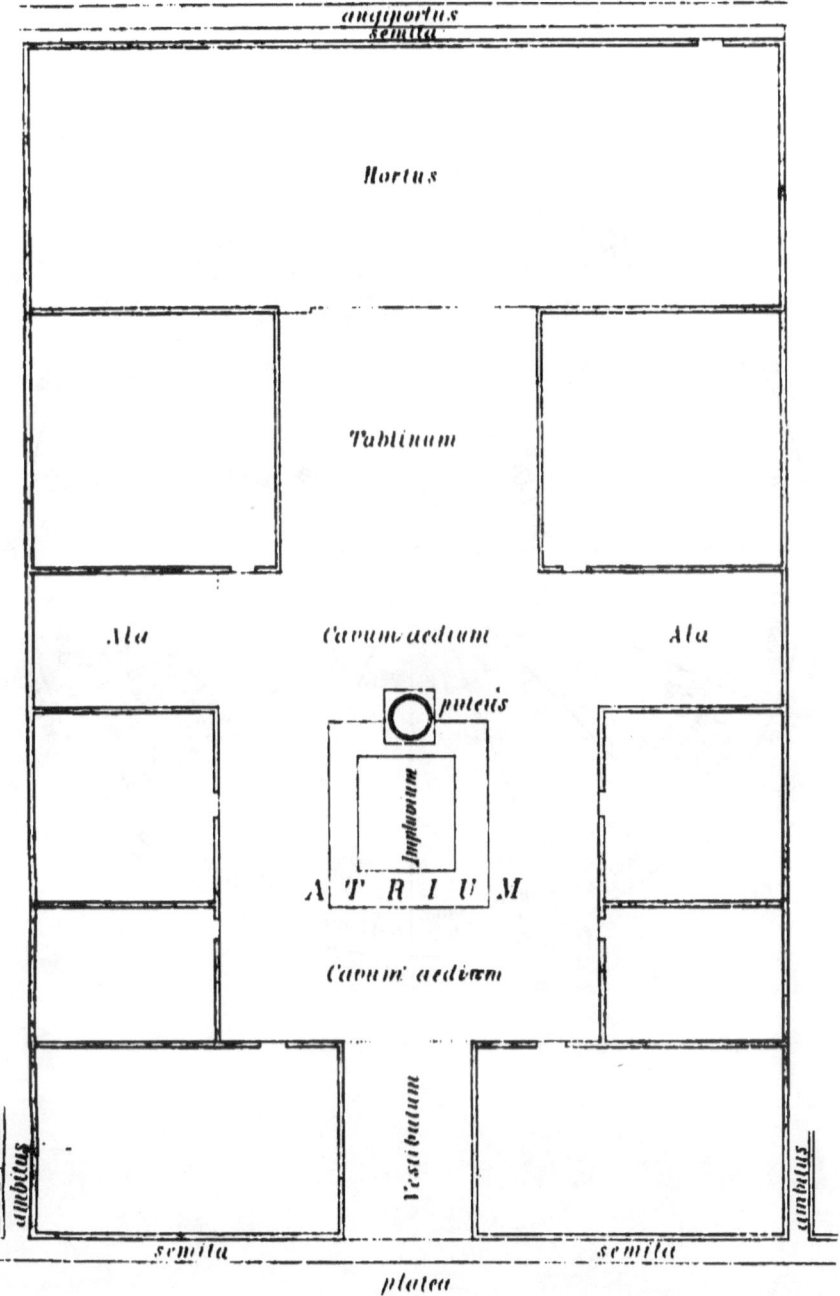

angiportus
semita

Hortus

Tablinum

Ala   Cavum aedium   Ala

puteus

Impluvium

A T R I U M

Cavum aedium

Vestibulum

ambitus   ambitus

semita   semita

platea

Das Himmelstemplum.

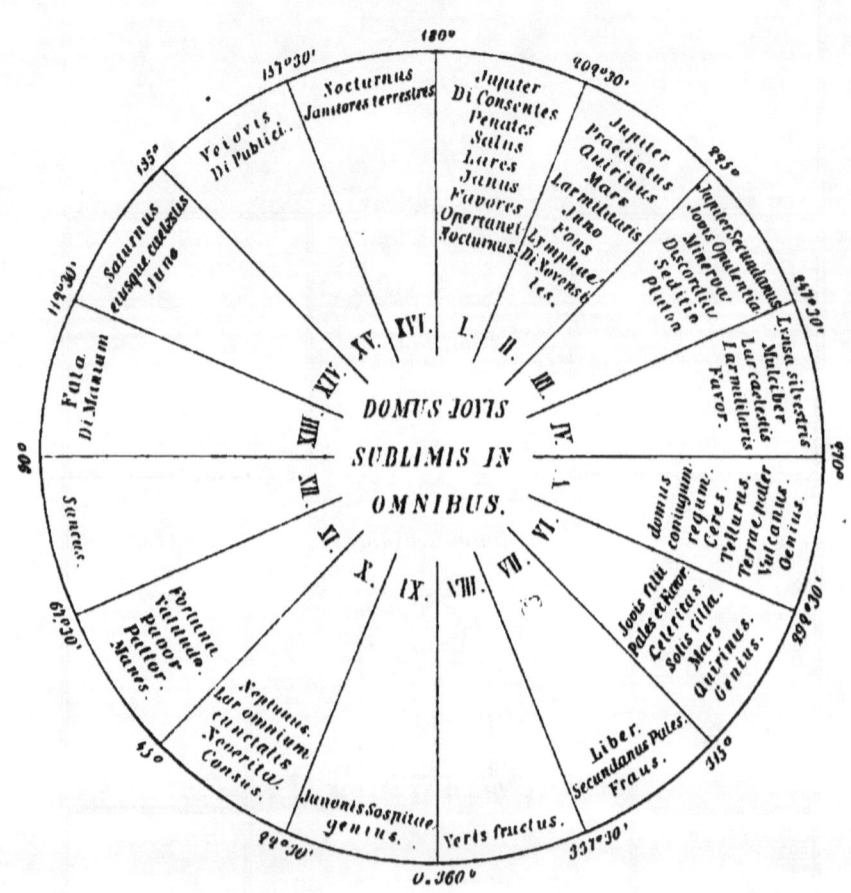

www.ingramcontent.com/pod-product-compliance
Lightning Source LLC
Chambersburg PA
CBHW030642030726
47497CB00006B/1910